陕西旅游发展报告

(2016)

ANNUAL REPORT ON SHAANXI'S TOURISM DEVELOPMENT(2016)

陕西省旅游局 / 编

陕西新华出版传媒集团
陕 西 旅 游 出 版 社

图书在版编目（CIP）数据

陕西旅游发展报告．2016 / 陕西省旅游局编．— 西安：陕西旅游出版社，2016.4
ISBN 978-7-5418-3329-8

Ⅰ．①陕… Ⅱ．①陕… Ⅲ．①地方旅游业—旅游业发展—研究报告—陕西省—2016 Ⅳ．①F592.741

中国版本图书馆CIP数据核字（2016）第061136号

陕西旅游发展报告（2016）　　陕西省旅游局　编

责任编辑：程家文 武莹莹
装帧设计：西安行游天下传媒广告有限公司
出版发行：陕西旅游出版社（西安市唐兴路6号　邮编：710075）
电　　话：029-85252285
经　　销：全国新华书店
印　　刷：陕西天之缘真彩印刷有限公司
开　　本：787mm×1092mm　1/16
印　　张：22.75
字　　数：430千字
版　　次：2016年5月　第1版
印　　次：2016年5月　第1次印刷
书　　号：ISBN 978-7-5418-3329-8
定　　价：68.00元

《陕西旅游发展报告（2016）》编委会

迎接正在兴起的大众旅游时代

2015 年是“十二五”规划的收官之年，在过去的五年里，陕西省各级党委、政府高度重视旅游业，我省旅游业进入了历史最好的发展时期。“十二五”期间，全省接待境内外游客 14.14 亿人次，旅游业总收入 1.07 万亿元，分别比“十一五”期间增长了 180%、226%，综合贡献率达 11.53%，全省旅游业在第三产业中的比重由 26.7% 提高到 41.7%，提前一年完成“十二五”规划主要指标。在全省经济下行压力加大的严峻形势下，我省旅游业逆势扬帆，强劲增长，为全省经济社会发展做出了重要贡献。

过去的五年，陕西旅游业成绩不凡，但是迎接正在兴起的大众旅游时代，实现旅游强省的目标任务依然艰巨，需要我们栉风沐雨、砥砺前行，以系统化思维谋划全域旅游发展，着力推进旅游供给制改革，抓好产品开发和服务质量提升，全面打响“山水人文·大美陕西”品牌。“十三五”是我省旅游业转型升级的黄金发展期，到 2020 年陕西旅游业将实现“四个翻番”，即接待境内外游客人数、旅游业总收入、旅游业投资总额、旅游业就业总量比 2015 年翻一番，实现这一宏伟目标更需要各级领导的大力支持及全行业的共同努力。

2013 年以来，我们坚持每年出版《陕西旅游发展报告》，旨在把每一年旅游业的发展状况进行梳理和总结，提炼出供后续发展参考借鉴的经验，另一个目的就是让更多的社会各界人士了解旅游业、关心旅游业、支持旅游业，在新常态下让旅游业为全省经济追赶超越做出更大的贡献。实现旅游强省的梦想需要我们每一个人的智慧和力量！

陕西省旅游局局长　杨忠武

目　录

◆发展决策

◇重要讲话

◇重要批示

◆发展报告

◆专题报告

◇研究篇

目　录

◇调查篇

◇经济运行篇

◇管理篇

◇旅游工作会议篇

◇法规与标准

发展决策·重要讲话

在2015中国西安丝绸之路国际旅游博览会高峰论坛上的致辞

全国人民代表大会常务委员会副委员长 张宝文

（2015年9月11日）

尊敬的正永书记，尊敬的勤俭省长，尊敬的各位嘉宾，女士们，先生们，朋友们：

大家上午好！很高兴出席2015中国西安丝绸之路国际旅游博览会高峰论坛。在此，我谨代表全国人大常委会对陕西省举办的这次盛会表示热烈的祝贺！

“一带一路”战略是党中央、国务院统筹国内国际两个大局，顺应时代要求，全方位开创我国对外开放新格局所作出的重大决策。一年多来，古老的陆上、海上丝绸之路日益焕发出新的生机与活力。陕西省抢抓“一带一路”、西部大开发等重大历史机遇，加快建设丝绸之路经济带新起点，各项事业取得显著成绩。随着“一带一路”战略的全面推进实施，作为古丝绸之路起点的陕西，在国家发展布局中的地位更加凸显，也必将谱写出新的华章。

习近平总书记指出，“文明交流互鉴，是推动人类文明进步和世界和平发展的重要动力”。陕西是中华民族和华夏文化的重要发祥地之一，悠久灿烂的历史文化是中华优秀传统文化的重要组成部分。陕西坚持文化先行理念，进一步重视推动陕西历史文化与丝绸之路沿线文化的交流合作、互学互鉴，大力弘扬“和平合作、开放包容、互学互鉴、互利共赢”的丝绸之路精神，唱响“陕西好声音”，让世界更好地感受到中华文化的独特魅力。

习近平总书记多次倡导，要推动中华文明创造性转化和创新性发展，激活其生命活力，让收藏在博物馆里的文物、陈列在广阔大地上的遗产、书写在古迹里的文字都活起来。陕西被誉为“天然历史博物馆”，广袤的三秦大地拥有大量珍贵的历史文化遗产。在历史文化的活化问题上，陕西省近年来进行了成功探索，大型实景历史舞剧《长恨歌》、西安城墙南门入城仪式——《梦长安》、仿唐乐舞和《延安保育院》等文化旅游产品，已经成为陕西省靓丽的名片。希望陕西省能够继续抓好历史文化活化的深度开发，找准历史与现实的结合点，深入挖掘历史文化遗产中的价值理念和智慧，把祖先留下的这些宝贝利用好，让人们通过形式多样的活化载体，记得起历史沧桑，看得见历史留痕，留得住文化根脉。在丝绸之路历史文化活化上，重视发展体现不同文化背景的文化旅游产品，增进人们对丝绸之路文化的共同认可，让丝绸之路各国多彩的文化各美其美、美美与共。

旅游业是一个综合性产业，是拉动经济增长的重要动力。近年来陕西省围绕打造丝绸之路经济带新起点旅游品牌，构建丝绸之路风情体验旅游走廊、培育大秦岭人文生态旅游度假圈、举办中国西安丝绸之路国际旅游博览会和“秦岭与黄河对话”等战略举措清晰，成绩显著，旅游业的发展态势蓬勃兴旺，旅游业在扩内需、稳增长、增就业、减贫困、惠民生等方面的综合带动作用日益明显。可以说，陕西旅游业迎来了快速发展的机遇期，蕴含着巨大的发展潜力。

中国西安丝绸之路国际旅游博览会，是丝绸之路沿线国家和地区加强文化交流、扩大合作的重要平台，对沿线国家和地区凝聚共识、形成合力，做大做强丝绸之路旅游具有十分重要的作用。我衷心希望陕西能尽快实现由旅游大省向旅游强省的跨越，陕西能尽快建设成为世界一流的旅游目的地。

祝论坛圆满成功！

谢谢！

在丝绸之路旅游部长会议上的讲话

国家旅游局局长 李金早

（2015 年 6 月 19 日）

一、致　辞

尊敬的瑞法依秘书长，尊敬的各位部长，女士们，先生们：

大家好！中国国家旅游局积极倡议召开本次丝绸之路旅游部长会议，得到了联合国世界旅游组织和瑞法依秘书长的积极支持，也得到陕西省各方的大力配合。首先我谨代表中国国家旅游局和中国旅游业界，对联合国世界旅游组织和瑞法依秘书长表示衷心的感谢，对远道而来的各位嘉宾表示诚挚的欢迎！

中国国家主席习近平在“一带一路”战略构想中指出，要发展丝绸之路特色旅游，让旅游合作和互联互通建设相互促进。当今，丝绸之路不仅是一条古老的商贸之路，也是全球游客向往的一条黄金旅游线路。丝绸之路沿线国家人口众多，文化灿烂，自然风光秀美，名胜古迹众多。近 500 个世界文化和自然遗产分布在丝绸之路沿线国家，占世界遗产总量的一半。丝绸之路旅游潜力巨大，前景广阔。

但我们也看到，受交通条件、签证政策、市场推广、安全环境等因素的制约，丝绸之路旅游市场不统一、旅行不便利、流向不平衡现象较为突出，区域旅游市场潜力尚未得到有效发挥。以中国为例，中国赴丝绸之路沿线国家旅游的人数尚不到总出境人数的五分之一。

本次会议主题为“推动丝绸之路旅游市场一体化”，将围绕扩大人员交流规模、提升旅游便利化水平、联合开展推广活动、提升旅游交流品质等议题进行交流与讨论。这一主题和相关议题契合当前丝绸之路旅游发展的现状，符合沿线各国旅游发展的需求，相信将为建立丝绸之路旅游合作新平台打下良好基础。丝绸之路沿线各国发展阶段不同，文化多元，旅游资源各异，旅游发展思路、做法也不尽相同，旅游合作诉求肯定也会有一定差异。围绕会议主题和讨论议题，需要我们秉持求同存异、取长补短、互利互惠的原则，找准利益契合点，照顾各方舒适度，通过旅游合作实现丝绸之路沿线国家旅游市场的共同繁荣。

预祝本次丝绸之路旅游部长会议取得丰硕的成果！谢谢大家！

二、会议第一议题小结发言

议题：扩大人员交流规模，提升旅游便利化水平

发言内容：

感谢主持人索莫吉先生。

旅游市场规模是旅游发展水平的重要指标。2014年，中国与丝绸之路沿线国家双向旅游交流已超过2500万人次。根据我们正在制定的《丝绸之路经济带和21世纪海上丝绸之路旅游合作发展战略规划》，未来五年，中方将为“一带一路”沿线国家输送游客1.5亿人次，境外旅游消费将超过2000亿美元；我们也将积极采取措施吸引沿线国家游客8500万人次来华，带动旅游消费1100亿美元。这将极大促进丝绸之路沿线各国、各地区的旅游业发展。

扩大旅游规模，提升旅游便利化水平十分重要。中方建议：各国共同推动增加跨境航班，充分利用跨境铁路和公路，改善国家间的旅游交通条件；实施更加便利的签证政策，简化通关手续，推动更多国家间实行落地签、过境签、团队免签政策。中方愿意积极增加丝绸之路沿线国家作为中国公民出境旅游目的地国，并开展深入合作，不断提升旅游便利化水平。

谢谢各位！

三、会议第二议题小结发言

议题：开展联合推广，推进“畅游丝绸之路”活动

发言内容：

感谢主持人。

推进“畅游丝绸之路”活动，目的就是要将沿线国家作为整体旅游目的地对外推介，共同打造丝绸之路旅游形象和品牌。今后三年中方围绕“一带一路”旅游市场推广，已经设计了200项重点活动，我们愿与沿线国家和地区实施联合推广，吸引更多区域外游客到沿线国家旅游。一方面我们要充分利用国际知名展会平台，加大丝绸之路旅游的宣传；另一方面，我们可以通过邀请旅行商和媒体参与、电视宣传、网络推广等多种途径，相互支持宣传旅游资源和旅游产品。同时，我们愿与沿线各国一道共同打造“一程多站”旅游产品，丰富丝绸之路旅游产品供给，同时加大基础设施建设，提升旅游服务水平，强化游客安全保障，塑造丝绸之路文化之旅、舒适之旅、安全之旅的新形象。

四、会议第三议题小结发言

议题：深化区域合作，提升旅游交流品质

发言内容：

谢谢主持人。

丝绸之路旅游的发展，需要我们共同努力，不断深化合作。

一是积极推动把丝绸之路旅游合作纳入高层交流的重要内容，通过互办旅游年等多种形式，全面提升旅游合作的层次。

二是充分发挥世界旅游组织（UNWTO）等国际组织的作用，增强各国在旅游政策、标准、规范等方面的协调性。

三是建立丝绸之路沿线国家旅游信息交流共享机制和突发事件应急处理机制，加强在领事保护、商业保险、紧急救援等方面的合作，切实保障游客人身和财产安全。

四是丰富多双边合作平台，本次旅游部长会议是一个良好的开端，我们还要在此基础上，为各地方、行业、企业开展合作牵线搭桥，创建更多特色平台。

五是加强各国旅游院校和科研机构合作，培养更多专业旅游人才，为丝绸之路沿线国家旅游合作提供智力支持。

谢谢大家！

五、大会的总结发言

尊敬的瑞法依秘书长，尊敬的各位部长，女士们，先生们：

刚才，各国部长都做了很好的发言，大家围绕本次会议的三个议题都发表了各自的看法，为丝绸之路旅游合作提出了很好的建议。在此，我对大家精彩的发言表示衷心的感谢。

本次大会，我们分享了旅游合作发展的经验和智慧，增进了彼此的了解和信任，凝结了未来旅游合作发展的重要共识。我们一致认为，加强丝绸之路旅游合作符合各国共同利益，将为各国发展创造重要机遇。特别是我们共同讨论并最终通过了《丝绸之路旅游部长会议西安倡议》。这份倡议将成为指导丝绸之路沿线国家旅游合作的重要纲领。

希望我们以本次部长大会为契机，继续为构建丝绸之路旅游发展的国际合作平台而努力，稳步扩大丝绸之路旅游的人员互访规模，有序推动旅游交流的便利化，逐步丰富丝绸之路旅游产品，优化丝绸之路旅游服务质量，共同开拓丝绸之路旅游合作的新未来！

在这里，我代表中国国家旅游局和旅游业界，再次感谢在座的嘉宾对本次部长大会的支持和所做的贡献；感谢本次大会的主持人索莫吉先生；同时，也要感谢陕西省委省政府、陕西省旅游局及相关部门为本次大会所做的筹备工作。

明天是中国的传统节日端午节，希望各位借此机会更好地感受中国文化，也祝愿大家在中国西安的旅程愉快！

谢谢大家！

在“薪火相传·再创辉煌”长征精神红色旅游火炬传递全国火炬汇集仪式上的讲话

国家旅游局局长 李金早

（2015 年 11 月 9 日）

各位领导，同志们，朋友们：

为了纪念中国工农红军长征 80 周年和中国人民抗日战争胜利 70 周年，深入贯彻习近平总书记关于发展红色旅游的重要指示精神，今天，我们在革命圣地延安隆重举行“薪火相传·再创辉煌”长征精神红色旅游火炬传递全国火炬汇集仪式。

80 年前，中国共产党领导的中国工农红军进行了举世闻名的二万五千里长征，正如毛泽东同志所说，“长征是历史纪录上的第一次，长征是宣言书，长征是宣传队，长征是播种机”。长征这一伟大壮举，是革命前辈用鲜血和生命铸就的不朽丰碑，是一部惊心动魄、可歌可泣的英雄史诗。为弘扬伟大的长征精神，让长征精神永远感召、激励着我们前进，从今年 8 月开始，国家旅游局组织开展了以“薪火相传·再创辉煌”为主题的长征精神红色旅游火炬传递活动。长征沿线 15 个省上千万群众积极参与，掀起了一场弘扬伟大长征精神和民族精神的新热潮。这是长征 80 年来第一次用火炬传递方式纪念长征。许多媒体和群众称赞，这是一次弘扬长征精神、传递红色能量，规模最大、最接地气、最鼓舞人心的活动。

这次火炬传递活动在延安举行具有特殊意义。延安是中国革命圣地，党中央和毛泽东等老一辈无产阶级革命家在延安生活战斗了 13 个春秋，领导和指挥了抗日战争、解放战争，继承和发展了长征精神，培育了永放光芒的延安精神，奠定了中华人民共和国的坚固基石。今天，火炬在延安汇集，火炬传递活动即将圆满结束，但薪火相传永不停止，长征精神光芒永放。在全面建成小康社会的伟大进程中，我们要认真贯彻十八届五中全会精神，大力弘扬伟大的长征精神、延安精神，积极推动红色旅游繁荣发展，为实现“两个一百年”的奋斗目标做出新的更大贡献。

最后，祝“薪火相传·再创辉煌”长征精神红色旅游火炬传递全国火炬汇集仪式取得圆满成功！祝大家身体健康，万事如意！谢谢！

在第七届联合国世界旅游组织丝绸之路旅游国际大会开幕式上的致辞

陕西省委书记、省人大常委会主任 赵正永

（2015 年 6 月 19 日）

尊敬的塔勒布·瑞法依秘书长，尊敬的李金早局长，各位嘉宾，女士们，先生们，朋友们：

驼铃悠悠传千古，丝路合作谱新篇。在这充满生机活力的美好时节，丝绸之路旅游部长会议暨第七届联合国世界旅游组织丝绸之路旅游国际大会在古城西安隆重开幕了。在此，我谨代表中共陕西省委、陕西省人民政府和 3700 多万三秦人民，向莅临本届盛会的国内外嘉宾表示诚挚的欢迎！

在本次大会筹备过程中，陕西得到了世界旅游组织和中国外交部、国家旅游局的悉心指导和大力支持，也得到了兄弟省区市的真诚帮助。在此，我谨向你们并通过你们，向所有为本次大会做出贡献的各界人士表示诚挚的谢意！

丝绸之路旅游部长会议暨第七届联合国世界旅游组织丝绸之路旅游国际大会，是丝绸之路沿线国家和地区互学互鉴、加深了解的重要渠道，也是互联互通、扩大合作的重要平台。本次大会以“丝绸之路旅游开创美好未来”为主题，彰显“团结互信、平等互利、包容互鉴、合作共赢”的丝绸之路精神，对于丝绸之路沿线国家和地区凝聚共识、形成合力，做大做强丝绸之路旅游具有十分重要的意义。

女士们，先生们，朋友们！

陕西是中华文明和中华民族的重要发祥地之一，历史文化源远流长，旅游资源得天独厚。省会西安是世界四大文明古都之一，先后有周、秦、汉、唐等 13 个王朝在此建都，历时 1180 年。这里有大量的中华文明、中国文化、中华地理的精神标识和自然标识，特别是作为古丝绸之路的起点，这里有着许多人员交流、文化交融的历史见证。“丝绸之路：长安 – 天山廊道的路网”跨国联合申报世界文化遗产成功，陕西就有汉长安城未央宫遗址、唐长安城大明宫遗址、大雁塔、小雁塔、兴教寺塔、张骞墓、彬县大佛寺石窟等七处遗迹被列为世界文化遗产。

当前，中国实施“一带一路”战略，不仅为丝绸之路沿线国家共建共享打开了全新视野，也深刻改变了中国西部的对外开放格局，使陕西处于“一带一路”的核心区位、向西开放的前沿位置。前不久，我们成功举办了第十九届中国东西部合作与投资贸易洽谈会暨丝绸之路国际博览会，召开了“一带一路”地方领导人对话会，成功举办了以“互联互通，共建共赢”为主题的“一带一路”海关高层论坛，来自98个国家和地区的领导人、客商参加盛会，取得了一系列令人振奋的务实合作成果。今后，陕西将按照习近平总书记来陕视察时提出的新要求，找准定位，主动融入“一带一路”大格局，坚定不移地实施互利共赢的开放战略，不断激发商贸物流、文化旅游、先进制造、科技教育、现代农业等领域的活力，着力打造丝绸之路经济带新起点和内陆地区开发开放的新高地。

女士们，先生们，朋友们！

旅游是永不衰落的朝阳产业，也是传播文明、文化交流、增进友谊的天然桥梁。陕西将以举办此次盛会为契机，学习借鉴先进经验，推动旅游产品向观光、休闲、度假并重转变，推动旅游开发向集约型转变，推动旅游经济向全产业链转变，持续提升旅游基础设施和服务水平，加快构建丝绸之路风情体验旅游走廊，努力把陕西建设成为世界一流的旅游目的地。我们将加强与丝绸之路沿线国家和地区的沟通协调，联手推出一批丝绸之路精品旅游产品，打造丝绸之路旅游精品线路，不断提升丝绸之路旅游品牌的影响力。

我相信，在本次大会的有力推动和丝绸之路沿线国家、人民的共同努力下，丝绸之路旅游发展的前景一定会更加美好！

预祝大会圆满成功！

谢谢大家！

在 2015 中国西安丝绸之路国际旅游博览会高峰论坛上的致辞

陕西省省长 娄勤俭

（2015 年 9 月 11 日）

尊敬的张宝文副委员长，尊敬的杜江副局长，各位嘉宾，女士们，先生们，朋友们：

继 9 月 7 日第二届丝绸之路国际艺术节在西安开幕之后，今天，2015 中国西安丝绸之路国际旅游博览会盛大开启，举办高峰论坛、交流旅游理念、推动旅游发展，是一项重要的内容。我谨代表中共陕西省委、陕西省人民政府，向各位领导和嘉宾的莅临表示热烈的欢迎！向支持论坛举办的国家旅游局和各界朋友表示诚挚的感谢！

丝绸之路是人类文明的重要遗产，它既是一条东西方外交、贸易之路，也是一条重要的文化、旅游交流通道。特别是随着习近平主席共建“丝绸之路经济带”和“21 世纪海上丝绸之路”的构想得到沿线国家和地区的广泛响应，具有独特魅力的丝绸之路旅游正在成为全球旅游的热点，抓住机遇，促进旅游业大发展，是沿线国家和地区面临的共同课题。陕西作为古丝绸之路起点和欧亚大陆桥的重要节点，我们将发挥优势，与相关各方一道开创世界旅游开放与合作的新格局。

一是积极搭建互利共赢的合作平台，具体而言，主要是办好丝绸之路国际旅游博览会。去年第一届丝绸之路国际旅游博览会的成功举办，受到各界广泛赞誉。今年，本届博览会规模进一步扩大，吸引了 33 个国家和地区及国内 24 个省市的政府机构、旅游企业、相关单位参展参会。我们将进一步创新机制、丰富内涵，特别是通过设立主宾国等形式，努力打造国际化、专业化、市场化的旅游合作平台。

二是合力打造具有广泛认同的旅游品牌。“一带一路”涉及 65 个国家、44 亿人口，跨越东西方四大文明和世界四大宗教发源地，包括全球 74% 的自然保护区和众多文化遗产，这些旅游产品既相互联系，又相互补充。我们愿意通过共同开拓市场、联合开展文物保护、强化信息交流、运用最先进的展示手段提升产品观赏性等多种方式，深入发掘丝绸之路文化内涵，努力建设世界旅游黄金线路。

三是大力促进旅游便利化。地处中国版图几何中心，拥有完善的陆空交通网络、信息枢纽和商贸物流网络，特别是已开通国际航线 24 条，西安咸阳国际机场实现“72

小时过境免签”，使陕西成为丝绸之路上连接中亚及欧洲的黄金节点。我们将围绕推进资源、客源、市场和利益共享，推动实施更加便利的签证政策和通关手续，加密和增开国际航线，完善旅游信息和服务网络，与国内相关地区和沿线国家加强合作，为游客往来提供更多便利。

女士们，先生们，朋友们！

“一带一路”旅游合作潜力巨大、商机无限，深化交流合作正当其时。相信本届博览会必将为促进沿线国家和地区旅游合作添上浓墨重彩的一笔，为促进“一带一路”民心相通做出积极贡献。真诚欢迎国内外各界朋友到陕西旅游观光，感受悠久文化，领略美丽风光，留下美好记忆。

祝高峰论坛圆满成功，祝各位身体健康、生活幸福！

谢谢大家！

在“美丽中国·丝绸之路”旅游推介会上的致辞

陕西省省长　娄勤俭
（2015 年 6 月 18 日）

尊敬的塔勒布·瑞法依秘书长，尊敬的李金早局长，女士们，先生们，朋友们：

晚上好！

今天，参加丝绸之路旅游部长会议暨第七届联合国世界旅游组织丝绸之路旅游国际大会的各位代表相聚古城西安，在秦兵马俑的故乡、丝绸之路的起点，共商旅游合作大计。我代表中共陕西省委、陕西省人民政府，向各位嘉宾和新闻媒体的朋友们表示热烈的欢迎！

美丽中国，陕西是其中极精彩的一章！

这里是中国历史文化的“心脏”，不仅有称奇世界、令人震撼的秦兵马俑，更有着周、秦、汉、唐等王朝留下的大量珍贵文化遗存，是外国政要来华访问的重要参观地和中国最具吸引力的旅游目的地之一。今天，当我们站立在世界上保存最完整的西安古城墙上，徜徉在遍布于三秦大地的各类博物馆中，会深切感受到中华文明的独特魅力和绵延 5000 年的恒久生命力。

这里是中国南北地理和气候分界线，跨越长江、黄河两大流域，形成了集江南山水和大漠风光于一体的自然风貌。特别是横亘中部的秦岭，既有南方的灵秀，又有北方的雄峻，滋养着多种多样的珍稀动植物。秦岭中的大熊猫野外种群密度最高、形态最为漂亮；一度在世界上被宣布绝迹的朱鹮，经过精心保护，已繁衍到 2000 多只。

这里有中国革命的圣地延安，中国共产党在此领导中国革命 13 个春秋。大量红色遗址、红色文化，会让你找到中国共产党带领人民夺取革命胜利、实现国家繁荣发展的真谛。

这里是中国地理版图的几何中心，有 17 条国家高速公路过境。西安是全国八大铁路和航空枢纽之一，到北京、上海乘坐高铁分别只需要 4 小时和 6 小时，便捷的交通会让人们的旅行更加愉快。

这里是荟萃全国美食精华的美食之都，尤其是小吃名闻天下。习近平主席宴请印度总理莫迪先生和中国国民党荣誉主席连战先生时，就选用了陕西菜肴。

女士们，先生们!

“踏遍青山人未老，风景这边独好。”真诚地欢迎世界各地的朋友到陕西旅游观光，感受独特的文化魅力，领略美丽的自然风光。我们愿发挥丝绸之路经济带新起点的优势，在共建“一带一路”中，以旅游为重点，加强与相关国家和组织合作，为丝绸之路旅游大发展贡献陕西力量。

祝本次大会圆满成功，祝各位身体健康、事业兴旺、生活幸福!

谢谢大家!

在 2015 中国西安丝绸之路国际旅游博览会高峰论坛上的致辞

国家旅游局副局长 杜江

（2015 年 9 月 11 日）

尊敬的张宝文副委员长，尊敬的娄勤俭省长、王莉霞副省长，各位来宾，女士们，先生们，朋友们：

大家上午好！很高兴与大家相聚西安，共同出席 2015 中国西安丝绸之路国际旅游博览会高峰论坛。首先，我谨代表国家旅游局和李金早局长，对本届丝绸之路国际旅游博览会及高峰论坛的召开表示热烈的祝贺！

众所周知，中国政府高度重视发展旅游业。国务院分别于去年 8 月和今年 8 月颁布了《国务院关于促进旅游业改革发展的若干意见》和《国务院办公厅关于进一步促进旅游投资与消费的若干意见》，出台了一系列推动中国旅游业持续健康发展和转型升级的重要措施。今年年初，国家旅游局制定了促进中国旅游业发展的“515 战略”，对未来三年中国旅游业的发展做出了具体的部署。在一系列利好政策的推动下和旅游全行业的共同努力下，今年上半年，中国旅游业逆势上扬。国内旅游人数达 20.24 亿人次，同比增长 9.9%；国内旅游消费 1.65 万亿元，同比增长 14.5%；接待入境旅游人数 6536 万人次，同比增长 4.9%；出境旅游人数 6176 万人次，同比增长 15.7%；全国旅游业总收入达 1.82 万亿元，同比增长 13.9%；全国实际完成旅游业投资 3018 亿元，同比增长 28%。旅游业正在成为新常态下中国经济社会发展的生力军。

女士们，先生们！

2013 年，中国国家主席习近平提出共同建设“丝绸之路经济带”和 “21 世纪海上丝绸之路”的倡议，为旅游业开辟更广阔的发展空间提供了重要契机。作为综合性、开放性产业，旅游业在“一带一路”建设中具有先行先通的天然优势。在国家确定的基础设施、对外贸易、投资、能源、金融、人文交流、生态环境、海上合作等八个“一带一路”建设重点领域中，旅游合作直接或间接涉及其中七个领域，丝绸之路旅游合作的前景广阔。为积极落实“一带一路”国家战略，推进丝绸之路旅游国际合作，国家旅游局把 2015 年确定为“美丽中国—丝绸之路旅游年”，制定了丝绸之路旅游合作规划，并策划了180多项丝绸之路旅游合作活动。今年国家旅游局主办的主题年启动仪式、丝绸之路旅游部长会议等多个重要活动都是在西安举办的。

陕西是古代陆上丝绸之路的起点，在丝绸之路旅游国际合作中有着重要的区位优势。陕西省委、省政府高度重视旅游业发展，积极推进丝绸之路旅游国际合作，着力打造内陆型改革开放新高地。本次丝绸之路国际旅游博览会及高峰论坛的举办，又将搭建丝绸之路旅游国际营销与交流新平台，为沿线各国旅游业界合作创造更多的机遇。

女士们，先生们，朋友们！

古代丝绸之路是商贸之路，现代丝绸之路将是黄金旅游之路。希望我们共同努力，顺势而为，进一步发挥旅游业优势，推进丝绸之路旅游国际合作，通过旅游合作续写丝绸之路的美丽篇章。

最后，祝论坛圆满成功！

谢谢大家！

在“薪火相传·再创辉煌”长征精神红色旅游火炬传递全国火炬汇集仪式上的讲话

陕西省委常委、常务副省长 姚引良

（2015 年 11 月 9 日）

尊敬的金早局长，各位来宾：

大家晚上好！

首先，我谨代表中共陕西省委、陕西省人民政府对各位领导和嘉宾的到来表示热烈的欢迎！对国家旅游局和各省（区市）长期以来对陕西的关心和支持表示衷心的感谢！

党中央、国务院历来重视红色旅游事业发展，将其作为重要的政治工程、文化工程、富民工程大力推进。习近平总书记关于“把红色资源利用好、把红色传统发挥好、把红色基因传承好”的要求，为我们在新形势下发展红色旅游指明了方向，增添了动力。

今年是红军长征胜利 80 周年。万里长征，是中国革命史上的奇迹，是改变中国、影响世界的重大历史事件。80 年来，长征精神在中华大地代代相传，发扬光大。在全国上下深入贯彻落实党的十八届五中全会精神之际，国家旅游局举办这次活动，对于传承红色基因，传播正能量，推动旅游事业创新发展、激励全国人民在全面建成小康社会和实现中华民族伟大复兴“中国梦”的征程上昂首阔步、奋勇前行都具有重要意义。

陕西是全国红色旅游资源最丰富的省份，现有革命遗址 2051 个，其中国家级示范基地 11 个，省级爱国主义教育基地 78 个，涉及红色旅游的景区 150 多家，国家 A 级旅游景区 100 多家，仅延安市区就有红色遗址 168 处。陕西文化旅游资源具有完整性、综合性，有些更具有至高性和唯一性。多年来，在国家旅游局的指导帮助下，我们坚持从继承优良革命传统、发展社会主义先进文化、巩固党的执政基础的战略高度，大力发展红色旅游，不断丰富发展内容，创新发展方式，增强红色旅游的时代感。我们坚持系统推进精品线路、打造经典景区，以文化旅游名镇、旅游重大项目建设等为抓手，促进红色旅游与相关产业融合发展。近十年来，陕西红色旅游累计接待游客 3.9 亿人次，年均增长 23.8%，综合收入 2650 亿元，年均增长

25.7%，有力地带动了旅游业整体发展。

各位领导，各位来宾!

延安是万里长征的落脚点，是毛主席、党中央生活和战斗了13年的中国革命圣地，是延安精神的发祥地。伟大的长征精神和延安精神永远是我们中国共产党人取之不尽、用之不竭的宝贵精神财富。当前，陕西与全国各地一样，经济发展面临下行压力，发展动力转换、经济转型升级的任务艰巨繁重，越是这个时候，越需要我们弘扬长征精神和延安精神，保持定力，鼓足干劲，克服困难，追赶超越。这次活动在陕西举办，为我们进一步以创新理念发展红色旅游提供了难得的学习机会。我们将以此为契机，认真借鉴兄弟省份好的经验和做法，坚持牢牢把握爱国主义和革命传统教育主题，使红色旅游成为党员干部和青年学生学习党的历史、弘扬革命传统的重要载体；成为培养爱国情怀、弘扬民族精神的重要场所；成为青少年学习革命传统、陶冶道德情操的重要课堂；坚持“红色经典、现代表现”，不断加强红色文化遗产的保护、挖掘、整理、展示和宣讲，切实增强红色旅游吸引力、感染力、影响力，凝聚起追赶超越的强大精神动力；坚持以各具特色的爱国主义教育基地为依托，促进红色旅游与历史文化游、民俗游、生态游、乡村游融合发展；坚持统筹谋划机场、高铁、城际铁路建设和景区间公路连通，不断完善红色旅游公共服务设施，全面提升管理服务水平，推动红色旅游事业持续健康发展，努力将文化旅游产业打造成新的支柱产业，为实现陕西追赶超越目标做出新贡献。

各位领导，各位来宾!

“革命火炬点亮红色征程，薪火相传再创新的辉煌”。最后，衷心祝愿此次活动圆满成功！祝各位领导和来宾身体健康、生活愉快!

谢谢大家!

在“美丽中国—2015丝绸之路旅游年”启动仪式上的致辞

陕西省副省长　白阿莹

（2015年1月8日）

尊敬的杜江副局长，各位来宾，女士们，先生们：

大家上午好！新年伊始，万象更新。今天，来自境内外旅游界的嘉宾相聚古丝绸之路起点——陕西西安，共同见证“美丽中国—2015丝绸之路旅游年”活动的盛大启幕。在此，我谨代表陕西省人民政府，向出席活动的各位嘉宾和新闻媒体的朋友们表示热烈的欢迎！

陕西是中华民族和华夏文化的重要发祥地之一，也是古丝绸之路的起点。人们常说，如果要看5000年的中国历史，感受厚重的中华文化，就来陕西。因为在漫长的历史长河中，陕西很长一段时间是中国的政治、经济和文化中心，在中华民族灿烂文明中享有崇高的地位。今天各位嘉宾所在的大明宫遗址，就是中国鼎盛时期——唐朝的皇宫，历史上先后有17位唐朝皇帝在此治国理政，时间跨度达200多年，是当时中国的政治中心和国家象征，也是世界上最辉煌壮丽的宫殿群。可以说，这里的一砖一瓦都浸润着厚重的历史风云。去年6月，唐长安城大明宫遗址作为丝绸之路跨国申遗的重要遗产点，被列入《世界遗产名录》。因此，国家旅游局选择在古丝绸之路起点和世界文化遗产地举办“美丽中国—2015丝绸之路旅游年”启动活动，可谓匠心独具，意义深远。

近年来，在经济下行压力进一步加大的情况下，陕西经济建设势头强劲，依然处在发展的快车道上，2014年全省经济增长接近10%，继续位列全国第一方阵。同时，随着陕西旅游对外影响力和吸引力的进一步提升，旅游业持续快速发展，特别是围绕打造丝绸之路经济带新起点，陕西正在大力建设丝绸之路风情体验旅游走廊，一批丝绸之路文化旅游重大项目正在加快推进，首期50亿元的陕西旅游产业投资基金也于去年设立运行。

“美丽中国”是国家旅游局面向全球打造的中国旅游核心品牌，每年一个主题，代表着中国旅游的整体形象。今年的主题为“丝绸之路旅游年”，这是深入贯彻中央“一带一路”战略部署、加快丝绸之路沿线国家和地区交流合作的重大举措，也为丝绸之路沿线国家和地区发挥旅游先导优势，强化联动发展，推进丝绸之路旅游合作向更大范围、更宽领域、更高水平拓展带来了良好机遇。陕西将以“丝绸之路旅游年”活动为契机，与兄弟省区市共同携手，加快“走出去”步伐，进一步加大与丝绸之路沿线国家和地区的文化旅游交流合作，不断提升丝绸之路旅游文化品牌的国际影响力，为“美丽中国”增色添彩！

最后，预祝“美丽中国—2015丝绸之路旅游年”活动圆满成功！诚挚邀请大家多来陕西观光旅游、休闲度假，纵观丝绸之路起点灿烂辉煌的人文历史，饱览丝绸之路起点秀美壮阔的自然风光，感受丝绸之路起点人民的热情好客。

谢谢大家！

在陕西经贸旅游推介会上的致辞

陕西省副省长 王莉霞

（2015 年 9 月 17 日）

尊敬的荣仕星副主任，各位来宾，女士们，先生们，

大家好！

在第十二届中国—东盟博览会隆重开幕之际，很高兴和各位来宾、各位朋友相聚在美丽的南宁。首先，我代表陕西省人民政府，向出席今天活动的荣仕星副主任和各位嘉宾表示热烈的欢迎！向关心支持陕西发展和推动陕桂两省区合作的各界朋友表示衷心的感谢！

去年，我省在中国—东盟博览会期间举办了陕西水果暨名优特产品推介会，我省果品企业与广西企业及客商签订了 5 个项目合同。一年来，我省企业在南宁新建了 10 家陕西水果品牌店，销售苹果 11300 吨，价值 1.04 亿元，销售酥梨 2000 吨，价值 1520 万元，扩大了陕西水果在广西及东盟的市场份额。今年 5 月，广西壮族自治区党委常委、副主席蓝天立率团出席了我省举办的第十九届西洽会暨丝博会，共同签署了《“一带一路”地方领导人对话会西安声明》，举办了打造“一带一路”有机衔接重要门户商机说明会，以及科技合作交流会、桂林—西安战略合作洽谈会等 3 场专题经贸活动，促成了一批合作项目，许多项目已经落地。两省区商会、企业之间的合作也在深入开展。可以说，陕桂两省区交流合作日益密切。

今天，受陕西省省长娄勤俭同志的委托，我再次率领由商务、旅游、果业等部门代表和西安、宝鸡、咸阳及有关企业参会人员组成的 200 余人的代表团，专程来参加中国—东盟博览会，就是为了进一步巩固与广西的交流合作成果，进一步拓宽和务实推进陕桂两省区在经贸、旅游等领域的深入合作，在“一带一路”建设中实现联动发展、互利共赢。

陕西是西部发展的引擎。西部大开发以来，陕西经济连续多年保持高速增长，综合实力连续迈上新台阶。能源化工、装备制造等优势产业支撑作用更加突出，航空航天和电子信息、新材料和新能源等产业加速成长。去年，陕西实现国内生产总值逾 1.7 万亿元，增长 9.7%，比全国平均增速高 2.3 个百分点，增速居全国第七，稳居全国第一方阵。特别是陕西科技创新主要指标位居全国前列，去年技术合同成

交额超过600亿元，9月3日大阅兵充分展示了陕西技术和陕西制造。国家实施“一带一路”战略，使丝绸之路经济带新起点——陕西成为对外开放的核心与前沿。国家赋予陕西带动大西北、当好西部科学发展新引擎、打造内陆改革开放新高地等重大使命，使陕西成为中国发展的重要增长极。

陕西是中华文明的重要发祥地之一。作为文化大省，陕西有以秦兵马俑、大雁塔等所承载的蜚声世界的历史文化，以革命圣地延安为代表令人敬仰的红色文化，以法门寺、大清真寺为代表和谐共生的宗教文化，以华山、壶口瀑布为代表风光秀美的山水文化，以羊肉泡馍、凉皮、肉夹馍为代表独具特色的餐饮文化等。这些使得陕西成为向世界展示中华文化和民族精神的重要舞台。文化旅游已成为陕西发展的新动力、新引擎。今年上半年，全省旅游业总收入1520.71亿元，同比增长20.34%。文化旅游对全省经济的拉动作用更为突出，产业地位不断提高。

各位来宾，广西作为我国唯一与东盟既接壤又有海上通道的省区，是海上丝绸之路的新门户和新枢纽，陕西是丝绸之路经济带的新起点。在贯彻落实国家“一带一路”战略进程中，陕桂两省区加强交流合作具有重要意义。借此机会，我提三点倡议：

一是建立机制。由两省区口岸管理部门牵头，建立海关，检验检疫，重要港口、口岸参加的协作协调工作机制，促进两省区口岸通关合作，提升两地贸易便利化水平。积极落实去年两省区口岸部门签订的《口岸区域大通关合作协议》，推进西安国际港务区与广西重点口岸、综合保税区合作，定期通报信息，推进互联互通，更好地服务陕桂广大企业参与“一带一路”建设。

二是联动发展。推动两省区政府、相关部门、商协会之间的交流，形成合力，推进企业贸易、投资合作。发挥旅游资源优势，引导重点旅行社和景区合作，联手开展国际旅游市场推广，打造适应境内外市场需求的精品旅游线路，实现旅游产业互动共赢。

三是共享平台。充分发挥中国—东盟博览会和我省举办的丝绸之路国际博览会、丝绸之路国际旅游博览会、欧亚经济论坛等平台的作用，相互组织参加双方组织的重点展会及论坛，携手扩大对外开放，促进贸易、投资、文化、科技、教育等领域的广泛交流与合作，积极推进“一带一路”建设。

最后，预祝本届博览会圆满成功！诚挚邀请各位嘉宾和朋友到陕西旅游观光、合作发展。

谢谢大家！

在“丝路起点·大美陕西”旅游推介会上的致辞

陕西省副省长　王莉霞

（2015 年 10 月 19 日）

今天我们来到美丽的香港，感到十分高兴。首先，我谨代表陕西省人民政府，对中联办、香港特别行政区政府以及香港特别行政区各界朋友一直以来对陕西的关心、支持表示衷心的感谢！向前来出席“丝路起点·大美陕西”旅游推介会的朋友们表示热烈的欢迎！

香港是一座高度繁荣的国际大都市，是中西方文化交融之地，也是国际和亚太地区重要的航运枢纽和最具竞争力的城市之一。香港在世界具有极高的声誉，拥有巨大的吸引力，旅游产业高度发达。不仅有维多利亚港、香港迪士尼乐园、海洋公园等吸引着世界各地的游客，更有“东方之珠”“美食天堂”“购物天堂”的美誉。

“秦中自古帝王州”，陕西是中华民族及华夏文化的重要发祥地之一，古丝绸之路的起点。全省总面积为 20.58 万平方千米，常住人口 3775 万人。“关关雎鸠，在河之洲。窈窕淑女，君子好逑。”《诗经》第一篇描述的美好生活场景就在我们陕西。随着中国改革开放的步伐，陕西早已发生了日新月异的变化，成为世界知名的旅游目的地。

2013 年，习近平总书记提出了构建“丝绸之路经济带”和“21 世纪海上丝绸之路”的倡议。作为丝绸之路经济带新起点的陕西，在这片具有悠久历史、极具发展潜力的土地上，正按照“一带一路”的国家战略，不断扩大改革开放，实施西部大开发部署，积极创造“交通物流中心、科技创新中心、产业合作中心、文化旅游中心和金融合作中心”的环境和条件。陕西要真正成为中国西部改革开放的新高地，丝绸之路经济带的新起点，将以旅游发展为先导，积极打造“政策沟通、道路联通、贸易畅通、货币流通、民心相通”的良好环境，建立丝绸之路的互联互通平台。在旅游业发展中陕西制定了《陕西丝绸之路起点旅游发展规划》，建设 10 个文化旅游区，制定 29 个帝王陵墓的发展规划，打造丝绸之路风情体验旅游走廊。近两年，我们在原有国际航线的基础上，开通了西安至美国、芬兰的国际航线，计划再开通 7 条国际航线。今年，我省先后举办了西洽会暨丝博会、丝绸之路国际艺术节、中国西安丝绸之路国际旅游博览会、丝绸之路旅游部长会议暨第七届联合国世界旅游组织丝绸之路旅游国际大会等，加大国际贸易交流与合作，努力建设“富裕陕西、和谐陕西、美丽陕西”，举全省之力建设丝绸之路经济带新起点，助推“一带一路”建设和发展。

陕西与香港，一直保持着非常紧密的交流与合作，我省每年都来香港开展陕港经济合作周活动，希望持续推进陕港两地互联互通。我坚信，通过两地各界的不懈努力，我们的联系将更加紧密、合作将更加宽广，让我们携起手来为两地的经济社会繁荣与发展做出更大的贡献！

在这里，我热烈欢迎各位嘉宾带上你们的家人和朋友，到陕西观光旅游、休闲度假。陕西一定会给你们带来美好、难忘的记忆。

祝各位嘉宾身体健康，工作顺利！祝本次“丝路起点·大美陕西”旅游推介会取得圆满成功！

发展决策·重要批示

● 2015 年 7 月 30 日上午，全国人大常委会副委员长、民盟中央主席张宝文视察了陕西乡村旅游发展示范点周至沙·沙河水街，当看到“杨柳清新，小桥流水，碧波荡漾，竹筏漂流，人在画中”的美丽景象时，张宝文连连发出赞叹：“没有想到在北方还能见到如同江南水乡般美丽的地方，”“乡村气息很浓，嫽扎咧！”陕西省人大常委会副主任吴前进、副省长张道宏、陕西省旅游局局长杨忠武等领导全程陪同视察。

● 2015 年 10 月 8 日，张宝文在《陕西旅游要情》《2015 中国西安丝绸之路国际旅游博览会取得丰硕成果》上作出重要批示：2015 中国西安丝绸之路国际旅游博览会举办得很成功，为实施国家“一带一路”战略做出了积极贡献。希望陕西继续保持旅游快速发展的良好势头，通过举办此类活动，加强丝路沿线国家及地区的经济、文化、旅游交往，为国家战略服务。

● 2015 年 2 月 25 日，赵正永书记在《陕西旅游要情》第 11 期《2015 春节旅游市场持续增长　旅游业成新常态下经济发展重要引擎》上批示：很好，要认真总结景区旅游秩序和乡村新景点旅游管理完善的工作，加大宣传，使旅游成为拉动服务业增长的领头羊。

● 2015 年 10 月 8 日，王莉霞副省长对我省《2015 年国庆假日旅游综述》作出重要批示：陕西旅游为全省经济发展助力添彩，省旅游局及全省旅游系统的同志们假日辛苦，取得了富有成效的成果，各地方高度重视、各相关部门积极努力，共同打造“乐游陕西”，建议发陕西要情。

● 2015 年 12 月 31 日，王莉霞副省长在陕西省旅游局上报的 2015 年《陕西旅游要情》第 63 期《2015 年陕西旅游十大新闻》上作出重要批示：省旅游局在旅游强省建设上积极作为，全省旅游系统无私奉献，共同努力，取得了骄人的业绩，实现了“十二五”完美收官。望继续努力，“十三五”期间再创辉煌。

发展报告

2015 年陕西省旅游业发展报告

“十二五”期间，按照国家确定的“把旅游业培育成国民经济的战略性支柱产业和人民群众更加满意的现代服务业”战略定位，在陕西省委、省政府的坚强领导下，各级党委、政府和相关部门大力推动旅游业的发展。陕西省旅游行业认真贯彻落实国家旅游局和省委、省政府关于旅游业发展的一系列决策部署和要求，按照“2336”发展思路，着力推进产品开发，着力加强品牌建设，着力提升服务质量，着力加强队伍建设，提前一年完成“十二五”规划主要指标，陕西从旅游资源大省向旅游强省迈出了新步伐。

一、加快旅游发展的良好环境正在形成，旅游业成为拉动全省经济发展的重要力量

“十二五”期间是我省旅游业历史上发展最快的时期。各级党委、政府高度重视旅游业，把旅游业作为战略性支柱产业来谋划、来推进。省委、省政府主要领导和分管领导对旅游业发展提出一系列重要思想、作出重要批示，并出席旅游业重要活动。省级领导考察、出访都把旅游推介作为一项重要工作。省政府召开专题会议研究旅游工作，出台了《陕西省人民政府关于突出重点提档升级推动旅游业大发展的意见》《陕西省人民政府关于 < 国民旅游休闲纲要 > 的实施意见》《陕西省人民政府关于促进旅游业改革发展的实施意见》《陕西省人民政府办公厅关于促进旅游投资和消费的实施意见》等一批推动旅游业发展的重要文件，建立了陕西省旅游工作联席会议制度。省政府安排 5 亿元设立陕西旅游产业发展基金。各市、县政府主导力度进一步加大，着力推进景区开发、宣传促销、基础设施建设，促进重大项目、重大活动的实施。大多数市召开了旅游产业发展大会，增加了旅游发展资金，积极创新旅游体制机制。

2015 年，全省接待境内外游客 3.86 亿人次，旅游业总收入 3005.8 亿元，比上年分别增长 16.1% 和 19.2%。“十二五”期间共接待境内外游客 14.14 亿人次，旅游总收入 1.07 万亿元，分别完成“十二五”规划目标的 128.6% 和 120.2%，比“十一五”期间分别增长了 180% 和 226%，年均增长速度分别达到 21% 和 25%。

全省旅游业增加值占全省 GDP 的 6.6%，综合贡献率占 11.53%。在经济下行压力加大的严峻形势下，我省旅游业一直保持两位数的高速增长，成为全省经济发展中的亮点，其综合带动效应为陕西经济稳增长做出了较大的贡献。

（一）旅游成为全省投资的重要增长点

“十二五”期间全省实施旅游项目2100余个，完成投资1721.04亿元，比“十一五”期间分别增长 69.5%和 222%；招商引资项目 656 个，累计完成投资 1689.54 亿元。2015 年新建、在建项目 500 个，完成投资 600 余亿元。

2014、2015 年两届丝绸之路国际旅游博览会签约项目 58 个，涉及资金 451.62 亿元，完成投资 23.4 亿元。十大文化旅游景区项目累计完成投资 50 余亿元；31 个文化旅游名镇累计完成投资 77.15 亿元。

（二）旅游带动了相关行业转型发展

全省旅游业总收入在第三产业中的比重由 26.7% 提高到 41.7%。旅游业对住宿业的贡献率超过 90% , 对民航和铁路客运业的贡献率超过 80%，对文化娱乐业的贡献率超过 50%，对餐饮业和商业的贡献率超过 40%。旅游业的发展有效改善了我省的经济结构，“十一五”末的 2010 年我省一、二、三产结构为 9.8 ： 53.9 ： 36.2，到 2015 年变为 8.8 ： 51.5 ： 39.7，其中第三产业占比提高了 3.5 个百分点。旅游业扩大了就业，全省旅游业累计直接就业 703 万人，旅游业就业人数占全省城镇居民新增就业人数的 10%，带动约 60 万人脱贫。

二、旅游产品结构多元化，旅游产业规模迈上新台阶

“十二五”期间，全省旅游项目建设努力适应休闲度假旅游时代的新要求，更加注重项目的休闲度假功能，推出一大批参与性强、体验性强的旅游产品。休闲度假、冬季旅游、儿童游乐等产品大幅增加，旅游产品结构发生重大变化。观光与休闲度假产品比例由“十一五”的 5 ： 1 变为 5 ： 3.5。

（一）精品景区数量大幅增加

全省 A 级景区由 2010 年的 101 家增加到 312 家，其中 5A 级景区由 3 家增加到 7 家，4A 级景区由 24 家增加到 83 家。“十二五”期间全省一大批旅游新景区陆续开园，太白山综合改造项目，太白山天下索道及红河谷索道，华山太华索道项目，文安驿文化园区，西安乐华城，照金牧场、红色文化创意街区，迪比斯欢乐水世界，必捷滑雪场等景区极具体验性、互动性、娱乐性，深受游客喜爱。

（二）旅游基础设施显著提升

“十二五”期间，全省景区道路、厕所、停车场、游客服务中心和标识标牌

等建设全面加强。全省新建、改造景区旅游道路、步行道2000余千米、旅游厕所5000余座、停车场320余个、游客服务中心和游客服务咨询点830余个，新建自驾游营地10个。70%的旅游干线和3A级以上景区实现标牌、标识标准化建设。高A级景区实现Wi-Fi全覆盖。全省旅游便捷性、通达性得到提高。

（三）旅游商品开发取得优异成绩

全省建立了4个旅游商品研发基地，研发旅游商品1500余种。旅游商品连续3年在中国旅游商品大赛上获得金、银、铜三项大奖。在第七届中国旅游商品大赛上我省作品获得金、银、铜三项大奖；宝鸡陈仓社火脸谱荣获“中国十强旅游商品”称号，凤翔泥塑等4个旅游商品跻身全国百佳旅游商品；在首届中国特色旅游商品评选活动中，我省选送的胖胖兵马俑、唐宋陶业青釉镂空茶具、鹏翔汉中仙毫获得金奖，凤翔泥塑、秦雅艺术吉祥老虎布艺系列、于是陕西特色文化优盘获得银奖。

（四）旅游企业规模壮大

全省星级饭店由2010年的353家增加到382家，五星级饭店由8家增加到17家。旅行社由2010年的614家增加到775家。中国旅行总社西北有限公司、陕西中国旅行社有限责任公司进入全国百强旅行社。陕西旅游集团、陕西文化产业投资控股（集团）有限公司、曲江文化产业投资集团、西安旅游集团有限责任公司等大型企业快速发展，在调整全省旅游产业布局、转变旅游业发展方式上发挥了引领作用。旅游企业由2010年的1600家增加到3000余家。

三、乡村旅游发展势头强劲，促进了休闲度假产品开发和农民增收

“十二五”期间乡村旅游高速增长，已成为陕西旅游的新热点、新亮点。按照“因地制宜、错位发展”的原则，省市县合力狠抓旅游示范县、文化旅游名镇、旅游村建设以及乡村旅游扶贫工作。31个文化旅游名镇建设快速推进。创建国家级休闲农业和乡村旅游示范县6个、示范点17个，中国乡村旅游模范村27个，中国乡村旅游金牌农家乐300家，省级旅游示范县17个，省级旅游特色名镇79个，省级乡村旅游示范村120个。

乡村旅游的快速发展成为扩展旅游领域，也成为贫困地区农民脱贫致富的重要途径。2015年推进151个国家乡村旅游扶贫重点村建设，省旅游局协同省发改委、省扶贫办为36个村落实项目资金3600万元，遴选10个县区开展省级旅游扶贫试点示范县（区）建设。全省在秦巴、吕梁、六盘三大片区累计安排旅游资金近3亿元，扶持乡村旅游的发展。2015年新增农家乐1080户，全省目前有2万户农家乐，乡村旅游从业人数达到24万人。“十二五”期间通过发展旅游业实现脱贫人数约

60 万人，占全省脱贫人数的 15%。

2015 年，全省乡村旅游接待游客 1.4 亿人次，旅游总收入 158.9 亿元，同比分别增长 23.5%、25.7%。“十二五”期间，全省乡村旅游共接待游客 4.71 亿人次，年均增长 30.3%；乡村旅游总收入 500.8 亿元，年均增长 30.8%。袁家村、马嵬驿、沙·沙河水街、青木川、蓝田汤峪、留坝等乡村旅游发展模式成为行业典型。

四、做大陕西旅游品牌，唱响丝绸之路起点旅游

“十二五”期间，全省旅游行业认真落实国家“一带一路”战略，按照“2336”发展思路，围绕丝绸之路新起点建设，以品牌建设为抓手，以促进旅游消费、开拓旅游市场、加强区域旅游协作的工作思路，积极开展旅游市场开发和品牌建设工作，不断提高“山水人文·大美陕西”旅游新形象、陕西旅游品牌的知名度和影响力，进一步提升陕西旅游的吸引力和竞争力。

“十二五”期间，省旅游局成功举办 3 次“秦岭与黄河对话”，挖掘陕西文化内涵，影响力和传播面达到 12 亿人次；成功举办两届丝绸之路国际旅游博览会，吸引了 33 个国家和地区代表、国内 24 个省区市的政府机构和旅游企业参会，接待专业观众 6400 余人，接待公众 8 万人次。“十二五”期间在国内外重要客源地开展旅游促销 160 多场次。

2015 年，国家旅游局先后 3 次把重大旅游活动安排在陕西，我省成功承办了丝绸之路旅游部长会议暨第七届联合国世界旅游组织丝绸之路旅游国际大会、“美丽中国—2015 丝绸之路旅游年”启动仪式、长征精神红色旅游火炬传递全国火炬汇集仪式。世界旅游组织和国家旅游局盛赞陕西会务工作体现了国际水平，高度评价陕西旅游在中国及世界旅游版图中的重要地位。2015 年全省接待入境过夜游客 293 万人次，旅游外汇收入 20 亿美元。

（一）打造以西安为起点的丝绸之路风情体验旅游走廊

紧抓建设丝绸之路经济带的重大机遇，我省紧紧围绕建设丝绸之路经济带新起点总目标，大力打造以西安为起点的丝绸之路风情体验旅游走廊。通过举办国际性活动，使陕西旅游在国家旅游总体发展布局中的地位和作用更加凸显，全方位展现和提升了陕西作为丝绸之路起点的独特魅力，树立了陕西旅游品牌，得到了世界旅游组织和国家旅游局以及省委、省政府的高度肯定。

（二）“秦岭与黄河对话”成为全国文化旅游品牌

2013 年，省旅游局“5·19”中国旅游日期间推出大型主题文化旅游活动——“秦岭与黄河对话”，连续三年坚持在“5·19”中国旅游日当天策划举办不同主题的对话。

此活动已成为全国文化旅游品牌。2015 年的对话活动，首次实现大陆、香港、台湾三地卫视携手，并邀请沿黄河各省广播电台共同推广宣传“秦岭与黄河对话”旅游品牌，通过三地卫视直播转播以及报纸、广播、网络等新闻媒体形成合力宣传，受众达到 5 亿人次。

（三）建立线上线下全覆盖宣传网络

“十二五”期间，省旅游局大力加强网络及新媒体宣传力度，建立了官方微博、微信公众平台；利用 Twitter、Facebook 等大型网络交互平台策划了一系列陕西旅游宣传活动，省旅游局政务网站荣获“2015 十佳目的地旅游局互联网应用创新奖”，新浪官方微博和官方微信公众订阅号走在全国前列。成立了“大美陕西”香港旅游营销中心。在陕西卫视推出全国首档大型唐诗文化益智真人秀节目《唐诗风云会》，覆盖全国 31 个省（区）市，受众 5 亿人次。先后赴 11 个国家推介陕西旅游，在港澳地区及国内举办了 30 多场旅游推介会。第五届陕粤港澳经济合作周活动期间，省旅游局在香港 400 辆公交车投放为期半年的车体广告，提高陕西旅游品牌在香港地的影响力；借助《大公报》在港澳等地区的舆论宣传影响力加以宣传，并在繁华地段投放 LED 显示屏进行推介；在香港地铁、机场及入境口岸等场所通过多种宣传渠道进行宣传，有效地扩大了陕西旅游在港澳地区的宣传促销力度。

五、旅游环境提升，以优质服务赢得天下客

按照《陕西省人民政府关于突出重点提档升级推动旅游业大发展的意见》的要求和省旅游局“2336”发展思路，各级旅游主管部门和旅游企业以提升游客满意度为目的，在行业管理上创新举措，着力规范旅游市场秩序，提升旅游服务质量，塑造良好的旅游环境，以优质服务赢得天下游客。

（一）《陕西省旅游条例》正式出台

2015 年 11 月 19 日，陕西省十二届人民代表大会常务委员会第二十三次会议审议通过了修订后的《陕西省旅游条例》。该条例立足陕西旅游业发展的实际情况，遵循《中华人民共和国旅游法》等法律法规，先后增加了两章、二十七条内容，为全省旅游业健康快速发展提供了法律保障。

（二）标准化建设进一步加强

2015 年 2 月 12 日，《陕西省旅游特色名镇评定规范》和《陕西省乡村旅游示范村评定规范》地方标准正式出台。标准规定了旅游特色名镇、乡村旅游示范村的术语和定义、申报要求、申报程序、评定要求，填补了我省村镇旅游标准化建设的空白，为全国村镇旅游标准化建设提供了范本。

（三）旅游市场秩序进一步优化

“十二五”期间，按照省政府关于加强旅游市场秩序整治的有关要求和部署，整顿规范旅游市场秩序联席会议统筹安排部署全省旅游市场整顿工作及联合执法检查工作。各成员单位积极开展旅游市场联合执法检查，加大暗访检查力度，加强节假日联合执法检查，严惩违法违规行为，有效遏制了旅游市场存在的突出问题，全省旅游市场秩序健康稳定，成果显著。仅2015年节假日期间，全省公安、交通、质监、工商、食药、物价、旅游等相关部门开展联合执法检查，检查旅行社591家次，星级饭店252家次，A级景区294家次，购物店209家次。

（四）创新举措，提升管理和服务水平

建立了A级景区退出机制，完善了游客满意度调查制度，组建了旅游服务质量监督员队伍，旅游志愿者队伍、旅游形象大使队伍。加强队伍建设，实施了“百千万”培训工程，仅2015年就针对旅游业行政管理人员、企业管理人员、基层服务人员培训62000人次，有效提高了管理和服务水平。

陕西旅游业在“十二五”期间的蓬勃发展为“十三五”实现追赶超越打下了良好基础。站在“十三五”的起点，全省旅游业蓄势待发，争创更大辉煌！

“十二五”陕西旅游主要接待指标

指标 \ 年份		2011年	2012年	2013年	2014年	2015年
全省接待总量	接待总人数（亿人次）	1.84	2.33	2.85	3.32	3.86
	旅游总收入（亿元）	1325	1713.32	2135	2521.4	3005.8
入境游客	接待人数（万人次）	270.4	335.23	352.06	266.3	293.03
	旅游收入（亿美元）	13	15.97	16.76	14.16	20.00
国内游客	接待人数（万人次）	18135.3	22941.15	28161.34	32952.8	38274.1
	旅游收入（亿元）	1240	1609.52	2031.1	2435	2903.9
红色旅游	接待人数（万人次）	5620	7100	8730	10050	13000
乡村旅游	接待人数（万人次）	5200	6850	9247.5	11574.5	14294.5
	旅游收入（亿元）	48.3	71	98.5	126.4	158.9

2015 年陕西旅游十大新闻

在陕西省委、省政府的坚强领导下，全省旅游业抢抓丝绸之路经济带新起点建设机遇，紧紧围绕建设旅游强省目标，大力实施“2336”发展思路，着力推进旅游业转型升级、提质增效，陕西旅游业进入历史上发展最快的时期。经《中国旅游报》、《陕西日报》、《三秦都市报》、《西安晚报》、《陕西旅游》杂志、人民网、新浪网、腾讯网等新闻媒体联合评审，评选出 2015 年陕西旅游十大新闻：

一、全省旅游业“十二五”发展规划主要指标超额完成，旅游业总收入突破 3000 亿元大关

2015 年是全省旅游业“十二五”发展规划的收官之年。“十二五”以来，全省旅游行业认真贯彻落实省委、省政府关于旅游业发展的部署要求，狠抓品牌建设和提档升级，陕西从旅游资源大省向旅游强省迈出新步伐，提前一年完成“十二五”规划主要目标。

全省接待境内外游客 14.14 亿人次，旅游业总收入 1.07 万亿元，分别比“十一五”期间增长 180%、226%，接待境内外游客由 2010 年的 1.46 亿人次增长到 2015 年的 3.86 亿人次，超出规划目标 29 个百分点；旅游业总收入由 2010 年的 984 亿元增长到 2015 年的 3005.8 亿元，超出规划目标 20 个百分点；接待境内外游客和旅游业总收入年均分别增长 21%、25%。全省旅游业累计完成投资 2651.5 亿元，比“十一五”期间增加了 2116.2 亿元，增长 395%。旅游招商引资项目 1150 个，涉及资金 6200 亿元，累计完成投资 2620 亿元。31 个文化旅游名镇累计开工建设项目 978 个，完成投资 77.15 亿元。17 个旅游示范县共实施旅游项目 200 余个，完成投资 320 多亿元。扶持乡村旅游基础设施建设项目 122 个，总投资 5.1 亿元。全省农家乐经营户增加 8100 户，达到 2 万户，乡村旅游从业人数达 24 万人，带动 60 万人脱贫。旅游业累计直接就业 703 万人。旅游与文化、文物、体育、农业、林业、水利、工业等融合发展加深，带动了住宿业、民航和铁路运输业、文化娱乐业、餐饮业、商业等快速增长，对全省经济社会发展的贡献份额不断提高。

二、《陕西省旅游条例》正式出台

11 月 19 日，《陕西省旅游条例》经陕西省第十二届人大常委会第二十三次会议修订通过，这是我省十年来首次修订条例，该条例将于 2016 年 4 月 1 日起正式施行。

修订后的《陕西省旅游条例》共十章八十九条，条例立足全省旅游发展实际，贯彻落实十八届五中全会提出的“创新、协调、绿色、开发、共享”发展理念，把促进旅游业持续健康发展作为立法的核心思想，突出以问题为导向进行立法，增加条例的针对性和操作性，发挥好立法的引领和推动作用。重点对旅游管理体制、机制、旅游规划、旅游促进、资源开发与保护、游客文明规范、导游从业人员的权益保障、乡村旅游、景区最大承载量、旅游购物、户外及网络经营、旅游安全等方面都做出明确规定，为全省旅游业健康快速发展提供法律保障。

三、省政府出台《关于促进旅游业改革发展的实施意见》

为贯彻落实《国务院关于促进旅游业改革发展的若干意见》（国发〔2014〕31 号）精神，充分发挥旅游业在稳增长、调结构、惠民生、促就业方面的综合带动作用，5 月 27 日省政府出台《关于促进旅游业改革发展的实施意见》（以下简称《意见》）。

《意见》围绕建设“三个陕西”总体要求，坚持“改革创新、依法兴旅、融合发展、以人为本”的科学旅游观，积极推动旅游产品向观光、休闲、度假并重转变，推动旅游开发向集约型转变，推动旅游服务向优质服务转变。提出到 2020 年，全省接待游客达到 6.4 亿人次，城乡居民年人均出游 4.5 次，境内旅游总消费额达到 6000 亿元，旅游业增加值占国内生产总值的比重超过 6%。《意见》同时对增强旅游发展动力、拓展旅游发展空间、优化旅游发展环境、完善旅游发展政策等方面进行了安排部署，为保障旅游业发展推出了一系列新举措。建立了全省旅游工作联席会议制度，为统筹协调解决旅游工作重大问题提供了机制保障。

四、金丝峡景区成功创建国家 5A 级旅游景区，全省 5A 级旅游景区总数达到 7 家

10 月 15 日，全国旅游资源规划开发质量评定委员会发布公告，正式批准我省商洛市金丝峡景区成为国家 5A 级旅游景区。至此，陕西已有秦始皇帝陵博物院、华清池景区、黄帝陵景区、西安大雁塔·大唐芙蓉园景区、华山景区、法门寺佛文化景区和金丝峡景区 7 个 5A 级旅游景区。

以推进国家A级旅游景区创建工作为抓手，全省景区在服务和环境质量上都有了新的提升，高A级景区创建倍增计划取得积极成果。新增4A级旅游景区14个，全省高A级旅游景区总数达到83家。创建省级旅游度假区5个，太白山景区已顺利通过国家5A级景区资源评审，秦岭终南山世界地质公园核心景区、西安城墙·碑林、延安红色旅游系列景区、乾陵、司马迁祠等景区创建5A级景区工作顺利推进。

五、成功举办丝绸之路旅游部长会议暨第七届联合国世界旅游组织丝绸之路旅游国际大会，全方位展现和提升了陕西作为丝绸之路起点的独特魅力

6月18日至19日，丝绸之路旅游部长会议暨第七届联合国世界旅游组织丝绸之路旅游国际大会在西安隆重举行。联合国世界旅游组织秘书长塔勒布·瑞法依，国家旅游局局长李金早，省委书记赵正永，省长娄勤俭，以及保加利亚、约旦等丝绸之路沿线20多个国家旅游部长或代表，国内20多个省区市的300余名代表出席盛会。会议通过的《丝绸之路旅游部长会议西安倡议》，进一步释放了丝绸之路的发展潜力，在推动跨境旅游签证便利化、旅游投资便利化等方面奠定了坚实基础。

围绕唱响“丝绸之路起点旅游”品牌，加大工作推进力度。陕西成功承办“美丽中国—2015丝绸之路旅游年”启动仪式。2015中国西安丝绸之路国际旅游博览会取得丰硕成果，全国人大常委会副委员长张宝文，省委书记赵正永，省长娄勤俭等领导莅临展会并出席相关活动，开展现场促销活动1000余场，达成合作意向3亿元。出入境旅游便利化程度明显提升，西安咸阳国际机场已开通国际航线24条，涉及欧亚国家和地区14个，使陕西成为丝绸之路上连接中亚及欧洲的黄金节点。“丝路使者号·新东方快车”开行以来，发车200多次，组织游客7万余人，丝绸之路起点旅游集聚能力更加凸显，为游客往来提供更多便利。

六、乡村旅游成为全省旅游业发展新引擎

坚持“因地制宜、错位发展”的原则，狠抓旅游示范县、文化旅游名镇、旅游村建设以及乡村旅游扶贫工作。长安区、扶风县、礼泉县等10个县（区）顺利通过全省第二批旅游示范县验收。陕西打造了留坝、商南、凤县等一批县域旅游目的地和照金、华阳、凤凰、陈炉等一批文化旅游名镇。《陕西省乡村旅游示范村评定规范》《陕西省旅游特色名镇评定规范》为全国村镇旅游标准化建设提供了范本。袁家村、马嵬驿、周至沙·沙河水街、青木川、蓝田汤峪等模式成为行业典

型。袁家村被评为首批“中国乡村旅游创客示范基地”和“全国十大美丽乡村”。第二十二届杨凌农高会期间，成功举办了以“旅游让农民更富裕”为主题的第八届乡村旅游展。乡村旅游扶贫成效显著，151个国家首批乡村旅游扶贫重点村建设顺利推进，落实项目资金3600万，遴选了10个县区开展省级旅游扶贫试点示范，顺利启动扶贫重点村免费规划编制工作。梁家河村成为全国乡村旅游扶贫工作典型。全省现有国家级休闲农业和乡村旅游示范县6个、示范点17个，中国乡村旅游模范村27个、模范户30家、金牌农家乐300家，省级乡村旅游示范村120个，涌现出300名中国乡村旅游致富带头人，省级旅游特色名镇79个。2015年新增农家乐1080户。乡村旅游接待游客1.4亿人次，旅游收入158.9亿元，同比分别增长23.5%、25.7%。

七、品牌建设让陕西旅游更具魅力

坚持在增强针对性和有效性上下功夫，开展了系列品牌推广活动，取得丰硕成果。以“新丝路、新起点、新旅程”为主题，举办“秦岭与黄河对话”活动，覆盖受众达5亿人次。宝鸡陈仓社火脸谱荣获“中国十强旅游商品”称号，凤翔泥塑、蛋雕系列、蝶缘、华清宫礼物分别荣获“中国百佳旅游商品”称号。建立了陕西旅游形象大使队伍，孙维、高春毅等10名陕西籍知名人士成为我省旅游形象大使。成立“大美陕西”香港旅游营销中心。联合陕西卫视推出全国首档大型唐诗文化益智真人秀节目《唐诗风云会》，覆盖全国31个省（区）市，受众5亿人次。组建首批1500名旅游志愿者服务队伍。先后赴11个国家推介陕西旅游，在港澳地区及国内举办了30多场旅游推介会。省旅游局政务网站荣获“2015十佳目的地旅游局互联网应用创新奖”，新浪官方微博和官方微信公众订阅号走在全国前列。

八、全省新建改造旅游厕所1300座，旅游“厕所革命”走在全国前列

旅游“厕所革命”是国家旅游局着力推进的重点工作之一。习近平总书记，汪洋副总理多次就旅游“厕所革命”作出重要批示。省委、省政府主要领导高度重视旅游厕所建设改造工作，5月4日，省委书记赵正永作出重要批示：“省旅游局对全省景区厕所进行一次检查，提出整改意见。厕所是文明的水平，是一个地方的面子，要抓好，请建设厅配合。”5月18日，省长娄勤俭作出重要指示：“省发改委、旅游局抓好贯彻落实，整治旅游不文明的各种顽疾陋习，提升陕西旅游环境和品质。”

全行业认真贯彻中省领导指示精神，扎实开展旅游厕所建设改造工作。4月23日，召开全省旅游规划项目暨“厕所革命”工作会议，提出2015年全省新建、改造旅游厕所1300座，2016年建成900座，争取两年完成“厕所革命”建设任务，实现旅游景区、旅游干道、交通集散地的厕所全部达到优良标准。西安、宝鸡、渭南、榆林、商洛入选全国旅游“厕所革命”先进市名单。2015年全省建设改造旅游厕所1300座，为提前一年完成旅游“厕所革命”任务打下了坚实基础。

九、“薪火相传·再创辉煌”长征精神红色旅游火炬传递全国火炬汇集仪式在延安举行

11月9日，“薪火相传·再创辉煌”长征精神红色旅游火炬传递全国火炬汇集仪式在延安举行。火炬传递活动于8月正式启动，涉及15个省、27个市（县、区）、30多个红色旅游景区，火炬汇集革命圣地延安，彰显了陕西作为红色旅游大省的重要地位。11月8日，省旅游局在延安召开了全省“践行‘三严三实’推动陕西红色旅游发展”经验交流会，对进一步发挥红色旅游教育功能、切实把延安精神融入“三严三实”专题教育、持续改进工作作风等方面提出明确要求，加快推进红色旅游成为全省旅游业的动力源泉和旅游经济新的增长点。

按照“把红色资源利用好、把红色传统发挥好、把红色基因传承好”的要求，大力弘扬长征精神和延安精神，坚持系统推进精品线路、打造经典景区，促进红色旅游与相关产业融合发展。全省3A级以上红色旅游景区30个，其中10个景区纳入全国一期、二期红色旅游发展规划，陕甘宁红色旅游区跻身全国12个“重点红色旅游区”，西安—洛川—延安—子长—绥德—榆林红色旅游线路入选全国30条“红色旅游精品线路”。全省现有革命遗址2051个，其中国家级示范基地11个，省级爱国主义教育基地78个，红色旅游景区150多个。2015年红色旅游接待人数1.3亿人次、综合收入1170亿元。

十、陕西中国旅行社有限责任公司、中国旅行社总社西北有限公司入围全国百强旅行社

11月12日，国家旅游局发布2014年度全国旅行社统计调查排强名单，陕西中国旅行社有限责任公司进入全国百强旅行社行列，名列第五十一名，同时入围全国入境游二十强旅行社；中国旅行社总社西北有限公司连续4年入围全国百强旅行社，名列第六十六名，比2013年提升了23个名次。全省现有旅行社达到775家，

西安卓恒旅行社成为陕西省首家外商投资旅行社。

省旅游局将按照十八届五中全会精神和省委十二届八次全会部署，全面树立“创新、协调、绿色、开放、共享”五大发展理念，以“旅游+”和“全域旅游”为抓手，创新体制机制，做大做强“山水人文·大美陕西”旅游品牌，把陕西打造成国内一流、世界著名的旅游目的地，使旅游综合收入进入全国第一方阵。

2015 年西安市旅游产业发展报告

西安市旅游局

2015 年，西安市旅游业按照市委、市政府加快发展旅游业的一系列要求，主动适应经济发展新常态，稳增长、调结构，加大宣传营销力度，加快产品结构转型升级，大力规范市场秩序，努力提升服务质量，旅游业保持了快速发展的良好势头，全年共接待海内外游客 1.36 亿人次，实现旅游总收入 1073 亿元。

一、多措并举加大营销，不断提升西安旅游的吸引力

坚持媒体营销和实地营销相结合，不断加大旅游营销力度。持续在中央电视台播出西安旅游宣传广告。与歌手霍尊合作推出以宣传西安为主题的英文单曲《唐诗》，在各大网站集中发布。针对境外市场，结合丝绸之路申遗成功和“72 小时过境免签”政策的实施，先后赴美国、加拿大、日本、韩国、土库曼斯坦等客源市场进行实地促销，新增英国伦敦、法国巴黎等 10 个“西安之窗”境外旅游推广中心，不断拓展境外营销渠道。针对国内市场，先后在福州、南宁、郑州、杭州、南京等地进行实地宣传推介。利用北京、上海、济南等城市的 17 块 LED 大屏和北京市公交亭宣传“美丽西安——中华文明标识之旅”，组织我市旅游企业对重庆、成都、武汉等目标客源市场，开展面向业界的实地营销。创新网络营销方式，着力打造以西安市旅游局官网、微信、微博、手机 APP 为依托的 “智慧旅游”推广平台，西安旅游天猫旗舰店正式上线，与乐途旅游网、新浪、腾讯、百度等知名网站联合推广西安旅游。西安旅游的知名度和影响力进一步扩大。

二、丰富旅游产品体系，加快旅游产品结构转型升级

一是策划推出特色旅游线路产品。根据习近平总书记视察陕西时的讲话精神和市委、市政府的要求，策划推出了“美丽西安——中华文明标识之旅”等 4 条特色线路产品，加大产品营销推广。

二是规划休闲产品体系，编制《西安市国民旅游休闲计划（2015—2020）》，规划推进我市休闲旅游发展。

三是举办系列旅游节事活动。先后策划举办踏青、赏花、登山、温泉滑雪等独具特色的系列旅游节事活动，并推出西安研学旅行和国际港务区产业旅游等专题产品，集中向旅行社进行推广。

四是推动乡村旅游提档升级。联合市财政局、市统筹办、市农林委对全市乡村旅游发展情况进行调研，与市财政局联合出台《加快全市乡村旅游发展的政策措施》，制定了《西安市乡村旅游服务质量评定标准》《乡村旅游示范村、镇评定办法》，继续开展“西安最美乡村”评选活动，以点带面，促进乡村旅游提档升级。

三、大力规范市场秩序，努力提升旅游服务质量

进一步发挥区县、开发区在旅游市场监管工作中的主体作用，重点规范火车站，大雁塔南、北广场，秦兵马俑景区及周边等重点区域的旅游市场秩序。积极推进旅游市场联合执法机制常态运行，提请市政府出台了《关于建立全市旅游市场联合执法机制的实施意见》，联合市公安局、市物价局、市交通局等部门，对非法“一日游”“5元游曲江”等旅游市场乱象进行专项整治。进一步加强行业内部规范，完成导游年审培训5000余人，对全市旅行社的旅游责任险、质保金等信息逐一核对，对旅行社以不合理低价招揽游客和导游员规范执业情况开展专项检查。大力开展旅游服务质量提升活动，指导旅游企业广泛开展岗位练兵，不断提升从业人员素质，面向全社会发布旅游企业信用“红黑榜”，持续开展文明旅游行动，营造良好旅游环境。

四、加强基础设施建设，不断完善旅游综合服务功能

编制完成《西安市旅游公共服务体系规划》。大力推进“厕所革命”，制定《西安市旅游厕所建设管理行动实施方案》，科学规划、突出重点，加快建设进度。大力推进以信息和互联网技术为核心的智慧旅游建设，联合市财政局出台《关于支持智慧景区发展的实施意见》，努力为游客提供方便、快捷的旅游服务。认真贯彻落实市政府《关于推动经济平稳健康发展的若干意见》和《进一步加快发展旅游业的若干意见》，严格落实对旅行社、景区、星级酒店的奖励政策，做大做强市场主体。全年新增4A级景区4家。

五、着力推进丝绸之路经济带旅游合作

充分利用国家旅游局“美丽中国—2015中国丝绸之路旅游年”主题活动，启动编制丝绸之路西安旅游专项规划，邀请德国、瑞士旅游批发商对我市丝绸之路旅游产品进行考察，加大丝绸之路旅游产品营销力度。抓住丝绸之路旅游部长会议在西安举办的契机，加大西安丝绸之路起点的营销推介。成功举办2015丝绸之路国际美食旅游月、2015欧亚经济论坛旅游合作分会、2015丝绸之路国际旅游合作座谈会暨丝绸之路国际旅游合作联盟年会，努力推进丝绸之路沿线城市间旅游合作，打造丝绸之路旅游国际品牌。

六、狠抓安全维稳工作，确保旅游行业安全稳定

不断完善旅游行业安全生产制度，认真落实安全生产“一岗双责”，深入开展重大节庆和敏感时期安全隐患大排查、大整治活动。组织以旅行社加强用车安全为重点的安全检查40余次，指导景区大力开展平安景区创建活动，联合相关部门加强对星级酒店、宾馆的消防安全检查和农家乐的食品安全监管，在全局实行旅游安全生产督导检查包干责任制，确保旅游安全工作落到实处。

2015 年宝鸡市旅游产业发展报告

宝鸡市文物旅游局

2015 年，全市旅游工作紧紧围绕打造国内一流旅游目的地、集散地和彰显华夏文明的历史文化基地的总目标，着眼旅游火起来，突出重点项目建设，唱响宝鸡“休闲旅游年”主题，创新行业监管，宝鸡旅游呈现强劲增长态势，荣获“2015 年度最具创意旅游休闲城市”荣誉称号。全市共接待国内外游客 5356.2 万人次，实现旅游总收入 363.5 亿元，同比分别增长 15.2% 和 17.2%。

一、王牌景区建设实现新突破

科学规划旅游产业发展，开展了文化旅游融合发展专题调研，全市“十三五”旅游产业发展规划完成编制，4 个县 6 个重点景区规划完成修编。全市 35 个重点旅游项目全部开工建设，年度完成投资 30.6 亿元，招商引资实现到位资金 21. 6 亿元（省际到位资金 8.6 亿元），争取中省资金 9090 万元。关山草原旅游快速干道、太白山水上世界、太白山龙凤广场水岸商业街、眉县西汤国际温泉酒店、大水川灵宝峡景区、青峰峡景区综合服务区等项目建成投用，法门寺佛文化景区二期、黄柏塬、先秦古镇、金台观二期、法门寺等一批重点项目顺利推进。积极推进渭河“百里画廊”建设，编制完成了文化策划、休闲产业带总体规划，设计安装了旅游标识系统；开展了系列宣传和沿线产业带招商推介，组织摄影家、作家、诗人、记者等各界代表进行采风宣传；积极协调县区解决项目建设中的问题，河堤 5 大景点、河道 8 大景区基本建成，渭河“百里画廊”品牌已成为全市文化休闲新亮点。加强 A 级景区创建，太白山景区通过国家 5A 级旅游景区景观资源评估，麟游县九成宫碑亭景区、陇县龙门洞景区成功创建为国家 4A 级旅游景区，大水川灵宝峡、西部兰花园、陇县雷音山、眉县逸乐园被评为国家 3A 级旅游景区，法门寺、太白山等 6 家景区被评为首批“全国承诺旅游价格信得过景区”，太白山旅游度假区被评为省级旅游度假区。全市 A 级景区达 42 家，4A 级以上达 13 家。全市旅游景区及主干道路标识系统建设基本做到了全覆盖。以太白山景区为示范景区的智慧旅游也有了长足发展。工业旅游示范工作有序推进，新增青岛啤酒宝鸡工业园、农夫山泉红河谷分厂及灵官峡为新的工业旅游示范点。

二、旅游影响力显著增强

印发了《2015年宝鸡休闲旅游年宣传营销方案》，围绕休闲旅游年主题和“让宝鸡文物活起来，让宝鸡休闲旅游热起来，让宝鸡旅游火起来”的目标，以周边300千米范围为重点，先后开展了踏青赏花季、清凉避暑季、浪漫红叶季、冰火体验季、探寻古文化季五个季的主题旅游宣传。创新宣传方式，建立了启动仪式、旅游信息发布会、广告代理等制度，先后举办旅游信息发布会和启动仪式7次，在周边9个地市，通过报刊杂志，广播电视，公交线路、高铁、地铁、高速，户外广告，网络等媒介持续开展旅游宣传；精心推出了“宝鸡鸣四海、五洲度陈仓”“宝鸡鸣春、陈仓踏青”“休闲避暑、清凉宝鸡”“秋景醉宝鸡、浪漫最红叶”“冬日游宝鸡、浪漫又温情”等系列旅游形象宣传语，提升旅游宣传的感染力。强化网络营销，与腾讯、新浪、凤凰网等合作，开展网络线上活动30余次，发布旅游信息5000余篇，旅游微博、微信13000余篇，阅读量达到1000多万次，旅游微信阅读量排名为全省第三名和全国第五名，荣获腾讯大秦网“最佳运营奖”。成功举办2015宝鸡休闲旅游年文化旅游节暨陇县关山草原景区旅游周活动、宝鸡休闲旅游年惠民周、西安人游宝鸡旅游优惠月、陕西人游宝鸡都市旅游圈优惠月活动等。2015全市旅游宣传营销资金投入过亿元，高强度、大范围、地毯式宣传营销，显著提升了宝鸡旅游的影响力和美誉度。

三、乡村休闲游游提质增效

3月19日，市政府主要领导带队赴咸阳袁家村和马嵬驿就乡村旅游发展进行了考察学习，并召开了全市乡村旅游发展座谈会和全市乡村旅游专题推进会。制定了《宝鸡市乡村休闲游品牌民俗村镇开发建设指导意见》，提出了采取市场化理念，公司化运作，谋划开发一批不同特色品牌民俗村镇的发展思路。各县区分别确定了乡村旅游重点村（镇），并积极招商推介，形成了社会资本竞相参与乡村旅游开发建设的良好局面。市财政安排专项资金350万元对首批确定的7个重点民俗村镇进行了扶持，其中庵岭古镇一期已建成运营，其他也相继开工建设。扶风县成功创建为第二批省级旅游示范县。

四、创新和强化行业监管

开展了旅游市场整顿规范专项行动和旅游执法异地交叉检查，建立了游客不文明行为记录，设立了 24 小时旅游咨询服务热线，聘请了 25 名旅游服务质量社会监督员。2015 年，我市年共受理各类旅游咨询、投诉 240 余起，其中有效旅游投诉 15 起，全部处理完毕。积极引导全市旅行社相互联动做好“一日游”咨询服务，在全市精选了 9 家“一日游”旅行社具体承担“一日游”服务，使“一日游”客源通过各种途径向“服务社”聚集，实现了“一日游”市场“散客天天接，一人也成团”。加强旅游商品建设，秦雅艺术吉祥老虎布艺系列旅游商品获 2015 陕西旅游商品大赛金奖和 2015 年中国特色旅游商品评选活动银奖，宝鸡陈仓社火脸谱获“中国十强旅游商品”称号。2015 年年终游客满意度测评位列全省第一，成为游客最满意的城市。加强旅游安全管理，坚持重大节日前召开全市旅游安全工作专题会和开展旅游联合执法检查，定期对旅游安全隐患进行排查，保证了旅游安全。

2015 年咸阳市旅游产业发展报告

咸阳市文物旅游局

2015 年，咸阳市文物旅游局认真落实中省旅游工作有关会议和省、市委全会精神，抢抓建设丝绸之路经济带历史机遇，积极实施“1234”工程，全市旅游产业发展呈现科学健康的发展态势。全年旅游接待国内外游客 4800.1 万人次，旅游综合收入 271.6 亿元，同比分别增长了 11.6% 和 18.1%。

一、规划建设进展顺利

编制完成《永寿县旅游发展总体规划》《郑国渠旅游区修建性规划》《马嵬景区旅游规划》《大佛寺旅游规划》。唐献陵和贞陵旅游基础设施和服务设施项目 300 万建设资金已到位，项目设计方案正在编制中。昭陵游客服务中心项目主体已建成。乾陵景区发展概念性规划已通过专家评审，游客服务中心等 6 个项目选址已确定。东方欢乐文化城项目概念性总体规划、一期核心乐园项目设计工作已初步完成。咸阳博物院已完成投资 1.804 亿元，1 至 7 号楼主体工程和 1 至 3 号楼引桥已经建设完成。郑国渠水利风景区完成了 18 千米环山路建设。新建旅游厕所 70 座，改造 35 座，超额完成全年任务。乾陵启动 5A 级景区创建工作，已通过省旅游局组织的资源评估。马嵬驿民俗文化体验园成功创建为国家 4A 级旅游景区。龙泉山庄、云集生态园、萧何曹参遗址公园、茯茶文化体验园已创建成国家 3A 级景区。礼泉创建省级旅游示范县通过省旅游局评定验收。会同市委组织部一起举办了全市旅游业发展培训班，对各县市区分管旅游的县市区长、旅游局长进行了专题培训。组织各县市区参加“大唐西市杯”2015 陕西（第四届）旅游商品大赛，共选送 31 件（套）旅游商品，我市获得一银三铜的好成绩，我局被省旅游局评为最佳组织单位。

二、乡村旅游市场持续升温

争取省市乡村旅游项目建设资金 750 万元，支持了袁家村和马嵬驿旅游道路、生态停车场等项目建设。3.5亿元社会资本投资的三原张家窑生态园、淳化爷台山庄、永寿东仪农庄和黄土地窑洞生态度假庄园二期工程、礼泉东黄小镇等乡村旅游项目进展顺利。省级文化旅游名镇建设进展顺利，武功镇投资3500万元扩建了清凉寺、苏武墓，整修了关帝庙、上阁寺；永平镇投资2615万元建设了旅游厕所、文化综合中心、景观水系等项目。永寿县等驾坡村争取省乡村旅游扶贫重点村扶持资金100万元。袁家村荣获“中国乡村旅游创客示范基地”；袁家村、任池村、贤仓村荣获“中国乡村旅游模范村”；龙泉山庄、金源山庄等荣获“中国乡村旅游模范户”；马嵬驿入围“全国十大美丽乡村”；40人荣获“中国乡村旅游致富带头人”。联合市扶贫办举办了全市旅游扶贫培训班，对36个重点旅游扶贫村的村官和对口扶贫干部进行了技能培训，对2014年度“乡村旅游发展先进个人”共10人进行了表彰。2015年，全市乡村旅游接待游客1550万人次，旅游直接收入10.1亿元，同比分别增长19.2%和33%。新疆、甘肃、河南、浙江、湖北等外地考察团20余批次来我市考察学习乡村旅游。

三、行业管理规范有序

《旅游工作部门联席会议制度》获市政府批准，并召开会议研究了旅游厕所建设、游客满意度提升等工作。春节、“五一”、国庆等重大节假日前，联合公安、工商、交通、质监等部门对袁家村、马嵬驿、乾陵等重点景区的旅游市场秩序进行了专项监督检查，整顿规范了旅游市场。利用“5·19”中国旅游日等重要节点，深入宣传《中华人民共和国旅游法》，向广大市民和游客发出《文明旅游倡议书》，督促行业单位落实创建全国文明城市的各项要求，纠正各类旅游活动中的不文明行为。联合市创建办对乾县、兴平等县（市）区的旅游景区及干线公路安全环境进行了专项检查。召开了全市旅行社诚信管理培训会和全市旅游星级饭店工作会，对旅行社、星级酒店经理人员进行了业务培训，提升了管理人员的业务能力。举办了全市讲解员培训班，邀请专业教师对60名讲解员进行了应知应会技能培训。举办了“从事故看风险，从风险说管理”旅行社经营安全与风险防范专题培训会和旅游行政执法培训班，对全市旅行社负责人以及旅游稽查队伍300多人进行了培训，增强了安全经营意识，提高了依法行政和执法能力。开展全市旅游安全大排查、大整治活动，排查出存在的问题35个，下发整改通知书19份，督促相关行业单位按期完成了整改。

四、宣传促销力度不断加大

开展了“丝绸之路帝都游，咸阳邀您过大年”“踏青赏花旅游节”“咸旬高速沿线景点采风踩线”等活动，提高了咸阳旅游的知名度。在第二届中国西安丝绸之路国际旅游博览会和第二十二届中国杨凌农业高新科技成果博览会上，全面宣传展示了我市旅游资源和特色旅游商品，获得“最佳展台奖”和“优秀组织奖”。大力开展旅游惠民活动，对关注咸阳旅游微信、微博的网民免费发放了旅游护照，推出了景区门票打折减免等系列优惠政策，赢得了高度关注。加大与陕西日报、凤凰网等媒体的合作，借助西安绕城高速跨线桥、机场高速、迎宾大道单立柱等户外广告宣传咸阳旅游，填补了多年以来城市交通干道宣传的空白。以“乡村旅游看咸阳”“遗产旅游品咸阳”“休闲旅游享咸阳”为主要内容的“咸阳金秋旅游季”系列活动，受到了社会各界的一致好评。成立了信息中心，负责全市文物旅游信息采集、编辑、发布及专题设计制作，建立了文物旅游大数据库，注重利用“互联网+”，营造促销氛围，实现了与中、省、市主流媒体及自媒体的信息交流和对接工作。加强了市文物旅游局官方网站、官方微博和微信公众号的运营，其中官方微博阅读量自9月以来，连续在咸阳市政务微博中排名第一，在全省各地市旅游局微博中排名前三。“咸阳旅游”等8个官方微博主要话题，累计阅读量已经达到650万人次，发布或转发营销图文12800条。官方微信公众号粉丝量新增200%以上，微博以及官网点击阅读量呈几何级数增长。

2015 年铜川市旅游产业发展报告

铜川市文物旅游局

2015 年，在铜川市委、市政府的坚强领导下，全市旅游产业以“发展全域旅游、建设全景铜川”为发展目标，推进项目建设，完善产业要素，扩大宣传影响，提升服务质量，全市旅游业保持了快速发展的良好势头。2015 年，全市接待国内外游客 1213.14 万人次，实现旅游总收入 65.61 亿元，同比分别增长 22.2% 和 22.4%。

一、招商引资取得新突破，全域旅游掀开铜川旅游新篇章

为了加快铜川旅游产业发展步伐，我市提出了“发展全域旅游、建设全景铜川”的战略构想，即把铜川全境作为一个景区来开发，调动一切资源促进旅游产业全覆盖，全民参与，部门协作，凝聚各方力量，将旅游产业发展作为我市发展转型的突破口和战略性支柱产业来培育。按照市政府印发的《关于深化全域旅游合作加快文化旅游产业发展的实施方案》的要求，完成了照金 - 香山、玉华宫、药王山、陈炉古镇四家景区的资产评估工作。在 2015 中国西安丝绸之路国际旅游博览会上，我市与省旅游局、陕文投集团、深圳欧菲光集团共同签订了《陕西智慧旅游大数据中心暨丝路慧谷产业园建设战略合作协议》，使陕西智慧旅游大数据中心建设项目正式落户铜川，此次签约标志着我市旅游产业发展迈上一个新台阶。11 月，我市与陕文投签订了合作推进项目建设协议书，陕文投将积极推进在我市的文化旅游项目开发建设，总投资 5 亿元。其中，薛家寨景区改造提升项目，投资 5000 万元；照金旅游度假设施建设项目投资 2 亿元；铜川 1958 主题街区及陕西省智慧旅游大数据中心投资 2 亿元；陈炉古镇核心区改造项目投资 5000 万元。“全域旅游、全景铜川”的提出为我市“十三五”期间旅游产业的发展奠定了坚实的基础。

二、重点旅游项目建设进展顺利，产品竞争力显著增强

以核心景区的加快建设推动旅游产业发展，大力推进重点旅游项目建设。结

合铜川全域旅游发展需要，年初市政府办公室下发了《关于做好 2015 年旅游重点项目建设的通知》（铜政办发〔2015〕21 号）文件，确定了 39 个重点旅游建设项目，涉及资金 11.6 亿元，旅游业全年完成固定资产投资 12.9 亿元，其中争取中省补助资金 2285 万元。照金滑雪场二期项目全面完工；孙思邈纪念馆主体竣工；玉华宫景区成功举办首届唐风佛韵菊花文化展，使我市旅游业发展再次升温；陈炉古镇景区建设步伐持续加快，古镇游客服务中心等基础设施建设陆续完成，正在努力建设独具特色的旅游名镇。

三、旅游环境全面改善，乡村旅游迅速崛起

以美丽乡村建设为抓手，按照“全域旅游、全景铜川”的理念不断改善城市、乡镇、农村的旅游环境，推进县域旅游、乡村旅游与周边核心景区的优势互补，提升乡村旅游发展水平和服务能力。2015 年国家旅游局公布的首批乡村旅游“千千万万”品牌名单中，我市的马咀村和申河村被授予“中国乡村旅游模范村”，铜川新区玉皇庄园为“中国乡村旅游模范户”，河畔人家等 20 户农家乐为“中国乡村旅游金牌农家乐”，秦玉良等 20 人为“中国乡村旅游致富带头人”。2015 年成为近年我市获得“国”字号奖项最多的一年。乡村旅游项目稳步推进，耀州区成功创建全省旅游示范区，大力实施耀州古城建设，旅游环境得到显著改善；王益区积极发挥北市区服务业优势，进一步提升了旅游接待和消费能力；印台区不断加强景区建设，姜女祠山体公园、金锁石林等项目持续推进，郭秀明纪念馆建成开放；宜君县大力推进全域旅游，推出福地湖、云梦山、“北国最美梯田”等一批特色景观；新区旅游服务设施日益健全，牡丹园、樱桃园、申河香谷湿地公园等景区的影响不断扩大，申河香谷湿地公园日接待游客峰值达到 45000 人次。乡村旅游已成为我市旅游业发展不可缺少的重要组成部分。

四、深入开展“厕所革命”，旅游服务环境更加优化

2015 年，全市新建、改建旅游公厕 99 座，使游客变“尴尬”为“方便”，同时以“厕所革命”为契机加强旅游基础服务设施建设，药王山景门广场、香山停车场等建成投用，铜川市旅游服务中心、陕甘边革命根据地照金纪念馆成为较具影响的铜川旅游服务品牌。不断加强旅游市场监管，对旅行社违规经营、旅游车辆资质等进行专项检查整顿，坚持在节假日、重大节庆等重要节点开展安全检查，保障旅游安全，不断优化服务软环境。加强人员培训，提升行业管理服务水平，

2015 年，全市 11 家景区入选“全国旅游价格信得过景区”。

五、丰富营销手段，提升宣传影响

坚持在各级各类媒体上不间断开展铜川旅游形象宣传，重点提升新媒体利用水平，与 35 余家网络媒体开展合作宣传，全市旅游网络宣传平台全面开通，铜川旅游微信公众号获得全省“数字陕西 智慧旅游”微信营销大赛一等奖。在西安地铁打造 2 辆“铜川旅游专列”。精心组织宣传推介，认真组织“5·19”中国旅游日、2015 铜川金秋旅游季等节庆活动，承办了“薪火相传·再创辉煌”长征精神红色旅游火炬传递活动陕西站启动仪式，吸引多家中省主流媒体宣传报道，认真组织会展推介，获得“丝路起点魅力城市”等殊荣。

2015 年渭南市旅游产业发展报告

渭南市文物旅游局

2015 年，渭南市旅游行业深入贯彻落实《国务院关于促进旅游业改革发展的若干意见》，积极开发特色旅游产品，创新宣传促销手段，不断加快旅游业转型升级，全市旅游市场秩序明显改善，旅游服务质量和游客满意度大幅度提升。全年接待游客 4219 万人次，增长 31.76%；旅游业综合收入 323.8 亿元，增长 28.45%。

一、加大政府主导，构建产业新格局

成立渭南市文化旅游产业发展领导小组，召开全市文化旅游产业大会和旅游产业创新发展论坛，出台了《关于促进全市文化旅游产业发展的意见》，安排 1 亿元的旅游发展资金。将旅游业发展列入政府年度目标责任考核，制定《县市区旅游业发展年度考核办法》，组织县市区政府分管领导及旅游局局长 40 余人进行重点项目观摩讲评活动。《渭南市旅游总体规划》《渭南市旅游发展战略规划》经过两次意见征集，即将进入评审阶段。《渭南市旅游业“十三五”发展规划》通过评审。配合省局编制完成了《陕西省汉唐帝陵旅游专项建设规划》《陕西省汉唐帝陵旅游交通线路规划》，完成了 143 处省级以上文保单位的保护管理规划。开展市级重点旅游建设项目 9 个，总投资 74.95 亿元，完成投资 21.51 亿元。扎实开展“厕所革命”，全市新建旅游厕所 90 座，改建 75 座，超额完成省局下达的任务，受到国家旅游局的表彰。

二、加强宣传促销，全面提升品牌形象

完成了渭南文物旅游网中英文网站的改版工作和“渭南旅游”手机 APP 移动端的安卓、IOS 系统开发上线工作。先后在西安、太原、郑州、运城成功举办了“趣渭南 · 渭南旅游”大型推介会。与韩国昌原市、河南新乡市、山西运城市、甘肃定西市和天水市开展合作与交流。举办黄河金三角三省四市旅游推介会，开

展由 50 多家景区参加的“一证游”活动。举办“黄河与秦岭对话”“第三届黄河金三角区域合作论坛暨美丽大荔、秀美洽川、锦绣韩城文化旅游说明会”等系列宣传活动。参加 2015 年海峡两岸旅游博览会、天水伏羲大典暨渭河旅游联盟城市年会、2015 年西安丝绸之路国际旅游博览会等活动。与中央电视台、《人民日报》等知名媒体合作，在北京首都国际机场 2 号航站楼、陕西广电网络等投放形象宣传广告，形成与周边地区有效衔接、合理通畅的“一心三核多节点多出口”的“四主六辅三专多支”旅游线路体系。举办渭南市旅游商品大赛，征集地方特色旅游商品并进行展示展销，皮影《四大美女》获 2015 中国旅游商品大赛银奖，市文物旅游局获大赛“最佳组织奖”。

三、发挥示范引领作用，乡村旅游蓬勃发展

成功举办“一带一路”2015 陕西乡村旅游合作与发展论坛。完成第四批星级农家乐评定工作，全市新增星级农家乐 57 家，高星级农家乐达到 150 余家。积极参加全国乡村旅游培训和乡村旅游“百千万”品牌创建活动，蒲城县桥陵镇赵山村、白水县林皋镇林皋村被评为“中国乡村旅游模范村”；“中国乡村旅游模范户”2 家，“中国乡村旅游致富带头人”26 个，“中国乡村旅游金牌农家乐”21 家。

四、加强行业管理，提升旅游服务质量和游客满意度

先后举办了全市旅游服务质量提升暨 A 级景区创建培训会、全市文物旅游讲解员大赛和第十届旅游星级饭店服务技能大赛，开展了景区环境卫生专项综合整治活动，聘请 25 名旅游服务质量社会监督员，促进了服务质量的提升，第一、二季度的游客满意度在全省均为第四名，第三季度游客满意度全省排第 3 名。加强旅行社和分社管理，加大旅责险统保示范项目办理，召开旅行社经营管理座谈会，组织旅游企业参加“5・19”中国旅游日、“6・9”中国文化遗产日宣传活动。加大星级饭店的管理，新评定三星级酒店 1 家，华山御温泉申报四星级温泉类旅游企业已经省温泉星级评定委员会初评，并上报全国温泉旅游企业星级评定委员会待评。开展四星级饭店网上宾客满意度调查，对 2015 年星级饭店进行了复核。强化旅游统计和假日旅游工作，完成旅游企业网上统计季报、年报以及全市及旅游重点县市旅游统计和 2015 年旅游业发展指标计划报送工作。加大旅游安全投入，加强旅游安全宣传，开展全市旅游市场秩序综合整治工作，旅游市场秩序得到明显改善。

五、加大旅游标准化创建力度，A 级景区建设成效显著

大荔县同州湖景区、澄城县尧头窑文化生态旅游区成功创建国家 4A 级旅游景区。渭南老街、大荔八鱼石墓博物馆和福佑古寨景区、华阴关帝庙、澄城良周秦汉宫景区，蒲城清代考院和王鼎纪念馆成功创建国家 3A 级旅游景区。开展“全国价格信得过景区”创建活动，我市 5 家景区已申报并由国家旅游局公示。我市上报的 15 家优秀旅游企业获省旅游局表彰。华山御温泉荣获“2014 中国最美温泉”，在全国市场诚信建设活动中被授予“诚信十佳企业”，省温泉旅游协会授予“陕西省最佳温泉服务企业”“首批温泉旅游教学实习基地”；蒲城巴厘岛温泉荣获“陕西最美乡村温泉”；华山御温泉创建国家四星级温泉旅游企业已申报全国温泉旅游企业星级评定委员会评定。华阴市、蒲城县、华山景区积极申报创建国际特色旅游目的地。习仲勋纪念馆、渭华起义纪念馆成功申报全国“红色旅游景区经典名录”、全国“红色旅游基地”。合阳县在“2015 全国生态文明建设高峰论坛暨城市与景区生态文明成果”发布会上获评“全国十佳生态文明城市”，洽川风景区获评“全国十佳生态旅游示范景区”。

2015年延安市旅游产业发展报告

延安市旅游局

2015年，全市旅游工作认真贯彻落实延安市委四届八次全会精神，按照“全域游”“全员培训”“每个延安人都是旅游形象大使”的要求，坚持“内抓管理、服务，外抓宣传、推介”的工作思路，大力发展革命圣地红色游、黄帝文化游、黄河文化游、黄土风情文化游、绿色生态游。全年接待游客3500.8万人次，实现旅游综合收入192.6亿元，同比分别增长11.30%和12.14%。

一、发挥大型活动的集聚效能，全力打造全国红色旅游首选地

为纪念抗日战争胜利70周年和中央红军到达陕北80周年，国家旅游局在全国开展了“薪火相传·再创辉煌”长征精神红色火炬传递活动。火炬9月8日从江西瑞金出发，途经15个省、25个市县、50多个红色旅游景区，历时3个多月，行程7万多千米，100多家新闻媒体跟踪报道，火炬在延安市经洛川县、宜川县、子长县、志丹县、吴起县、宝塔区六个县区传递，最后在宝塔山上、延河之滨胜利大会师。国家旅游局局长李金早、副局长王晓峰及全国红办的全体工作人员前来延安，来自全国31个省市自治区的代表参加了学习贯彻习近平总书记系列重要讲话精神推动红色旅游创新发展座谈会，观摩了大型红色历史舞台剧《延安保育院》、出席了“薪火相传·再创辉煌”长征精神红色旅游火炬传递——点亮金延安盛典活动。延安市旅游局全程参与了会议的筹备、接待、会务工作，此次活动被国家旅游局授予“最佳创意奖”。

二、坚持项目支撑，积极搭建延安旅游发展新平台

以宝塔山、枣园革命旧址、杨家岭革命旧址、延安革命纪念馆四景区为重点，以中共中央西北局、清凉山、凤凰山、桥儿沟鲁艺等革命旧址为基础，捆绑创建5A级景区，已编制完成《延安革命纪念地景区景观质量评价报告》、汇报片，通

过省旅游局初验并上报国家旅游局。2015 年建成开放了文安驿文化园区、枣园文化广场。乾坤湾景区、黄陵国家森林公园被评为 4A 级景区，隆华花园酒店、圣通大酒店被评为四星级饭店。初步完成了“十三五”规划，策划了南泥湾红色文化旅游风景区、黄河文化园区秦晋大峡谷旅游整体开发、“大秦直道”文化旅游休闲度假区、延安至马栏红色旅游线路、大陕北旅游线路开发建设项目、延安智慧旅游（“互联网 +”）体系、陕北民俗与地方名优小吃一条街等 82 个重大旅游产品和旅游基础设施建设项目，估算投资 531 亿元。

三、强化宣传促销，不断提升延安旅游知名度

推出以“我要去延安”为主题的各类宣传营销活动，在陕西电视台《陕西新闻联播》前以及河南三门峡、山西运城等周边地市广播电视台黄金时段推出“我要去延安”宣传广告。CCTV-4《远方的家》、陕西电视台《七女秀陕西》栏目组先后来我市拍摄旅游专题片，全国红办组织中央主流媒体采访团来延安采风，取得了很好的宣传效果。组团参加了第十九届西洽会暨丝博会、中国西北旅游营销大会、陕西春季旅游营销大会、陕甘宁蒙毗邻地区联席会议、2015 中国西安丝绸之路国际旅游博览会等众多展会。拿出 200 万对组织旅游包机、专列、大巴车队、境外游客等形式来我市旅游的组团社和本市地接社及全市范围内的景区、景点、酒店进行奖励。

四、围绕旅游市场需求，着力打造品牌旅游线路

推出了延安人游延安、知青体验游、老年怀旧游、少年励志游等线路，先后组织了千人游吴起、游甘泉、游延川、游黄龙等延安人游延安活动。紧紧抓住习总书记春节前夕回梁家河看望群众这一历史机遇，春节一收假，就组织新闻媒体、旅行社沿着习总书记考察的路线采风、踩线，推出梁家河旅游线路。梁家河负责人在 2015 年 8 月召开的全国乡村旅游提升与旅游扶贫推进大会上介绍了经验。

五、旅游行业管理和市场监管力度逐步加大

一是全面推行旅行社规范化管理和标准化服务，分别对旅行社和全市持证导游人员进行了全面检查和资格审核。二是扎实开展旅游行风建设和质量提升活动。把行风建设工作与业务工作同安排、同布置、同考核，实行“一票否决制”。三

是开展旅游大培训。2015 年 2 月组织延川县旅游从业人员大培训、9 月组织富县旅游从业人员大培训、10 月组织黄龙全县旅游从业人员全员大培训；3 月 14 日至 15 日延安市旅游局组织人员参加省局举办的 2015 年“陕西旅游大讲堂”； 11 月至 12 月组织了全市涉旅部门人员全员大培训。四是强化全市旅游投诉受理处理工作。进一步健全了以旅游投诉电话为载体，市旅游质监所为中枢，延安市各相关部门和旅游经营单位为责任方的旅游投诉处理联动机制。延安市旅游质监所坚持常年投诉电话 24 小时畅通，及时受理、处理旅游投诉纠纷，切实维护了旅游经营者和来延安的游客的合法权益，全年无重大旅游投诉。

六、旅游信息化水平有了明显提升

积极维护延安市政府公众信息网《红色旅游资讯》栏目，上传更新信息 80 条，目前在延安市网 49 家市直单位信息公开排名位居前列。延安旅游政务网自上线以来共上传资料信息 11988 条，2015 年《政务板块》更新上传信息 884 条，图片 66 张，回复游客 QQ 咨询留言 60 余起，电话咨询 200 余次。全力做好旅游局官方微博建设及宣传，目前新浪微博拥有粉丝 831421 人，发各类信息 12357 条，转发回复评论 648 条，新浪官方微博粉丝人数位居陕西省各地市旅游局第一，全国各地市旅游局前列。腾讯微博拥有粉丝 32121 人，发各类信息 3037 条，转发回复评论 130 条。加大投入力度，加强智慧旅游建设。按照“智慧数字化延安科技及红色旅游信息服务平台”的要求，进一步完善延安旅游移动 APP 系统建设，2015 年 1 月延安旅游移动 APP 系统上线测试运行，上传景区、酒店、旅行社、特色小吃、旅游线路、娱乐等资料 350 余条。

2015 年榆林市旅游产业发展报告

榆林市旅游外事（侨务）局

2015 年，榆林市旅游外事（侨务）局在榆林市委、市政府的正确领导和上级部门的关心支持下，认真贯彻落实十八大和十八届四中、五中全会精神，紧紧围绕建设“幸福榆林”，以“创新驱动、转型升级”为主线，推进以法治旅和重大项目建设，打造“丝绸之路经济带重要旅游集散地”系统工程，盘活地接旅游市场，扩大了“丝路驼城 · 多娇榆林”旅游目的地的品牌影响。全市共接待国内外游客 1990 万人次，同比增长 12.4%；实现旅游综合收入 107.5 亿元，同比增长 12.8%。

一、旅游规划编制工作进展顺利

按照全国“多规合一”试点工作的要求，由西安建筑科技大学规划院承编的《榆林市旅游发展总体规划》已完成了初稿和二稿的修编评审，5 月 4 日和 10 月 15 日，市政府组织各县区和旅游产业发展成员单位召开了两次初稿评审会，广泛征求了各方面意见。该规划明确了榆林旅游发展的基本思路和主要任务，具有较强的前瞻性、战略性、科学性，为指导全市旅游产业今后的发展提供了科学依据。同时，《榆林市旅游产业第十三个五年规划》也在加紧修订完善中。

二、重大旅游项目建设强力推进

石峁遗址加快开发保护，白云山景区积极打造旅游示范县核心景区，红碱淖景区大力实施生态环保工程，统万城国家遗址公园项目报批、建设征地、配套工程全面启动，红石峡景区加强文保和安保工作，龙洲丹霞地貌项目加快基础设施建设，镇北台景区完善规划与景区提升改造同步进行，杨家沟景区全面再现红色记忆，全市八大景区建设步伐加快。

三、旅游“厕所革命”稳步实施

召开全市“厕所革命”工作会议，制定了《榆林市旅游厕所建设管理行动实施方案》和全市旅游厕所新建、改造任务分解表，将三年任务调整为两年完成，完善“厕所革命”项目管理系统。坚持资金统筹使用的原则，在会同市财政局实地考察的基础上，安排全市 2015 年市级旅游产业发展专项资金 500 万元全部用于“厕所革命”，共扶持新建厕所 33 座，改建厕所 5 座。制定印发了《榆林市旅游厕所管理办法》。征集报送了 2 个设计方案参加第一届“全国旅游厕所设计大赛”，向国家旅游局、省旅游局申报旅游“厕所革命”奖励项目，共争取到省级厕所补助项目 12 个。2015 年，我市被列入国家旅游局拟表彰的 100 个旅游“厕所革命”先进市，国家旅游局将在 2016 年全国旅游工作会议上对“厕所革命”先进市予以表彰。

四、乡村旅游全面发展

积极指导佳县创建旅游示范县工作。紧紧围绕旅游产业机制创新、完善功能、产业开发与保护、优化环境、提升能力、安全监管六个重点，指导佳县开展省级旅游示范县创建工作，佳县成为全市第一个旅游示范县通过省旅游局验收。推荐神木县、绥德县创建第三批陕西旅游示范县。积极申报佳县佳芦镇、清涧县高杰村镇入选陕西省特色旅游名镇，佳县赤牛洼村、佳县木头峪村入选陕西省乡村旅游示范村。上报榆林瑞丰农业科技有限公司为全国休闲农业与乡村旅游示范点。推荐上报 1 家经营户入选“中国乡村旅游模范户”，10 人被评为“中国乡村旅游致富带头人”。组织参加了杨凌农高会第八届陕西乡村旅游展，获得第八届陕西乡村旅游展“优秀组织奖”。神木县高家堡镇荣获“2015 年度中国十佳最美乡村旅游目的地”殊荣。

五、多措并举营销榆林旅游

以“智慧旅游”为抓手，采取多形式、多渠道的宣传推广手段，努力提升榆林旅游的影响力和知名度。对榆林旅游网进行全新的改版升级，旅游官方网站、官方微博、官方微信三个自媒体已形成互动、互推的机制，榆林旅游“互联网 +”雏形已经建立，与腾讯访谈微信、城市一卡通项目进行合作，实现线上线下无缝营销推广。积极参与南京旅游博览会和营销大会、第十九届西洽会、2015 丝绸之路国际旅游博览会和中国旅游产业博览会，先后举办了用镜头发现榆林之美，用艺术彰显旅行生活——榆林自驾游采风活动暨旅游摄影大赛；开展了榆林旅游形象标识和宣传口号的征集活动。走进西安、咸阳、安康和延安等地市开展以“边塞风情　黄土神韵　多娇榆林”为主题的 2015 榆林旅游推介活动，在《陕西日报》《中国旅游报》等报刊开展专题宣传和报道；在中央电视台《朝闻天下》《味道》《远方的家》栏目宣传榆林自然风光、民俗风情、特色风物和美景美食，策划、编印了《行游榆林》《多娇榆林》等旅游宣传资料，《榆林民歌剪纸》在市委优秀外宣品评选中荣获基础类一等奖。

六、依法加强行业管理服务工作

紧扣服务质量提升，推动市场转型，依法监管旅游市场。加强对旅行社、旅行社分社、旅行社服务网点的管理和审批备案，指导和规范旅行社投保责任险和意外险，维护游客和旅游经营者的合法权益。加强对星级饭店的管理，认真开展 2015 年度星级饭店复核工作。积极参加省旅游局组织的全省旅游技能竞赛，我市鸡尾酒调制参赛选手马龙进入了复赛。加强旅游市场秩序整顿，制定了《榆林市 2015 年整顿规范旅游市场秩序工作方案》，坚持专项整治与联合执法相结合，在清明节、“五一”、“十一”等节假日前，深入各县区持续开展整治工作。加强旅游安全管理，组织开展为期两个月的旅游安全生产大检查和专项整治活动，会同市公安局对我市省级平安景区创建工作进行了全面检查指导，成立榆林市旅游外事（侨务）局应急管理工作领导小组和榆林市旅游应急救援队伍，健全了应急工作责任体系。

2015年汉中市旅游产业发展报告

汉中市文物旅游局

2015年，全市旅游业主动适应新常态，全力应对经济下行的严峻挑战，加快建设旅游文化产业，促进了旅游业提档升级、快速发展。全市接待游客2915万人次，实现旅游总收入152.8亿元，同比分别增长11%和16.3%。

一、全域旅游工作深入推进

全域旅游发展规划编制完成并通过省上评审，市委常委会议、市政府常务会议审定通过。提出以秦蜀古道遗产群和秦巴生物基因库为特征的国际自然旅游目的地为总体定位，以“两汉三国、真美汉中”为形象定位，确定了“一核、两路、六组团”的空间结构，策划旅游重点项目50个，其中品牌引擎项目6个，重点支撑项目17个，辅助项目27个，总投资470亿元。召开了市旅游产业发展领导小组会议和全市全域旅游建设现场会，积极申报创建国家全域旅游示范市。

二、“三建设一整治”工作扎实开展

按照“全域化打造景区、全域化优化环境”的要求，将油菜花海景观建设、旅游干线环境提升、旅游“厕所革命”和旅游环境综合整治作为实施全域旅游的重要抓手和突破口，印发了工作方案，采取得力措施，强力推进建设。南郑大汉山等22个固定油菜花观花点、汉台王道池等20条观花线路正加快建设；宁强县宁（强）青（木川）路等近20条通往景区道路环境风貌提升工程正稳步推进；开工建设旅游厕所112座，其中建成100座、在建12座。

三、大汉中古栈道文化旅游品牌建设加快推进

抢抓中省加快文化产业发展机遇，加快实施“大汉中、古栈道”文化旅游品牌建设，七集历史文化纪录片《汉中栈道》文学脚本已出版发行，并与中央电视台初

步达成拍摄意向。组织刘清河等10名文化艺术名家，精心编创完成了一套10册的《汉中旅游丛书》，并在“5·19”中国旅游日汉中分会场系列宣传活动上举行了首发仪式。

四、重点文化旅游项目建设亮点纷呈

完成投入类资金25.2亿元，加大景区建设力度，18个重点项目完成投资12.98亿元。继龙岗文化生态园区项目列入《全国优选旅游项目名录》后，兴元生态旅游示范区汉文化建设等3个项目又成功入选；龙岗文化生态旅游园区与陕西旅游集团有限公司达成合作开发协议，完成佛禅文化体悟区油茶观光园道路建设，龙岗大道等4条主干道施工图设计正抓紧进行；两汉三国文化景区编制完成西汉三遗址文化旅游总体策划、历史文化街区保护规划，历史文化街区建设规划编制通过市政府审定批复，诸葛古镇主体工程已竣工，将于2016年油菜花节期间对外开放；确定了市级十大文化旅游项目和六大文化旅游名镇；市旅游集散咨询服务中心和华阳旅游专线开工建设，留坝栈道水世界建成开园。

五、精品景区打造步伐加快

依托资源优势，坚持“板块推进、园区建设、项目支撑、错位发展”，加快精品景区建设，不断提升核心竞争力。“一江两岸”文化园、华阳古镇、黎坪、定军山风景区、紫柏山等景区基础设施和服务设施不断完善，景点景观和环境建设取得显著成效。洋县省级旅游示范县创建工作通过省上现场验收；汉水源和天台森林公园、骆家坝建成国家3A级旅游景区，华阳古镇、紫柏山景区创建5A级景区工作全面启动，五龙洞景区、午子山风景名胜区、石门栈道风景区创建4A级景区工作有序推进。

六、乡村旅游发展水平不断提升

大力实施乡村旅游精准扶贫，加快瓦石溪村等28个全国第一批乡村旅游扶贫重点村和留坝、佛坪旅游扶贫示范县建设，积极推动省、市级文化旅游名镇建设，确定了20个市级美丽乡村旅游精品村，打造了一批高档次农家宾馆、农家乐，带动了农民脱贫致富。留坝县被评为“全国休闲农业与乡村旅游示范县”，洋县朱鹮有机农业示范观光园休闲农庄被评为“全国休闲农业与乡村旅游示范点”，桔园镇刘家营村等2个村、嘉旺庆达生态园等4家经营户、雷家园子等30家农家乐、40名乡村旅游致富带头人入选全国首批中国乡村旅游“百千万名单”品牌。乡村旅游接待游客 1214 万人次，综合收入 19.4 亿元，同比分别增长 15% 和 20%，带动 5 万多农民受益。

七、旅游产品开发力度加大

深入推进旅游与相关产业融合发展，建成了留坝 CS 拓展基地、火烧店青少年自然成长营，佛坪耖家庄文化创意基地，黎坪儿童户外基地等一批互动型、体验型旅游产品，受到了游客青睐。加强旅游商品研发，承办了全省旅游商品业发展研讨会，举办了第五届“汉中巧娘”手工艺品大赛暨陕甘川毗邻市手工艺品展示展销活动，新推出一批独具地方特色的旅游商品、纪念品，鹏翔汉中仙毫在中国特色旅游商品评选活动中荣获金奖，秦岭 V7 原生态大米“熊猫米”、顽石部落手绘石头画分别荣获第二届全国休闲农业创意精品展包装、产品创意类金奖，“忆长安—昭陵六骏”（汉中富硒茶）荣获“大唐西市杯”2015 陕西旅游商品大赛铜奖。

八、“两汉三国、真美汉中”城市品牌影响力不断扩大

成功举办以中国最美油菜花海汉中旅游文化活动为主的 15 个系列节庆活动，进一步拉动了三产、刺激了消费、扩大了影响，我市油菜花节被评为“中国十大花节花会”。 在中省主流媒体开展了 11 项形象宣传，参加了 2015 丝绸之路国际博览会暨第十九届中国东西部合作与投资贸易洽谈会等 17 个会展促销，策划出版了《行游汉中》杂志，完成了文物旅游网站升级改版，加大了微博、微信等新媒体宣传，进一步提高了“两汉三国、真美汉中”的对外知名度。我市相继荣获 “中国最美十大城镇”“丝路起点魅力城市”称号；市文物旅游局在“数字陕西 · 智慧旅游”微信营销大赛中荣获优秀奖，市文物旅游局新浪官方微博荣获“2014 年度汉中政务微博影响力奖”“2015 陕西省十大旅游官方微博”称号。

九、旅游综合环境整治力度加大

建立了整顿规范旅游市场秩序联席会议制度，下发了《加强旅游市场综合治理的实施意见》，推出了服务等级退出、社会监督员、媒体曝光、责任追究四项举措；加大部门联合执法检查，下硬茬、出重拳整治旅游综合环境，根据质量标准，取消 2 家饭店星级资格，注销旅行社 1 家。全年共开展旅游执法检查、专项检查 80 余次，检查旅游单位 100 多家、导游 500 余人次，全年无重大旅游安全事故和重大旅游投诉。

2015 年安康市旅游产业发展报告

安康市旅游局

2015 年，安康市抢抓国家主体功能示范区建设和秦巴山区连片扶贫开发机遇，继续提升“一山一湖一城”核心景区，加快秦岭森林、巴山生态、汉水风情、田园乡村游等五大特色板块建设，着力推进乡村旅游扶贫、旅游市场秩序整治，唱响“秦巴明珠、生态安康”品牌。全年接待游客 2851.25 万人次，同比增长 12.74%；实现旅游综合收入 144.9 亿元，同比增长 20.84%。

一、突出“一山一湖一城”重点，全力推进景区建设

南宫山景区大雄宝殿建设完成投资 5085 万元，完成年度投资任务的 127%；挂牌成立安康文化旅游投资有限公司，编制《瀛湖生态旅游重点区域控制性规划》，翠屏岛、金螺岛景点提升、大坝码头旅游服务区重建工程有序推进，完善安全设施配套及景观绿化，累计完成投资 2100 万元；城区“一江两岸”Wi-Fi 开通，江滩公园二期南侧车行道、游步道、绿化工程建设完成，金州路改造、东关民族特色街区建设、滨江公园三期绿化等项目积极推进，莲花亚朵、蓝钻酒店等多家酒店陆续开业，中心城区承载能力不断提升；县区重点项目稳步推进，双龙生态旅游度假区、龙爪子风景区、后柳水乡、中坝大峡谷自驾游营地、上坝河国家森林公园、凤堰古梯田、天书峡景区、文笔山休闲主题公园等项目进展加快。全市 16 个市级重点项目已完成投资 9.53 亿元，完成年度计划投资的 105.41%，超额完成全年目标任务。

二、实施 A 级景区倍增计划，推动旅游产业升级

南宫山国家 5A 级景区创建工作取得新进展，双龙生态旅游度假区、飞渡峡景区通过 4A 级旅游景区评定验收，宁陕上坝河旅游度假区成功创建陕西省首批旅游度假区；启动智慧景区建设，南宫山、筒车湾景区、上坝河国家森林公园、中坝大峡谷、汉江燕翔洞生态旅游景区、瀛湖生态旅游区、飞渡峡景区游客服务中心区域

实现 Wi-Fi 覆盖；着力推进“厕所革命”，全市已建成 84 座旅游厕所，22 座正在加紧建设，超额完成省上下达的目标任务。

三、务实营销，唱响秦巴明珠生态旅游品牌

构建安康旅游网络宣传立体平台，全新改版升级安康旅游网，开通安康旅游官方微信、微博，与腾讯大秦网等重点网络媒体进行合作，设立腾讯网安康旅游专题板块；突出地方美食特色，设计制作《安康美食地图》，组织重点县区、景区和美食商家，在西安永兴坊文化美食街区举办了“安康金秋旅游美食文化周”活动，受到西安市民和媒体的广泛关注；通过举办安康“春来早”暨中国汉阴油菜花季旅游推介活动、春夏旅游摄影达人“游安康－观龙舟－品美食－拍美景”活动，扩大网上和线下互动；第十五届中国安康汉江龙舟节期间首次举办游客划龙舟体验活动；以安康美食为主题参加2015中国西安丝绸之路国际旅游博览会，宣传安康美食之旅；编印旅游图书《静享安康好时光》，集中展示了安康景区景点、民俗文化、美食特色等旅游资源。

四、抓点示范，大力推进旅游扶贫工作

乡村旅游工作获得国家乡村旅游“千千万万”品牌推介行动表彰，3个村荣获“中国乡村旅游模范村”，4 户经营户荣获“中国乡村旅游模范户”，35 户农家乐荣获“中国乡村旅游金牌农家乐”，35 人荣获“中国乡村旅游致富带头人”称号。启动实施全市 10 个乡村旅游扶贫示范村建设工作，在全市 87 个国家乡村旅游扶贫重点村和 579 个建档立卡贫困村中，筛选确定 10 个村，从今年起到 2020 年，抓点示范，在政策和资金上重点扶持，带动全市乡村旅游扶贫、转型升级；首批 9 个国家乡村旅游扶贫试点村建设进展顺利，落实项目资金 2700 万元，启动了国家乡村旅游公益扶贫规划编制；全面推进乡村旅游扶贫培训工作，印发《乡村旅游扶贫培训考核、奖励办法》；举办管理人员集中培训班 3 次，赴岚皋等 7 个县区开展“送教上门”培训，累计培训 6190 人次，超额完成年度考核任务。对年度培训工作先进县区进行表彰奖励，下发以奖代补资金。

五、强化行业监管，提升承载能力

细化旅行社业务行政审批业务流程，对全市旅行社建档立卡，一社一册，实现

旅行社质保金、责任险全覆盖。组织对全市饭店进行年度复核、评定性复核；开展饭店行业中高级管理人员、导游人员培训，并对全市229名导游进行了上岗考试；组织全市星级饭店相关人员参加全省高星级饭店内审员培训班、全省饭店业技能比武大赛。建立了市、县、企业三级共管的旅游安全监督管理机制，安全监管网格责任台账。开展旅游市场专项整治行动，先后出动联合执法检查28次，执行专项检查215次，检查889人次，检查旅行社、分社、营业网点40家，景区景点16家，宾馆、饭店25家，检查旅游合同345份，约谈企业负责人5人次，对违规的单位下发整改通知书3份。积极发挥行业自律作用，完成旅游协会换届工作，成立了旅行社、酒店、景区等3个分会。围绕“吃住行游购娱”旅游六要素，制定出台了《关于印发抓点示范培育新的经济增长点工作实施方案的通知》，确定汉阴美食、宁陕旅游购物、紫阳民歌文化等重点，着力提升旅游要素内涵。

2015 年商洛市旅游产业发展报告

商洛市旅游局

2015 年，商洛市按照“建设三大会客厅、打造一个全域游”的产业发展要求，聚合力，促发展，美丽乡村建设成效显著，金丝峡景区成功创建国家 5A 级景区，秦岭生态旅游节赢得各方点赞，旅游“厕所革命”获得国家旅游局表彰。全年接待游客 3362.95 万人次，旅游业总收入 174.87 亿元，同比分别增长 11.89% 和 14.08%。

一、精品景区建设成效显著

《陕西商洛秦岭生态旅游核心区总体发展规划》通过省旅游局组织的预评审，《商洛旅游“十三五”专项规划》编制工作正在有序推进。全年共启动 3 个 5A 级、5 个 4A 级景区、3 个 3A 级景区创建工作，完成投资 30.581 亿元。金丝峡景区创建 5A 级景区成功，成为全省第七个、陕南唯一的 5A 级景区；牛背梁景区、天竺山景区按照 5A 级景区评定标准全力推进创建工作；镇安塔云山、丹凤丹江漂流景区晋升为国家 4A 级景区，丹凤桃花谷水土保持科技生态示范园、山阳天蓬山寨、镇安云盖寺古镇景区获批国家 3A 级景区；蟒岭绿道生态景区游客服务中心、道路改扩建等各项工程进展顺利，计划 2016 年“五一”期间试运营。全市年度旅游项目建设投资占到固定资产投资的 9.7%，旅游投资对商洛市经济社会发展的拉动支撑作用进一步凸显。

二、美丽乡村创建强力推进

成立了由市委书记任第一组长、市长任组长的全市美丽乡村建设领导小组，出台了《关于加快美丽乡村建设的决定》《商洛市美丽乡村建设评定管理办法》《商洛市美丽乡村评定细则》等规范性文件，编制了美丽乡村建设规划和产业发展规划。组织市直有关部门人员和各县区委书记赴浙江、安徽进行美丽乡村考察学习，更新思想观念。召开了全市美丽乡村建设推进会，将美丽乡村建设纳入全市重大项目观摩和年度目标责任考核，启动了52个美丽乡村创建村，其中集中力量打造的朱家湾、前店子、竹林关等8个美丽乡村示范村，在特色产业发展、核心景观打造、地域文化展示、村容村貌整治上均取得显著成效，“一条长藤，八朵鲜花”的全市美丽乡村建设格局初步形成。我市在全国美丽乡村建设（天府）论坛上做经验介绍，山阳县被评为“中国美丽乡村建设示范县”，柞水朱家湾村被农业部评为“中国最美休闲乡村”、被省政府确定为全省美丽乡村建设试点村。“十一”黄金周期间，全市的乡村游共接待游客56.38万人次，同比增长17.6%。

三、旅游宣传促销创新务实

一是成功举办2015秦岭生态旅游节。4月下旬，在牛背梁景区举办了以“秦岭最美是商洛·美丽中国走起来”为主题的2015秦岭生态旅游开幕式。商南赏兰节暨品茗赏兰汽车越野赛活动、柞水县高山杜鹃赏花节、山阳秦岭天竺山登山节等10项活动全面完成。

二是积极参加中省市系列促销活动。先后组织参加了2015中国西安丝绸之路国际旅游博览会、第十九届中国东西部合作与投资贸易洽谈会、北京国际旅游博览会、天津旅游产业发展大会、第二十二届杨凌农业高新科技成果博览会等大型展会以及中国环秦岭公路自行车赛旅游商品展销活动和“5·19”中国旅游日系列宣传活动，积极宣传商洛旅游。

三是持续做好各类媒体宣传。在20多家报刊和56家网媒、中省电视台投放了商洛旅游广告；在沪陕、福银、包茂以及绕城高速上投放了17块高速路跨线桥广告牌；改版了商洛旅游网，开通了商洛旅游官方微信，共刊发商洛旅游信息1000多篇（条）。制作了《商洛美丽乡村工作掠影》和《商洛旅游手绘地图》，其中《商洛旅游手绘地图》在全省旅游宣传品大赛中获得一等奖。

四是提前谋划2016年宣传工作。在全国公开征集商洛旅游宣传片广告语和策划案，遴选8家知名策划单位谋划2016年秦岭生态旅游节方案。“秦岭最美是商洛”品牌高位提升，我市先后获得了“生态文明国际休闲示范基地”和“国际泛户外运动基地”两项殊荣。

四、旅游招商成为新动力

编制了商洛市旅游招商项目册，共策划四大类81个重点旅游招商项目，总投资达 690 亿元，其中亿元以上的招商项目 35 个。全年共参与了各类旅游项目招商推介活动 50 多场次，共签约旅游招商项目 43 个，投资总额达到 402.15 亿元。投资 4 亿元建设的山阳漫川人家以及柞水牛背梁索道、大鲵湾酒店、秦岭国际狩猎场等一批招商项目相继建成投入运营。

五、“厕所革命”提升新形象

在省旅游局分配我市新建、改建 98 座旅游厕所的任务基础上，全市规划启动了 146 座旅游厕所建设，其中新建 108 座、改建 38 座，计划投资 5500 万元。截至 2015 年底，全市共完成新建、改建旅游厕所 128 座，正在建设 18 座，累计完成投资 4350 万元。我市旅游厕所建设数量质量综合评比位列全省第三，被国家旅游局评为“全国旅游厕所建设先进市”。

六、市场管理营造新环境

全年共出动执法检查 70 多人次，检查涉旅单位 122 个、从业人员 200 余人，现场指出存在的问题并下发整改意见表 50 多份，立案查处 3 起。新批准设立旅行社 1 家，分社 3 家，备案旅行社门市部 1 家。商南天鹿酒店四星级创建工作通过省旅游局验收批准。聘请旅游监督员 20 名，组织了涉旅单位驾驶员安全宣誓活动，全面开展旅游安全大检查、大整治活动，保障了旅游安全，净化了市场环境。

七、全域旅游取得新进展

精心指导柞水县开展省级旅游示范县创建工作并通过省政府验收。积极争取省政府将山阳县列为全省第三批省级旅游示范县创建序列。争取省旅游局将商洛市以及柞水、商南两县列入全国全域旅游示范市（县）创建范围，创建工作正在有序开展。深入推进旅游服务标准化建设，洛南、丹凤、镇安三县通过市级旅游服务标准化示范县验收。

2015 年杨凌示范区旅游产业发展报告

杨凌示范区旅游局

2015 年，在省旅游局的大力支持和指导下，杨凌示范区各项旅游工作取得良好成绩。全年接待国内外游客突破 400 万人次，旅游综合收入 10 亿元，全年无安全事故发生。

一、强化景区标准化建设，巩固 A 级景区创建成果

以推进旅游景区标准化建设为抓手，巩固 A 级景区复核工作成果。重点抓好杨凌农林博览园景区标准化建设示范点建设，积极推动杨凌现代农业示范园区创新园巩固 4A 级景区创建成果，提升服务标准工作。按照省旅游局标准化要求，紧密结合杨凌实际，组织专家组进入景区实地指导，仔细查阅了相关旅游标准化工作台账，实地察看了景区指示标牌、无障碍通道等相关设施，有针对性地指导景区制度建设、员工培训、安全管理等。同时，组织其他 A 级景区按照等级标准，开展标准化建设，提高了服务质量。

二、以特色农庄建设为抓手，加快乡村旅游建设发展

以打造现代农庄经济集群作为培育新型农业经营主体、建设杨凌特色现代农业的重要抓手，以杨扶路、小漳河河谷“一路一谷”及揉谷产业路为依托，以第一、二、三产业融合发展为目标，大力发展集种植养殖、产品加工、采摘体验、休闲观光于一体的现代农庄。编制完成《杨凌现代农庄经济集群发展规划（一期）》并推进实施，年内建成 10 家现代农庄，计划用 3 至 5 年的时间建成 30 至 50 家农庄，形成具有鲜明特色的杨凌现代农庄经济集群，建成杨凌“农科之路乡村生态之旅农庄风情体验带”。尚特梅斯庄园、霖科“移动”农庄、盛唐酒庄、川圣迷你农庄、君度唯尔葡萄庄园、千玉乡土风情园等十大庄园建设已经初具规模。

三、抢抓机遇，旅游“厕所革命”初具成效

在乡村旅游点、A级旅游景区、旅游干道、重要交通集散地、重点休闲步行区等全部建成水冲式厕所或生态环保厕所，达到相应A级标准。新建旅游厕所40座，改造旅游厕所20座，实现了“数量充足、干净无味、实用免费、管理有效”的目标。

四、积极策划实施旅游项目，以项目建设促旅游发展

一是启动杨凌智慧旅游项目建设。启动了杨凌智慧旅游项目建设工作。围绕“导航、导游、导览、导购”四项基本功能，建设智慧通旅游咨询系统、景区智能导游系统、智能快捷投诉系统、手机自助游工作站、杨凌旅游信息服务门户网站、杨凌旅游微信公共服务平台、杨凌旅游微官网等系统。这些系统现已投入使用，并且定期对旅游信息进行更新。

二是加快推进渭河体育旅游运动公园建设。规划设计了渭河体育旅游运动公园，项目占地1400余亩，主要建设千人健身广场5个，公园与健身广场之间用健身路径连通。体育设施规划建设塑胶篮球场25个、乒乓球场40个、网球场18个、门球比赛场地5个、沙滩排球场2个、沙滩足球场2个、山地自行车赛场、多功能健身场地（包括单杠、双杠、健步机等活动区，健身路径，休闲游憩区）、儿童运动场1个、户外拓展场地等，新建公共服务用房，包括管理房、更衣室、公厕等，以及停车场2个、服务亭4个。

五、加强公共服务设施建设，提高游客服务保障水平

围绕完善“吃、住、行、游、购、娱”六要素，突出杨凌旅游特色，联合区市政管理局、交警队等单位，完善旅游交通标识牌，在西宝高速杨凌东出口、西宝中线与高速出口交叉点、旅游线路主干道、乡村旅游点、乡村旅游示范村、旅游服务推荐单位等新设旅游交通标志牌60余个。加快推进了城区、景区、小城镇和乡村旅游的基础设施建设，完善了旅游基础服务功能，实现无线网络全覆盖，方便了游客出行。

六、加大宣传促销力度，树立农业旅游品牌

为将现代农业发展与休闲旅游、创意农业融为一体，策划举办了杨凌现代农业

创新园4A级景区揭牌仪式暨“乐游园、囤年货”活动；在《陕西旅游画册》、《三秦都市报》、《陕西旅游》杂志、陕西电视台、杨凌电视台等媒体进行了旅游专题宣传；组织区内企业参加2015西北旅游营销大会，取得了良好的宣传效果；利用西宝高速杨凌东出口正对面横跨马路三面翻广告牌做杨凌现代农业科技旅游整体形象宣传；联合西北农林科技大学博览园、华商网、西北农林科技大学学生会举办“中国旅游日杨凌分会场活动暨第三届蝴蝶文化季启动仪式”；策划了2015年现代农业休闲游第二季活动；借助第七届联合国世界旅游组织丝绸之路旅游国际大会之际，在《中国旅游报》对杨凌旅游进行整版宣传；成功举办了2015杨凌农科城马拉松赛，为展示杨凌生态旅游文明发展注入了新鲜的营养和动力；组织区内旅游企业参加2015金秋旅游节，并进行专题推介宣传；成功举办杨凌首届植物辨认大会，通过实地游学、系列劳动体验、使理论知识与生产实践有机结合，让选手们在实际场景中锻炼成长；举办杨凌旅游商品大赛，丰富旅游特色商品。

七、进一步加强旅游行业监管

组织举办农高会定点接待单位服务技能大赛；全面加强安全生产工作；开展星级酒店评定性复核工作；实施中小酒店服务质量提升工程。

2015 年韩城市旅游产业发展报告

韩城市旅游发展委员会

2015 年，韩城市围绕打造国内知名旅游目的地的总体目标，紧扣“全景韩城、全域旅游”的内在要求，创新体制机制，强化规划引领，加快景区建设，常态展示旅游文化，持续推进宣传营销，旅游效益实现突破，全年接待游客 480 万人次，实现综合收入 19.7 亿元，同比分别增长 26.3%、27%。

一、创新体制机制

成立了全省第一个旅游发展委员会，建立了旅游发展联席会议制度，研究解决旅游产业发展的重大问题，形成了全市一致抓旅游的良好局面。创新投融资机制，成立韩城市旅游投资有限责任公司，拓宽旅游产业发展投融资平台，建立多元化投融资机制，聚齐市场资本促进旅游产业突破发展。市财政设立了 1 亿元的旅游产业发展基金，用于支持重点项目建设、旅游创新和旅游创业工作，充分发挥政府财政资金的引导作用。

二、加强规划引领

按照打造国内知名旅游目的地的标准，突出“史记文化、黄河特区”的发展定位，完成了《旅游发展总体规划》《乡村旅游发展规划》《旅游产业“十三五”发展规划（草案）》《澽水河生态景观概念规划》4 项规划编制，为全市旅游产业有序发展和旅游项目的地高端推进起到了规划引领作用。

三、加快景区建设

以韩城古城、国家文史公园、党家村景区、梁带村国家遗址公园、乡村旅游五大板块为重点，集中实施了 22 项重大项目，完成投资 21.4 亿元。

古城保护开发加快实施，文渊阁酒店、韩城新天地商业综合体项目等加快推进，耕读苑一期、城东大道边坡绿化、环城东路改造提升工程全面竣工；党家村景区提升工程全面实施，景区基础配套项目加快实施，景区基础设施大幅完善，4A 级景区创建工作通过省旅游局初验；梁带村国家遗址公园打造深入推进，遗址博物馆、游客服务中心主体建成，游客服务中心外部装修基本完成，博物馆外部装修启动实施；国家文史公园建设高端开局，把国家文史公园作为 5A 级景区的核心板块，以“一湖一堤二溪三岛”和“十景十二园”为布局的文史园总规划设计完成，司马迁祠景区跻身国家 5A 级景区资源评估行列；乡村旅游开发成效显著，晋公山滑雪场于 12 月 31 日开放营业、韩城欣源国际温泉度假山庄项目配套设施基本完工，坤元庙项目加快实施；“厕所革命”扎实推进，完成 105 个旅游厕所规划设计，分四个实施主体（城乡建设局、交通运输局、旅游发展委员会、镇办）实施旅游厕所建设，基本实现了两年任务一年超额完成的目标。

四、常态展示旅游文化

大力挖掘展示儒家文化经典，在韩城文庙常态举办“国学大讲堂”“问道文庙”等特色文化活动；挖掘展示佛教文化，在普照寺成功举办“四八”庙会、浴佛法会等系列文化活动。坚持“舞台在韩城、节目在全国”的思路，创新引进“山东吴桥杂技”等特色节目，在司马迁祠、党家村等主要景区常态演出，丰富景区体验，聚齐景区人气。按照“季季有主题、月月有中心、周周有活动、天天在升温”的思路，大力推进“非遗文化”“民俗文化”进景区活动，春节、“五一”、“十一”等节庆假期和每个周末，司马迁祠、韩城古城三庙（文庙、东营庙、城隍庙）、党家村景区率先常态化开展丰富多彩的文化活动，司马迁祠的“行鼓”“汉服礼仪”，党家村的“三滴血秦腔剧场”“婚俗体验”，博物馆的“五子登科”“韩城秧歌”“打五元”等民俗演出，日渐成为景区新亮点和旅游文化新卖点。“十一”黄金周期间全市接待游客 60.98 万人次，旅游综合收入 2.3 亿元，同比分别增长 41% 和 281.5%。

五、持续加强宣传营销

以“500 万人游韩城”为目标，坚持“媒体广宣传，省市抓推介，景区搞对接，智慧营销全覆盖”的营销策略，面向全国市场持续创新开展宣传营销。

一是加强广告和媒体宣传推介。“大美陕西、史记韩城”旅游形象宣传片亮相CCTV-1，全年展播；和携程旅行网、同程旅游网合作开通了旅游电子商务系统，又和百度合作，设置韩城旅游品牌专区、直达号和无线网盟。

二是市场对接不断深入。新设15处高速路和高架桥户外旅游广告，覆盖西北全部高速线路和华北部分高速线路；在西安地铁、公交及各大商场投放广告，设立北京、西安旅游营销办事处，组织旅游系统100多名干部分10个组奔赴周边及黄河金三角50个县市区重点市场，推介精品线路，营销特色产品。

三是节庆推介有声有色。成功组织“2015韩城旅游文化推广季”“2015秦岭与黄河对话主题活动”等大型旅游文化活动；举办了“黄河音乐节”“黄河啤酒节”等系列文化活动，有效提升了韩城旅游的美誉度和影响力。

四是品牌推介持续发力。与北京人民艺术剧院合作完成大型历史话剧《司马迁》的编排，在北京连续演出23场，在省内巡演近10场，得到了中省有关部门和全国观众的高度评价。与韩国新首尔歌剧院合作编排的韩版歌剧《司马迁》正在加紧排演，2016年将在韩国及欧洲进行巡回演出。

六、旅游效益实现新的突破

着力推动以司马迁祠、党家村、古城三庙景区为重点的景区“三产”经营再发力，各景区扩大电瓶车、旅游商店、特色木屋等服务项目，增加平衡车体验、手工艺品销售、茶饮体验、儿童游乐场等体验项目，引进地方特色小吃，积极扩大香火经营。司马迁祠的旅游快餐、小吃专区、儿童游乐项目，党家村新增的农家酒坊、小吃、商业、水吧、花馍展销等，古城景区在节假日举办的民俗商品展销，完善了景区功能，拓宽了收入渠道，旅游业态较前大幅提升。10月，韩城市通过全省旅游示范市验收，12月被国家旅游局列为首批20个国家级旅游业改革创新先行区。

专题报告·研究篇

用五大发展理念引领旅游业提质增效

陕西省旅游局局长 杨忠武

党的十八届五中全会强调，实现“十三五”时期发展目标，破解发展难题，厚植发展优势，必须牢固树立“创新、协调、绿色、开放、共享”的发展理念。这一要求，为加快把旅游业培育成为战略性支柱产业和人民群众更加满意的现代服务业提供了思想指南和发展思路。

一、创新是旅游业发展的第一动力

国家旅游局推出的“515”战略以及一系列重大举措，这些都是落实创新发展理念的举动。要开辟新常态下旅游业发展新天地，根本上要靠创新。要把国家层面的顶层设计、指导和鼓励基层探索结合起来，推动景区管理体制、投融资体制、国家公园体制、出入境管理体制、旅行社经营体制、导游管理体制等创新取得突破。在这里，建议在以下五个方面也要进行创新：

一是景区评定标准创新。国家对景区实施A级评定标准，为景区发展起到了规范和导向作用，促进了旅游产品的开发建设。当前存在的一个突出现象是，一些景区做得非常精致，具有很高的市场认可度，但按现行5A级评定标准，由于受面积、容量等方面的制约，无法晋升5A级。建议放开对5A级景区的面积、容量限制，突出考量景区的功能、管理和服务品质，尤其应把市场认可度作为核心指标；或者建立与A级景区评定标准对应的评定规范，让这类产品获得应有的品牌认知度。

二是智慧旅游发展体制创新。当前，旅游与互联网融合发展已成为新潮流，各地发展智慧旅游积极性高涨，实施了一些项目，促进了旅游公共服务。但要看到，智慧旅游存在着建设标准不一，有些地方存在盲目跟风投资建设的倾向。建议智慧旅游由国家旅游局统一规划，制定标准，自上而下，国家旅游局和省区市旅游局联动，形成智慧旅游综合信息和服务平台，以避免低水平重复建设。

三是旅游产品创新。秦岭是世界著名的山系，黄河是世界著名的河流，它们是中华文明、中华地理的自然标识，是中国旅游资源的“聚宝盆”。建议把开发秦岭和黄河旅游资源作为国家旅游发展的重大战略，列为全国旅游业发展“十三五”重点项目，由国家旅游局主导，协调指导相关省份共同开发，打造精品旅游线路和产品。

四是旅游统计工作创新。国家旅游局确定主要旅游统计指标体系，为省区市旅游统计提供参考依据。规范省区市旅游统计口径，使旅游统计数据具有可比性。定期召开旅游统计经济分析会，指导旅游产业发展。

五是人才培养模式创新。要创新，必须重视旅游人才培养。国家在建设发展的不同阶段，为加强专业人才培养，建立了一批专业指向明确的大学，比如农业大学、林业大学、石油大学等，现在旅游业已经进入到必须依靠专业人才支撑发展的阶段，应该整合旅游教育资源，组建中国旅游大学。

二、协调是旅游业持续健康发展的内在要求

要树立全国旅游一盘棋思想，统筹区域旅游协调发展。在全国旅游业发展版图中，由于资源禀赋、产业基础、经济发展水平各异，东部、中部、西部地区旅游业发展不平衡。建议国家旅游局区别情况，分类指导，按照优先集中解决短板的原则，制定不同的产业促进政策；跨区域实施重大旅游项目开发战略，按照统一规划和标准，一体化推进旅游产品开发、基础设施建设和宣传促销；开展对口支援，发达省份对欠发达地区在项目策划、企业管理、人才培训、宣传促销等方面进行帮扶。

要主动融入国家战略，统筹出境游和入境游平衡发展。现在，我国入境游下降，入境游客消费低，这与出境游大幅增长、海外购物需求旺盛形成鲜明对比，当前要补齐入境游这个短板，加大促进力度。

一是提高便利化水平。推动增加跨境航班，改善国家间的旅游交通条件。入境签证体系需进一步提高便利化程度，完善或施行签证服务中心、网上电子签证等服务，逐步施行有条件的旅游免签证制度，破除入境自由行发展的签证障碍。突破现行免签政策有关“单点进出”的规定，在“72小时过境免签”城市间实现自由进出。优先在北京、上海等商务旅行和自由行市场规模较大的城市优先推行免签证制度，在入境团队游客规模较大的中西部地区推行团队入境免签证制度试点；在国家旅游综合改革试点地区以及转型升级重点地区优先推行规定时限内的旅游免签证制度。

二是打破国际游客来华固有线路模式。集中打造若干条国家精品旅游线路，加强宣传营销，开展国际游客最喜欢的线路评选活动，让“美丽中国”精品旅游线路真正热起来。

三是发挥好国家旅游局驻外办事处的桥梁纽带作用。目前，各省在海外的推广时间基本限定在一周左右，时间大多浪费在来往途中，很难达到预期效果。建议国

家旅游局为各省搭建宣传推广平台，各省根据宣传需要，可按季度、年度选派干部在国家旅游局驻外办事处工作，有针对性地开展品牌推广活动，使宣传更接地气、实现本土化，同时学习发达国家的旅游发展先进经验。

三、绿色是衡量旅游可持续发展的重要标志

从旅游业的属性讲，更应该遵循人与自然和谐共生的理念，有度有序地开发利用绿色自然资源。一方面要防止过度开发。目前生态游、休闲游已成为人们消费的新热点，一些地方盲目追求经济效益，过度开发资源，进而引发旅游产品同质化问题。坚持旅游经济效益与生态效益相统一的原则，防止出现“凡是生态环境好的地方就要打造成旅游产品”的倾向，合理布局生态度假、休闲产品，控制开发强度，划定生态旅游空间开发的红线。对同一区域内，对距离相近、同质化严重的旅游度假区、生态景区申报国家等级评定时，予以限制。另一方面要防止一味保护。应该发挥旅游业在国家主体功能区建设中的重要作用，在国家生态主体功能区内划定允许旅游开发的区域，在国家生态补偿之外，探索产业补偿，将生态资源通过生态旅游变成生态资产，实现生态资源绿色发展，激活生态资源的经济、社会价值，带动地方经济发展和群众生活改善。

四、开放是旅游业繁荣发展的必由之路

有容乃大，开放兴旅。一是要向世界开放。要秉持开放合作的理念，建立中国特色开放型旅游产业体系。坚持“走出去、请进来”，鼓励大型旅游企业到国外设立分支机构，开拓国际市场；吸引国际知名旅游企业来华投资发展，参与景区开发、酒店管理、旅游线路设计等。搭建国际交流合作平台，在国家间互办旅游年活动中，国家搭台，省区市唱戏，深度融入。要扩大丝绸之路旅游部长会议成果，在今年6月19日通过的《丝绸之路旅游部长会议西安倡议》中，“在丝绸之路起点办好丝绸之路旅游推介会和说明会”，陕西确定每年举办的中国西安丝绸之路国际旅游博览会与这一倡议高度契合。2015年，中国西安丝绸之路国际旅游博览会吸引了33个国家和地区参展，全国人大常委会副委员长张宝文出席活动并致辞，活动的国际性日益凸显。建议将该活动打造成国家品牌，由国家旅游局和陕西省人民政府主办。

二是要向全社会开放。坚持开门办旅游，全社会办旅游。当前要解决两方面问题，一个是要切实推动“旅游+”，旅游部门要主动作为，寻找与相关行业、产业的结合点，拓展发展空间；另一个是要解决“旅游+”的问题，针对相关行业

与旅游融合发展意识还不强的现状，建议国家旅游局牵头制定相关行业与旅游融合发展的意见，把相关行业作为落实的主体，实现“我要融合”的效果。推进全域旅游，由国家旅游局牵头，协调相关部委加大对全域旅游示范县的政策、项目、资金扶持，促进地方主导产业发展，增加群众收入，增强全域旅游的支撑能力。

五、共享是旅游业发展的本质要求

根据“515”战略部署，到2020年，我国将从初步小康型旅游大国迈向全面小康型旅游大国，年人均出游次数达到5次以上，我国旅游业在规模、质量、效益上均达到旅游大国水平。这一思路就是要坚持以人为本，让人民群众充分享受旅游发展成果。

一是让更多群众通过发展旅游过上小康生活。贫困地区落后的原因在于人气、商气、财气不足，通过推进旅游扶贫把“三气”聚集起来，激活发展的内生动力。要加强对旅游扶贫工作的组织领导，成立国家旅游扶贫工程指挥部，制定出台《国家旅游扶贫五年行动计划》，将目标任务细化到各省区市，强化推进机制。设立旅游扶贫专项资金，重点扶持旅游产品开发、基础设施建设、人才培训和形象宣传等。以国家全域旅游示范市、示范县创建为契机，在国家确定的集中连片特困地区和贫困县中，遴选旅游资源较好的县，予以重点扶持，整县推进旅游扶贫。

二是让全国人民畅游美丽中国，发现美、享受美、传播美。推动落实《国民旅游休闲纲要》，建议实施“畅游美丽中国五年行动”，大力推广健康、文明、环保的旅游休闲理念，组合好各类门票优惠政策，创造旅游休闲便利条件，促进社会和谐，提高国民生活质量。

共建共享丝绸之路旅游美好未来

——在第七届联合国世界旅游组织丝绸之路旅游国际大会上的欢迎辞

陕西省旅游局局长　杨忠武

尊敬的塔勒布 · 瑞法依秘书长，尊敬的李金早局长，尊敬的王莉霞副省长，女士们，先生们，朋友们：

大家下午好！六月的三秦大地，百花争艳、生机勃发。在这个美好的季节，来自国内外旅游界的嘉宾汇聚古城西安，共同出席丝绸之路旅游部长会议暨第七届联合国世界旅游组织丝绸之路旅游国际大会。首先，我代表陕西省旅游局，向出席大会的各位嘉宾、各位朋友表示热烈的欢迎和诚挚的感谢！相信，本届丝绸之路旅游部长会议和丝绸之路旅游国际大会，必将进一步凝聚各方智慧和力量，扩大交流与合作，推进丝绸之路旅游繁荣发展。

纵览世界和中国文明史，陕西格外引人注目。我们脚下的这块土地，既是中华民族和华夏文化的重要发祥地之一，也是世界文明的一个重要摇篮。早在115万年前，蓝田猿人创造的文明星火就已经在这里发出光芒，周、秦、汉、唐等十多个王朝演绎了彪炳史册的盛世华章，为后世留下了难以计数的珍贵历史文化遗产，其级别之高、范围之广，堪称世界之最。陕西也因此被誉为“天然历史博物馆”。汉长安城未央宫遗址、唐长安城大明宫遗址、大雁塔、小雁塔等一批世界文化遗产见证了古代文明的繁荣与鼎盛；举世闻名的秦兵马俑，是世界考古史上最伟大的发现之一，被誉为“世界第八大奇迹”，先后有200多位国家元首慕名前来参观，成为中国古代辉煌文明的一张金名片；世界上唯一珍藏释迦牟尼真身佛指舍利的法门寺为各国佛教徒所敬仰；中国现存最完整的古城墙——西安古城墙，是凝固的历史和文化，穿越千年沧桑迎接全世界的宾客。

“文物冠天下”呈现的是陕西厚重博大的历史风韵，而横亘流淌的名山大川是陕西的另一种魅力。中国大地中心原点位于陕西境内泾河、渭河交汇的地方，全省南北纵跨温带、暖温带、北亚热带三个气候带，形成了壮美的三大自然景观区。北部是古朴浑厚的黄土高原，中部是一望无际的八百里秦川，南部是婀娜清秀的秦巴山地。中华民族的父亲山秦岭是中国南北方的分界线，在陕西绵延400多千米，像高耸绵延的脊梁，让大地生辉、万物繁荣，大熊猫、金丝猴、朱鹮、羚牛等世界珍稀动物徜徉在秦岭的怀抱中。中华民族的母亲河黄河从青藏高原奔泻而下，在广袤的黄土高原婉转迂回，滋养着世世代代的华夏儿女。大秦岭孕育的华山、太白山和黄河孕育的黄河壶口瀑布等自然风光享誉世界，融人文历史和生态美景于一身的大唐芙蓉园、大雁塔广场、曲江池遗址公园、浐灞生态园等以独特的魅力备受游客青睐。

陕西悠久的历史和特殊的地理环境，孕育了多姿多彩的地域文化。有中国现存戏曲艺术中最古老的剧种——秦腔，有中国皮影戏的鼻祖——陕西皮影，有唱遍大江南北的陕北信天游。乡土风情浓厚的陕北秧歌、农民画、剪纸、泥塑等民间艺术已成为世界级的中国文化名片。香味扑鼻的牛羊肉泡馍、花样繁多的千余种面食、制作考究的宫廷御宴，是兼收并蓄、贯通古今的陕西美食文化的真实写照。

省会西安古称长安，与雅典、罗马、开罗并称世界四大文明古都，也是古丝绸之路的起点。2100多年来，古丝绸之路将中国开放、包容的理念和丝绸、茶叶、瓷器以及造纸术、印刷术、火药、种桑养蚕技术等古代文明成果，传播到了遥远的中亚、西亚和欧洲。同时，沿线各国的苜蓿、葡萄、胡萝卜、香料、珠宝、琉璃等物产，西方的玻璃制造、阿拉伯的天文历法、印度的佛教和医术等异域文化也通过丝绸之路源源不断传入东方，为人类的文明进步做出了巨大贡献。

陕西作为中国乃至世界旅游资源的富集地，正在全面贯彻落实国家“一带一路”战略，加快构建以西安为起点的丝绸之路风情体验旅游走廊，将大美陕西的人文山水资源转化为旅游产品，全力打造“丝绸之路起点旅游”品牌：大力实施高A级景区倍增计划，力争“十三五”前期5A级景区突破10个，4A级景区突破100个；丰富旅游产品体系，深入挖掘人文资源内涵，建设彰显华夏文明的国际文化旅游高地；实施培育大秦岭人文生态旅游度假圈战略，保护大秦岭、开发大秦岭，刷新现代休闲旅游模式，让人们走进大秦岭、畅游大秦岭，让世界各国游客来到陕西，不仅可以纵观灿烂辉煌的人文历史，而且可以饱览秀美壮阔的自然风光。陕西积极肩负振兴丝绸之路旅游的历史责任，每年举办一届中国西安丝绸之路国际旅游博览会，为丝绸之路旅游交流合作搭建国际化平台；每年举办“秦岭与黄河对话”活动，将邀请丝绸之路沿线国家和地区参加，使“对话”成为丝绸之路旅游发展的重要思想源。

女士们，先生们，朋友们!

发展丝绸之旅游是我们面临的共同使命，也是传播文明，增进友好交往，实现丝绸之路经济繁荣的时代要求。

一、要坚持在保护中开发，打造丝绸之路旅游精品

丝绸之路历史文化遗产，是人类文明的宝贵财富。我们要像爱惜自己的生命一样，保护好这些文化遗产，保护不是把“原生态”加以固化，而是让人们通过文化遗产承载的历史信息，记得起历史沧桑，看得见岁月留痕，留得住文化根脉。我们应当有历史的责任担当，把老祖宗留下的这些宝贝利用好，找准历史与现实的结合点，深入挖掘丝绸之路历史文化遗产的价值理念和智慧，做好历史文化遗产的活化和深度开发，特别要重视发展体现不同文化背景的文化旅游演艺产品，增进人们对丝绸之路文化的共同认知，让丝绸之路各国多彩的文化各美其美、美美与共，以旅游促进丝绸之路沿线各国和地区的文化交流、民心相通。同时，应依托丝绸之路沿线自然资源，大力发展丝绸之路旅游休闲、度假产品，把丝绸之路打造成国际知名的旅游休闲度假长廊。

二、要构建“旅游 +”发展模式，更好发挥旅游在经济社会发展中的综合带动作用

当前，丝绸之路沿线国家大多数还是发展中国家，还存在着区域和城乡发展不平衡等问题，加快经济发展、改善人民生活，正日益成为普遍共识。目前，旅游和互联网一样，改变着人类社会。要像重视“互联网 +”一样，加快构建“旅游 +”发展模式，一方面要推动旅游与其他产业、行业相融合，与发展绿色产业和保护生态环境相结合，与社会、文化和科技相促进，使旅游融入产业结构、生产方式、消费方式之中。另一方面，其他产业和行业应该让旅游的理念贯穿到发展中，主动和旅游融合发展，这样不仅可以拓展自身发展空间、提高附加值，也可以创造出新的领域和新的业态。如果一个产业、一个项目、一个工程，能够很好地和旅游结合在一起，那就体现了生态文明的理念、以人为本的理念、绿色发展的理念。在当前经济增长放缓的形势下，更应发挥旅游稳增长、增就业、减贫困的作用，使旅游成为经济发展的增长点和动力源。

三、要树立开放包容的心态，推进丝绸之路旅游交流合作

丝绸之路沿线国家组成一个“大家庭”，每个国家都是丝绸之路经济带上的重要节点，只有加强合作，共襄丝绸之路旅游发展盛举，才能共享丝绸之路旅游发展成果。应利用好亚洲开发银行等金融投资平台，完善丝绸之路旅游基础设施、

公共服务设施，实现旅游道路互联互通。在世界旅游组织的统筹协调下，推进丝绸之路旅游规划、开发工作，指导促进更多国家开通国际航线，放宽旅游签证限制，简化出入境手续，打造全球跨境无障碍旅游区。建立丝绸之路旅游国际联盟，加强信息交流共享，定期研究丝绸之路旅游重大问题，制定丝绸之路旅游服务标准和行业公约。各国应扩大旅游开放领域，加强旅游信息互通、客源互送和宣传互动，联手打造丝绸之路旅游精品线路，吸引更多的游客踏上神奇瑰丽的丝绸之路。

四、要传承和弘扬丝绸之路精神，创造新的丝绸之路文化遗产

丝绸之路精神的核心在于包容和创新。要树立经典意识，使优秀传统文化、特色地域文化与当代文明、现代科技完美结合，打造有灵魂、有生命力的旅游产品，使其成为值得后世敬仰和传承的文物、文化遗产，让丝绸之路永放光芒。从公元前138年开始，中国汉代的张骞肩负和平友好的使命，先后两次出使西域，开启了中国同西域各国友好交往的大门，开辟出一条横贯东西、连接欧亚的丝绸之路。在2014年6月22日第38届世界遗产大会上，“丝绸之路：长安—天山廊道的路网”项目顺利入选世界文化遗产，成为举世公认的人类文明瑰宝。为了更好地传承丝绸之路精神，让民众更好地了解和珍爱丝绸之路文化遗产。建议将张骞首次出使的日期或每年的6月22日，设立世界丝绸之路旅游日，各国联合开展宣传活动，为发展丝绸之路旅游营造良好环境。

女士们，先生们，朋友们！

让我们以这次大会的召开为契机，共同谱写丝绸之路旅游交流合作的新篇章，更好地造福丝绸之路各国人民。

最后，诚挚邀请各位嘉宾来陕西观光旅游、休闲度假！

谢谢大家！

奋力开拓陕西旅游发展新境界

陕西省旅游局局长 杨忠武

习近平总书记来陕重要讲话，明确了陕西在全国发展大局中的定位，为我省经济社会发展指明了方向，为陕西旅游业发展带来了巨大的福祉和机遇。

习总书记在视察调研中强调指出，“要加强对革命根据地历史的研究，总结历史经验，更好发扬革命精神和优良作风”，“要把凝结着中华传统文化的文物保护好、管理好，同时加强研究和利用，让历史说话、让文物说话，在传承祖先的成就和光荣、增强民族自尊和自信的同时，谨记历史的挫折和教训，以少走弯路、更好前进”。在视察调研结束时的重要讲话中，习总书记就扎实加强文化建设作出重要指示。他指出，陕西作为中华民族和华夏文化的重要发祥地之一，文化积淀十分深厚，是“天然历史博物馆”。对发掘和用好丰富的文化资源，大力推进文化建设，他也提出了明确要求。比如，对历史文化，要溯到源、找到根、寻到魂，找准历史和现实的结合点，深入挖掘历史文化中的价值观念、道德规范、治国智慧；对革命文化，要注重发挥好红色文化资源和红色教育基地的作用，让广大党员、干部、群众特别是青少年了解党的历史，传承党的优良作风，坚定跟党走；发展红色旅游要把准方向，核心是进行红色教育、传承红色基因，让干部群众接受红色精神洗礼。要保护好文物，让人们通过文物承载的历史信息，记得起历史沧桑，看得见岁月留痕，留得住文化根脉。要保护好历史文化遗产、民族文化风格、传统风貌，不能随意占用和损坏，也不能以保护为名大拆大建。全省旅游行业要认真学习贯彻落实习总书记重要指示精神，奋力开拓陕西旅游业发展的新境界、新天地。

一、把习总书记的亲切关怀转化为发展动力，进一步坚定建设旅游强省的信心

习总书记视察调研时所走过的几个地方，在全省旅游业发展中具有代表性。可以预见，革命圣地延安、照金红色小镇、古城西安旅游一定会升温，陕西旅游业在海内外的知名度和吸引力也会进一步提升。同时要看到，我省加快建设丝绸之路经

济带新起点赋予旅游业更大的使命，省政府即将出台贯彻落实国务院 31 号文件精神的《关于促进旅游业改革发展的实施意见》、召开全省旅游产业发展大会，国家旅游局在项目建设、特色品牌打造、旅游体制机制创新等方面推出系列政策措施，这些都为旅游业发展带来了新的机遇、注入了强劲动力。我们要增强对陕西旅游资源优势、发展前景的信心，在省委、省政府的正确领导下，深入实施“2336”发展思路，为建设旅游强省不懈奋斗，使陕西旅游综合收入早日进入全国第一方阵。

二、充分彰显中华文明、中国革命、中华地理的精神标识和自然标识，丰富和提升陕西旅游发展内涵

抓住有利时机，通过召开座谈会、组织研究课题，加强对陕西历史文化的发掘利用，把我省深厚的文化积淀转化成旅游产业优势。要丰富和优化产品体系，满足多样化、多层次消费需求，推动旅游产品向观光、休闲、度假并重转变，把人文旅游做精做深，把休闲度假做出特色。加快实施高 A 级景区创建倍增计划，力争在“十三五”前期 4A 级景区突破 100 个，5A 级景区突破 10 个。当前和今后一个时期，要着力加强陕西旅游品牌建设。

一是要打造“丝绸之路起点旅游”品牌，用好丝绸之路起点这块金字招牌，构建以西安为起点的丝绸之路风情体验旅游走廊。今年要办好第七届联合国世界旅游组织丝绸之路旅游国际大会，也是首届丝绸之路沿线国家旅游部长联席会议，推进丝绸之路沿线国家旅游合作。

二是要打造“红色旅游”品牌，挖掘红色文化内涵，创新展示方式，加强红色旅游主题活动策划和宣传推广，抓好红色旅游景区建设，推进区域合作，把全省红色旅游发展推上新水平。

三是要打造“秦岭国家中央公园”品牌。加快大秦岭人文生态旅游度假圈建设，发挥秦岭沿线 6 市主体作用，按照《大秦岭旅游发展总体规划》确定的产品体系、功能定位，抓好产品开发和基础设施建设。争取将“秦岭国家中央公园”确定为国家公园建设重点项目，纳入国家旅游业“十三五”发展规划。

四是要打造“帝陵文化旅游”品牌。要在继续做好黄帝陵保护建设的同时，推动落实《陕西省汉唐帝陵旅游专项建设规划》，坚持“保护为主、抢救第一、合理利用、加强管理”的原则，探索“一村护一陵、一陵带一村”的发展模式。

五是要打造“中国西安丝绸之路国际旅游博览会”品牌。坚持市场运作机制，完善思路和措施，举办好第二届中国西安丝绸之路国际旅游博览会，在拓展参展范围与合作渠道、扩大交易成果上实现新突破。

六是要打造“秦岭与黄河对话”品牌。坚持一年一个主题，逐步提高活动的国际化水平，使“秦岭与黄河对话”活动成为全国知名文化旅游品牌和旅游业发展的重要思想源。今年以“新丝路、新起点、新旅程”为主题，突出黄河文化元素，在韩城举办好第三届“秦岭与黄河对话”活动。

三、主动服务发展大局，为“三个陕西”建设做贡献

推动旅游经济向全产业链转变，拓展旅游业发展空间，推进旅游业与第一、二、三产业融合发展，发挥旅游业统筹经济社会发展的引领作用，加快把旅游业打造成为全省战略性支柱产业和人民群众更加满意的现代服务业，不断提升旅游业对国内生产总值、服务业增加值、地方财政收入、社会就业的贡献率。编制全省旅游扶贫规划，深入实施乡村旅游富民工程，重点推进 151 个国家首批乡村旅游扶贫重点村建设，抓好规划指导、市场推广、人才培训、基础设施和公共服务设施提升，帮助群众走上旅游致富的道路，支持红色景区周边群众率先脱贫，为促进群众奔小康做出积极贡献。

融合创造价值

——在第二届丝路遗产文化、旅游、商业融合发展高峰论坛上的演讲

陕西省旅游局局长 杨忠武

备受关注的第二届世界互联网大会，主要解决两大问题，一个是互联网的发展问题，一个是互联网的治理问题。而不论是发展还是治理，都需要融合各方面的力量。为什么把大会放在乌镇召开？就是因为这个江南小镇，它实现了传统文化和现代文明、现代科技的融合，所以乌镇成为世界互联网大会的永久会址，融合已成为生产力发展的动力源。

习总书记指出，旅游是综合性产业，是拉动经济发展的重要动力。我国正在迎来一个“旅游 +”的新时代，要充分发挥旅游业的拉动力、整合力及催化、集成作用，为相关产业提供平台，插上“旅游”翅膀，形成新业态，提升其发展水平和综合价值。在此过程中，“旅游 +”也有效地拓展旅游自身发展空间，推进旅游业转型升级。

借此机会，我围绕本次论坛的主题，就旅游、文化和商业融合发展谈点不成熟的看法。

一、旅游、文化、商业发展互为依托、相融相盛

就旅游六要素“吃、住、行、游、购、娱”而言，“游”和“娱”以文化为支撑，“吃”“住”“购”“行”则以商业为支撑，可以说旅游、文化、商业从来就是孪生关系，共生共荣。

盛唐时代的长安，文化、商业、旅游就高度融合，才成就了国际都市、世界名城和盛世长安。在我省有不少融合发展的经典范例。目前最受国内外游客欢迎的实景演出《长恨歌》，是陕旅集团深入挖掘大唐历史文化，与旅游融合形成的文化演出项目，当初 700 万元的投资创造了现在每年上亿元的收入，比我省不少工业项目的利润还要高，成为陕西金牌旅游产品；礼泉袁家村，以“关中印象体

验地”为定位，将民俗文化、商业开发、旅游体验相结合，创造出自己的品牌与模式，特色店铺达 500 多家，2015 年国庆黄金周每天接待游客 15 万人次，已成为全国乡村旅游发展的典型。在国外，也有许多融合发展的典型，美国的迪士尼乐园，电影文化、旅游开发、商业布局等互为依托，互相促进，制造出一次次惊奇，每次选址建设都能吸引世界的目光。德国科隆，就是一座因融合发展而繁荣的城市，科隆大教堂、科隆大学、罗马时代地下广场等历史遗产吸引旅游者，加上闻名世界的古龙香水等商品，配以全城的商业体系和每年莱茵河的狂欢节等，让科隆成为世界各地旅游者去德国旅游时不得不去的地方。

可见，旅游、文化、商业互为依托，相融相盛，三者的融合发展能够拓展空间、创造价值、促进转型，在更大的范围内搭建起“大众创业、万众创新”的崭新舞台，发挥稳增长、扩内需、促消费、惠民生的重大作用，聚集陕西的文气、人气和商气，同时将有效破解陕西旅游人均消费较低、文化挖掘力度不够等问题。

二、推进旅游、文化、商业融合发展，关键是要以需求为导向，不断寻求契合点

党的十八届五中全会提出“创新、协调、绿色、开放、共享”的发展理念，最近中央在研究明年工作时强调“要着力加强供给侧结构性改革，着力提高供给体系质量和效率，增强经济持续增长动力”。我们在贯彻落实这些新的发展理念和思路时，就是要适应市场，大力推进旅游、文化、商业融合发展，不断丰富陕西旅游产品体系和服务体系，来满足需求、创造需求、引领需求。

（一）旅游和文化怎么融合

陕西是中国“天然历史博物馆”，文化积淀十分深厚，有蓝田猿人、半坡人、轩辕黄帝等相关的远古历史，有周秦汉唐等十多个政权上千年的建都史，有中国共产党领导的以延安为中心的伟大革命史，不少文化资源具有至高性，被习总书记誉为中华文明、中国革命的精神标识。我们要系统梳理这些文化资源，加大深层次开发，使静态资源活起来，让陕西文化更好地走向世界。

要围绕开发和保护丝绸之路文化遗产，打响“丝绸之路起点旅游”品牌。今年国家旅游局在我省举办了“美丽中国—丝绸之路旅游年”启动仪式、首届丝绸之路旅游部长会议暨第七届联合国世界旅游组织丝绸之路旅游国际大会，陕西作为古丝绸之路起点的地位和优势进一步凸显。要用好丝绸之路起点这块金字招牌，加快构建以西安为起点的丝绸之路风情体验旅游走廊，着力推进汉唐帝陵大景区、岐山西周文化景区、两汉三国文化景区、丝绸之路风情城、司马迁文化景区等重

点项目建设，推出丝绸之路精品旅游线路。要积极推动落实《丝绸旅游部长会议西安倡议》，举办好中国西安丝绸之路国际旅游博览会，为丝绸之路旅游交流合作搭建国际化平台。

要围绕开发和保护帝陵文化遗产，打造帝陵文化旅游品牌。陕西作为中华民族的重要发祥地之一，根脉人文资源厚重。黄帝陵和72座皇帝陵园承载着生生不息、博大精深的中华文化，发展帝陵文化旅游具有独特优势。要在继续做好黄帝陵保护建设的同时，推动落实《陕西省汉唐帝陵旅游专项建设规划》，坚持“保护为主、抢救第一、合理利用、加强管理”的原则，探索“一村护一陵、一陵带一村” 陵村融合发展的路子。通过开发保护帝陵文化资源，增强中华民族的文化认同感和精神归属感。

要围绕开发和保护宗教文化遗产，打造宗教文化旅游品牌。中国佛教八大宗派，其中六大宗派祖庭在陕西。法门寺、楼观台、大兴善寺、青龙寺、香积寺、草堂寺等很多佛寺、道观千百年来宗教活动长盛不衰，不少国家元首、大德高僧前来膜拜，在海内外具有很大的影响力。坚持佛、道、儒三教重点寺观为主线，构建以西安为中心，关中为主体，陕南、陕北为两翼的区域宗教文化旅游经济发展大格局，推出宗教文化旅游精品线路，打造国际宗教文化旅游目的地。

要围绕开发和保护红色文化遗产，打造红色旅游品牌。陕西是中国革命的摇篮之一，延安是共产党人的精神家园，全省革命遗址达2051处、国家级爱国主义基地19个，红色文化资源在全国具有独特地位。要抓住全党加强思想作风建设的有利时机，挖掘红色文化内涵，创新展示方式，加强红色旅游导游员和讲解员队伍建设，加强主题活动策划，推进区域合作，推出“奔向延安”“转战陕北”“走向胜利”等红色旅游主题线路，把全省红色旅游发展推上新水平。

要围绕开发和传承地域文化，打造民俗文化旅游品牌。陕西有着悠久的历史和特殊的地理环境，孕育了多姿多彩的地域文化和民俗风情，被列入国家非物质文化遗产的项目达62项。这种文化存在于老百姓的生活中，如果不是在生产生活中生动地传承，这种文化就容易消亡。目前我们正在推进的31个文化旅游名镇建设，就是不搞大拆大建，要保护好历史遗存，延续具有地方特色的生产生活方式，留住文化“活”的形态，让文化的种子、文化的魂魄能够沉淀、能够生长。当前，我们还要看到，在中国几千年的历史中，县是社会经济、政治文化发展的基本单位，有着乡村没有的公共建筑、商业建筑和官府建筑，要重视和加强老县城的文化遗存、文化遗产保护，要从政策资金上进行扶持，把这些老县城打造成精品文化旅游目的地。要加强对非物质文化遗产的保护和传承，使其变成可呈现、可体验的旅游产品，增添陕西的人文魅力。

与此同时，我们要继续办好“秦岭与黄河的对话”活动，使对话成为全国知名文化旅游品牌和旅游业发展的重要思想源；围绕文化消费需求，推出文化演艺精品，打造文化节庆品牌。

（二）旅游和商业怎么融合

应该从四个方面推进：

一是大力开发旅游商品。这是旅游和商业融合发展的最佳结合点。目前，来我省的游客旅游购物占旅游消费的比重约为20%，而发达国家则达到40%~70%，旅游商品具有很大的发展空间。一要解决创意的问题，使我们的设计更好地体现地域文化元素，更好地契合人们的审美和消费需求，从设计阶段就注重品牌的打造；二要解决销售的问题，使旅游商品销售渠道与商业销售体系融为一体，尤其要利用好电商平台，提高旅游商品销售的覆盖面和便捷性；三要解决产业化的问题，使设计出来的产品，实现批量生产，提高工艺水平，真正把旅游商品做成一个大产业。

二是积极发展商务会展旅游。适应商务会展旅游消费的大趋势，一方面要建设一批高标准的会展中心、会议中心，举办承办高水平的会展、会议和节庆活动，争取更多的世界级、国家级会议和会展在陕西永久落户。另一方面要完善会展会议中心周边旅游服务接待设施，建立更加灵活的商务会展旅游发展模式，提供个性化的商务会展旅游产品和线路。

三是适度发展城市旅游综合体。应该根据城市人口、旅游人数和消费水平，结合城市功能的改造提升，按照“旅游带动、文化引领、商业支撑”的思路，合理布局建设城市旅游综合体，聚集“吃、住、行、游、购、娱”要素，实现旅游、文化、商业一体化消费。西安市在这方面走在了前列，其他市应该至少打造一个城市旅游综合体。

四是推动旅游服务和商业服务相融相济。从一定意义上讲，旅游和商业同属服务行业，目前这两个行业都有国家标准和地方标准，要相互借鉴、扬长补短，共同打造陕西的服务品牌。

要实现旅游、文化、商业的融合发展，关键要解决内生动力的问题。首先，要走市场运作的道路，用市场配置资源，壮大市场主体，培育一批融合发展的企业。其次，要创新投融资机制，实施项目带动战略，“十三五”期间规划建设1000个以上旅游项目，其中5亿元以上项目200个，10亿元以上项目100个，20亿元以上项目50个，投资突破5000亿元，以项目建设支撑旅游、文化、商业的融合发展。再次，要构建合作平台，建立旅游、文化、商务部门之间的沟通协调机制，共商融合发展大计，协调落实融合发展项目，取得“1+1+1>3”的效果。

各位领导、各位专家，“旅游 +”是一种新的生活形态和经济形态，是一种新的先进生产力，我们要把握机遇，以融合的理念、合作的思路、创新的方法，携手开创旅游、文化、商业转型发展的新局面，为全省经济发展培育新的动能！

新常态下陕西乡村旅游转型发展的路径选择

陕西省旅游局副局长　徐明正

2014年5月，习近平主席在河南考察时第一次提及“新常态”。他说：“中国发展仍处于重要战略机遇期，我们要增强信心，从当前中国经济发展的阶段性特征出发，适应新常态，保持战略上的平常心态。”新常态的提出，意味着中国经济已进入一个与过去30多年高速增长期不同的新阶段。旅游业作为国民经济的重要组成部分和战略性支柱产业，充分体现出经济新常态的基本特征与发展趋势，旅游业正在成为新常态下新的增长点。

一、新常态下的旅游新常态

（一）旅游新常态的特征分析

所谓经济发展新常态简单讲就是经济发展速度由高速转为中高速，经济结构不断优化升级，经济发展驱动由依靠要素或投资驱动转向依靠科技创新驱动。这种大时代背景与中国旅游业发展阶段性因素的叠加，决定了旅游业发展正在进入转型升级的关键时期。这一时期的新现象、新趋势、新规律，即为“旅游新常态”。在新常态下，旅游业的发展大体表现为九个方面的特征：

1. 大众化、个性化、多元化

旅游已经成为大众一种普遍的生活方式，大众旅游生活需求呈现持续增长的“常态”态势，并且彰显个性化需求、多元化需求蓬勃增长的鲜明特征。大众化的自助旅游、自驾旅游、快旅慢游成为人们出游的主要方式；重个性、深体验、慢生活、享品质成为人们旅游的主导诉求；观光、休闲、度假需求多元并存、交织生长，休闲度假生活需求展现出强劲的上升态势，开始步入大众休闲时代、大众度假时代。

2. 旅游业态创新化

传统的旅游业态结构在“创新、革新、更新”中转型升级、嬗变新生，呈现出“6+N”的多态化新格局。传统要素业态依然存在，多样化的新要素新业态不断生长，正是这个“旅游新常态”时期的一个鲜明特征。在旅游业结构的调整和升级中创造更多的“旅游新业态”，也正是适应新常态、发展新常态的重要方略。

3. 经营体制健全化

领导体制、发展机制和经济所有制的“三制”综合改革，同步发力，制度政策红利逐步释放，旅游业发展环境日趋向好，为旅游业持续、蓬勃发展注入了强劲的推力、动力和活力，这是“新常态”。彰显旅游产业地位作用和特征规律的“大旅游”的领导体制日益健全；“大市场”机制在法制轨道上加快发育，走向成熟，呈现既充分竞争又规范运行的崭新格局；一批新的经营模式和市场主体应运而生，为旅游业发展注入强劲的内生动力。

4. 产业发展融合化

跨界融合是当今经济发展的大势所趋。旅游产业本身具有关联度大、带动性强、覆盖面广、综合性高的本质和特征；任何经济和社会资源与旅游产业“结合、融合、整合”，都有可能孕育、生成新的旅游业态、经营模式和生活方式。一是业界结合，二是跨界融合，三是无边界整合。

5. 旅游目的地一体化

以“个性化主题、多要素集聚、一站式体验、综合型生活”为导向和特征，深入开展旅游休闲度假集聚区、综合体尤其是目的地建设，正在成为“旅游新常态”。“一体化”的目的地建设，既满足人们“一站式体验、综合型生活”的旅游休闲度假生活的新需求，又开创“集约化经营、集聚性消费”的旅游业发展的新格局。

6. 旅游服务智慧化

信息化时代，互联网、移动互联网、大数据深刻改变着旅游业的运行模式和方式。线上、线下的大整合，全面推动着新兴旅游企业和传统旅游企业的大整合，大数据管理手段和手工式管理手段的大整合，互联网营销模式和传统型营销模式的大整合，个性化服务方式和大众化服务方式的大整合为旅游业迎来智慧化建设的新浪潮。

7. 管理标准规范化

从以往的标准化建设到当下的“标准化和非标化的交织”，在新一轮管理创新中走向新的标准体系逐步建立；从长期的市场整治模式到“规范管理模式”，在新一轮管理升级中走向新的运营规范日臻完备；新标准、新规范，创建着旅游发展、旅游运营和旅游市场的新秩序。

8. 旅游体验质量化

旅游经济是体验经济、口碑经济，旅游发展进入服务时代、品牌时代，旅游产品倡导精品，旅游服务讲究品位，旅游生活追求品质，旅游经营崇尚品牌。让服务创造价值，品位服务、品质生活、品牌经营，进而让人们的旅游享受精心服务、精彩生活，这既是新常态下发展模式的转型和升级，又是新常态下发展理念的回归和升华。

9. 旅游提质增效化

最近召开的全国旅游工作会议提出“到2020年从初步小康型旅游大国迈向全面小康型旅游大国，年人均出游次数达到五次以上，我国旅游业在规模、质量、效益上都达到世界旅游大国水平，进而向2050年建成旅游强国的目标迈进”，这是适应国民经济中高速增长的新常态，调整旅游业发展的阶段性目标和前行节奏，从追求数量向追求效益转型，让旅游业发展在提质增效的轨道上运行。

（二）旅游产业在新常态下的地位和作用

1. 旅游业是新常态下国家的重要发展战略

在新常态下，旅游业对我国经济社会发展全局具有重要战略意义。国家正在大力推进“一带一路”、沿边开放、自贸区建设等战略，而2亿多人次的出入境旅游，带动了巨大的国际经济文化交流。入境旅游是重要的服务贸易，出境旅游则有利于带动投资、货物、服务“走出去”，带动旅游企业“走出去”，带动就业“走出去”。边境旅游方兴未艾、前景广阔。构建更加主动、更具引领性的开放型经济新体制，旅游业在其中可以大有作为。

旅游业是无烟产业，是建设生态文明最有优势、最富潜力的产业。旅游业资源消耗少、能耗低。随着旅游者文明水平的提升及旅游方式的不断改进，旅游业万元产值能耗将不断降低。这有利于我国形成绿色低碳循环发展的新方式。

2. 旅游业是区域经济转型发展的引领产业

旅游业是促进区域发展的重要产业，有利于发挥区域特色优势、促进区域交流，对打破区域分割、加强区域协调协同发展具有积极作用。“互联互通，旅游先通”，正在成为区域或次区域一体化的普遍规律。

旅游业是统筹城乡发展的优势产业，为城乡间人流、物流、信息流、资金流构建了渠道、提供了载体，推动以工补农、以城带乡、城乡旅游优势互补的良性互动。发展乡村旅游，能使农村就地现代化、就地城镇化，同时又能使城镇居民看得见山，望得见水，记得住乡愁。

旅游业是推进新型城镇化建设的引领产业，有利于整合城镇各种资源，激活城镇文化、彰显城镇个性、提升城镇服务功能。

3. 旅游业是现代服务业的发动机

旅游消费是最终消费、多层次多样化消费和可持续消费的综合体，具有很强的融合能力和巨大的增长潜力，是新常态下扩大消费的重要动力源，已成为居民的普遍消费方式和推动消费方式升级的主渠道之一。旅游业以游客消费为主线，串联起各种消费、各种要素、各种产业、各种服务，形成各类旅游相关产业群，是对社会各种资源要素整合利用、提高综合效率的新型经济形态。旅游业在经济发展中的作用是对需求的拓展和组织，是以市场为中介，对旅游需求和供给要素进行再组织的过程，是经济发展的“催化剂”、社会协调的“润滑剂”、转变发展方式的“加速器”。现代旅游业已经成为全要素融合，全产业链整合，跨越第一、二、三产业的现代产业集群和经济社会组织方式。旅游通过产业融合，形成资源共享，实现协同发展，创造新增价值。

（三）乡村旅游在旅游新常态中异军突起

随着我国城市居民收入的不断增长，乡村旅游业也不断发展，成为我国旅游业可持续发展的重要力量，也是促进城乡统筹发展的重要途径之一。目前以生态农业、观光旅游、民俗旅游等为主题的乡村旅游发展迅速。据统计，2014 年中国乡村旅游的游客数量达 12 亿人次，占全国游客数量的 30%；乡村旅游收入 3200 亿元，带动了 3300 万农民致富。目前中国有 200 万家农家乐，10 万多个特色旅游村镇，乡村旅游在古村落的保护及开发、农民增收等方面的作用明显。预计未来 5 年，乡村旅游将成为满足我国居民旅游消费需求升级的新领域、新方向。

二、新常态下陕西乡村旅游发展的新趋势

我省 2015 年农家乐经营户增加 8100 户，达到 2 万户，乡村旅游从业人数达 24 万人，带动 60 万人脱贫。乡村旅游接待游客 1.4 亿人次，旅游收入 158.9 亿元，同比分别增长 23.5%、25.7%。新常态下，乡村旅游已成为全省旅游业发展的新引擎，并且乡村旅游呈现以下四大发展趋势。

（一）乡村旅游全域化发展

我省乡村旅游发展并不局限于关中地区或者陕南地区，而是以全域化发展为理念，遍地开花。全省现有国家级休闲农业和乡村旅游示范县 6 个、示范点 17 个，中国乡村旅游模范村 27 个、模范户 30 家、金牌农家乐 300 家，省级乡村旅游示范村 120 个、旅游特色名镇 79 个。长安区、扶风县、礼泉县等 10 个县（区）也已顺利通过全省第二批旅游示范县验收。打造了留坝、商南、凤县等一批县域旅游目的地和照金、华阳、凤凰、陈炉等一批文化旅游名镇。全省域内 151 个国家首批乡村旅游扶贫重点村建设顺利推进，遴选了 10 个县区开展省级旅游扶贫试点示范。

（二）乡村旅游特色化与品牌化发展

目前全国乡村旅游开发特色不够明显，同质化严重。而我省许多乡村旅游地都有着自身特有的乡村旅游发展模式，如以乡村活化文化为特点的关中民俗文化旅游体验地——袁家村，开放型品质民俗文化体验地——马嵬驿，有山有水有故事——青木川，还原关中民俗生态的休闲体验旅游目的地——周至沙·沙河水街。这些品牌化的乡村旅游地是我省乡村旅游发展的典范，同时对我省其他地区发展乡村旅游也有引领作用。注重自身特色，坚持品牌化发展是我省乡村旅游发展的一大趋势。

（三）乡村旅游品质化发展

以“厕所革命”为契机，提升旅游服务水平，整治旅游不文明的各种顽疾陋习，改善陕西旅游环境和品质。2015 年全省建设改造旅游厕所 1300 座，西安、宝鸡、渭南、榆林、商洛入选全国旅游“厕所革命”先进市名单。各乡村旅游地旅游厕所建设成果明显，为提前一年完成旅游厕所建设任务打下坚实基础。

（四）乡村旅游标准化发展

我省编制的《乡村旅游示范村评定规范》《旅游特色名镇评定规范》为全国村镇旅游标准化建设提供了范本。袁家村、马嵬驿、周至沙·沙河水街、青木川、蓝田汤峪等模式成为全国乡村旅游典范；梁家河村成为全国乡村旅游扶贫工作典型。在全省乡村旅游建设中更是涌现出 300 名中国乡村旅游致富带头人，我省也顺利启动扶贫重点村免费规划编制工作。

三、新常态下陕西乡村旅游面临的机遇与挑战

习总书记在解决“三农”问题时多次强调，“小康不小康，关键看老乡”。农村要留得住绿水青山 ，记得住乡愁。既要绿水青山，又要金山银山。习总书记的重要指示一方面是对旅游推动产业融合的一种鼓励，另一方面为乡村旅游发展带来了良机。随着《中华人民共和国旅游法》的实施，乡村旅游市场更加规范，环境更加优化，政策更加有力，政府服务更加到位。这为陕西省乡村旅游发展迎来了绝佳机遇，但是也存在以下新挑战：

（一）乡村旅游要素投入迫于窘境，基础设施和生态环境改善尚有困难

由于乡村旅游资源散落四处，分布广泛，且原生态的旅游资源又多集于交通不便之地，因而在规划开发的前期阶段，需要投入大量的资金、技术、人力，用于完善道路、通信、宾馆等基础设施和修整、改善生态环境。部分地区乡村旅游的先期投入与预期的经济收益不成正比，各方面也不太满意，再投入的积极性受挫，影响到后期要素资源的有序跟进，乡村基础设施改善和生态环境质量

提升滞缓。

（二）乡村旅游开发特色不够明显，同质化严重，缺乏多元产业

乡村旅游开发最重要的就是体现当地村落特色，虽然我省已有众多乡村旅游开发的典范，但是在后续的乡村旅游开发过程中，部分乡村旅游地同质化严重，业态也过于单一。

（三）原生态保护与商业化的矛盾

乡村文化是发展乡村旅游应紧紧握住的脉搏，是最有特色的品牌形象，但是在商业化操作的强劲态势下，引起了乡村生活的巨大变化和转型。原生态乡村文化的传承和保护受到了挑战。

四、新常态下陕西乡村旅游发展的新路径选择

（一）以文化创新引领发展

乡村旅游产业具有产业边缘淡化和产业边界不强的特征，这就需要将我省乡村旅游与文化创意产业的融合发展为单一的乡村旅游产业起到保障作用，并淡化乡村旅游产业边缘化的特点，以期实现我省乡村文化旅游产业更为灵活的产业融合发展模式。另外，针对不同的发展阶段乡村旅游与文化创意产业要灵活地融合发展，才能达到预期的效果。以我省关中、陕南、陕北各地区文化旅游产业发展的经验来看，旅游产业发展较快的地区，都对当地文化进行过深度的挖掘和传承。文化产业发达的地区，比如关中地区，旅游功能是完善的，对游客也产生了巨大的吸引力。文化创意产业和乡村旅游产业的融合一体化发展，对新农村建设也具有强大的推动作用。

（二）以乡土特色引领发展

乡村能够成为都市人群的慕求之地，原汁原味的生态环境、简单古朴的生活方式、安然自乐的和谐氛围是其潜在优势。我省乡村旅游发展应以生态绿色可持续发展为前提，旅游开发尽量减轻对当地环境的破坏，这样才能给都市人一片远离城市的净土。深化乡村旅游产品内涵，打造乡村旅游产品特色品牌，拥有特色的旅游产品才能吸引更多的游客。新常态下，游客个性化、多样化的需求渐成主流。而我省的乡村旅游产品缺乏新意，特色雷同，对产品开发深度不够，大多数产品还停留在观光游览型或是农家乐的形式，游客参与度低。新常态下，我省要留住乡村旅游者，延长旅游者的逗留时间，就必须要在产品打造上做文章，注重于表象下文化底蕴的挖掘，如对本地的乡土文化特色深度挖掘，加强游客的乡土风情体验，乡土文化体验，乡村劳作体验，利用当地有特色的自然资源与文化资源制

定出具有当地特色的旅游项目，加强产品与游客的观念和感情的沟通，满足游客的精神需求。

（三）以规范管理引领发展

继续完善乡村旅游的管理体制。俗话说：“没有规矩，不成方圆。”新常态下，我省在发展乡村旅游的道路中，有效的管理体系显得十分重要。第一，要对投资者进行管理，对投资者制定的开发方案进行检查和评估，不能对当地的自然资源造成损害。第二，要对经营者进行管理，对经营者在经营模式、环境保护、卫生保护以及安全问题上进行监督，以诚信经营为基本。第三，对旅游者的管理。随着旅游业的壮大，旅游者的数量不断地增加，旅游区的环境压力也在增加，因此要不断地宣传保护环境和旅游资源，提高旅游者的环境保护意识，促进乡村旅游的可持续发展。

（四）以智慧服务引领发展

注重当地乡村智慧旅游发展。随着计算机的普及、互联网的应用，智能手机、平板电脑等为终端的移动互联网呈爆发式增长，越来越多的旅游者通过互联网搜索和查看相关的旅游信息并进行预订与支付，旅游方式越来越智慧化。在这种新常态下，当地政府要在乡村智慧旅游保障体系的建设中发挥主导作用，加大投入，合理规划，创新合作方式，充分调动乡村旅游企业的积极性，摆脱乡村旅游基础配套设施滞后、信息化水平低的困境，共同巩固乡村智慧旅游的发展基础。乡村旅游企业也要转变管理方式与理念，提高智慧化管理水平，定期对乡村旅游从业人员进行培训，充分利用好智慧旅游平台，对当地的乡村旅游产品进行宣传，与游客进行多媒体互动，吸引游客的关注，共同推动乡村旅游服务的智慧化发展。

（五）以创新营销引领发展

为适应游客选择乡村旅游因素变化的需要，营销模式的创新也显得十分必要。

第一，可推行组合营销模式。能够满足顾客需要的产品才能适销对路。也就是说，随着游客需求的多元化，我省乡村旅游提供的产品和服务也需要相应的多样化，因而我省在乡村旅游产品的开发和线路计划上，要打好“组合拳”。在凸显乡村旅游特色的前提下，做到自然风光与人文景观适当结合、传统旅游产品与现代旅游资源结合、城市旅游产品与乡村旅游资源组合、产品推介与服务项目的组合等等，从而尽可能地满足不同游客的游览需要。

第二，可构建连锁营销网络。在我国乡村旅游逐步“从个体经营向企业化操作、从分散布点向集群布局转变”的态势下，条块分割、分散经营、利益纠葛必然弱化旅游资源优势。以乡村旅游资源整合为契机，在经营上合理分工、密切配合，在管理上推行 3S（计划与责任、检查与监督、奖惩与总结）原则，渐而凸显乡村旅游资源的优势和特色，彰显乡村旅游的规模效益。

第三，可营造关系营销平台。在营销3.0时代（专注于人类的情感需求，以情感营销、体验营销、品牌资产营销等新的营销传播方式为主），营销活动是企业与消费者、供应商、分销商、媒体等多主体互动的过程，彼此关系的和谐程度决定着产品的市场销路。因此，乡村旅游规划和旅游产品研发一方面要研究游客的感受和行为模式，不断开发出能够满足游客心理需要或精神需求的高端旅游产品；另一方面要时刻关注并适度领先竞争对手，同时将利益相关者请进来，借助他们的渠道将旅游产品的特色和卖点迅速地带入市场，旅游信息在传播的过程中，自然会对旅游消费群体产生潜移默化的影响。

（六）以人才保障引领发展

目前，我省乡村旅游的从业人员，大多为当地农民，他们大多数文化水平较低，并且多数从业人员没有接受系统、专业的旅游接待服务培训和教育，服务意识不强，服务水平低，导致接待服务中的餐饮、住宿、娱乐、安全、卫生等方面的服务达不到基本的规范与要求，总体服务质量不高。而从市场调查情况来看，大多数游客对乡村旅游的食宿及接待服务质量存在质疑。旅游接待服务质量事关游客的切身利益，发展乡村旅游，要加强培训，提高乡村旅游管理人员的素质，增强从业人员的法律意识、服务意识，只有规范化、个性化的优质服务才能赢得游客的心。乡村旅游地应努力创造良好的学习环境，通过“请进来”“走出去”等方式，有计划地组织专业人员对从业人员进行培训，或是组织相关人员到大中专院校进行专业培训，或是到国外考察学习、取经研讨，提高从业人员的综合素质，增强其服务意识，提升其服务质量。

陕西省发展工业旅游调研报告

陕西省旅游局党组成员、纪检组长 郝占延
陕西省工业和信息化厅副厅长 任 国

工业旅游作为旅游的一种新形式，是指以工业生产过程、工厂风貌、工人工作生活场景、企业文化等与工业相关的因素为旅游对象，在游览过程中使旅游者得到相关的知识和体验，并为工业主体带来一定的社会、经济、文化效应的经济活动。工业旅游是工业与旅游相结合的新兴业态，既是工业产业结构向高端发展、价值链向服务业延伸的结果，又是旅游消费市场向多元化、多层次、专业化方向发展的必然结果。按照课题调研安排，我们通过实地调研、查阅资料等途径，初步形成了陕西发展工业旅游的一些考虑：

一、当前我国工业旅游发展现状和趋势

20 世纪 90 年代，我国一些著名的工业企业允许团队游客参观学习并收取少量参观费，从此拉开了中国工业旅游的序幕，为工业旅游的开展奠定了基础。进入 21 世纪以后，在主管部门的大力推广、引导和规范下，我国工业旅游已初具规模，陆续推出了一些比较成熟的旅游点和较为合理的旅游线路，吸引了大批旅游消费者，形成了一定的接待规模。

（一）我国工业旅游资源情况

近几年来，我国高度重视工业旅游的开发。自 2004 年国家旅游局开展“全国工业旅游示范点”授牌以来，全国已有 345 家工业企业为工业成旅游示范点，海尔、一汽、江南造船厂等一些企业已经成为中国一流、世界先进的工业旅游点，其中山东以 39 家位居全国第一，江苏（29 家）、浙江（25 家）分列第二、三位。

（二）我国工业旅游资源的开发类型

从工业旅游资源的类型来看，大致可分为四种：一是科技型，以现代化科学技术与先进生产工艺为主要内容，如沈阳航空博物园等；二是遗产型，以历史上的生产工艺和生产模式为主要内容开发传统工业旅游项目，如山西大同机车厂组织的“大

同国际蒸汽机车节”等；三是特色型，把特色产品生产过程转化为旅游资源，如北京景泰蓝工业游等；四是综合型，把工业生产资源和自然景观、人文景观融为一体，突出综合旅游优势，如吉林丰满水电站，将丰满水电站和松花湖风景区相结合，独具特色。

（三）我国工业旅游发展趋势

当前工业旅游具体的接待工作分两种形式：一种是由工业企业安排专门旅游接待人员全程陪同，并提供各工业景点讲解，旅行社是全权代表，这种服务比较规范，企业较为省心；另一种由旅行社的导游全程陪同，其中主要是将自然旅游资源、人文旅游资源、工农业旅游资源和旅游参与活动融合到一起，设计旅游线路，但在各工业景点则由工业企业自身接待机构服务，提供讲解并代表厂方安排相关活动。从实践来看，后者更受游客的欢迎。

二、陕西具备发展工业旅游的条件

（一）拥有完善的工业产业基础

我省工业门类齐全，具有发展工业旅游的良好基础。全省共有规模以上工业企业 5074 户，百亿以上企业 19 户，各类工业园区近 200 个。在国防军工、装备制造、能源化工、有色冶金、食品纺织、电子信息等产业具有突出优势和看点，可以有选择地开发工业旅游。尤其是从“一五”时期开始，经过“三线建设”和多年发展，我省工业企业尤其是军工企业保留了大量工业遗产。据 2008 年省工业交通办公室与省文物局的联合普查，我省工业遗产有 500 多家，其中大华纺织厂、宁强火柴厂等都是我国工业化早期企业，我国第一口油井、第一台计算机、第一架民用飞机、第一块集成电路板都诞生于陕西。

（二）旅游市场需求巨大

陕西地处欧亚大陆桥，位于中国的中心位置，是西北其他四省通往东中部的门户，在全国经济总体布局上具有承东启西、连接南北的重要战略地位，便于国内外游客来陕游览。2015 年我省接待游客达到 38567.1 万人次，旅游收入达到 3005.8 亿元，具有较好的旅游产业基础，充分具备了依托海量游客资源，深度推广工业旅游的良好条件。陕西共有高等院校 293 所，在校生人数超过 20 万人，存在将专业学习与实际体验相结合的迫切需求，加上中小学生社会实践教育具有巨大的市场潜力。在新一轮产业转移浪潮下，陕西在承接产业转移方面具有突出优势，省内产业中介组织、外地客商对调研特色工业行业情况也有很大需求，以商务调研为核心的工业旅游市场将逐渐升温。

（三）工业旅游发展已具有一定基础

总体看来，我省工业旅游资源丰富，拥有发展工业旅游的良好基础，具备快速发展的客观条件。自 20 世纪 90 年代中期以来，在国有企业改革、军工企业军转民过程中，形成了许多闲置工业遗产；各行各业涌现出不少优势企业，很多单位也形成了自己独特的企业文化，目前共有包括渭南富平陶艺村有限责任公司工业园、西安开米股份有限公司等在内的 11 家示范点单位获得批准，工业旅游示范点数量位居全国第十四位，与我省工业的发展排名基本一致。我省工业旅游示范点评定工作也已于 2015 起在宝鸡开展试点，西凤酒厂、农夫山泉、蒙牛乳业已经成为宝鸡乃至全省重要的旅游热点景区。

三、陕西发展工业旅游的思路和建议

当前，我省正处在经济社会转型发展的关键时期，市场消费需求也在发生深刻变化。加快发展服务业，特别是生产性服务业，对于调整和优化产业结构具有重要作用。发展工业旅游，既可以推动工业生产与服务业有机结合，做大做强生产性服务业，又可以创造消费市场，拉动内需，促进经济增长。

（一）总体考虑

依托我省良好的产业基础和丰富的旅游资源，按照“政府推动、中介组织、企业支撑、政策支持、市场运作”的原则，统筹规划，突出重点，加快培育步伐，分行业、分区域打造一批精品旅游线路，使工业旅游成为我省生产性服务业和消费领域的亮点，对全省经济转型发展发挥重要作用。力争到 2020 年，全省年度工业旅游接待游客达到 500 余万人次，旅游综合收入达到 100 亿元。

（二）坚持原则

政府推动与市场运作相结合。政府通过制定规划，完善产业政策，制定市场规则、规范市场秩序、引导工业旅游发展。在具体项目运作上，充分发挥旅行社等中介机构的平台作用和工业企业、工业园区的支撑作用，形成市场化的运作模式，促进工业旅游健康有序发展。

工业旅游与企业营销相结合。发挥工业旅游对工业企业产品的宣传体验功能，引导企业营销与工业旅游相结合，增加销售渠道。通过发展工业旅游，进一步塑造、提升企业和产品形象，宣传产品和企业文化，提高社会认同度。

工业旅游与人文自然旅游相结合。将工业旅游资源与周边其他旅游资源相结合，开发集约型旅游产品，增强旅游吸引力。充分利用观光、休闲、度假等旅游市场，将传统旅游客源和潜在需求市场纳入工业旅游活动中来。发挥工业生产在旅游商品和纪念品方面的独特优势，发展旅游购物，拉长工业旅游产业链条。

工业遗产保护与现代生产利用相结合。充分利用我省工业特色，打造特色旅游产品。既注重依托我省工业遗产资源，加强对工业遗产的保护和再利用，在利用的基础上实现保护；又注重与现代工业生产相结合，展示工业企业发展成果，提高促进企业管理水平和装备工艺水平。

工业旅游与体验、教育、培训相结合。充分发挥工业旅游的科技性、文化性、知识性、趣味性、参与性和教育性特点，加强仿真模拟、实践操作等体验设施建设，提高游客参与度。充分开发工业旅游的功能，丰富工业旅游内涵，拓展科研、教育、招商、会展等专业性市场需求。

（三）重点任务

1. 打造一批工业旅游景点

围绕军工、装备、能源化工、有色冶金建材、食品医药、轻工纺织、电子信息等重点产业，率先建设100个省级工业旅游景点。重点依托阎良航空基地、卤阳湖航空产业园、西安兵器基地、西安航天基地，打造航空、航天、兵器等军工产业旅游景点。依托西安高新区、西安经开区、宝鸡经开区、蔡家坡开发区等，重点打造汽车、机床、冶金、煤炭、石油设备等装备制造业旅游景点。依托榆神工业区、靖边工业园区、延长石油集团、陕西煤业化工集团，打造能源化工产业旅游景点。重点依托金堆城钼业集团有限公司、宝钛集团、陕西钢铁集团有限公司，打造有色冶金产业旅游景点。重点依托西凤酒股份有限公司、蒙牛乳业（宝鸡）有限公司、银桥乳业集团、秦宝牧业股份有限公司、陕西众兴高科生物科技有限公司、西安杨森、步长制药、农夫山泉陕西太白山饮料有限公司、陕西盘龙药业集团股份有限公司等企业打造食品医药产业旅游景点。依托咸阳纺织工业园区、大华纱厂旧址、蓝田家具工业园、西安开米、铜川陶瓷产业集聚区、富平陶艺村等，打造轻工纺织工业旅游景点；依托西安高新区、咸阳高新区、沣西新城，打造电子信息产业旅游景点。

2. 布局一批优质工业旅游线路

依托现有成熟旅游线路，嵌入工业旅游景点，率先打造20条工业旅游精品线路：

（1）西安市：以陕西汽车集团有限责任公司、比亚迪汽车有限公司、陕西法士特集团公司为主体的汽车制造工业旅游线路。

（2）西安市：以秦岭自然风光与三星、中兴等电子企业相结合的电子信息产业旅游线路。

（3）西安市：以秦岭自然风光与草堂科技园、强生供应链生产基地等相结合的生物医药产业旅游线路。

（4）西安市：以临潼文物古迹自然风光与银桥乳业相结合的乳品生产旅游线路。

（5）西安市：以阎良中航工业西安飞机工业（集团）有限、西安航空职业大学试飞院、航空科技馆为主的航空工业旅游线路。

（6）宝鸡市：以青铜器博物院、中华石鼓园、宝钛集团有限公司为主的材料加工工业旅游线路。

（7）宝鸡市：以农夫山泉陕西太白山饮料有限公司为主的材料加工工业旅游线路。

（8）咸阳市：以沣西新城、微软创新中心为主的大数据产业旅游线路。

（9）咸阳市：以彬县大佛寺、彬长煤矿为主的煤炭工业旅游线路。

（10）渭南市：以卤阳湖航空产业园为主的通用航空工业旅游线路。

（11）渭南市：以富平历史文化资源和陶艺村为主的红色旅游线路。

（12）渭南市：以少华山旅游资源和金堆城钼业集团有限公司为主的矿山旅游线路。

（13）铜川市：以陈炉古镇、陈炉陶瓷、唐宋陶瓷、樱桃园为主的陶瓷工艺旅游线路。

（14）榆林市：以榆神工业园、红石峡、红碱淖为主的煤炭工业旅游线路。

（15）榆林市：以统万城、波浪谷、靖边风电场为主的新能源旅游线路。

（16）延安市：以延川红色旅游资源、黄土高坡自然资源、永坪炼油厂为主的石油开采工业旅游线路。

（17）汉中市：以城固桔园、樱桃园、油菜花海，中航工业陕西飞机工业（集团）有限公司，中航电测仪器股份有限公司，汉川机床，陕钢集团汉中钢铁有限责任公司为主的旅游线路。

（18）安康市：以紫阳茶叶自然资源和产业加工企业为主的茶叶旅游线路。

（19）安康市：以汉阴凤堰古镇和汉阴工业园魔芋加工企业为主的魔芋加工工业旅游线路。

（20）商洛市：以柞水旅游资源及盘龙药业集团股份有限公司、大西沟矿业有限公司为主的循环经济旅游线路。

（四）主要举措

1. 加强组织领导

坚持按照“政府推动、中介组织、企业主体”的思路，发挥各方面积极性，形成发展合力。成立陕西省工业旅游发展联席会议，省旅游局为召集单位，工业和信息化厅、文物局、教育厅等部门参与。制定出台《陕西省工业旅游发展实施意见》，指导全省工业旅游工作。确定一批专业旅游机构，承担工业旅游日常工作。2016 年重点做好发展谋划与顶层设计工作，2017 年全面推开，2020 年取得初步成效。

2. 统筹规划，精心设计旅游线路

坚持规划引领，突出重点，围绕军工、装备、能源化工、有色冶金建材、食品医药、轻工纺织、电子信息等 7 大主题板块，全面梳理整合全省工业遗产、工业企业、工业园区、创意产业集聚区、工业展览馆和综合性设施（如赛车场、通用机场、卫星测控中心等）等 6 大类工业旅游资源，策划 50 条精品旅游线路，其中彰显产业发展水平的行业专题游线路 28 条，显示地方工业特色的区域游线路 11 条，结合自然人文景观的综合游线路 11 条。

3. 打造工业旅游优质景点

集中力量，鼓励与扶持有特色、有优势、有市场影响力的工业旅游景点接轨国际标准，打造陕西的工业旅游品牌，引领全省工业旅游发展。一是制定陕西省工业旅游示范点服务质量标准，认定一批省级工业旅游示范点，带动提升全省工业旅游景点的管理服务水平。首批认定 30 个，到 2017 年达到 100 个。二是加强工业旅游设施建设，全面提升工业旅游硬件水平。重点加强景观环境建设、参观体验区建设和景区标牌设置，提高规范程度。依托龙头企业和特色工业园区，建设 1 个省级工业博物馆和 15 个行业特色工业博物馆。三是以省级以上工业园区为重点，加强服务设施建设、增加动态活动项目、强化休闲氛围，打造 10 个地标性工业旅游知名景区。

4. 加大政策支持

建立系统的政策支持体系，重点编制好全省工业旅游规划，考察设计工业旅游线路，编制省级工业旅游示范点建设标准。建设陕西工业旅游网络展示平台，开展工业旅游培训。支持工业企业、工业园区、工业遗产管理单位和旅游企业，围绕打造工业旅游示范点开展设施改造。支持高校组建工业旅游学生社团，参与组织工业旅游相关活动。增强工业企业发展工业旅游意识，工业领域国有企业新建和改扩建项目，应将开设工业旅游线路纳入建设范围，新增一批工业旅游景点；引导外资和民营企业在项目建设时，一并考虑设计工业旅游线路。

5. 加强推广宣传

加强与主流媒体单位的战略合作，充分运用各类传播媒介，加大对工业旅游的宣传推广力度。推动工业旅游项目与常规旅游项目的对接，鼓励旅行社、酒店、旅游集散中心、旅游营销网站、旅游杂志等旅游中介将工业旅游纳入旅游市场的整体推广网络。建设陕西工业旅游网，运用信息化手段整体宣传陕西工业旅游，同时为工业旅游相关单位提供服务。发挥陕西教育资源优势，积极组织、引导大中专学生及中小学生参观工业旅游景点。

推动陕西穆斯林旅游发展研究

陕西省旅游局
西安文理学院课题组

旅游与宗教的关系自古以来就十分密切，宗教文化已经成为吸引旅游者的一个重要因素，宗教旅游具有客源市场相对稳定、吸引功能强大、重游率高、产品生命周期长等特点。而伊斯兰教是世界三大宗教中出现最晚的宗教，原为阿拉伯民族的宗教，公元7世纪它诞生于阿拉伯半岛。伊斯兰是阿拉伯语的音译，意为顺从真主的旨意。信奉伊斯兰教的人称为穆斯林，穆斯林是真主意志的顺从者。现在全世界大约有20亿穆斯林，约占全球人口的四分之一，主要分布在西亚、北非和南亚、东南亚各国。随着经济的发展，越来越多的穆斯林已经或要求出国旅游。2014年，全球旅游人数约为11亿人，穆斯林游客量为1.08亿人次，市场规模1450亿美元，占全球旅游市场的10%，可见穆斯林旅游专题市场广阔，开发潜力巨大。

宗教旅游作为现代旅游中的新兴旅游市场，其发展要求与其他一般主题旅游发展要求差异明显，而伊斯兰教教义更是对穆斯林旅游的发展起到了深远的影响，正如马来西亚穆斯林旅行社联合会主席 Mohd Ayub Hasson 先生提出的要想做成世界穆斯林旅游目的地，必须符合3个条件，即有能够提供清真食品的餐馆、能够提供祈祷的时间和地点、可以参观当地穆斯林居住的社区和理想的购物点等。

古代丝绸之路的起点——陕西，是伊斯兰教传入中国最早的几个地区之一，而聚集国家地理分布、风俗习惯、传统节日、礼拜信仰等要素的穆斯林旅游与陕西丝绸之路旅游发展具有先天的耦合关系，陕西境内既有西安大清真寺和大量伊斯兰教历史文化遗存，又有提供礼拜信仰、民族餐饮、特色商品的场所，对东南亚、中东等地的穆斯林游客有着巨大的吸引力。随着“一带一路”战略的推进，陕西与中东地区的联系日益加强，陕西发展穆斯林旅游迎来了良好的机遇。陕西发展穆斯林旅游的优势不仅得天独厚，同时也是对陕西文化的一种传承。

在对陕西省穆斯林旅游现状以及来陕穆斯林旅游者的客源市场、旅游目的、消费结构等进行了整理分析后，可得知来陕穆斯林旅游者的旅游目的主要以休闲观光为主，紧随其后的是商务会议和探亲访友，宗教朝拜并不是主要目的，但是在穆斯林游客满意度调查中则显示，穆斯林游客对陕西省境内的礼拜场所不足而导致其旅游满意度下降。

陕西省境内穆斯林游客主要花费用于交通、购物以及住宿上，其中陕西省境内穆斯林游客在交通上的花费与陕西省入境游客在此项上的花费基本一致，但是略高于全球穆斯林游客在该项上的比例，这主要由于陕西地处中国西北，对外交通与其他穆斯林旅游地相比稍显不便；而在旅游购物上，陕西省境内穆斯林游客花费比其他入境游客花费多，说明来陕西的穆斯林游客具有一定消费水平，但是与全球穆斯林游客在此项上所占的比重上来看，仍存在不小差距；在旅游娱乐消费上，陕西省境内穆斯林游客花费比例不仅低于陕西省入境游客所占比例，也低于全球穆斯林游客在该项上的比例，这要求我省加紧对穆斯林旅游特色产品的开发。

在进一步的分析中，我们得到以下结论：陕西省穆斯林旅游资源保存良好，对穆斯林旅游者吸引力高；陕西穆斯林文化与主要客源市场同源，餐饮口味相似；目前陕西省区域交通的建设良好，国际国内市场的不断重视为陕西省开展穆斯林专题旅游提供了可行性。陕西省穆斯林旅游的发展更是有助于“一带一路”战略在陕西的推行，有利于陕西省“2336”旅游发展思路的贯彻， 穆斯林专题旅游的开发十分有必要。 然而，由于省内穆斯林旅游产品及其服务不够完善，旅游专题营销宣传力度还有待加强，主题线路缺失等不利因素的存在，导致陕西省穆斯林旅游整体发展缓慢。

基于上述现状分析和发展条件分析，陕西省发展穆斯林旅游，具有良好的区位环境和资源优势，且目前已形成一定的规模效应，但在专题旅游产品、主题宣传营销、主题线路等方面仍存在不小的问题。因此，本文将主要基于游客需求视角的竞争力以及目的地供给视角的竞争力，对陕西省穆斯林旅游产品、旅游营销、地域特色和其他相关措施方面进行提升，主要体现在以下方面：

一、基于穆斯林游客需求视角的提升对策

加强对伊斯兰教文化原真性的保护力度

在宗教旅游目的地竞争力评价指标体系的权重分析中，“宗教文化资源的品级及丰富度”“宗教影响力与知名度”“宗教人士的修为与思想造诣”分别位列第一、第三以及第四位。而陕西省要从这三方面提升陕西作为穆斯林旅游目的地的竞争力，最终的落脚点就是维护伊斯兰教文化的本真度，这不仅是出于文化保护和传承的需要，更是保持陕西省穆斯林旅游目的地竞争力的灵魂动力。

落实到具体措施上有以下几点：第一，对于伊斯兰教建筑等物质遗产的修护修建工作，要本着客观实际、“修旧如旧”的原则，不可盲目兴建与攀比；第二，保障伊斯兰教活动场所内外的和谐氛围，以清真寺为中心划定一定区域作为保护地带，在此范围内严禁商业化的运作，还穆斯林礼拜圣地一片清净；第三，合理控制游客量，通过设立提前预约或分时段放票的方式确保合理的游客参观量，这样可以有效地避免节假日客流高峰造成的冲击，既提高了旅游者的旅游质量，同时对伊斯兰教文化和环境也是一种保护；第四，协助和帮扶伊斯兰教活动场所提高穆斯林的思想文化水平。

二、提升穆斯林旅游产品品质、丰富游客旅游体验

在宗教旅游目的地竞争力评价指标体系的权重分析中，“宗教旅游产品的种类”排在第七位。从这个意义上说，旅游产品的质量决定着旅游地在目标市场的吸引力。但陕西省目前对于自身穆斯林旅游产品的开发还处于初级阶段，只是简单地为游客提供了一个观光、瞻仰的场所，旅游活动内容单调雷同。丰富陕西省穆斯林旅游产品种类、提升旅游产品品质是陕西立足于穆斯林旅游市场并取得竞争优势的必然之举，而其中的关键就是加强必需性、趣味性、体验性、参与性旅游产品的开发力度。

（一）完善交通基础设施，保障我省穆斯林旅游地的交通通达性

从陕西省穆斯林旅游发展的角度看，“区位条件及可进入性”在一定程度上直接影响着我省对穆斯林游客的吸引力。一般情况下，旅游地的地理区位是不可更改的先天条件，但是可以通过提高旅游地的可进入性来放大区位优势或是弥补我省区位条件的不利因素，即通过完善的交通体系来保障穆斯林游客到达陕西的交通通达度。

完善我省的交通基础设施首先体现在高标准道路的建设上，这是保证交通通达度的基础。其次，在通往穆斯林旅游景区、穆斯林活动较为集中的区域道路两旁增加指引性的交通标识，从而满足部分穆斯林游客的需求，使他们能够更顺利地抵达目的地。再次，建立密集的陕西旅游目的地交通网络。在主要的穆斯林客源地城市开设直达陕西的客运专线以及在西安设置直达旅游地的线路，最大程度地降低游客的物质、心理成本。除了加强陕西外围的交通设施建设外，还应注重改善陕西省内景区及内部的交通条件，比如说根据客流量的增长趋势及时增加景区内交通设施的数量，提高旅客运送能力；随着自驾游的兴起与快速发展，有计划地增加景区内停车位的数量，积极应对旅游高峰期的停车难问题。

（二）加快陕西省穆斯林接待中心建设

整合全省伊斯兰教活动场所，完善商务、会议、旅游、礼拜等各类服务设施，提高服务档次，在西安打造省一级穆斯林游客接待中心，形成陕西乃至西北最大的穆斯林礼拜活动中心。并在穆斯林游客活动较为集中的区域、省内国际知名景区周边、西安咸阳国际机场设置二级穆斯林接待礼拜分区，并设置穆斯林旅游咨询服务站点，在各涉外酒店、穆斯林住宿场所内设置三级穆斯林接待礼拜场所。形成一个一级礼拜接待中心、多个二级礼拜接待分区、星罗棋布的三级礼拜接待场所的穆斯林游客礼拜接待布局。

（三）规范省内清真餐饮业标准

对省内清真食品口味、食品卫生、服务人员素质方面进行调研，科学制定并实施清真食品发展战略，为我省清真食品进一步发展打下坚实基础。同时，在企业技术人才、生产技术、设备更新等方面给予政策、资金支持，鼓励企业开展清真食品便携式生产，推动我省清真餐饮由简单的就地餐饮向“就地餐饮 + 便携食品”的复合式转型。政府有关部门应组织研究院所、大专院校进行技术支持，开发并生产出符合入境穆斯林游客口味、让穆斯林游客满意的清真食品。制定清真餐厅服务评分制度，不定期抽查监督清真餐厅服务态度，提高全省清真餐厅的服务档次。同时加强与接待旅行社的合作，在穆斯林游客所乘坐的机、车、船等交通工具上用餐时，由接待社负责提供清真盒饭，政府给予部分补贴。加强对如西安回民街等文化街区特色清真食品的开发，提高清真食品供应商服务水平，打造多个清真美食文化街区。

（四）建设穆斯林主题住宿场所

规划在回民街等陕西回民生活聚居区域建设特色旅店，设计建造阿拉伯风情、伊斯兰教风格的客房 5 万间。在穆斯林游客体验陕西当地穆斯林生活的同时，加强入境穆斯林游客与陕西省内穆斯林居民的文化交流。在穆斯林游客住宿酒店内，在显眼位置提醒穆斯林礼拜时间，为游客提供圣城麦加的方向，提供大净与小净所需的器具。

（五）加大伊斯兰教旅游衍生产品的开发

应尽快通过大力开发宗教旅游衍生产品来实现创收，比如，对省内的食品、土特产品进行深加工，规模生产和销售，增加产品的附加值；设计极具西北伊斯兰教特色的工艺品和纪念品，通过创意思维提高产品档次；深入挖掘伊斯兰教文化的艺术价值，开展诸如伊斯兰教在中国西北地区的传播、伊斯兰教与陕西清真建筑等主题文化研讨会。

（六）完善景区穆斯林接待的硬件设施

我国计划用三年时间开展旅游“厕所革命”，完善景区公共服务设施，解决游客生理需要，营造健康的厕所文化。在此机遇下，我省景区洗手间的建设可考虑穆斯林的习俗，在旅游景区景点设置独立的穆斯林休息区或接待区等。增加适合穆斯林游客休闲娱乐的活动场所，方便穆斯林游客旅游生活，提高穆斯林游客对当地的认知度，使他们能更好地在陕西旅游休闲。

（七）提升穆斯林旅游的服务质量

一直以来，宗教旅游很容易让人产生过于严肃、要小心翼翼的感觉，加深了潜在旅游者对于选择宗教旅游产品的谨慎心理。因而，陕西省在设计穆斯林旅游产品时要尤其注意这方面的问题，通过增加恰到好处的趣味活动来拉近伊斯兰教文化与游客的距离。例如，在穆斯林游客来陕集中的月份，开展贴近旅游者日常生活的朝圣之旅、心灵之旅、文化之旅、美食之旅、休闲之旅、养生之旅、修学之旅、科考之旅等主题活动，让他们的旅行富有趣味性，有效地刺激客源市场。同时，更高效地利用宗教文化的吸引力，让更多的游客有机会参与到深层次的体验游中，吸引众多海内外穆斯林游客。

此外，穆斯林旅游作为一种文化旅游，通过导游员专业、生动的讲解可以帮助旅游者正确理解伊斯兰教文化，加深游览体验。但现实中，陕西省内穆斯林旅游地的导游人员都缺乏对伊斯兰教文化的系统学习，讲解浅显平淡，流于形式，没法将更多的伊斯兰教文化信息传递给游客。因而，加强穆斯林旅游地专业导游人才的培养也是提升我省穆斯林旅游品质的重要一环。可以对导游人员进行系统地培训指导，使其深入学习伊斯兰教知识，熟练掌握我省伊斯兰教发展历史和渊源；还可以通过提高对导游人员的学历要求，增加阿拉伯语、马来语等外语导游员等举措来提升导游队伍的业务素质。

三、基于穆斯林旅游目的地供给视角的竞争力提升对策

在宗教旅游目的地竞争力评价指标体系中，“目的地形象定位的鲜明性”可以将目的地的优质资源顺利转化为实实在在的旅游效益，进而形成竞争力，所以，营销工作的质量对宗教旅游目的地竞争力的提升至关重要。

（一）广泛调研

学习其他地区先进经验。东南亚国家一直以来就是我省穆斯林旅游市场的主要客源地，而随着“一带一路”战略的进一步推进，中东以及欧洲国家与陕西的交流日益加强，作为新老丝绸之路起点的陕西又重新焕发活力。政府有关部门应紧抓机遇，与伊斯兰教协会等相关机构组织到中东、东南亚等地区进行穆斯林旅游市场调研与学习，建立友好城市。研究其他地区穆斯林旅游发展中的

优缺点，深度分析穆斯林旅游者外出旅游的出游方式与消费结构，针对不同区域的穆斯林游客举行陕西省穆斯林旅游推介会，发放陕西穆斯林旅游宣传册，探索与中东、东南亚国家合作开发陕西穆斯林旅游项目，进一步推动陕西穆斯林旅游的发展。

（二）创新营销手段

除了继续采用传统的平面媒体、电视媒体作为宣传推广平台外，网络也早已成为公认的传播途径。其中，微博在近年来风生水起，成为了最热门的信息发布交流平台，运用微博进行穆斯林主题旅游营销可以成为陕西进行穆斯林旅游宣传的新选择。比如，开设官方的微博账号，实时发布陕西省内关于穆斯林旅游最新的资讯；邀请知名的微博粉丝量多的旅游专家、旅游达人、社会学者等具有影响力的人物免费游览省内穆斯林旅游地，通过他们的高关注度来促进陕西省穆斯林旅游形象的传播。此外还可以通过建立官方网站、穆斯林旅行社进行宣传促销，还可以借助影视文化开展影视营销。

（三）加大宣传促销力度

通过举办伊斯兰教节庆活动，突出陕西地方特色并持之以恒、逐渐构建自身的品牌形象，提高识别度和美名度。加强与各大航空公司的合作，增加更多的穆斯林客源市场到达陕西的航班与包机次数，扩大陕西穆斯林旅游市场空中交通网络。同时与国家相关部门协商，加紧西安—北京、西安—广州、西安—上海等国内主要城市的公路、铁路、航线建设。在现有基础上进一步完善西安——泉州、西安—银川的交通网络，提升陕西的外部通达性，构建以西安为中心枢纽的陆上丝绸之路与海上丝绸之路交通大环线，实现穆斯林游客方便快捷地进出陕西。

（四）整合营销实现优势互补

陕西旅游景点丰富，考虑到单独一日或几日的穆斯林旅游线路较为单调，可以逐步完成与陕西省内现有一些特色景点的整合，将穆斯林旅游和陕西传统旅游、文化旅游、特色旅游等结合起来，完成资源的组合，使旅游活动更加丰富，让游客多方面、多角度地了解陕西、了解伊斯兰教文化。如以秦兵马俑、华清池、钟鼓楼、回民街为主体构成文化旅游路线，将陕西特有旅游资源与穆斯林旅游资源结合；又如针对中东、东南亚游客，可以在宗教产品外，适当组合一些当地旅游产品，如温泉养生、关中民俗等相关产品，肯定会更具吸引力。同时，组织旅游者到那些伊斯兰教文化和传统保留较多、穆斯林聚居的地方，比如回民街等穆斯林聚居地，让他们体验中国西北地区穆斯林的生产生活习俗，了解参观伊斯兰教的宗教仪式，参加伊斯兰教的节日活动，访问穆斯林家庭，采购伊斯兰教的日用工艺品等。同时，省政府、省旅游局应充分发挥政府职能和能动作用，与区域内主要城市、景区开展全方位多样化的联合营销活动，以中国穆斯林主题大景区为目标，建设西北穆斯林旅游带。

（课题负责人：崔琰　戴卫红）

推进丝绸之路经济带陕西旅游枢纽建设研究

陕西省旅游局
陕西旅游研究院课题组

一、旅游枢纽城市的功能要素与机制

（一）旅游枢纽城市

在微观层面上，旅游枢纽可以认为是为游客提供集散、换乘等服务的游客集散中心；从宏观层面上，它也可以认为是旅游枢纽城市，如北京、上海。旅游枢纽城市是区域外部客源的主要进出通道，为次级旅游城市提供客源和信息服务；次级旅游城市为旅游枢纽城市提供丰富的旅游项目，可缓解旅游高峰期枢纽城市的旅游压力。

在本研究中，旅游枢纽城市具备旅游资源富集、类型多样且品质高的特点，是国家主要的旅游目的地或城市，也是功能比较完善的旅游集散中心，对区域旅游市场发挥着管理、信息、资本、人才的组织与控制作用，发挥着资源共享、客源共享以及区域旅游统筹发展的作用。

（二）旅游枢纽城市要素构成与功能机制

1. 旅游资源与景区

旅游枢纽城市应该具有丰富的旅游资源且品位高，具有很强的吸引力；其旅游景区级别高，具有垄断性，聚集性强。

2. 交通设施

旅游枢纽城市的交通设施必须发达，是区域性的交通枢纽，以支撑作为旅游客源地与目的地之间的桥梁作用，承担旅游目的地与集散地功能。

3. 旅游公共服务设施

它主要包括旅游综合服务平台、旅游信息化服务设施、旅游标识系统等。

4. 旅游资金

旅游枢纽城市除需要拥有很强的综合经济实力、完善的产业结构、发达的金融业外，旅游经济活跃，旅游产业链完整，旅游产业创新能力强，能向周边区域输出较大规模的旅游资金流。

5. 旅游信息流

旅游信息流是指旅游枢纽城市在完善的基础信息网络平台的基础上，收集整理旅游信息、产出旅游信息、发布旅游信息，一方面为当地旅游业以及旅游者提供准确、便捷的咨询信息服务，另一方面通过产出的旅游信息流以及网络平台互联和资源共享，为区域内旅游城市提供信息共享服务，组织区域旅游流，以旅游信息服务促进区域合作。

6. 旅游人才智库

旅游枢纽城市不仅需要大批旅游专业人才从事旅游产业的发展与管理，同时也应具有较强的区域旅游发展的人才生产与培养能力。旅游枢纽城市的人才智库主要由旅游研究机构、旅游行业专家、旅游大专院校构成。

（三）国内外旅游枢纽城市特色

（1）新加坡：环境功能与经济功能突出。

（2）德国法兰克福：换乘的高效性。

（3）伦敦：经济功能和集散功能显著。

（4）香港：强化区域旅游合作能力。

（5）纽约：旅游枢纽综合功能强。

二、西安建设旅游枢纽城市的基础条件评价与建设重点

（一）西安的基础条件评价

从旅游景区资源功能、交通枢纽功能、旅游服务设施功能、旅游资金流、旅游信息网络流和旅游人才智库六个方面构建旅游枢纽城市的评价指标体系，计算北京、上海、广州、西安、郑州、兰州和乌鲁木齐的综合得分，分析出西安作为旅游枢纽城市所拥有的优势和面临的问题。

根据各个城市各项指标的具体现状得出相应的分数，最终北京总得分为8.980分，排第一；上海6.653分，排第二；广州6.483分，排第三；西安4.035分，排第四；郑州3.401分，排第五；乌鲁木齐2.044分，排第六；兰州2.014分，排第七。总体而言，虽然西安与北上广这些国际化的大型旅游枢纽城市相比存在一定的差距，但在整个西部城市和丝绸之路经济带沿线城市中，西安还比较占优势，总体符合旅游枢纽城市的标准，同时还存在许多方面的短板不足需要进行重点建设。

（二）西安旅游枢纽城市的建设重点

1. 加快高 A 级景区的创建

与北京、上海、广州相比，西安的旅游资源丰富、品位高，但高等级旅游景区相对不足，目前全市只有 4 个国家 5A 级旅游景区，在旅游资源转化为高等级旅游产品方面的力度不足。因此必须出台优惠与扶持政策，推进西安高 A 级景区创建工作。

2. 增加国际机场航线，提高西安旅游枢纽城市的国际化程度

从提高西安旅游枢纽城市的国际化程度来看，必须加快优化西安国际航线网络的建设，积极开通飞往欧洲和美洲以及东南亚主要客源国的直航班线，特别是直航德国、英国和加拿大的班线；增加飞往国内主要城市和韩国、日本等国际主要客源国的直航数量，如增加西安直飞韩国、日本和新加坡的航班数量；同时重视非基地航空公司的作用，允许非基地航空公司经营，以促进国际航线的发展，特别是新航线的开辟；支持海外航空公司与国内航空公司通过代码共享等形式实现联合经营，不断增加西安咸阳国际机场与国外旅游目的地的直航班线，提升西安与国际旅游目的地的连接度和便捷度。

3. 加快西安综合交通枢纽和综合旅游服务平台建设

目前，西安市有西安咸阳国际机场、西安站和西安北站两大火车站，以及三府湾客运站、纺织城客运站、城西客运站、城北客运站、城南客运站等交通枢纽，但这些交通枢纽的旅游产业的服务功能相对单一，对西安旅游枢纽城市的综合功能提升作用不足。从提升西安旅游枢纽城市的功能来看，需要加快推进这些交通枢纽发展成为综合交通枢纽，并结合旅游设施建设促进其发展成为综合旅游服务平台。

综合旅游服务平台不仅包含旅游咨询服务、设施服务、营销平台和集散功能，更重要的是西安成为陕西省各地市的旅游产业综合服务平台。因此加快西安成为各地市旅游旅游产业综合服务平台的建设也是刻不容缓。

4. 推进西安“地铁＋旅游”的丝绸文化体验廊道建设（具体见第三部分）

5. 提高西安市旅游购物服务的国际化程度

旅游购物服务的国际化程度主要体现在国际化的旅游购物环境、大型国际商业品牌商进驻水平、大型免税店等。目前，西安具有较高国际化水平的购物服务中心有奥特莱斯购物中心、宜家家居、麦德龙、西安免税店、沃尔玛购物广场等，除沃尔玛购物广场具有一定规模外，其他都还处于初步发展阶段。无论在国际化品牌数量上，还是规模上都无法与北京、上海、广州等城市相提并论，因此提高旅游购物服务的国际化程度是近期西安应重视的工作。

三、“地铁 + 旅游”构建西安丝绸之路文化体验的时空隧道

利用地铁隧道动态旅游展示技术，要让西安地铁不再是单纯的交通工具，而是富集旅游和文化体验要素，具有更好的旅游服务功能和旅游景区的体验功能，使其成为丝绸之路文化体验的时空隧道。

（一）文化体验时空隧道：地铁隧道动态旅游展示

将西安和丝绸之路上的历史故事、旅游景区、民风民俗等内容制作成地铁隧道动态旅游展示作品，以 2 号线为例：

在 2 号线上，主要展示西安的历史、文化、民俗、景区等内容。从北客站开始，每两站之间展示一个内容，各站展示内容串联起来就是一个主题；根据发车车次来确定内容变化，这样就可以使得展示的内容变得非常丰富；地铁语音播报配合展示的具体内容和站点周边景区进行内容介绍，并进行预告；站点旅游终端机延伸服务，根据文化体验时空隧道建设的需要，旅游服务终端机要增设机票、酒店和旅游产品的预订和实时支付功能，增加地铁隧道动态旅游展示内容的介绍，以满足游客拓展了解信息的需要；具有西安及周边地区主要景区的视频介绍信息，能介绍与丝绸之路有关的主要景点。

此外，应突出每条地铁线路的文化特色，形成鲜明的地铁隧道动态旅游展示专线，如 1 号线突出关中文化，2 号线为长安盛景，3 号线为丝绸之路风情，4 号线为陕西风光，5 号线为秦岭国家公园，等等。

（二）文化体验时空隧道：更贴心的旅游标识与指引系统

旅游标识与指引系统是提高旅游服务、加深文化体验的重要内容，更贴心的旅游标识与指引系统将提高西安地铁文化体验时空隧道的服务功能。增设地铁出站口至周边景区的路牌、箭头标识等；在重要旅游站点增设小幅旅游地图。

（三）文化体验时空隧道：更便捷的公共交通衔接系统

提高启用数量，标明取放点位。提高自行车取放点的启用率，在地铁站地图增标自行车取放点的位置；降低使用门槛，丰富办理途径；考虑增加手机 APP 渠道等手段方便旅游者办理租借手续。

四、陕西在丝绸之路旅游的地域功能评价与提升重点

第一，强化西安作为丝绸之路经济带旅游枢纽城市的功能与地位。以建设成为丝绸之路经济带交通枢纽为目标，以高速铁路和城际快速铁路为骨干，加快规划建设西安面向国内主要城市之间的交通网络。强化西安综合交通枢纽的建设，

加快西安至包头、成都、银川、武汉、重庆和南京等客运专线建设，完善快速客运旅游专线建设，完善以西安为中心的旅游专列运行体系。

第二，提升西安旅游枢纽城市的国际化地位，提升陕西航空运输的国际旅游影响力。加快建设西安与中亚、西亚、东欧和西欧主要城市的航空运输网络。

第三，利用西安国际化大都市的战略地位，积极推进西安国际港务区、西安自贸区的建设，并积极发挥旅游经济优势，推动西安丝绸之路旅游金融中心的建设。

第四，充分利用陕西信息化发展的优势，建设旅游大数据中心，提高陕西旅游数据的采集、分析、挖掘和信息生成能力，以提高陕西调控和管理丝绸之路旅游流的能力，提高陕西旅游的区域组织与管理能力。

第五，充分发挥陕西旅游人才培养与旅游科研转化优势，整合现有的旅游研究院所力量，与丝绸之路沿线省区共同建立丝绸之路旅游研究院，通过知识外溢提升陕西人才库与丝绸之路旅游业的管理与组织能力。成立跨区域性的旅游投融资大型企业，提升陕西文化产业投资控股（集团）有限公司和西安曲江文化旅游股份有限公司在丝绸之路经济带旅游开发建设中的功能。

第六，推动以西安为中心的丝绸之路旅游走廊建设，构建丝绸之路精品旅游线路，形成全方位、立体化的旅游体系，提供“一路多线”“一线多式”的复合型旅游产品线路。形成以西安、兰州、乌鲁木齐为依托，以西宁、银川为两翼，以陇海—兰新铁路及西兰—兰新公路为交通主轴的格局，将西北地区主要旅游城市和重点旅游景区连为一体，使其更具吸引力。开发自驾车旅游、专列专机旅游、专题文化旅游等，形成全方位、立体化的旅游体系。

旅游产品的主题可以是飞越丝绸之路观光体验游、新丝绸之路（欧亚大陆桥）休闲观光游、穿越丝绸之路自驾车探险游、丝绸之路世界遗产朝圣体验游、中国丝绸之路环游线路观光体验游、丝绸之路佛教文化探秘游、玄奘取经追踪体验游等。

具体的旅游线路：

（1）西安—兰州—敦煌—乌鲁木齐—阿拉山口— 哈萨克斯坦—乌兹别克斯坦—土库曼斯坦（阿什哈巴德）—伊朗（马什哈德、德黑兰）—科威特（阿巴丹）—伊拉克（巴格达）—叙利亚—黎巴嫩— 巴勒斯坦—以色列—苏伊士运河—埃及，交通方式为航、海、铁、汽联运；

（2）西安—兰州—敦煌—乌鲁木齐—阿拉山口—哈萨克斯坦—乌兹别克斯坦（塔什干）—土库曼斯坦（阿什哈巴德、土库曼巴希）—里海—阿塞拜疆（巴库）—格鲁吉亚（第比利斯港）—土耳其（伊斯坦布尔）—保加利亚（索非亚）—塞尔维亚（贝尔格莱德）—匈牙利（布达佩斯）—奥地利（维也纳）—荷兰（鹿特丹），交通方式为航、海、铁、汽联运；

（3）西安—兰州—敦煌—乌鲁木齐—阿拉山口，交通式为航、铁、汽联运；

（4）西安—固原—敦煌— 若羌—和田—莎车—巴基斯坦（卡拉奇），交通方式为航、铁、汽联运；

（5）西安—兰州—西宁—楼兰古城—若羌—且末—和田—莎车—喀什—阿克苏—库车—库尔勒 —吐鲁番—乌鲁木齐—哈密—玉门关—敦煌—酒泉—张掖—武威—固原—西安，交通方式为航、铁、汽联运或自驾车。

五、陕西旅游枢纽型目的地旅游功能优化路径

对陕西地级市旅游城市和县级旅游城市分别进行评价，其中，在县级旅游城市选择的过程中，选取60多个拥有3A级以上景区的旅游城市进行综合评价。

（一）三类陕西地级市旅游节点城市

第一类节点城市由西安单独构成，这也突出反映西安在陕西旅游网络中的枢纽地位。

第二类节点城市包括咸阳、渭南、宝鸡和延安四个城市，是陕西旅游网络中的关键节点城市。这些城市处在省际交通干线上，在整个交通网络中具有重要的旅游集散功能。同时，这些城市的旅游资源禀赋较高，发展旅游业的经济基础条件较好，对区域旅游发展有着较强的吸引作用，旅游信息化的水平较高，有利于促进智慧旅游的发展，发挥旅游信息流的管理与调控作用。

第三类包括铜川、商洛、安康、汉中和榆林5个城市，是省域内重要的节点城市，作为各自区域的中心，承担区域性的交通枢纽与旅游集散功能。这些城市的景区资源与其他几个城市相比较为薄弱，在旅游资金投入和基础设施建设方面表现不足，同时，在旅游业发展中人才和信息支持力度也比较薄弱。

（二）三类县级旅游节点城市

第一类城市包括杨凌区、兴平市、华阴市、韩城市、蓝田县、扶风县、眉县、泾阳县、蒲城县、柞水县、户县、周至县、三原县、礼泉县、洋县等15个县区。该类节点城市具有优质的旅游资源，开发较早，基础配套设施较为完善，交通条件良好。目前，旅游基础设施条件和旅游经济基础较好。

第二类包括大荔县、神木县、黄陵县、旬阳县、石泉县、丹凤县、千阳县、城固县、高陵区、凤翔县、彬县、旬邑县、宜川县、靖边县、勉县、西乡县、合阳县、富平县、岐山县、镇安县、商南县、洛南县、山阳县等24个县区。该类节点城市与区域的中心城市具有较好的经济与旅游联系，旅游资源开发潜力较好，

但配套的基础设施还不够完善，景区的信息化水平较低，旅游人才吸引力不足。

第三类包括佛坪县、子长县、汉阴县、宁强县、陇县、太白县、麟游县、淳化县、永寿县、志丹县、洛川县、吴起县、延川县、黄龙县、延长县、米脂县、南郑县、留坝县、略阳县、岚皋县、佳县、平利县、宁陕县、镇坪县、紫阳县等25个县。该类节点城市交通的便利性和通达性相对不足，多数景区的可达性有待提升。地方经济基础相对薄弱，旅游资金短缺以及景区建设水平较低。

（三）优化路径

1. 围绕西安旅游枢纽城市，构建陕西省旅游网络体系

以西安旅游枢纽城市为核心，以服务西安旅游流的集散为主要功能，适当疏解西安旅游枢纽功能，缓解旅游高峰期的交通等多方面压力，确立咸阳、渭南、宝鸡和延安为陕西旅游网络的关键节点城市。咸阳发挥西安枢纽的副中心城市作用，渭南、宝鸡分别发挥东、西向客源的疏解功能和关中东西部地区的旅游地域组织功能，延安发挥陕西北部旅游地域组织功能。

确立铜川、商洛、安康、汉中和榆林为陕西旅游网络的重要节点城市，以区域性的旅游组织功能为主。

2. 重视县级旅游节点功能的提升

对于华阴、韩城等第一类县级旅游节点城市，在现有基础上加强管理和服务，要加强同西安及周边城市的市域轨道交通建设，通过新建城际高速和旅游专线提高旅游交通效率，与西安或关键节点城市共同构建区域性的旅游集群。

对于第二类和第三类县级旅游节点城市，必须加快完善现有交通体系，依托区域内的高速公路、国道和省道，重点加强市、县至景区的公路网建设，打造新的城际道路和县乡公路。完善旅游公共服务设施，加强特色景区和特色产品的建设。要特别重视旅游综合环境的治理，提高旅游服务质量，依托关键节点城市或重要节点城市构建有特色的区域旅游产品，突出陕西旅游产品的多样性与区域特色。

（课题负责人：李开宇　朱耀勋）

推进陕西文化旅游名镇建设研究

陕西省旅游局
陕西省旅游设计院课题组

一、研究背景

文化旅游名镇是历史留下的宝贵物质和精神财富。推进陕西省文化旅游特色名镇建设，不仅能够弘扬地方文化特色，促进地方经济发展，而且能够提升陕西省文化软实力，推动经济转型升级，加快城镇化建设。

（一）研究背景

1. 时代发展

我国正处于城市化快速推进时期，小城镇在城乡统筹发展中的作用日益显现，发展旅游小城镇正顺应了这个时代背景。从旅游业的发展上讲，近几年走进乡村、文化旅游已成为旅游的新主题；从陕西省的文化资源开发上讲，有利于促进陕西省文化旅游产业的转型升级，培育新的经济增长点。

2. 政策利好

2013 年，住房和城乡建设部发文《住房城乡建设部办公厅关于做好 2013 年全国特色景观旅游名镇名村示范工作的通知》，鼓励有条件的小城镇和村庄创建旅游示范名镇名村。陕西省住房和城乡建设厅同年下发了《陕西省文化旅游名镇（街区）规划汇编》，为发展具有特色的文化旅游名镇做出了具体安排。

3. 名镇建设概况

2015 年上半年，陕西省 31 个文化旅游名镇的建设概况如下：

从综合排名看，凡是县（区）领导重视，措施得力的镇建设进展就快。从年度目标完成情况看，31 个文化旅游名镇中有 19 个镇完成年度投资比例超过 70%，投资情况较好。

（二）研究目标及意义

通过剖析文化旅游名镇的发展本底，以发展中的成绩与不足为参照，明确后续建设的核心问题，探索旅游导向下文化特色城镇的发展路径，为下一步文化旅游特色名镇建设从旅游体系完善、品牌建设、运营模式选择等方面提供指导。

（三）研究核心重点

在分析陕西省文化旅游名镇发展现状的基础上，探讨适合陕西省文化旅游名镇建设的理论和发展模式，对其旅游业的整体发展提出针对性建议。

二、陕西文化旅游名镇发展现状

（一）陕西文化旅游名镇资源分类

根据《陕西省旅游镇旅游发展总体规划（2011—2020）》，及对于31个文化旅游名镇调研资料，依据名镇的主要资源优势将文化名镇划分如下：

文化旅游名镇分类表

文化旅游名镇分类	
特色分类	文化旅游名镇名称
红色文化	耀州区照金镇　蓝田县葛牌镇　绥德县名州镇文化旅游街区
民俗、文化体验	吴起县铁边城镇　凤翔县城关文化旅游街区　凤县双石铺镇文化旅游街区　石泉县城关镇文化旅游街区　旬阳县蜀河镇　柞水县凤凰镇
自然山水	白河县城关文化旅游街区　南郑县青树镇　汉阴县双河口镇　永寿县永平镇　镇安县云盖寺镇　白水县林皋镇　子长县安定镇
历史文化	岐山县凤鸣文化旅游街区　留坝县留侯镇　勉县武侯镇　周至县厚畛子镇　户县祖庵镇　麟游县九成宫镇文化旅游街区　印台区陈炉镇　大荔县朝邑镇　神木县高家堡镇　横山县波罗镇　宁强县青木川镇　洋县华阳镇　山阳县漫川关镇　武功县武功镇

（二）陕西文化旅游名镇的发展阶段

1. 项目建设稳步推进，效益逐步体现

自2013年7月启动以来，31个文化旅游名镇（街区）累计开工建设项目946个，累计完成投资62.86亿元。

2. 旅游体系逐步完善，特色雏形显现

各镇围绕游客“吃、住、行、游、购、娱”等需求完善旅游服务功能，发挥文化特色，丰富了文化旅游名镇的旅游产品体系，旅游体系逐渐完善。

3. 旅游宣传持续开展，营销体系完善

陕西省旅游局把文化旅游名镇列入全省旅游促销计划和线路开发规划。在重要旅游展会上设立展区和推介专题，种种政策都在促进旅游宣传工作的开展。

（三）陕西文化旅游名镇目前存在的问题

1. 发展定位模糊

名镇建设缺少特色，发展模式同质化现象较严重。同时，经济发展模式留不住人，存在管理者与使用者衔接不畅，管理者重视名镇的建设和保护，忽略了居住者的收益诉求。

2. 空间组织散乱

在旅游片区大兴土木，对生态产生负面影响；旅游设施建设类型单一，对多元化的旅游需求考虑不足；忽视非物质文化的挖掘；名镇建设存在新、旧两片区建设的不和谐，没有与当地的历史文化融合的问题。

3. 管理运营薄弱

资源利用方式单一，旅游开发层次较低，对旅游资源整合不够；缺乏科学规划和管理，缺少原住民的参与；投资主体及渠道单一，古镇历史文化遗产保护与发展中的资金、技术、人力投入不够。

三、陕西文化旅游名镇演化机理与动力机制

（一）名镇旅游动力系统

1. 旅游市场推力系统

1.1.1 旅游市场的推力

文化旅游名镇的发展是在市场的拉动下发展起来的，关键在于旅游人群的壮大，此推力主要体现在人们的主观需求（回归自然、对文化的求知等）和客观需

求（节假时间充足、经济水平提高等）。

1.1.2 政策推力

2013年，省委、省政府办公厅印发了《关于加快建设全省重点示范镇和文化旅游名镇（街区）有关事项的通知》。同年4月23日，副省长庄长兴主持召开了陕西省30个文化旅游古镇规划座谈会，这些举措都是文化旅游名镇发展的重要推力。

1.1.3 地区经济发展的推力

近年来，陕西省经济的快速发展为文化名镇旅游业的发展提供了资金支持和基础保障，成为文化名镇旅游发展的强劲推动力。

2. 旅游市场引力系统

1.2.1 物质性吸引要素

文化旅游名镇的物质性吸引要素主要体现在文化名镇的建筑、自然风光等方面。丰富的物质资源为文化名镇旅游发展提供了强有力的支持。

1.2.2 非物质性吸引要素

非物质性资源要素主要包括文化名镇的整体意境、民俗风情等。从非物质性资源要素的内容上看，旅游者的感知和体验是非物质性资源要素价值得到体现的关键。

3. 旅游发展支持系统

1.3.1 资金支持

自2013年7月启动以来，31个文化旅游名镇（街区）累计开工建设项目946个，累计完成投资62.86亿元。可见，陕西省文化旅游名镇的建设具有强劲的资金支持。

1.3.2 交通支持

从分析可知，每个文化旅游名镇都有高速公路通过，旅游点可进入性强。时间成本较低，旅游发生率高，有利于促进名镇旅游的发展。

4. 旅游营销中介系统

1.4.1 名镇的品牌宣传

陕西省近些年来充分利用会议、电视、杂志等多种形式进行旅游宣传，扩大陕西文化旅游名镇的知名度。这些都为游客们更加了解陕西文化旅游名镇提供积极的引导。

1.4.2 旅行社的推介

旅行社进行文化旅游名镇信息的宣传推介，为旅游者创造出游的条件，提供交通、餐饮、住宿等系列服务，在旅游对象中起着不可或缺的中介作用。

（二）文化旅游名镇旅游动力机制的作用与演化

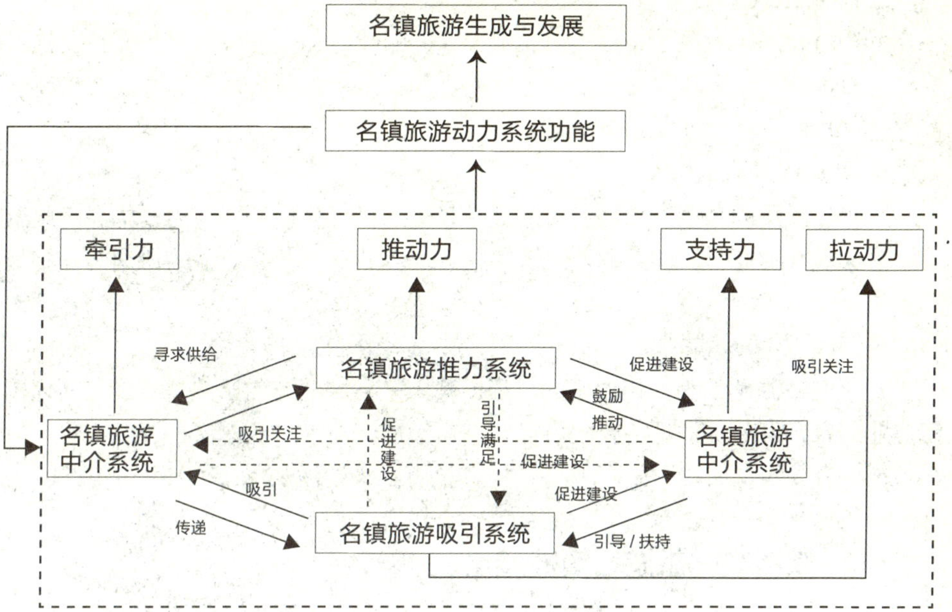

陕西省文化旅游名镇旅游动力机制模式

四、陕西文化旅游名镇发展原则与开发模式

（一）陕西文化旅游名镇发展原则

文化旅游名镇具有的文化是其价值特色的根本。在名镇发展过程中必须坚持以下原则：

（1）保护与开发结合；

（2）经济与文化共荣；

（3）传统和现代互动；

（4）开发与管理协调。

（二）陕西文化旅游名镇开发模式

针对 31 个文化旅游名镇的资源特点，课题组认为文化旅游名镇应主要采用以下模式进行开发建设。

1. 政府主导模式

政府运用掌握的城市规划审批权力对名镇旅游开发进行宏观的管理；开发资金的投入主要依赖地方财政，但是对公共设施的投入引入相关的市场机制，主要通过城市规划和行政审批来调控。

2. PPP 模式

PPP（Public-Private-Partnership）模式，即政府和社会资本合作模式，是指政府为增强公共产品和服务供给能力，通过特许经营、股权合作等方式，与社会资本建立的利益共享、风险分担及长期合作关系。

3. 社区主导模式

从社区居民的角度考虑旅游目的地建设，通过优化旅游社区的结构提高旅游效率，谋求旅游业及旅游目的地经济效益、环境效益和社会效益的协调统一和最优化。

4. 文创驱动模式

文化名镇旅游作为文化旅游的代表，其未来发展的方向必然是实现与文化创意产业的融合发展，通过文化创意产业与古镇旅游业的产业融合，将为文化旅游名镇提供持续的发展动力。

五、 陕西文化旅游名镇发展建议

（一）空间整体规划

1. 文化旅游名镇总体空间布局

1.1.1 区域城乡空间规划

1）构建新的规划体系

文化旅游名镇的规划必须依据城乡空间的共性，突破行政主体的约束限制，从宏观的区域层面上制定规划，将规划的重点放到城乡整体空间系统中考量。

2）建立城乡开放网络系统

以文化旅游名镇所在区域的区位交通、自然环境、资源分布等为依据从整体上对地域进行划分，搭建新规划格局。主动与区域性的道路设施等资源相连接，形成网络系统，使其成为一个开放的地域系统。

1.1.2 完善内部空间规划

1）分层保护，永续利用

根据《历史文化名城名镇名村保护条例》（2008）的规定，古镇区保护分为核心保护范围和建设控制地带两个层次，另外在历史文化保护区外围划定环境协调区。

2）功能规划，注入活力

在文化旅游名镇总体布局与功能分区中都应为游客提供便利，而只有在合理的旅游区功能布局前提下，各种旅游产品才能有效率地启动和运作，文化名镇旅游资源的利用和开发目的才有可能得以实现。

3）探寻肌理，搭建骨架

根据陕西31个文化旅游名镇的传统格局形态和历史古迹分布状况，采取“点、线、面”相结合的保护结构体系。以线串点，以线串面，把古镇的文保单位、历史建筑和历史镇区串连起来，找准古镇核心文化脉络，搭建骨架，形成能反映旅游文化名镇自身特色的“肌理”。

4）挖掘灵魂，确立形象

文化旅游名镇的建设需要注重历史、民俗文化的传承与延续。在规划布局上，要努力通过总体布局把旅游景观资源、旅游产品等反映地域文化特色的载体完美地体现出来，把地区文化意境引导出来。

5）延续文化，赋予空间

作为传统文化体现的空间要素，文化空间是孕育非物质文化遗产原创的舞台，是其赖以生存的重要的物质载体之一。对文化空间的保护是文化旅游名镇保护的重要任务。

6）加强绿化，改善环境

经营文化旅游名镇的企业和政府部门应该尽快制定环境保护相关措施，加强镇域的绿化，恢复古镇本来风貌，保证古镇旅游业可持续发展。

2. 文化旅游名镇风貌塑造

文化旅游名镇详细规划阶段的规划，应该重点把握聚居密集地区的旅游景观形象控制、引导和创造。

1.2.1 文化旅游名镇第一印象区特色形象引导与创造

重视景区内外标识系统设计，逐步完善景区内外标识系统。在通往城镇的公路上设置象征城镇的标志，入口标志应具有识别性和地方特色，以体现文化旅游名镇总体的形象特征为佳。

1.2.2 文化旅游名镇核心区特色形象引导与创造

1）文化旅游名镇中心区特色形象引导与创造

文化旅游名镇中心区需注重地方特色、历史文化的延续，在空间、建筑、群体结构方面合理巧妙组织，创造出真实、亲切而又富于特色的建筑空间形态。

2）历史街区风貌形象引导与创造

历史街区集中表现了文化旅游名镇特色形象，对历史悠久的文化旅游名镇来说，地方历史风貌塑造等同于旅游地形象塑造，它最能反映出文化旅游名镇的特色类型。

3）商业街区风貌特色形象引导与创造

文化旅游名镇商业街区的特点是游客集中，通过地方特色的商品销售及特有的商业活动可以强化旅游小城镇的旅游形象。

1.2.3 文化旅游名镇景点特色形象设计引导

1）特色构筑物规划设计引导

单体构筑物等是游客能够接触到的事物，经过规划引导也能成为特色形象的载体。文化旅游名镇特色塑造要关注构筑物，发挥它们的景观标志性作用，创造出特色旅游形象。

2）环境小品设施设计引导

环境小品与游客的距离最近，常在不经意间引起游客的注意，并影响游客对旅游环境的心理认知。因此，需要抓住环境艺术小品的标志特征，为创造文化旅游名镇形象服务。

3）建筑保护与设计引导

小城镇中数量众多的建筑实体是表现小城镇特色的重要途径，小城镇形象很大程度上依赖其建筑特色来体现。引导建筑设计继承传统的建筑观、审美观和空间观。同时，鼓励运用地区建筑特征和传统。

3. 文化旅游名镇设施配套

1.3.1 道路系统规划

对文化旅游名镇的道路系统规划应以保护古镇历史遗存和历史风貌为目标，以可达性、畅通性与合理性相结合。

1）交通系统

根据历史文化名镇保护的特点，交通系统组织同样按圈层安排，由环境协调区的机动车行交通架构与古镇保护区内以步行为主的交通网络相互结合共同构成古镇保护区的交通系统。

2）停车系统

停车系统应围绕古镇区外围，多点布置，且应有一定规模和生长性，并充分考虑自驾车游客的停车需要，以复合型停车场为主。

3）公共交通

历史文化名镇古镇保护区的交通系统作为城镇大系统中的一个子系统，必然需要与外部系统相互作用和协调。公共汽车站等内外联系和转换设施的设置应能满足居民便捷转换的需求。

4）自驾车营地

随着陕西公路系统的建设完善，到达古镇和古镇本身的小型机动车将大幅增长，因此必须在古镇保护区外围规划布置承载量充足的自驾车营地。

1.3.2 基础设施配套

1）供水系统

应优先考虑采用城市给水管网延伸供水，相邻城镇可考虑区域共建共享，在困难地区达不到上述条件的，可采用独立供水。

2）排水系统

逐步建立起雨污分流制或截流式合流制的排水体制，污水处理应体现“两低一高”（低运行成本、低能耗、高效率）的原则。

3）电力电讯系统

现有电力系统已经不能满足开发乡村旅游的要求，各村镇应在进行核算之后采取增容措施，并对老化的电线进行更新。现代化的乡村旅游对互联网都提出了要求，建议有一定经济实力的镇普及互联网。

4）燃气供应系统

对具备供气条件的城镇，实施天然气管网铺设，对不具备供气条件的地区，应优先采用新燃料、新技术来提高能效，减少废气排放。

5）垃圾处理系统

按照“村收集、镇转运、县处理”的原则，镇区应设置服务全镇域的生活垃圾中转站。

6）消防规划

在各主要景区增加旅游消防站点及布设消防栓；保证有 119 火警专线到消防指挥中心；建立消防队内的无线通信指挥系统。

1.3.3 公共服务设施配套

1）公共服务设施用地的调整更新

从古镇保护出发，在各历史文化名镇保护范围内进行不同性质用地的调整，协调好文化旅游名镇的保护、发展和建设。

2）增加旅游配套设施

根据古镇近期或远期的用地调整，结合旅游发展需要，古镇保护区内增设服务配套设施。

3）养老设施的补充

历史文化名镇中存在着较大一批老年人，且他们基本没有稳定的经济来源，应增加古镇中的养老、健身设施。

（二）运营管理

1. 经营管理模式是名镇运营管理的前提

文化旅游名镇的发展程度影响其经营管理模式的选择，根据陕西省 31 个文化旅游名镇各自的发展现状及所处的发展阶段相应提出 3 种旅游经营管理模式。

1) 初期政府主导型运营管理模式

政府主导型的古镇经营管理模式适用于处于初创期、资源独特但是规模不大的历史文化名镇。旅游投资风险大，投资商几乎没有开发兴趣，在开发初期政府应对整个古村镇的旅游开发进行管理。

2) 发展期政企合作运营的管理模式

政企合作运营管理模式适用于处在发展期的古镇，目的在于解决政府资金缺乏而导致古镇旅游资源保护不利的问题。随着文化旅游名镇的开发，其保护与发展开始从政府主导型向市场化转变，其运营模式逐渐变为政企合作的管理模式。

3) 较成熟期的社区自主开发经营管理模式

社区自主开发经营管理模式适用于发展较成熟的古镇，当地居民开始自己决策、自己做主，将旅游资源开发和社区建设结合，将旅游开发融入到古镇建设中。

2. 产品体系是旅游名镇运营管理的核心

2.2.1 文化旅游名镇（街区）产品的定位

随着旅游产业的发展，同质化现象越发突出。这就要求文化旅游名镇发掘自身所拥有的资源特色，突出与周边现有旅游资源的差异性，并能结合游客需求，给出准确的产品定位。

2.2.2 以文化为向导的旅游产品创新与多元化开发

目前，传统的单一观光旅游方式正逐步转向观光、休闲、度假并重的复合型旅游方式，这就需要文化旅游名镇（街区）重视旅游产品多元化的开发。因此在文化旅游名镇建设中，要做好以下工作：

（1）文物保护开发过程与古镇文化相结合；

（2）非物质文化保护与大众娱乐形式相结合；

（3）旅游商品开发与古镇文化元素相结合；

（4）商业化发展与古镇文化旅游相结合。

3. 资金平衡是旅游景区运营管理的保障

2.3.1 合理利用有效资源，建立多元化资金筹措途径

文化旅游名镇建设需要较大的资金投入，因此要合理利用有效资源，多方筹措资金。资金筹措途径主要有：

（1）国家设立的历史文化村镇保护资金；

（2）银行贷款；

（3）社会融资；

（4）开发商资金。

2.3.2 融资方式创新

随着社会资本逐渐参与到景区的整体开发与运营中，这就需要协调政企合作关系、平衡企业营利与政府公益之间的关系，创新融资方式。根据文化旅游名镇自身发展特点与发展程度可以采取 PPP、BT 或者 BOT 这几种融资方式。

2.3.3 资金的管理与运作——设立文化旅游名镇专项保护资金机构

为了便于各个古镇保护资金的统一管理，各级政府可以设立专门的保护资金管理机构，按国家有关基本建设财务管理的要求进行管理。

2.3.4 资金的回报

（1）社会效益提升带来间接收入；

（2）房屋买卖与适度开发带来的收入；

（3）租金和税收的回报。

（三）全景式宣传推广

1. 品牌及形象的定位及传播

政府应结合整个小城镇的旅游发展思路及方向，进行品牌塑造、包装、宣传、管理，确立经典的品牌口号、鲜明的品牌文化、代表性的文化产品，以最简捷有效的方法传达给消费者。

2. 做强媒体营销，建设智慧名镇

综合利用全省旅游整合宣传平台，针对重点客源地市场和游客人群，委托权威媒体机构进行整体宣传策划。通过智慧名镇建设，全面提升游客的“吃、住、行、游、购、娱”体验。

3. 引爆节事营销

坚持“差异化”策略，避免面面俱到的平淡宣传，借助特色旅游节进行宣传，会产生轰动性、爆发式的宣传影响力，提高文化旅游名镇知名度。

4. 做活文化营销

精心制作旅游宣传图书、画册、广告片等高质量的旅游宣传品。

5. 力推联合发展营销

争取把文化旅游名镇的发展与宣传纳入周边知名旅游景区或是借助周边优势资源，实行联合发展、共同营销。成立 “陕西省文化旅游名镇联盟”，搭建集数据信息集成、资源整合、文创孵化、推广营销、标准化体系、外脑智库于一体的多元公共平台，最终促进陕西省文化旅游名镇品牌竞争力的整体提升。

（课题负责人：崔宁　朱耀勋）

新常态下陕西旅游业转型升级研究

陕西省旅游局
陕西旅游研究院课题组

一、研究背景

2014 年 5 月，中共中央总书记习近平在河南考察时首次提出“新常态”的概念。随后，习近平在 APEC 工商领导人峰会上做了题为《谋求持久发展，共筑亚太梦想》的演讲，向包括 130 多家跨国公司领导人在内的世界工商领袖们，阐述了什么是经济新常态、新常态的新机遇、怎么适应新常态等关键问题。在 2014 年 12 月的中央经济工作会议上，“新常态”的九大特征得到全面阐释，“认识新常态，适应新常态，引领新常态”被确立为中国经济发展的大逻辑。

新常态不仅指中国的经济发展速度放缓，更意味着产业结构的优化升级、创新驱动以及以旅游业为代表的第三产业将成为中国经济发展的新引擎。中国旅游产业经过 30 多年的发展，已经成为一个多方位、多层面、多维度的综合性、集群化现代产业体系。陕西作为中国旅游业发展较早的省份和西部旅游业发展中的翘楚，以及“一带一路”重大发展战略的核心区，在新的历史机遇面前，如何认识新常态、适应新常态和引领新常态已经成为未来陕西旅游业发展的重中之重。

二、指标体系构建与定量评价

从产业自身发展层面、外部环境支持层面、产业功能效益层面三个方面构建旅游产业转型升级的评价分析框架，然后基于该分析框架构建旅游产业转型升级的评价指标体系。

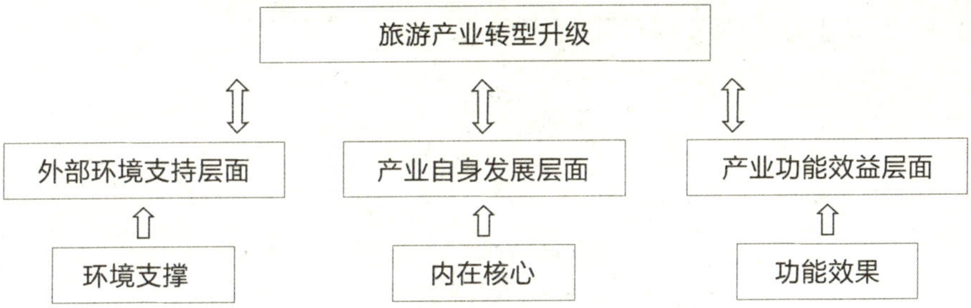

旅游产业转型升级框架系统结构

选取2001年到2014年各指标数据，运用SPSS19.0进行定量分析，指标数据来自《中国统计年鉴》（2002—2014）、城市统计年鉴、陕西省旅游局和陕西省统计局公布的数据或通过线性计算年鉴数据得到。通过定量分析，得出陕西省旅游业转型面临着六大突出问题，主要表现在：

（一）从2009年开始，陕西省旅游产业进入增长转型期

从因子分析结果可以看到，产业自身发展层面、产业功能效益层面因子得分从2009起开始大幅度提高，外界环境支持层面的得分虽然与2008年相比出现短暂下降，但是其分值基点较高，整体分值仍然偏高，陕西省旅游产业发展开始出现质的增长。

（二）文化资源和人力要素在陕西省旅游产业转型升级过程中贡献率偏低

在2001—2014年期间旅游产业潜在资源因子有8年其得分为负值，从2012年开始出现逐年下降的趋势，说明文化资源和人力要素对陕西省旅游产业优化升级的贡献率整体偏低，并且在近几年逐渐下降。从产业投入产出因子在各指标的载荷大小来看，旅游企业全员劳动生产率在该因子上所占载荷较小，得分系数也偏小，这又一次说明了陕西旅游人力资源有待提高。

（三）陕西省现有的经济结构不利于旅游产业的转型升级

第三产业总值占GDP的比重在产业发展环境因子上的载荷值和得分分别为−0.885、−0.119，分数不仅为负数，其绝对值还相对偏大，说明该指标对旅游产业转型升级总得分起到反向作用，拉低了整体得分。陕西省第三产业占GDP的比重近几年呈现出逐渐下降的趋势，这将有可能进一步抑制旅游产业转型升级的速度。

（四）陕西省对公共服务的财政投入逐年减少，不利于旅游产业转型升级

在2001—2014年期间，旅游产业服务支持因子有10年得分为负值，并且近三年（2012、2013、2014年）得分都为负值，相比2007、2008、2009、2011年

层次	要素	指标	指标量纲	量纲
产业自身发展层面	旅游资源	资源丰度值（A 级景区）	X1	无
		文化事业机构数量	X2	个
		博物馆数量	X3	个
		旅游核心产业固定资产额	X4	亿
		星级饭店数量	X5	个
		旅行社数量	X6	个
	人力资源	旅游核心产业从业人数	X7	万
		旅游企业全员劳动生产率	X8	万 / 人
		高校数量	X9	个
		高校在校生数	X10	万
	产业规模	国内旅游收入	X11	亿
		国际旅游外汇收入	X12	亿美元
		总接待人次	X13	亿
外部环境支持层面	经济环境	GDP 总值	X14	亿
		第三产业总值占 GDP 的比重	X15	%
		国内旅游市场占有率	X16	%
		实际吸引外资额	X17	亿美元
	区位条件与基础设施	民航、铁路、公路旅客周转能力综合指标	X18	分
		基础设施投资额	X19	亿
		邮电业务总量	X20	亿
		公共服务支出占地方财政支出比重	X21	%
	科技创新	专利授权数	X22	个
		科技成果	X23	个
产业功能效益层面	经济效益	人均 GDP 值	X24	元
		旅游收入占第三产业的比重	X25	%
		旅游核心产业营业收入占旅游总收入的比重	X26	%
		非公有制经济比重	X27	%
		城镇居民人均年可支配收入	X28	元
		农村居民人均年可支配收入	X29	元
		在职职工平均工资	X30	元
	社会效益	恩格尔系数	X31	%
		第三产业就业人数	X32	万
		城镇人口比重	X33	%
	生态效益	自然保护区面积占辖区总面积百分比	X34	%
		人均水资源量	X35	立方米 / 人
		人均绿地面积	X36	平方米

新常态下旅游产业转型升级评价指标体系表

下降很多，说明近几年陕西省对公共服务的财政投入处于减少状态，并且逐年降低，明显拉低了旅游产业转型升级的总体得分。

（五）城市文明进程与生态环境存在冲突

从 2011 年之后产业可持续发展因子综合得分逐年下降，从 2011 年的 1.24938 下降到 2014 年的 0.33179，这说明近几年陕西省在可持续发展过程中，城市文明进程与生态环境存在冲突，总体得分偏低。

（六）旅游核心产业整体营业收入偏低

旅游核心产业营业收入占旅游总收入的比重在居民幸福指数因子上的载荷值和得分分别为 −0.945、−0.399，分数不仅为负数，其绝对值还相对偏大，说明该指标对产业功能效益层面的综合得分起到反向影响，拉低了整体的综合得分，也表明旅游核心产业营业收入占旅游总收入的比重偏低，核心产业（餐饮业和住宿业）不论从管理还是从服务水平方面都有待提高和改善。

三、新常态下陕西旅游转型升级的对策

认识新常态，适应新常态，引领新常态，是当前和今后一个时期陕西旅游业发展必须遵循的大逻辑。在新常态下发展旅游业，要摆正旅游业的位置。旅游业只有放置在经济社会发展全局中才能找准定位、谋得地位、求得发展。

（一）抢抓机遇、主动适应新常态，强化西部旅游业增长极

作为西部的旅游大省和“一带一路”重大战略的核心区，陕西省旅游业发展具有得天独厚的优势。陕西省旅游业的发展要进一步增强其西部经济发展中心的战略地位，要注重充分发挥旅游业关联带动作用，强化西部旅游增长极的地位。

第一，加强陕西旅游品牌建设。构建以西安为起点的丝绸之路风情体验旅游走廊，大力推广丝绸之路、佛教文化、黄河风情和大秦岭专项旅游产品线路。

第二，大力发展红色旅游、乡村旅游。推进延安红色旅游系列景区、川陕革命根据地纪念馆等全国红色旅游经典景区建设。鼓励支持有条件的乡村发展特色旅游，全面推行乡村旅游示范村评定标准，引导发展休闲度假，加强文化旅游宣传，积极推介旅游产品。

第三，壮大我省旅游企业，构建具有国际竞争力的大型旅游集团。鼓励发展专业旅游经营机构，实现旅游企业品牌化、网络化连锁经营。鼓励外资和民营资本投资旅游业，为大型企业参与旅游业发展创造条件。引导旅游企业上市融资。落实好国家有关政策措施，支持中小旅游企业发展。重点支持陕西旅游集团有限公司、陕西文化产业投资控股（集团）有限公司、曲江文化产业投资集团、西安

旅游集团有限责任公司等龙头企业做大做强，提升陕西旅游企业的竞争力。

（二）发挥文化资源和高级人力资源优势，创新旅游产品开发

新常态下陕西旅游要立足陕西省的文化资源优势，以丰厚的人文景观为基础，形成地方特色。首先，立足于陕西省固有的文化资源优势，不断挖掘地方文化，打造富有陕西特色的旅游精品；其次，对陕西省文化资源进行深度开发，促进旅游形式从观光游览向参与体验的更高层次迈进。最后，建设复合型的文化旅游产品，把观光、度假、特种旅游相结合，把人文、自然、社会资源相结合，加强商务、会展、购物、文化娱乐以及工业生产等城市特色旅游产品开发，做出特色。

充分利用陕西省人力资源丰富的优势，通过职业教育，技能培训，产、学、研相结合等多种形式，不断优化旅游人力资源管理信息系统，形成由旅游行政部门、旅游行业协会、旅游企业、旅游院校等多方联动的“大旅游教育”培训体系，重点培养高层次的旅游行政管理人才、旅游教育科研人才、旅游企业经营管理人才和其他紧缺型人才，为陕西省旅游业的转型升级发展提供必需的智力支持和人才储备，打造西部旅游业首屈一指的人才储备基地和专业智库。

针对当前旅游需求日益多样化、个性化的特点，陕西省旅游业应改变以往以旅游资源为导向的旅游产品开发，转向从旅游消费市场的角度出发，认真深入地进行新一轮的市场调研，研究消费者，根据消费者的偏好和消费行为等特征对旅游市场进行细分，不断开发出高档化、定制化的旅游产品，提高顾客在旅游中的参与度和感知度。在陕西省各地方资源调研分析的基础上，适时促进健身疗养、会展旅游、科考旅游、体育旅游、教育旅游等专项旅游活动项目的开发，满足消费者多样化的市场需求。

（三）持续推动产业结构优化，加快发展服务业经济

旅游业与现代服务业互融共荣，促进服务业发展可以加大结构调整力度、增强发展后劲。服务业的发展是一国经济社会是否发达的标志。美国斯坦福大学教授莫克尔曾提出，现代化的十大标准之一是第三产业在国民生产总值中占 45% 以上。2013 年我省服务业增加值所占比重为 35%，服务业占 GDP 的比重较低。旅游业作为现代服务业的龙头产业与领头羊，它的进一步发展可以带动很多联动产业，包括上游的交通基础设施产业，下游的顾客“吃、住、行、游、购、娱”各方面需求环节。旅游、服务业之间的相互聚合大幅增值，无疑淋漓尽致地展现了现代服务业的显著特征。旅游业的发展态势显示，它不仅与服务业全面融合，且与第一、二产业加快融合。高铁的发展以及房车、游艇、游轮等高端旅游装备的发展正在有效地激发旅游大众消费与高端消费，旅游供需的态势进入良性循环的大好时机，为旅游业进入多元化、成熟发展阶段奠定了基础。

因此，为了进一步促使陕西省旅游业发展转型升级，促进旅游业和现代服务业的融合发展。陕西省应该加快发展现代服务业，提高第三产业的比重和水平，加快培育保险、文化传媒、会展等现代服务业，运用高新技术和现代经营方式改造商贸、餐饮等传统服务业；抓好国家级和省级服务业综合改革试点，依托西安国际化大都市的区位优势，加快发展总部经济，打造服务业新亮点，加快发展服务业经济，全面提高服务业综合竞争力，实现生产性服务业功能明显增强，生活性服务业不断提升，农业综合服务体系有较大改善，特色服务业得到较快发展。

（四）加大公共服务部门投入，为旅游业转型升级提供保障

旅游业的长期发展，需要完善的公共服务体系作支撑。新形势下，陕西省旅游业的转型升级，需要政府加大公共服务部门投入，完善公共基础设施建设，为旅游业转型升级提供保障。

第一，政府要设立专项资金，加强对基础设施体系建设及重点旅游项目的支持，重点完善公共服务体系建设。第二，加快建设功能齐全、布局合理的旅游服务中心。在景区各路段设立的明确的路标提示，推进旅游道路指引标识系统化、规范化，为游客提供更优质的交通指引服务。建立专门的人性化服务中心，处理游客的一些突发状况，为游客提供及时、方便的服务。第三，增加景区内自助服务设备的投入，完善自助购票、自助导览等设备的系统升级，使这些自助设备的服务功能更加多样化，以满足游客的多种需求。第四，加强旅游市场监督力度，维护旅游市场秩序。依照国家和陕西省颁布的行业管理政策法规、行业标准及行业管理规定，对旅游企业食品安全、旅游景区门票价格或“宰客”行为等进行监督检查，切实维护游客的利益。

（五）强化生态文明理念，推动旅游业低碳化发展

首先，加强环境保护和可持续发展的宣传、教育，提高公民的环保意识和可持续发展意识。要向全体游人、旅游从业人员和景区附近居民宣传旅游环境保护知识，以培养旅游主客体的环保自觉意识。

其次，旅游开发要因地制宜，必须加强对生态环境的保护和建设。旅游规划中应考虑当地的地理和生态环境因素，讲究整体生态系统的价值，充分挖掘生态旅游资源，在原有的生态旅游资源的基础上进行改变与设计，使得景点既能满足游客的游览需求，又能保护原始的自然环境和生物的多样性，保持景观的生命力。

第三，推动旅游开发向集约型转变，坚持节约集约用地。按照土地利用总体规划、城乡规划安排旅游用地的规模和布局，严格控制旅游设施建设占用耕地。改革完善旅游用地管理制度，推动土地差别化管理与引导旅游供给结构调整相结合。

（六）提高服务质量，增强旅游核心产业竞争力

旅游形象的好坏，取决于旅游产品的质量，更重要的是行业管理、服务质量的优劣。一直以来，陕西省的旅游服务质量饱受诟病。考虑组建由省政府牵头、可以协调各个部门（环保、城建、交通、安全等）的旅游服务质量监督委员会，制止乱收费、乱拉客、乱宰客的现象，消除旅游服务中的不规范行为，重视每一个环节，部门之间不互相推诿，高效、高质量地为游客服务，重塑陕西旅游形象，打造以优质旅游服务著称的“陕西服务”，力争在全国形成一定的示范效应。

陕西旅游的核心产业（餐饮业和住宿业）在规划、管理、服务等方面均尚待提高。一方面，控制已饱和的新建综合型酒店，尤其是高端商务酒店，着重建投当地欠缺的家庭度假、乡村旅舍、汽车营地、青年旅馆、主题酒店等大众休闲住宿设施。另一方面，充分发挥陕西美食优势，结合陕西风土人情，打造适合个人消费的餐饮名品，体现陕西特色，以美味美食吸引游客。为此，陕西旅游业在转型升级过程中，要真正意义上实现旅游服务向优质服务转变，实现标准化和个性化服务的有机统一。

（课题负责人：孙鹏　朱耀勋）

陕西山岳型旅游景区提档升级研究

陕西省旅游局
西北旅游文化研究院课题组

本课题通过实地调研、问卷调查、专业研讨、对比分析等方式，对陕西省山岳型景区发展优势、机遇、现状进行深入剖析，分析了掣肘陕西山岳型景区旅游发展的瓶颈；以太白山为例对其山岳型景区提档升级的示范经验进行了梳理与研究，阐释了太白山突破发展瓶颈的具体做法和示范价值，说明了影响山岳型景区发展的主要问题，并对陕西山岳型景区未来发展给出了建议。希望陕西其他山岳型景区能够更好地借鉴太白山经验，有效地促进陕西山岳型景区的提档升级和健康发展，为加速建设陕西旅游“升级版”做出贡献。

一、蓬勃发展的山岳旅游

我国是一个多山的国家，全国名山数量众多，地域性名山更是星罗棋布，因而，山岳型景区一直是旅游业开发的中坚力量。在已评出的3A级以上景区中，山岳型景区数量约占25%左右。

陕西也是一个多山的省份，秦岭和北山山系从北到南把陕西分为陕北高原、关中平原、秦巴山地三个地貌区。各地可依托山岳文化和古关、重镇、寺庙、遗迹等旅游资源，大力开发山岳类旅游区。华山、太白山已成为著名的旅游目的地，金丝峡、桥山、骊山、宝塔山等也已成为享誉全国的陕西山岳型旅游的靓丽名片。药王山、照金—香山、二郎山、石门山、黄陵国家森林公园等一大批山岳型旅游景区正在成为各地旅游发展的新引擎。目前，陕西已建成各类国家和省级森林公园87处，世界级地质公园1处，国家和省级地质公园15处，达到国家A级以上标准的山岳型景区共53家。据陕西省林业厅统计资料显示，“十二五”期间，陕西森林旅游收入30.7亿，接待游客高达7800余万人次。山岳型景区门票收入几近占到全省景区门票收入的半壁江山。

二、建设秦岭国家公园的历史机遇

秦岭山形地貌、水域风光、森林植被、珍稀动植物、气候环境等国内外闻名，历史文化、民俗宗教文化等交相辉映。西汉、陕沪、福银、十天等相继贯通的多条高速公路和铁路交通网络，又为秦岭地区旅游业提供了便利的交通条件。依托资源、区位和交通优势，建设秦岭国家公园和山水观光与休闲度假多功能自然生态旅游区已成为各方共识。

2009 年 8 月，国家旅游局与陕西省人民政府签署的《局省旅游合作协议》，明确提出通过加强战略合作，支持陕西秦岭生态旅游度假区建设，努力将其打造成为全国一流的生态旅游目的地。

2013 年起，陕西省旅游局新一届领导班子在充分调查研究的基础上，杨忠武局长提出了以建设“大秦岭人文休闲生态旅游度假圈”为切入点，促进秦岭旅游转型升级的新思路，得到了省委、省政府领导的高度重视。2015 年 12 月 16 日，陕西省政府召开秦岭国家公园建设课题研讨会，对秦岭国家公园建设的必要性、可行性和管理体制等问题进行了认真研究。秦岭国家公园建设，将为陕西山岳型景区提档升级和精细化发展带来新的战略机遇，它将有利于利用秦岭的独特区位和生态优势，按照国际市场需求和国家标准，促进资源整合，推进综合改革，形成政企合力，在统一的规划下积极开发山岳型资源，促进现有景区精品化建设和特色化发展，为彰显陕西生态文明建设成就，提高生态软实力和投资吸引力，激活和催化全省生态旅游开发潜力提供有力支撑。

三、掣肘陕西山岳型景区发展的瓶颈分析

课题组通过为期两个月的实地调查，对影响陕西山岳型景区发展的因素进行了调查分析。我们认为，掣肘陕西山岳型景区发展的瓶颈主要有以下几个方面：

（一）需求特色化与供给同质化的矛盾

由于秦巴山系山岳资源具有一定程度上的相似性，特色化、差异式开发尤为关键，但又因这一地区属于国家级贫困县的集中区，资金缺乏且认识不足，在实施旅游开发中难免会出现规划不到位、建设水平低、投资跟不上、产品同质化、设施不配套等问题，仓促入市后，常常会多以简单的观光游览为主，缺乏休闲体验性项目、公共服务设施与综合消费配套设施。

多数山岳型景区没有充分挖掘其资源价值和包装其文化特色，也是产品同质化的重要原因之一。旅游要素配套不足致使相当一部分山岳型景区开发与全民休

闲时代下人们多样化的旅游需求脱节，因而客源半径极窄，景区接待人数和经济效益提升空间不大。

（二）管理体制掣肘与游客期望的矛盾

由于资源管理权属不同，投资开发主体不同，各地对旅游业定位、认识不同，加之相当一部分景区与宗教场所、村镇居民、辖区单位，甚至自然保护区等同处一山，交叉管理，使得山岳型景区管理体制五花八门，政出多门、相互掣肘的现象多年难以改变。

由于政府主导型开发方针，延伸了运营管理模式，目前相当一部分山岳型景区实行事业化管理，产业化意识淡漠，市场化机制难以形成。加之景区管委会、经营企业、周边社区百姓、当地政府、各种利益群体相互之间的关系错综复杂，不但极易产生冲突和矛盾，也分散了共同营造良好环境的合力。景区管理体制不合理，就会容易在服务提升和市场监管方面造成瑕疵，进而影响游客满意度，这也是一些山岳型景区屡遭投诉的原因之一。

（三）“门票经济”制约与消费多元化趋势的矛盾

近年，陕西大多山岳型景区虽然不断追求提档升级，但总体上综合提升较慢，山下功能区规模化发展乏力，多元化、多业态消费模式尚未形成。在这种自我束缚中，绝大多数景区提高收入和完成年度指标仅靠强加给消费者的门票涨价行为。许多游客对此怨声载道。高价门票也严重制约了山岳型景区的旅游人数增长，这种“杀鸡取卵”的经营思维，对景区长远发展无疑会形成恶性循环。

（四）重规划编制与轻规划执行的矛盾

山岳型景区在旅游开发中必须处理好环境保护与开发利用之间的关系，但大多景区在具体开发中，重规划编制，轻规划执行；重经营性项目开发，轻周边环境协调配套；重短期行为，轻永续利用。这形成了许多地方规划反复做，实施过程完全“两张皮”的“潜规则”。山岳旅游专业化人才匮乏，缺乏科学决策监管，也是主要原因之一。因此，在山岳型景区开发运营中大力普及生态文明理念，对于解决山岳型景区开发与环境保护的矛盾大有益处。

四、成功案例：太白山立体提升工程的设计与实施

作为全国第一批国营林场转变为国家森林公园的典型，太白山有着辉煌的过去，然而由于后续资金匮乏、体制不畅，加之基础设施落后，2001 年至 2010 年的 10 年间，太白山旅游一直不温不火，甚至一度陷入内外交困的低谷。

为了快速改变这种尴尬境况，2011 年，宝鸡市调整了眉县领导班子，强化了

太白山旅游区管理委员会的管理职能，组建了对接市场和投融资管理的企业集团，一场以太白山旅游突破为核心，以旅游业统筹眉县各行业规划和长远发展的“眉县变革”自上而下迅速展开。短短三年时间，昔日冷清的汤峪镇变成了一座充满活力的现代旅游新城，传统的山岳观光单一旅游业态快速转变成了全产业链运营的典型，太白山旅游区重新站在了全国山岳型景区发展的新高点上。

（一）理顺管理机制，树立长远目标

为了促进太白山旅游健康发展，宝鸡市委、市政府强化了陕西太白山旅游区管理委员会职能，对规划范围内的汤峪镇、营头镇两个行政镇和太白山、红河谷两大景区实施统一管理。2011 年 9 月，太白山管委会引入目的地战略，按照“谋划大区域、创新大体制、资本大运作、建设大景区、内外大招商、谋求大发展”的工作思路，聘请一流专业团队，对太白山国际旅游度假区 25 平方千米的核心区综合开发做出了长远的区域总体规划、品牌建设规划和文化建设规划，决定用国家 5A 级旅游区标准开发建设太白山国际旅游新区。

为了改变多头管理、一山“两门”的现状，管委会与太白山自然保护区管理局达成协议，由管委会统筹管理自然保护区旅游项目，由西安市政公司和相关股份主体协商，理顺了原进山公路、上下板寺索道的投资关系，从体制上为实施山内山外一起开发战略铺平了道路。

按照政企分开、“两权分离”的原则，组建了陕西太白山投资集团有限公司，总体负责旅游区的项目开发、土地运营、投融资平台管理和景区运营工作。集团公司下设若干个分类运营的专业公司，对旅游区各类经营行为实施市场化运作。与此同时，眉县县委、县政府采取多种举措，凝聚全民之心，举全县之力推进太白山 5A 级旅游区工程，全力建设“县区一体、山水同城”的国际旅游目的地和陕西西线旅游客源集散地。

（二）搭建投融资平台，全面丰富旅游业态

为了促进国际旅游度假区开发建设，在强力实施政府主导的同时，太白山投资集团按照职能授权，统筹布局景观建设和“两园一区”综合开发，大力推进招商引资、投融资平台建设，成功引资 80 多亿元，破解了长期制约太白山发展的资金瓶颈，也为旅游区基础设施建设和总体提升工程提供了资金保障。

经过三年多时间的持续努力，管委会和集团公司先后实施了电力上山、通讯上山等系统工程，全面完成了进山公路的拓宽改造和景观升级，开发建设了太白山和红河谷索道、高山游步道、山门至“天圆地方”景观群等项目，形成了全国首家“三索联运”的崭新模式。山下规划建设了一流的游客中心、文化广场、生态广场、大型停车场、水岸商业街等，引资建成了一批高档次主题式温泉酒店、度假酒店、营地项目，科学布局了温泉体验、水上世界、夏季漂流、冬季滑雪、民俗古镇等参与性强的旅游项目。通过山上山下立体提升与全业态布局，太白山迅速成为了陕西乃至全国山岳型景区转型升级的典型。在此期间，成功引资的农夫山泉陕西太白山饮料有限公司、红河谷两个水厂项目，开业后也为当地带来了源源不断的财政收入。

（三）挖掘特色文化，深化产品包装

底蕴深厚和丰富多彩的太白山文化，是太白山旅游发展的灵魂所在。2012 年起，太白山管委会、太白山投资集团有限公司先后成立了太白山文化传播公司和太白山文化研究院等专业机构，进行太白山文化的深度挖掘、开发和影响力传播；聘请专注于太白山文化研究的社会人士，组织编写了整套的太白山旅游系列丛书，立体式呈现秦岭主峰的文化大观；与中央电视台合作，拍摄了太白山专题纪录片；引入《炎黄大帝》《非常同伙》等影视剧组，在太白山进行大片拍摄；与各级作协合作，举办了太白山笔会、“贾平凹带你登太白”等活动；邀请著名作家王若冰，创作并出版了《仰望太白山》长篇纪实文学等。

与此同时，太白山还与全国知名机构合作，进行太白山宗教文化和景观开发，实施了立体式文化再造工程，助推了二次腾飞中太白山全产业链式的业态融合和产业升级。

（四）创新营销模式，构建全域客源网络

太白山国际旅游度假区在大举推进景观、产品、文化、环境提档升级的同时，将扩大客源市场辐射半径，建立稳定的客源网络和营销体系同步作为重中之重，将破解淡旺季客源差异和撬动市场常态化关注度作为营销推广的首要任务。

为此，管委会每年划拨巨资投入宣传营销，一方面强化具有太白山特点的四季营销策划，形成了每季有主题、每月有活动，产品引领促销、活动点亮品牌的独特营销模式。另一方面多管齐下拓宽客源招徕渠道，一是先后在兰州、银川、西宁等全国 36 个城市建立了县级部门分工负责的旅游招商联络处，各城市联络处按照太白山营销中心统一计划实施客源招徕，任务明确，考核严谨；二是在科学分析市场的前提下，制定了与旅行社、电商的合作原则和共赢机制，充分调动了中介组织招徕客源的积极性；三是积极扩大与国内外有客源组织能力机构的业务合作，引入第三方服务模式，成功启动了与韩国市场的联合促销行动，客源结构得到全面优化。

卓有成效的创新营销让提档升级中的太白山国际旅游度假区赢得了巨大回报。2015 年，太白山景区接待游客达到 113 万人次，旅游收入 1.52 亿元。

（五）处处为游客着想，营造一流旅游环境

为了方便游客，投巨资实施太白山国家森林公园与红河谷森林公园两园贯通工程，形成了山上山下旅游环线。为了让更多的游客有观赏山巅奇观的机会，太白山建设了中国垂直落差第一的天下索道，游客可乘索道直抵海拔 3511 米的“天圆地方”景点，将原本两天一夜的登顶行程缩短为一天。

不仅如此，太白山还建成了陕西省景区中唯一的一级客运站，目前已开通了 18 条至西安、宝鸡等地的旅游客运线路。另外，还投资 5000 余万元建立了智慧旅游体系，旅游区管理智能化、服务人性化、从业队伍专业化的运营特色正在日趋成熟。

五、新常态下“太白山模式”的示范作用

太白山旅游提档升级的过程是我国传统型山岳景区破解瓶颈、转变发展方式和华丽转身的典型案例，加强对其研究可以让更多同类景区借鉴和学习，其示范作用将为促进中国山岳型景区健康发展做出贡献。

太白山转型升级的典型示范作用，主要可以归纳为以下四个方面：

（一）与山岳相适应，有利于旅游发展的体制和机制是山岳型景区健康发展的保障

强化管委会的行政管理职能。县委书记、县长亲任管委会书记和主任，凝聚县、区与眉县各行业“全县一盘棋”支持太白山旅游发展。与此同时成立的太白山投资集团有限公司，由政府授权实施项目建设、土地开发、招商引资和旅游运营。管委会与集团公司分工明确，职责清晰，双向考核，彻底解决了政出多门、相互扯皮的现象。

（二）与山岳文化相适应的产品特色、客源定位，是山岳型景区健康发展的立足点

太白山充分把控了“中国的大秦岭、世界的太白山”这一产品特色、文化基点和市场定位，以此统筹文化挖掘、景观开发、品牌塑造、环境建设和业态布局，按照国际化需求实施产品特色整体包装和质量监控，因而整个提升工程凸显了国际化景区和国际化旅游度假区的视野，这是太白山成功实施提档升级的关键。

（三）破解山岳型景区融资瓶颈需要良好的投资环境配套

在太白山新一轮提升工程中，全面改善投资环境，建立良好的投融资平台是政府破解资金瓶颈的重要举措。政府主动肩负起了优化投资环境的责任，出资实施拆迁改造和环境治理，进行道路建设，实施全区绿化、亮化工程，完成电力、通讯、天然气及温泉水管网等公共服务配套建设，又在招商服务上采取领导包抓项目，全程式为客商服务等办法。全面优化的投资环境和服务方式极大地吸引了

全国各地有实力的企业和大型集团的投资、合作热情，更坚定了投资者的信心。

（四）山岳型景区必须统筹兼顾各方利益，追求共赢发展

太白山国际旅游度假区建设过程中，管委会和当地政府良好地处理了旅游区发展与各利益群体的关系，既从多方面普及“人人都是太白山旅游形象”的大众旅游意识，又在工作中采取不同措施保障并放大各方利益。为了旅游区发展，管委会将新型城镇化建设与农民搬迁相结合，为失地农民建新居的同时又为他们以旅创业、以旅就业开辟了各种路径；在实施原街区拆迁改造过程中，妥善安排了拆迁项目新址的用地、建设问题；在强势推进的宣传营销中，由旅游区集中出资对区内各类投资主体的运营项目进行综合推广。所有这些落地式的服务，良好地兼顾了各方诉求，又充分保障和放大了各方利益。

六、陕西山岳型景区发展建议

根据调查分析，除全面借鉴学习太白山经验之外，对促进陕西山岳型景区发展提出如下建议：

（一）建立山岳旅游档案，加速山岳型景区提档升级步伐

为了确保陕西山岳型景观质量，减少同类产品市场竞争，保障自然生态资源的永续利用，建议由省旅游局牵头，联合省建设厅、省国土资源厅等部门，共同启动“陕西省山岳旅游资源档案库”项目建设，在全国首家形成山岳资源保护与开发利用的省级档案，指导山岳资源的开发、保护和长效发展。档案内容一是对全省山岳旅游资源进行全面普查，综合评估其开发价值，提出中长期开发利用计划，并予以跟踪监管；二是对已进行旅游开发的山岳景观实施建档观察，记录其规划、开发、投资、接待、收入资料，掌握其开发建设和运营管理状况，有针对性地进行监管、指导和服务；三是建立全省山岳型景区开发项目和招商引资项目档案，防止过度开发，同时为山岳型景区招商引资提供服务，对政府扶持项目建立信息库。通过全省山岳旅游资源档案库建设，还可以据情出台相关政策，指导山岳型景区科学管理，加速全省山岳型景区提档升级步伐。

（二）制定出台山岳型景区管理规范，指导山岳型景区健康发展

在全面推进政府主导，大力倡导全省山岳型景区实施精品战略的同时，建议制定《陕西省山岳型景区管理规范》或《陕西省山岳型景区考核管理办法》，在国家《旅游景区质量等级评定管理办法》和《陕西省旅游管理条例》的总体原则下，结合山岳型景区特点和发展需求，对山岳型景区规划、投资、开发、管理体制以及智慧旅游、环境保护等做出规定，明确旅游准入、门票收取、价格调整相关办法，指导全省山岳型景区，特别是未进入 A 类景区行列者良性运转。要大力推进和培育山岳型景区示范引领模式，通过不同类型山岳景区的典型示范和经验分享，引导全省山岳型景区特色化、健康化发展。

（三）加大山岳型景区品牌包装和市场推广

目前陕西境内的山岳型景区除过华山等少数几个景区外，在全国具有较高知名度者寥寥无几，更难论它们所具备的国际市场影响力。建议从全省层面上加强对景区品牌包装与市场营销策划的引导和培训，同时建议省旅游局将山岳型景区宣传促销作为今后全省旅游营销的重点内容。按照山岳特点编排陕西文化名山、宗教名山、红色名山等旅游线路，组织拍摄陕西名山宣传片，编辑出版山岳旅游公众读物，引导山岳型景区策划、举办与名山特点相吻合的旅游节会，促进山岳型景区宣传推广，力争在未来五年时间内，打造 1~2 个世界级名山，培育 3~5 个全国性名山，形成不少于 10 个的省内一流名山品牌。

（四）组建跨行政区域管理机构，强化秦岭旅游品质监管

目前，对于秦岭旅游而言，依然是按照城市行政范围分而治之，缺乏对秦岭总体旅游发展的统一管理。建议省上设立跨行政区划的秦岭旅游开发管理委员会，由省级领导挂帅，省政府相关部门与相关城市主要领导任委员，在省旅游局增设办公室，作为专门机构，负责秦岭旅游的发展、管理协调与指导事项，按照国家旅游景区等级标准等相关规定，宏观监管不同权属下的秦岭旅游品质化发展。

（五）培育并壮大市场主体，力争优质景区上市

陕西是全国最早对外开放的旅游省份之一，但旅游企业在资本市场上长期未占先机，至今，全省尚无一家景区成功上市和正式步入资本市场。因此，要变被动为主动，一方面政府应出台支持景区发展、鼓励景区做大做强和上市融资的相关政策；另一方面，景区应充分用活国家政策，在政策允许的范围内，寻求自强不息、自我发展的路径和方法，主动与资本市场融合发展。基于相关政策考量，未来五年内应力促 2~3 家业态兼备、产业链相对完善、经济效益良好的大型山岳型景区在全国上市，增强陕西山岳型景区在全国的影响力和融资能力。

（六）加大山岳型景区人才培养

山岳旅游在全国发展历史不长，但山岳型景区管理与服务又有着鲜明特点。因此，顺应时代潮流，建立山岳型景区的人才培养、输送机制迫在眉睫。建议参照乡村旅游从业人员培训与其他旅游要素人才培养机制，重视山岳旅游骨干人才培养。全省可针对山岳型景区特点，编制山岳型景区人才培养规划，也可与专业院校合作，建立山岳型景区专业人才培训机制，改变目前山岳型景区主要管理骨干大多行政化、官员化的思维模式，通过专业培训提高主力骨干和从业人员素质，促进全省山岳型景区真正迈入管理专业化、决策科学化、运营市场化轨道。

（七）丰富旅游业态，冲破“门票经济”束缚

山岳型景区大多文化底蕴厚重，刺激游客消费的潜在领域宽广，这也正是走出单一“门票经济”误区的最大优势。实现景区消费的多元化，一是要改变单一观光游供给方式；二是必须开发与客源群体需求相吻合的综合业态；三是延长游客逗留时间，使游客有充足的选择消费空间；四是不断延伸和拓宽客源市场半径，有序扩充周边乃至全国旅游市场的客源占比。建议物价部门严控门票涨价审批听证机制，各级主管部门加强对山岳型景区收入结构的比对分析考核，引导山岳型景区向提档升级和多元业态消费要效益，必要时也可启动山岳型景区门票中长期阶梯式降价机制。

（八）强化政府主导，让山岳型景区成为建设“美丽陕西”的地标性符号

鉴于山岳型景区的共同特点，建议在发展中继续强力推进政府主导战略，党政“一把手”要高度重视，常抓不懈；要力促地方经济多业融合，不断放大山岳景区的“旅游 +”效应；旅游主管部门要大力实施“以奖代补”扶持方针，努力培育和壮大山岳型景区骨干队伍体系；各级党委、政府要将山岳型景区品牌建设与转型升级作为当地实施“美丽陕西”地标工程和协调发展的重点抓手，促使其快速融入更大的旅游市场，为促进当地社会经济进步、带动城乡统筹发展和现代服务业发展做出更大贡献。

总之陕西山岳型景区资源丰富，文化厚重，市场前景广阔。在大力推进提档升级和特色化、品牌化发展的同时，应强化可持续发展战略，在健全和培育景区“吃、住、行、游、购、娱”基础六要素的前提下，努力促进“商、养、学、闲、情、奇”新的旅游发展要素的形成。根据客源市场定位，健全旅游业态，着力拓展产业与消费发展空间，科学利用山岳资源开发与之相适应的观光旅游、休闲旅游、体育旅游、养生旅游、研学旅游、美食旅游等不同形式的主题产品；着力把山岳型景区建设成为最受国内外游客喜爱的旅游目的地，为全省旅游发展增添新引擎，创造新亮点，做出新贡献。

（课题负责人：王晓民　郭明历）

“十三五”陕南旅游板块发展思路研究

陕西省旅游局
长安大学课题组

一、陕南旅游板块发展情况

陕南是指陕西省南部地区，陕南地区从西往东依次是汉中、安康、商洛三个地市。陕南三市拥有丰富优质的旅游资源，也形成了瀛湖、红石河景区、香溪洞、南宫山、金丝峡、天书峡景区、黎坪国家森林公园、汉中南湖风景区、汉中红寺湖、午子山风景名胜区等一批具有影响力的景区，拥有“巴山汉水文化”“两汉三国文化”“美食文化”等引人入胜的文化资源，还有大量的民俗旅游区，为带动区域旅游业的发展起到了推动作用。近年来，陕南巴山汉水地区的政府部门加大招商引资力度，该区域旅游招商引资势头强劲、旅游建设资金注入量增加，旅游投入力度不断加大，旅游基础设施建设扎实推进，这些都为陕南旅游板块发展奠定了基础。旅游发展速度加快，成为陕南经济发展的新亮点和新的经济增长点，成为区域重要产业之一。

二、陕南旅游板块的 SWOT 分析

SWOT 分析法来源于市场营销学，SWOT 的每个字母分别表示优势、劣势、机会与威胁。优势和劣势是内在要素，机会与威胁则是外在要素。利用此法对陕南旅游业的自身情况和外部环境进行全面分析，以明确陕南旅游板块发展方向，寻求陕南旅游板块突破发展的正确方略。

（一）得天独厚的优势

陕南三市处于南北气候过渡带，是西北独有的水资源密集区。蜿蜒的丹江、汉江、嘉陵江形成了西北的小江南景象；巍峨的秦岭、巴山绿色植被覆盖率达到 50% 以上，原始森林区则接近 90% 。同时，独特的喀斯特地貌和温和的气候条件，是珍贵动物生存繁衍的天然乐园。陕南正以其生物的多样性、森林的原始性、湖泊的天然性、古迹的民族性和民俗的独特性而日益受到国内外的关注。陕南三市积淀着深厚的历

史文化资源，是秦陇文化、巴蜀文化、荆楚文化等多元文化的交汇之地。商洛的“商山四皓”、安康的汉阴“三沈”、汉中的“两汉三国”等历史文化底蕴厚重，构成了陕南一道亮丽的文化风景线。

汉中、安康和商洛三市客源集聚初具规模，2008 年，汉中游客总数达到 490.60 万人次，其余两地也分别达到 72 万人次和 62 万人次。就游客集聚规模而言，三地已初步形成不同级别和规模的旅游中心，为构建陕南旅游“点—轴”结构系统奠定了基础。三市无论是景区设施，还是旅行社、旅游饭店等均存在不同程度的相对集中。除商洛市相对滞后外，汉中市和安康市旅游设施集中度较高，尤为突出的是汉中市，其旅游饭店共有 47 家，星级以上旅游饭店有 26 家。

（二）尚未扭转的劣势

近年来，该旅游区域与国内旅游业先进的地方相比，陕南地区旅游发展仍然处于初级阶段，建设中存在着明显的劣势。在旅游热的推动下，陕南虽然出现了多次旅游“井喷”现象，但受发展基础薄弱、发展投入不够、发展时间较短等因素的影响，区域旅游发展面临着诸多问题。陕南旅游产业规模小，旅游精品尚未形成，陕南的旅游景点虽多，但旅游产品长期处于浅层次开发阶段，几乎没有上规模、上档次、做大做强的精品。原有的产品内容老化，缺乏活力；新推出的产品比较粗糙，吸引力不强，开发缺乏创意，生命周期很短，重复性或模仿性的项目比较多。在汉中、安康、商洛三市，旅游产业结构仍然以旅游景观业为主，旅游生产要素“食、住、行、游、购、娱”不配套，没有形成完整的旅游产业链，其他相关产业链条和环节也尚待发展和完善，旅游从业人员的业务素质、旅游规范服务能力和水平有待得到全面提升，旅游经济产出规模有限，对陕南经济发展的带动效应有限。

陕南区域经济基础脆弱，政府财力支持有限。加之陕南旅游业投资投入机制不活，投资渠道单一，发展资金严重缺乏。再则，陕南旅游业条块分割，在宏观上缺乏一个权威性的管理机构，无法形成整体合力，在产品规模开发、资源优化重组等方面难以实现重点突破。安康、汉中、商洛三市分别推出了各自的旅游产品，不同程度地吸引了游客，但由于三市旅游产品在特点上的可替代性，对外地游客来说去其中一个就可以领略陕南风情，因此分散了客流，难以形成大旅游体系，同时对旅游资源及其配套产品来说都是极大的浪费。加之旅游季节性的不利影响，陕南旅游业旺季集中在 4—10 月，淡季长达 5 个月，也导致旅游配套设施大量闲置。

（三）千载难逢的机遇

旅游业已成为 21 世纪的黄金产业；国家实施西部大开发战略，陕南旅游业可以进一步借势扩大影响，争取支持。2009 年，陕西省下发了《陕南旅游产业突破发展规划纲要》，把陕南旅游规划纳入到陕西省旅游发展的整体规划中，决定每年安排1亿元以上资金，重点扶持陕南旅游产业开发建设。陕南各市也相继制定和实施了一系列扶持政策和措施，为旅游业的发展提供了更广阔的空间。陕南三市与甘肃、四川、重庆、湖北、河南等省市毗邻，客源充足。西汉、西康、西商和西武等高速公路的相继建设和依次开通，为陕南旅游开发建设提供了优越的交通条件。由于崇尚自然的文化潮流，生态旅游已成为新的时尚和热点，为陕南旅游发展提供了历史性机遇。陕南优良的生态环境中蕴含着真正意义上的、原汁原味的生态旅游资源，定会受到旅游者的青睐。同时陕南旅游业发展处于初级阶段，可吸取其他城市的经验教训，根据我国旅游业发展趋势，调整旅游发展战略，坚持"高起点、高立意、高水平"的原则，抓住旅游发展的后发优势，实现跨越式发展。

（四）潜在威胁

陕南处于一种"强敌临边"的境地之中。一方面，从人文景观这一旅游资源上讲，四川的人文旅游资源和经营优势，陕西西安、咸阳的独特历史资源都对陕南形成了遮蔽效应，制约了陕南旅游品牌的树立及扩展，增加了宣传的难度。另一方面，从自然景观上讲，自然景观无非是山、水及生态环境，陕南生态环境较好，这都是相对而言的提法。近年来陕南各市也因为急迫的发展心理导致了污染的加剧，山上的开山采矿，汉江的大面积污染，使得陕南的生态环境也在逐渐地遭到破坏，这些无疑都是陕南旅游发展不小的阻力。

旅游产品的精品化和名品化是区域旅游吸引的核心。陕南三市拥有丰富、独特的地方文化及历史旅游资源，但这些资源均分散在城市之间，规模小而单薄，缺乏聚集度。由于缺乏对这些具有代表性及极具特色的旅游产品的有机整合，因而对于游客来说，陕南地区缺乏市场影响力大、对游客有持久吸引力的品牌旅游产品。

三、发展指导思想

以邓小平理论、"三个代表"重要思想为指导，以科学发展观统领旅游业发展全局，深入贯彻落实国务院《关于加快发展旅游业的意见》《关中—天水经济区发展规划》《陕西省人民政府关于进一步加快旅游产业发展的决定》，进一步解放思想、扩大开放，以建点、联网、配套为基本思路，以优化结构、创新产品、提质增效为发展主线，以加强精品景区建设、完善旅游基础设施为有力抓手，以大力拓展旅游市场为重点，以实施保障措施为支撑，推进陕南旅游板块又好又快发展。

四、发展目标

陕南旅游板块应在“十二五”的良好基础上，进一步加快发展，到“十三五”末，建成国家5A级景区4~5处、4A级景区20余处，省级文化旅游名镇10~15个，美丽乡村精品旅游村30~40个；旅游接待总人数达到8000万人次，旅游总收入达到610亿元，旅游产业增加值占第三产业的比重达到39.89%，占陕南地区GDP的比重达到23%。重点景区旅游专线等级提升，秦巴旅游大环线基本建成，形成精品旅游线路、自驾游线路10条以上；各市、县区旅游咨询服务中心全部建成，景区游客中心实现全覆盖；旅游业规模、质量、效益处于全省中上游水平。努力把陕南旅游板块建设成为秦巴国际生态旅游圈的核心区域和国内一流生态休闲度假旅游目的地。

五、核心思路

“十三五”是陕南旅游板块发展的重要战略机遇期和黄金发展期。《中华人民共和国旅游法》《国务院关于促进旅游业改革发展的若干意见》等的出台，国家“一带一路”战略、长江经济带、西部大开发、新型城镇化、秦巴连片扶贫策略的强力推进，国家旅游局“515”战略和我省重大文化旅游项目大秦岭人文生态旅游度假圈建设的深入实施，以及陕南地区主要城市的加快建设、交通条件的改善，为陕南旅游板块加快发展拓展了新空间、创造了新条件，奠定了良好的基础。陕南旅游板块在宏观发展战略上，需发挥北靠黄河—陇海，南达长江这两条横贯中国东西发育相当成熟的经济发展轴线，以及地处成渝经济圈、武汉都市圈、关中—天水经济区以及以郑州为中心的中原城市圈结合部的有利条件，积极与这些经济圈和两大发展轴线对接，把陕南旅游板块架构在这四个经济圈之间和两大轴线上，使陕南旅游链接于全国整个旅游网络上，从而拓展其旅游发展空间，推进旅游系统快速发育。在内部建设上要集中力量，优先开发重要旅游中心点和旅游发展轴线，有重点、有步骤地分期、分批培育若干个旅游增长极。然后，沿旅游发展轴线横向推进，纵深辐射，逐步构建陕南旅游产业带，有效带动整个地区的旅游持续、快速、和谐发展。

六、发展战略

着力推进产业深度融合战略。首先，要加强陕南旅游板块旅游与文化的深度融合。在弘扬红色文化、历史文化、民俗文化上做文章，聚力抓好古道文化旅游景区以及省级文化旅游名镇建设，全面汇总提升编印陕南旅游板块旅游景区的标准化导游词；继续推进特色演艺进景区，鼓励景区编排具有陕南特色的优秀剧目，以此吸引游客、留住游客。

其次，应加强旅游与现代农业、中医药产业的深度融合。加快生态农业和郊区农业景观带建设，打造一批田园观光、农耕体验景区。

再次，还需提升旅游与体育产业的深度融合。打好中国秦岭生态旅游节与环秦岭公路自行车赛组合拳，带动休闲、康体、健身等现代服务业快速发展。

最后，要积极推动旅游商品与景区的融合。推动以景区为主体成立旅游商品开发企业，开发推出系列纪念商品、手工艺品、风味土特产品，以小商品创出大品牌，带动培育大产业。

拓展旅游营销市场，陕南旅游板块需强化整体联动宣传营销策略，完善市、县（区）、景区“三位一体”旅游宣传推广体系，旅游整体形象推广要起主导作用，协调各县（区）进行旅游目的地形象推广，统筹各景区搞好线路设计、产品促销和服务信息宣传推广。巩固和挖掘西安、湖北、河南三大基础客源市场，积极拓展重庆、四川、甘肃等新兴市场，创新和灵活宣传营销方式，开展多形式、专业化、创意化的网络营销、精准营销，把陕南游、秦岭游推向全国，让更多外地游客认知陕南、走进陕南、住进陕南。重新制作推出统一的陕南旅游网站，兑现旅游惠民政策。创新节会筹办模式，在创新思维的驱动下，深入挖掘秦岭生态文化旅游资源，创新提升节庆活动营销效果。优化产品体系，适应以人为本的需要，坚持市场导向和资源导向并重，按照特色化、人性化、规模化、标准化的要求，运用先进技术和理念，从注重景区景点建设转变为景城（镇）村联动、全方位支撑的旅游目的地建设，从主要依赖观光旅游，向休闲度假、生态、文化体验、乡村游等复合型旅游转变，构建具有陕南特色，多层次、多功能、结构优化、具有较强竞争力的旅游产品体系。

七、行动计划

（一）满足大众需求，大力开发休闲度假旅游产品

围绕市民需求和游客需求，大力发展都市休闲游和城郊游。注重开发城市公园、文化广场、特色商业街区等城市休闲产品，合理配置城乡休闲设施与休闲空间，积极培育城市特色休闲街区和夜间旅游休闲集中消费区，促进城乡居民休闲度假消费。着眼于区域性国际度假市场和国内发达地区度假市场，把旅游度假区发展与旅游目的地打造、生态文化保护、城乡社会和谐发展、公共环境建设有机结合，加快建设国家级、省级休闲度假旅游区，重点扶持湖滨休闲度假旅游、城郊休闲度假旅游、乡村休闲度假旅游、山水生态休闲度假旅游、都市休闲旅游产品，以及温泉度假、

湖岛度假、森林度假等专项度假旅游产品，拓展商务、会展、体育、现代娱乐等产品的休闲度假功能，打造中国西部特色休闲度假旅游目的地。

（二）加快各类资源景区化，打造一批国内旅游精品

根据市场需求，依托我省突出的自然生态与人文景观资源优势，大力实施“资源景区化”，建设一批新的国家级旅游精品，作为全省重点旅游项目，在规划、立项、宣传等方面全力支持。按照“突出大特色、打造大景区、构建大循环、形成大容量、产生大影响”的总体要求，突出发展重点，加快建设精品旅游景区。依托独具特色的生态旅游资源，打绿色牌、走特色路，以生态旅游、休闲度假、观光娱乐和探险康体为主要内容，整合资源，在凸现自然山水特色和挖掘历史文化内涵的基础上，大胆运用新的策划理念和现代科技手段，突出动态性、参与性和体验性，策划具有形象比较优势、市场吸引力和震撼力的特色旅游项目，实现陕南旅游突破发展。

（课题负责人：杨望暾　郭明历）

新形势下旅游行业协会改革发展的方向及趋势研究

陕西省旅游局
陕西旅游研究院课题组

一、研究背景

（一）国家宏观层面：行业协会与行政机关脱钩是大势所趋

为推动行业协会健康发展，2015 年 7 月，中共中央办公厅、国务院办公厅下发了《行业协会商会与行政机关脱钩总体方案》，提出了要加快形成政社分开、权责明确、依法自治的现代社会组织体制，积极稳妥推进行业协会商会与行政机关脱钩。

（二）旅游部门层面：积极探索旅游行业协会发展的途径和方式

《国务院关于促进旅游业改革发展的若干意见》中提出“要加快政府职能转变，进一步简政放权，使市场在资源配置中起决定性作用。加快推进旅游领域政企分开、政事分开，切实发挥各类旅游行业协会作用，鼓励中介组织发展”。国家旅游局局长在 2015 年全国旅游工作会议上，提出改革旅游行业协会的领导体制，旅游部门要主动谋划，积极探索新形势下指导行业协会发展的新途径、新方式。

（三）地方层面：各省旅游协会启动改革，进程不一

北京、上海、福建、陕西率先落实中央精神，旅游协会与行政主管部门脱钩。然而由于国家层面没有统一的规定和具体指导意见，各省旅游协会改革进程不一。其中广东、河北、山东、河南、云南已经相继出台了关于行业协会改革的指导意见，北京、上海、广东、河北、辽宁等省市将 A 级景区、星级饭店评定和复核等职能下放到了旅游协会；四川、上海、福建等省市旅游协会拥有一些政府采购项目。

二、陕西省旅游协会现状

目前由陕西旅游行政部门批准，正式注册的合法旅游协会包括陕西省旅游协会、陕西旅游景区协会、旅游饭店协会、温泉旅游协会。在本课题中，研究重点为陕西

省旅游协会。为了摸清陕西省旅游协会状况，课题组对陕西省旅游协会进行了两次实地调研，并应邀出席了陕西省旅游协会五届三次理事会，获得了陕西省旅游协会的一手资料。

根据2014年省委组织部、省监察厅、省民政厅下发的《关于清理规范党政机关领导干部兼任社会团体领导职务的通知》等有关文件，2015年4月，陕西省旅游协会与陕西省旅游局脱离，协会人员、财务、财产、资产、办公地点全部独立，与行政基本脱钩。行业协会身份发生变化，由政府部门转变为民间社团。脱钩以后的陕西省旅游协会，开始按照独立地位，逐步开展工作。前往一些副会长单位和会员单位征求搞好协会工作的意见和建议；对原有会员单位进行了重新注册登记，建立健全了会员档案资料库，并着手新会员的发展工作；制定了一批内部规章制度。包括《陕西省旅游协会信息披露制度》《陕西省旅游协会会费管理办法》《陕西省旅游协会财务管理办法》，并且在陕西省旅游协会五届三次理事会上讨论通过。

1. 组织结构

陕西省旅游协会于2014年与省旅游局脱钩，进行协会改选。下辖景区协会、旅行社协会、饭店协会、各地市旅游协会，各分会成为其具有独立法人资格的分会。陕西省旅游协会的行业业务主管部门是陕西省旅游局。

2. 会员状况

协会主要包括景区、旅行社、饭店、地市旅游协会，学校、文化企业等共85家会员单位，无个人会员。

3. 财务状况

与陕西省旅游局脱钩后，陕西省旅游协会财务独立，失去了政府财政支持，主要靠会费维持。

4. 工作人员

陕西省旅游协会常务工作人员主要包括会长、副会长、秘书长、秘书等。由于协会财务状况不乐观，无法吸引和聘用更多人才，致使许多工作难以开展。

5. 主要活动

2014年，陕西省旅游协会与陕西旅游集团联合举办了“2014年陕西最美乡村公路评选”活动，通过媒体采风、单位推荐、网上点赞和专家评审等形式，评选出了“陕西十佳最美乡村公路”；与黄陵县人民政府联合举办了“2014重阳节百家旅行社代表公祭黄帝典礼”活动；主办了宜君县第十四届文化旅游节开幕式暨中国美丽田园·宜君梯田摄影写生季活动。

2015年3月，在长安大学举办了“2015年陕西旅游大讲堂”，邀请北京和陕西旅游专家开展以丝绸之路为主题的五场讲座，200余名导游和旅游界人士参加了培训。

2015 年 5 月，举办第十六届西安国际酒店设备及用品展览会。

2015 年 9 月，与宝鸡、凤县共同承办了以“畅游三秦大地，共享快乐旅游”为主题的 2015 陕西金秋旅游节活动。

完成了 2015 年新导游注册培训工作，注册新导游 724 名，分批组织新导游赴华清池、法门寺和陕西历史博物馆进行实地培训。

支持行游天下广告传媒有限公司和西安云景无限票务服务有限公司监制发行“自由行旅游护照”和“自驾车旅游护照”。

支持宏信国际有限公司与西北旅游文化研究院共同策划开发“陕西旅游会客厅”项目，该项目投资 7 亿多元，已在 2015 年 5 月中国东西部合作与投资贸易洽谈会上正式签约。

三、陕西省旅游协会存在的主要问题

（一）陕西省旅游协会整体架构存在的问题

1. 协会分工体系不明晰，功能重复

按照国家宏观政策，鼓励行业存在“一业多会”，加上旅游业的综合性，存在专业协会、综合协会，而同一个行业还可能存在着多个协会，导致旅游业内行业协会设置重叠，功能重复，并且在某种意义上存在竞争。一方面，给旅游企业选择加入对象增加了困难；另一方面，加重了企业负担，如一个酒店，可能要加入饭店业协会、烹饪协会、省级旅游协会、地市旅游协会，各协会收取的会费成为一项沉重的负担。

2. 各级协会关系不明晰，省级协会和下级地市协会断档

多数协会是由政府主管部门建立，是自上而下的结构体系，各层级协会基本上是独立组织，不能形成网络体系，西安、宝鸡、咸阳、榆林、安康已经成立地市级旅游协会，但其他市尚未成立。省旅游协会“摸不上天，接不了地”，工作体系断档，造成不同层次旅游协会沟通不到位，工作重点无区分，工作不能形成合力。

（二）陕西省旅游协会存在的具体问题

1. 会员覆盖面不全，行业代表性弱

目前陕西省旅游协会仅有 88 家会员单位，而陕西目前有 256 家 A 级景区，711 个旅行社，378 家星级饭店，旅游协会覆盖范围不足 10%。覆盖面窄，意味着旅游协会能掌握的企业和行业信息不充分，难以发挥综合协调功能，也难以代表行业整体利益，因此也就难以形成行业自律、共同制定行规行约。

2. 行业脱钩推进过快，缺乏相关保障措施

陕西省是目前仅有的行业协会与旅游行政主管部门脱钩的 4 个省份之一，在脱钩方面走在前列。然而，其他省份行业协会与政府主管部门脱钩，是建立在相应的保障机制基础上的，例如，转移一部分政府职能到协会，或者通过政府采购、委托课题等方式，帮助行业协会发展。但陕西省旅游协会与省旅游局脱钩后，并没有相应的职能转移，导致行业协会面临困境。

3. 财务能力差，经济来源单一

以前陕西省旅游协会的经费来源主要包括财政支持、会费收入、政府购买服务和社会经营活动收入。和陕西省旅游局脱钩后，陕西省旅游协会失去了财政支持，也没有政府采购服务方面的收入，仅帮助旅游局举办过很少的活动，收入很少。而目前陕西省旅游协会还没有社会经营活动，经费来源主要靠会费收入。但是因为会员数量少，年会费收入为 10 万元左右，难以开展相应活动。

4. 组织机构不健全

由于会员数量少，难以建立各个独立的分会，也就很大程度上限制了功能的发挥。陕西省旅游协会目前主要的旅游企业类型包括旅行社、酒店、景区，而且与专业协会又存在着竞争，专业分会有名无实。

5. 功能发挥不明确，发挥不到位

面对企业、行业和政府的多种需求，行业协会对于自己应该和能够提供哪些服务，协会的服务和政府的服务有哪些不同等重要问题不明确，仅有一定的服务功能，行业管理功能基本上没有得到任何发挥。即使是服务功能，也仅有一定的培训、信息提供功能，大部分服务功能都没有发挥出来。出现这种困境的原因：一方面，旅游协会刚刚与旅游局脱钩，组织建设还不完善，需要时间；另一方面，缺乏政府层面的授权和支持，如政府采购、政府职能转移等。

6. 会员单位联系不够紧密

协会与会员缺乏经常性的信息沟通，组织会员直接交流活动不够。由于多方面的原因，协会难以在协调、沟通、维权等方面为会员提供更直接更有价值的服务，以致归属感降低。

四、政府层面的改革方向和措施

坚持以十八大和十八届三中、四中全会精神为指导，全面落实国务院、国家旅游局对行业协会的相关规定，按照党中央关于发展各类行业组织和推进体制创新的精神，以及落实我省加快发展、率先发展、协调发展的总要求，进一步解放思想，以市场化、民间化为方向，以体制创新为突破口，以充分发挥职能作用为目标，大力培育和发展新型旅游行业协会，充分发挥他们在旅游业行业管理、协调关系、规范行为、促进产业和谐发展中的积极作用，更好地促进我省旅游业全面发展。

（一）完善省级扶持政策

在陕西省层面，必须在国家相关政策明晰的基础上，针对陕西实际，尽快起草出台陕西行业协会管理的指导意见。认真落实国家对行业协会、商会的优惠政策，认真清理各种不利于行业协会、商会的优惠政策，消除政策障碍，研究和推动形成新的扶持政策。

（二）以陕西旅游协会为核心，构建陕西旅游协会管理体系

鉴于目前陕西已经形成多个旅游协会的格局，充分发挥每个协会的作用，形成以陕西省旅游协会为核心，构建起旅游协会管理服务体系。可以探索建立陕西旅游协会联盟，将省级旅游协会、温泉协会、饭店协会、景区协会以及各地市旅游协会，形成一个互相沟通、互相补充、功能错位发展的旅游协会联盟。各联盟成员之间是平等的主体关系，在陕西省旅游协会的协调下，确定各自的职能定位。

（三）下放部分政府职能到旅游协会

在很大程度上，行业协会的改革发展程度，是依赖于政府行政主管部门改革力度的。按照十八届三中全会精神，未来政府部门必须简政放权，将一些本属于市场的行为还给市场，旅游部门也应该建立权力清单，将权力清单之外的职能下放。

建议省旅游行政主管部门通过法律程序，将行业评比、行业标准制定、行业自律等权力还给行业协会。行业协会要依据现行有关法律、法规、规章和政策规定，切实履行好服务企业，加强行业自律等应有的职能。行业协会职能包括：

（1）在委托和授权的事项与范围内，开展行检、行评。具体来说，可以将目前由省旅游局负责的 A 级景区评定，饭店星级评定、复核工作交给陕西省旅游协会具体执行，饭店协会、景区协会参与。

（2）进行行业统计和调查，提供相关分析报告。掌握国内外行业发展动态，收集发布行业信息。具体可以将省旅游局负责的一些统计工作，如黄金周旅游统计、旅游满意度调查等工作，交给陕西省旅游协会具体实施。

（3）开展行业重大课题研究，参与制订修订行业标准和行业发展规划、行业准入条件。每年以政府采购、课题委托的方式，将陕西省关于旅游的一些课题交给旅游协会完成。

（4）组织筹办以政府或有关部门名义举办的重大交易会、展览展销会等活动。建设行业公共服务平台，组织会员单位开展经济技术交流与合作，联系相关国际组织，举办行业论坛、商品交易、会展招商、产品推介等活动，可以将其中一部分转交行业协会执行。

（5）组织行业重大投资、改造、开发项目的调研论证。

（6）开展行业职工技能培训、执业注册人员资格培训。

五、陕西省旅游协会自身改革发展的建议

（一）会员发展上瞄准新业态，占领制高点

以新业态企业作为组织结构调整的方向。鉴于陕西目前已经形成“一业多会”的格局，每个协会都是平等自愿的主体，因此陕西省旅游协会在会员上，力争和饭店协会、景区协会、温泉协会形成错位发展。可以考虑将新型业态企业作为发展会员的方向，成立乡村旅游分会、旅游教育分会，吸收以知名学者、专家为主的个人会员。基于互联网的发展趋势，以互联网为平台，成立旅游租赁分会、房车自驾游协会。

（二）收入方式上，加大自主经营项目开发

广泛开展各类培训、教育活动。可以针对旅游基层行政管理官员、导游、饭店从业者、乡村旅游从业者等；组织旅游镇长培训班，旅游村官培训班等；组织大学教授为乡村旅游从业者提供培训；出版 1 份纸质或电子刊物，可以考虑陕西乡村旅游主题，陕西县域旅游主题等。

（三）加大信息化利用程度，信息服务多元化

加快完善旅游行业协会官方网站、微信公众账号建设。利用这些信息平台，一方面，为企业提供商业信息、政策法规、旅游动态等服务；另一方面，为游客提供资讯类、咨询类、定位导航、预订类服务。

（四）打造属于协会的经典活动，形成品牌

一方面，继续与相关单位办好当前的活动，如酒店用品展、金秋旅游节等活动，在几年后形成一定的品牌；另一方面，开发打造属于协会自己的经典活动，包括旅游赛事、旅游节事、旅游博览会等，如可以针对陕西高校旅游专业学生开展一些形式新颖的赛事活动，针对酒店、导游、旅行社从业人员组织一些赛事活动，与摄影协会共同打造旅游摄影文化节。

（五）与其他协会建立战略合作关系，加强合作

（1）与国家层面的协会合作：可以通过与中国互联网协会的合作，在各大旅游网站上投放陕西省旅游形象宣传片；与中国礼品协会合作，推出陕西地域特色鲜明的、具有创新性的旅游纪念品。

（2）与地方性协会合作：与摄影协会合作举办旅游摄影展，与交通运输协会联合打造精品骑行旅游线路等。

（3）与国外协会的合作：提升协会的国际化水平，发挥协会在国际、港澳台

市场中的积极作用，代表陕西走出国门，更好地向世界展示陕西。

（六）建立协会专家智库

建立旅游理论专家库、高级导游专家库、行业法律顾问服务团队三个专家智库。旅游理论专家库可以为会员企业经营管理、行业标准制定、景区容量测算等工作提供服务；高级导游专家库邀请有经验的高级导游为年轻和初级导游提供培训、帮扶服务，提升导游的综合素质；行业法律顾问服务团队为会员企业提供法律咨询、维权服务。

（课题负责人：潘秋玲　李家胜 ）

新形势下违规从事旅行社经营业务问题研究

陕西省旅游局
长安大学课题组

一、研究综述

（一）研究背景

1. 旅游业蓬勃发展

随着社会经济的不断发展，我国旅游业已进入大众化、爆发式的增长阶段，旅游已成为大众生活方式的重要组成部分，成为经济转型时期发展的新引擎。据全国旅游工作会议工作报告，2014 年国内旅游人次达 36 亿，同比增长 10%，出境旅游人数首次突破 1 亿。另据国家信息中心专家组测算，未来 20 年，我国人均 GDP 将超过 1.5 万美元，50% 以上的居民进入中等收入之列，居民人均年出游将超过 5 次，全国旅游市场规模将超过 80 亿人次，旅游消费将成为普遍性消费。

在全国旅游业迅猛发展的大背景下，陕西省旅游业也呈现出国际吸引力显著增强、国内影响力持续扩大、省内贡献力稳步提升、发展支撑力不断加强的良好势头。2014 年接待境内外旅游者 3.32 亿人次，同比增长 16.5%；旅游总收入 2521.4 亿元，同比增长 18.1%。旅游业作为我省的先导产业正步入高速发展阶段。

2. 新业态不断涌现

旅游业的蓬勃发展催生出众多新兴业态，驴友户外探险、自驾游营地体验、野外帐篷露营、乡村无目的漫游、集体拓展训练等强体验性、高挑战性的旅游活动层出不穷，并日益受到青睐，传统的旅行社团队旅游已无法满足旅游者个性化、多样化的需求。

3. 法制建设初见成效

2013 年，《中华人民共和国旅游法》正式实施，从国家法律层面上首次更为系统地构建了旅游业发展的制度框架，标志着我国旅游业进入了依法兴旅、依法治旅的新阶段。

为适应新的旅游发展形势，省人大从 2015 年 8 月开始对 2005 年制定的《陕西省旅游管理条例》进行修订。修订后的条例涵盖内容更多、涉及领域更宽，更为明确地调整了人民政府、职能部门、企业、旅游者等方面的社会关系及法律关系，对旅游市场出现的一些难点、热点问题以及监管空白问题进行了更明确的规范，标志着我省旅游法规体系建设迈出重要步伐，对规范和促进旅游业全面协调可持续发展意义重大。

（二）研究意义

1. 有利于贯彻落实各项法律法规

通过对无旅行社业务经营许可证的机构（以下简称涉旅机构）违规从事旅行社业务经营问题的多角度分析研究，有利于推动《中华人民共和国旅游法》以及《陕西省旅游条例》等法律法规的普及和落实执行。同时，依法引导涉旅机构的规范化、标准化经营，为保障旅游服务质量和游客权益打下良好基础。

2. 有利于促进旅游新业态有序发展

我国旅游市场处于从观光游览向休闲度假游的转化阶段，自驾游、自助游、乡村旅游等多样的个性需求异军突起，各种旅游新业态不断呈现。研究涉旅机构违规从事旅行社业务经营问题，有利于准确认识我省旅游市场经营现状及需求变化，探索发展的新路径，从而规范旅游市场经营秩序，丰富完善旅游产品格局，促进旅游业在新业态下的有序发展。

3. 有利于进一步保障旅游消费者的合法权益

通过对涉旅机构违规从事旅行社业务经营问题的分析研究，可以进一步提高全社会对于涉旅机构非法从事旅行社业务的认知，引导游客守法消费，进一步完善制度建设、监管机制和紧急救援等措施，有效地保障旅游消费者的合法权益。

（三）研究对象

《旅行社条例》规定，旅行社是指从事招徕、组织、接待旅游者等活动，为旅游者提供相关旅游服务，开展国内旅游业务、入境旅游业务或者出境旅游业务的企业法人。

《中华人民共和国旅游法》规定，设立旅行社，招徕、组织、接待旅游者，为其提供旅游服务，必须取得旅行社业务经营许可证，依法办理工商登记。

本课题所研究的主体是指涉及招徕、组织、接待旅游者等活动，为旅游者提供相关旅游服务，但无旅行社业务经营许可证的各类组织机构，主要包括保险公司、婚介所、药品公司、房地产公司和某些以商业产品销售为目的的俱乐部、协会等具有营利功能的组织机构；也包括爱好者自发组织成立或相关部门鼓励扶持设立的户外运动协会、户外运动俱乐部、车友会、自驾游俱乐部等不具有营利功能的民间组织或社会团体；还包括以营利为目的，由经营者私自成立或运营的非法组织机构。

（四）研究内容

通过实地调研、入户访谈、专家咨询等方法，研究涉旅机构非法从事旅行社业务的机构类型与性质、客源及组织方式、活动内容、安全保障、保险、紧急救援等方面，探讨规范行为的解决办法与路径。

二、发展现状

（一）机构性质和类型

涉旅机构从性质上主要可分为营利性和非营利性两大类组织机构。从类型上可以分为以下四类：

协会：是由个人或组织为达到某种目标，自愿组成的团体，例如烹饪协会、商业协会等等。在涉旅协会中，一部分协会是经其业务主管单位审查同意，附属在业务主管部门之下，并在各级政府的社会团体管理机关登记备案；另外一部分属于自发组织，未履行成立、审批等相关手续。

俱乐部：各类俱乐部性质不一，类型多样，多数是在工商部门注册的营利组织，极少数是非营利性的社会服务组织。

公司：涉旅机构中汽车 4S 店、保健品、保险、房地产等是营利性法人，取得了工商部门颁发的营业执照，有其限定的经营业务范围，但是未获得旅游主管部门许可取得旅行社业务经营许可证，存在以直接或间接受益为目的，擅自超越自身业务经营范围经营旅行社业务。

无证经营组织：既未取得工商部门颁发的营业执照，也未获得旅游主管部门许可经营旅行社业务，属于典型的黑旅行社性质。

（二）客源及组织方式

违规从事旅行社业务经营的涉旅机构客源广泛，包括协会会员、俱乐部会员、公司顾客群体、客户人际关系裙带群体及其他潜在顾客群体，主要可分为会员群体、客户群体、散客群体三种类型。其中，会员群体主要是指通过缴纳会费、办理某些正式手续而加入某一组织或团体的消费者，俱乐部及协会组织以会员群体居多；客户群体主要是指通过购买企业或某些组织机构的产品或服务而与其产生经济关系的消费者，既包括现实客户群体也包括潜在客户群体（如现实客户的亲朋好友），公司类组织机构以客户群体为主要客源市场；散客群体主要是指既非会员也非主要目标市场，没有预约、没有规律的零散顾客，其对于涉旅机构和旅游活动的选择无明显目的性和针对性，往往属于一时兴起。

虽然其客源市场构成复杂，文化层次、家庭结构、职业背景不一，但却具有共同特征：

（1）具有旅游出行的欲望和需求；

（2）根据旅游活动方式和内容不同而呈现出不同的群体特征；

（3）对价格的敏感度较高；

（4）风险意识和自我保护意识淡薄，缺乏警惕性。

涉旅机构违规从事旅行社业务经营时，组织者往往会利用参与者的这些心理和特征，以会员优惠、免费旅游、自助结伴户外活动等为宣传重点，以发传单、贴海报、网络、微博、微信等手段进行宣传召集游客，为参与者提供自助、自驾、包车等旅游出行方式，提供住宿、餐饮、游览等综合旅游服务，通常会向参与者收取一定的会费或服务费。

（三）活动内容和目的

涉旅机构组织开展旅游活动的内容、目的各不相同，按活动内容和目的大致分为以下三类：

1. 纯粹旅游活动

自驾游俱乐部、驴友俱乐部、自驾游协会、微商（例如WV梦幻之旅、云在指尖、商务商会、中绿资本）等多是以纯粹满足旅游者求新猎奇、增长知识、放松身心的需求而进行的纯粹意义上的旅游活动。这类旅游活动多由一批热爱旅游的驴友、自驾车友等自发集结而开展，主要活动内容是以消遣为目的的观光游览与娱乐休闲。

2. 运动休闲与旅游相结合的活动

登山协会、自行车运动俱乐部等开展的活动多是以社交康乐、挑战极限为主的运动与拓展训练，旅游和运动结合密切。具体来看，徒步登山、山地穿越等侧重于户外探险类的旅游活动，自行车游、野外露营等侧重于拓展训练类的旅游活动。

3. 产品推销与旅游相结合的活动

保险公司、医药品公司、汽车俱乐部、婚姻介绍所等以组织外出旅游活动为招揽手段，推广与销售产品或服务等，拓展业务范围，维护客户关系，巩固客户群体，提高其对公司的认可度，实际上是以旅游之名行直接或间接营利之实。

三、存在问题

（一）社会认知不强

面对旅游新业态和新形势，政府相关部门、企业对涉旅机构从事旅行社业务的违法性认知不强，监管意识淡薄，对安全隐患缺乏警惕性。涉旅机构组织的低价或免费旅游活动，社会公众极易受其吸引，单纯考虑旅游活动的观光娱乐性，很少考虑其旅游品质和潜在不安全因素，自我防范意识、保护意识和举报意识不足。

（二）执法难度较大

由于涉旅机构类型多样，分管部门不同，组织的旅游活动临时性、机动性和随意性较大，造成监管和执法工作难度较大。现有制度权责不明，监管和执法部门分工不清，联动执法机制不成熟，行政信息共享与投诉机制等方面也存在诸多问题。

（三）安全隐患严重

涉旅机构没有从事旅行社业务的资质，也不具备丰富的组团及出行经验，为了节约成本，常常与不达标、不规范的交通运输单位合作，在旅游线路设计、旅游服务、旅游设施配备、旅游警示等方面均缺乏必要的安全考虑，造成旅游安全方面存在严重隐患。

（四）紧急救援乏力

旅游活动开展之前，旅游活动组织者没有旅游安全应急预案和救援方案，缺乏应尽的危险提醒和告知义务；旅游事故发生后，不能及时、有效地进行处理，控制事态，难以做到第一时间开展及时有效的自我救援。

（五）游客维权困难

在组织旅游活动过程中，仅有极少数涉旅机构与活动参与者明确权责，签订相关合同，并购买企业责任保险和游客旅游意外伤害险等险种，服务标准、权利义务、违约解决方案均不明晰，还存在涉旅机构卷款逃跑、脱离经营的现象。一旦发生纠纷，游客权益难以得到有效保障。

四、解决办法与路径

（一）提高社会认知

陕西省、市各级旅游行政管理部门积极与相关职能部门对接，利用各类媒体和宣传活动，对政府部门、企业和社会公众广泛普及《中华人民共和国旅游法》《陕西省旅游条例》等法律法规和规章制度，提高全社会对涉旅机构从事旅行社业务的非法性认知，引导这些机构合法经营和游客理性出游。

（二）做好制度建设

强化旅游各行政主管部门以及相关部门（如工商部门、体育部门、保监局等）联动性，成立联合执法工作机构，制定监管、执法和处罚制度，进行常态监管、统筹管理，尤其在节假日等旅游旺季期间切实强化旅游监督职能，实行联合执法。

明确工作主体和责任，针对存在的问题实行长期不定期访查，依法严厉打击“游击战”行为，对违规组织机构明文通告，责令改正，维护良好的旅游市场秩序。

进一步创新旅游监管形式，逐步建立和完善全民参与的监督机制，公开合法旅行社信息，借助微信、微博、QQ 等途径，开设网上监督举报平台。

（三）引导合法经营

《陕西省旅游条例》中规定，“企事业单位为推介、宣传产品等经营活动需要组织旅游活动的，应当通过依法设定的旅行社进行，不得自行开展旅游活动从事旅行社业务”；“从事旅游客运经营，应当取得相关运输经营许可经营证和车辆运营证”。涉旅机构的相关管理部门要引导涉旅机构选择正规合法的旅行社、旅游客运经营商作为战略合作伙伴，规范此类机构经营活动。

（四）培育安全意识

旅游行政部门应加强对公众出游安全意识的教育培训，引导公众选择正规旅行社出游；加大力度宣传报道涉旅机构违规经营旅行社业务造成旅游者重大人身、财产损失的典型事件，唤起公众的旅游安全意识；在客流密集的公共场所集中播放旅游安全公益广告片并印发《陕西省旅游突发事件应急手册》。

（五）完善举报途径

制定涉旅机构违规从事旅行社业务投诉举报制度，明确举报登记、来访接待和督办工作的相关程序和要求，建立专门针对涉旅机构违规从事旅行社业务经营的投诉举报档案记录。实行投诉回访制度，将每一例投诉案件的查处情况及时反馈给投诉人。实行有奖举报制度，充分发挥群众监督作用。

公示陕西旅游举报电话（029-85261437）及各地市旅游举报电话，设立陕西省涉旅机构违规从事旅行社业务经营举报专用电子信箱，完善旅游局官网在线举报平台，受理来访或电话、网络平台的投诉。及时处理举报相关事宜，坚持做到快查快办，对事实清楚能当场处理的投诉应当场处理，不能当场处理的，应三日内将有关处理情况告知投诉者。对无故拖延办结、违反投诉举报保密规定，造成不良影响的，追究相关人员的执法责任。

（六）构建救援体系

由省政府牵头，构建由旅游行政部门、医疗救援中心、公安机关、消防、通讯、交通等多个部门、多方人员协同参与的高效运作、部门联动的旅游安全紧急救援体系，做到统一部署、统一指挥、统一行动和快速响应。建立各部门联动机制和责任追究机制，确保各部门能积极主动协同处理，及时开展救援工作。

根据各地市旅游发展的规模，组建各级不同规模的专业旅游紧急救援队伍，同时培养民间志愿者紧急救援队伍，对救援队伍进行不同项目、不同层次的应急救援训练，提高其应急救援能力。

（课题负责人：丁华　李霆）

专题报告·调查篇

陕西乡村旅游发展模式之五：以温泉沐浴文化产业带动城乡统筹发展的汤峪模式

陕西省旅游局

“桃花三月汤泉水，春风醉人不知归”，这是对蓝田县汤峪温泉的真实写照。历史悠久的汤峪温泉就在蓝田县汤峪镇塘子村内。近年来，塘子村以发展温泉休闲度假旅游为主导产业，在村办企业大兴汤峪温泉开发有限公司的带动下，坚持走共同富裕的道路，着力打造国际温泉小镇，走出了一条以温泉产业为核心，带动城镇村一体化发展的混合型经济发展道路。其“温泉产业带动型”的乡村旅游发展模式在陕西乃至全国乡村旅游发展中可谓独树一帜。

一、塘子村发展背景

陕西的温泉资源十分丰富，泡汤文化源远流长。相传大唐盛世时有三大名汤，一是石门汤，就是今天的汤峪温泉；二是凤仙汤，即现今宝鸡市西汤峪；三是骊山汤，即现今临潼区华清池。

汤峪温泉又名石门汤泉，有着“天下第一名汤”之称，是中国皇家温泉之源，也是世界温泉沐浴文化的发源地。早在西汉时，这里就建有著名的皇室御汤苑。唐初，秦王李世民十分青睐石门汤泉，扩大温泉塘子，使其惠及子民，“塘”为池塘，“泡汤池子”之意，“子”为大唐的子民之地，塘子村因此得名。唐玄宗李隆基为了让更多的百姓能享受汤泉水的恩泽，在汤峪大兴土木，赐名“大兴汤院”，分设玉女、融雪、涟珠、漱玉、濯缨五池，闻名京师长安。

汤峪温泉是大自然赐予塘子村的地下宝藏，然而这座宝藏在过去很长一段时期内并没有为经济发展所用。20 多年前，塘子村只是一个有着 200 多户人家，1000 多人口的小村子，人均薄地不足半亩，人均年收入不足 800 元，是典型的贫困村。

1996年，塘子村在村主任宋军民的带领下，依托村里的温泉资源，积极发展温泉旅游业，并通过村民股份合作制创办了西安蓝田汤峪温泉。2003年，塘子村又采取集体牵头，村民入股，按股分红的企业管理制度和村民土地入股的土地改革方案，组建了陕西大兴汤峪温泉开发有限公司（大兴企业）。2008年3月，大兴企业建成企业的核心旅游产品——汤峪温泉碧水湾，它成为西北最大的露天泡汤温泉浴场，从此塘子村也进入了快速发展期。2014年，以塘子村为核心的汤峪温泉旅游度假区成功晋升为国家4A级景区。

十多年来，塘子村对温泉资源的开发经历了地下人工石洞洗浴、简陋室内大众洗浴、汤峪温泉洗浴中心、汤峪温泉度假区四个阶段，在不断探索发挥温泉最大经济价值的过程中，逐渐形成集养老居住、温泉养生、泡汤沐浴、休闲度假、会议接待、生态观光、农家风情于一体的多元化旅游产业体系。如今，仅每年到汤峪来沐浴水疗的人数就突破150万人次，加之到汤峪的休闲旅游人群、温泉疗养人群、养老人群等各类人群汇聚，全镇年接待游客已经超过400万人次。目前，全村固定资产已经超过20亿元，近年来村集体完全旅游收入平均在5000万元以上，汤峪镇社会收入达到5亿元，年平均上缴税费1000万元以上，农民人均年收入也从2008年的8000元攀升到如今的2万元以上。

如今，汤峪温泉旅游度假区已经成为西安重点休闲旅游目的地和休闲度假旅游时代的领跑者，也成为陕西大秦岭人文生态旅游度假圈建设中的一大亮点。

二、塘子村旅游特色

汤峪温泉旅游度假区是目前国内唯一一个以温泉旅游产业与景区融为一体的开放式综合旅游度假区。

（一）以企业主体为支撑，建成温泉旅游“三区三馆”核心产品

汤峪温泉旅游度假区是大兴企业打造的一个以温泉泡汤体验和温泉文化展示为主，“吃、住、行、游、购、娱”功能齐全的开放式大景区。度假区占地面积2平方千米，景区与汤峪古镇相互交融。整个度假区主体为三区三馆。

三区：大兴汤院温泉遗址区、汤峪温泉历史文化展览区和塘子村古镇文化感受区。三区主要以展示汤院历史悠久的温泉文化遗址、遗存和古镇文化风情为主，着力打造温泉旅游之魂。大兴汤院遗址公园是展示汤峪温泉文化的核心产品。公园里通过碑文石刻、遗址、雕塑等形式展示了汉、唐、明、清以及近代以来的历史名人在汤峪留下的故事。民俗食府、民俗茶苑、盛唐剧场、太白酒吧、民俗村等项目既从不同角度展示了汤峪文化特色，又满足了游客不同的需求。

三馆：汤峪温泉碧水湾体验馆、汤峪温泉月亮湾度假馆和汤峪温泉养生湾温泉养生馆。三馆主要满足不同游客的温泉休闲度假和养生保健的需求。碧水湾温泉浴场坐落在塘子村的中央，是汤峪温泉旅游度假区三区三馆的主要构成部分。浴场内主要包括观景台、天圆地方池、大唐五池、御汤石苑等大众温泉泡汤项目和碧水湾自助酒店、滨河居家庭式度假自助酒店等高档温泉度假场所，景区年接待游客 150 万人以上。汤峪温泉月亮湾度假馆是高端休闲度假、会议接待场所。此外，度假区还主要有御宾苑酒店、南山会馆酒店、杏林酒店、洗脸潭酒店四大高端酒店。

（二）以农户个体为补充，围绕游客所需从事旅游服务和经营

在塘子村的发展定位中，温泉旅游是主导，却不是唯一，以温泉旅游引领乡村经济转型才是目的。以大兴企业开发的核心旅游产品为支撑，塘子村积极发展乡村旅游，在丰富旅游内涵的同时也成为农民就业的主要方向。

村委会鼓励村民开办农家乐餐饮、农家接待旅社及温泉旅游的配套商品销售。村里一家挨一家的农家乐和农家宾馆能够满足每天上万游客的接待需求。大量游客的涌入带旺了当地特产的销售，蓝田玉成为热销商品。截至目前，塘子村共有农家乐 36 户，农家宾馆 150 家，农家店 400 多家。月亮湾茶苑是塘子村规模较大的一家农家乐，依山而建的园林式院落里水榭楼台、林荫石径，保留着朴素风格的房家房舍，来这里的游客不只用餐吃饭，更能坐下来慢享乡村生活。

以塘子村为核心的汤峪温泉旅游度假区公共服务设施及基础设施完善，环境整洁有序。从西安到汤峪、从蓝田县到汤峪都设有直达班车，每 20 分钟发出一班，沿途道路均设有醒目的路标和指示牌。度假区内建有高标准停车场 8 处，总面积 1 万多平方米，高标准旅游厕所 8 座、游客中心 4 处。主街区安装了 465 盏太阳能路灯，是陕西省内最早安装绿色环保路灯的地方。围绕温泉旅游，塘子村全年开展“九节九会”文化旅游节庆活动，大兴企业还成立有专业的文艺演出部门“大兴艺术团”，每天在景区内演出两场。这些文化活动既充实了旅游产品内涵，又极大丰富了村民的文化生活。

三、汤峪旅游业发展经验

塘子村由一个贫困村发展成如今的温泉旅游特色名镇，表面上看是用好了这股温泉水，其核心和关键是探索出了符合市场发展规律和广大游客需求的成功的发展模式，那就是“以温泉沐浴文化产业带动城乡统筹发展”的汤峪模式。通过温泉旅游带动生态旅游、乡村旅游同步快速发展，实现了农业结构的调整，农村经济的转型和农民收入的倍增。

（一）村委会主导有力：实现了以旅游为引擎的新型农业发展道路

按照塘子村村委会对温泉发展方向的定位，它不是一个温泉会所，不是一个温泉酒店，也不是一个度假村或更大的什么温泉场所的概念，而是以温泉为吸引力的休闲度假旅游大产业。

从成立大兴企业开始，村委会就对塘子村特有的资源进行统筹，把温泉资源能够延伸辐射到的产业链做了充分放大，并进行合理的均等化配置，逐步确立了以温泉带动休闲旅游产业化发展，推动“温泉小镇”的城镇化建设。

在发展温泉旅游产业的过程中，村委会坚持农户家庭经营的基础性地位，推进家庭经营、集体经营、合作经营、企业经营等共同发展的农业经营模式。

村委会大胆推行“政企分开、政事分开”的发展模式，通过创办集体企业（大兴企业）来开发、开拓市场，探索出“土地入股、股份合作”的形式引导农民入股集体企业，向旅游经济转型。村里还通过招商引资的渠道，把一部分项目交给开发商来做。大兴企业和入驻投资商两股力量形成一股合力，推动了塘子村温泉旅游产业迅速发展壮大，形成规模。

村委会还以推行“村企联办”的形式扶持农家乐发展。大兴企业和农户共同投资经营农家乐，企业主要负责农家乐的硬件建设和人员的培训，由农民股东负责经营管理，经营获利大部分归农民股东，而大兴企业只象征性获利。

（二）旅游与城乡统筹并进：找到解决“三农”问题的突破口

正如塘子村党支部书记、村主任宋军民所说：“塘子村的发展很特殊，在它的发展中有新农村的概念，有小城镇的概念，有旅游名镇的概念，又有国际小镇的概念。它既承担着城镇化新农村发展的模式，又承担着重点镇走向国家旅游特色名镇的模式。然而，所有发展目标的根本就是温泉旅游，就是‘一村一品’，只是把这个‘一村一品’放大了在做。”

“以碧水湾温泉浴场为吸引，把旅游配套服务全部交给农民”，这是塘子村的独特之处。村办大兴企业肩负着领头羊的责任，一方面是市场开发建设及经营的主体，另一方面是村民经济转型的引领者。大兴企业建设和完善汤峪温泉旅游度假区的各项基础设施，企业负责开拓市场，吸引游客进来，之后把所有旅游配套服务都交给老百姓来做。发展旅游产业这些年，塘子村里没闲人，不是到大兴企业里工作，就是做了个体经营户。目前，仅在大兴企业里从事旅游服务和工程建设的员工就达1200余人，企业不但为全村100%的农民提供了就业，也为周边村民就业提供了主要途径。在汤峪温泉旅游度假区的包容吸纳和带动下，周边群众全部围绕旅游从事农家餐饮、农家住宿、商品销售等。群众参与产业化发展，企业让利给群众，农民就地转变为职工，转身为老板，实现了安居乐业。群众也同样成就了企业发展，最终走上共同富裕的道路。

塘子村对温泉产业发展方向的科学定位，取得了爆发式的带动效果。一个温泉，带动了乡村旅游、交通运输、旅游服务、种植养殖、玉器生产等行业顺势兴起；一个温泉，带动的是一个村子，影响的是一个城镇，全镇人都走上新型产业发展道路。人民群众成为旅游从业者，成为小镇的主宰者和管理者，从而也激发了农户自我发展的能动力，增强了农民自身的造血功能。温泉旅游产业让整个汤峪镇实现了经济社会的全面发展。

塘子村的农民幸福指数很高。这里天蓝、山青、地绿、水秀，村子每年给村民发放充足的米、面、油，60 岁以上的老人都可以领到养老金。村子里还有丰富的文化生活，大兴艺术团每天在唐盛剧场演出两场文艺节目，这是农民自己的舞台，也是游客的舞台。不论是村民还是游客，只要有才艺都可以到台上露一手。

（三）品牌塑造与推广：以服务和“创 A”推动品牌提升

为扩大汤峪温泉的知名度和影响力，塘子村坚定实施品牌战略，一手抓服务质量，一手抓精品景区建设，着力塑造温泉旅游品牌。

农民作为旅游服务业的主要力量，农民素质的提升更是保证旅游服务质量和整个产业健康发展的关键。要让农民逐步向职工转变，就需要创新方式对这些新型农民进行组织、教育和引领。为此，村委会经常组织职工和村民外出学习考察开阔视野，并且开办“塘子村大学”，邀请省、市专家来村讲课，有效提高村民的专业技能和自身素质。

对于以村民为用工主体的大兴企业来说，企业更是如同一个庞大的培训机构。企业长期坚持对员工进行系统的培训，不仅让这些身为农民的员工学习到服务技能，更是从意识上给他们灌输了服务理念。大兴企业成立以来，塘子村的成年村民几乎全部到企业务过工，也就全部接受过企业的培训。这些农民即便是离开企业在村里自主创业，也具有了良好的服务业从业素质。大兴企业在提高农民素质和技能上做出了重要贡献，更为汤峪温泉整体服务品牌的提升奠定了坚实基础。

坚持精品景区建设是汤峪温泉提升品牌的又一重要抓手。近年来，汤峪温泉大兴汤院遗址公园在成为国家 3A 级景区之后，又于 2014 年成功创建为国家 4A 级景区，紧接着村委会和大兴企业又提出创建国家 5A 级景区的更高目标，并围绕这一目大力推动景区建设和服务质量的提升。

在品牌建设的过程中，大兴企业还围绕历史悠久的温泉沐浴泡汤文化，推出温泉洗浴品牌“汤峪温泉”、温泉历史文化品牌“大兴汤院”、温泉旅游地产品牌“南山汤院”等一系列温泉旅游产业化发展的战略品牌，广泛利用广播、电视、网络、报纸、海报、杂志等媒体进行宣传推广。

在村主任宋军民的努力和各级政府及热爱温泉产业的各界人士的大力支持和协助下，2012 年，首届中国国际温泉产业高峰论坛在美丽的汤峪举办。2014 年，第二届中国国际温泉产业高峰论坛又如期在汤峪举办，世界温泉协会副主席乔瓦尼·古纳尔、中国旅游协会温泉旅游分会秘书长张越、韩国养生 SPA 研究所所长全道云等一批国际顶级温泉产业专家在论坛上做了精彩演讲。中国国际温泉产业高峰论坛成为美丽的汤峪小镇向国际展示自身形象的舞台。

（四）产品多元发展：注重旅游项目开发和旅游综合体建设

按照打造“国际温泉小镇”的目标定位，蓝田县和汤峪镇两级政府则更加重注多元化旅游产品的开发，积极包装项目，大力进行招商引资，着力打造汤峪镇旅游综合体。

温泉旅游不仅对游客有着极大的吸引力，更吸引了投资商的“钱袋子”。近年来，塘子村逐步推进以温泉为引领的旅游地产、养老、休闲产业，先后引资 5.8 亿元，建设了汤峪商贸开发区、南山汤苑、大唐风情园、温泉水镇、御宾苑等项目。同时还吸引投资 30 亿元，在区域内建设宾馆 12 个，度假公寓、地产占地 36 万平方米，增加就业 0.5 万人，旅游地产蓬勃发展起来。

利用汤峪距离西安大都市较近的区位优势和背靠秦岭终南山的良好生态环境，塘子村重点在温泉的养生保健上做文章，发展养生养老产业，打造汤峪养老基地。招商引资建设的养老居住酒店和养生公寓等项目集养老、托老、敬老于一体，集休闲、娱乐、沐浴、保健、旅游、养生为一体。以南山汤苑为代表的旅游地产项目吸引了一大批以养老休闲为目的的业主入驻。

汤峪镇汤泉湖森林度假山庄是蓝田县第一个招商引资的旅游重点项目，山庄依托汤泉湖森林公园，包含整个汤泉湖以及两岸山坡近万亩林地，山青水绿，环境幽雅。度假山庄有宾馆、别墅、游泳馆、娱乐馆、水上游乐场等，是以森林生态为主题的休闲度假场所。

汤峪镇秦麓印象渔村和秦麓竹林畔滑雪场是由西安秦麓生态旅游开发有限公司投资建设的大型度假村项目，项目涵盖春夏秋冬四季户外休闲旅游品种，包括生态有机农业观光、水上乐园、垂钓、漂流、自然山体攀岩、拓展、滑雪等。项目全部建成后，将集观光旅游、休闲、娱乐、度假、健身、养生、餐饮为一体。2015 年初，项目一期的竹林畔滑雪场已经建成并投入运营，汤峪冬季旅游产品更加多样化。

如今，汤峪镇成为西安大都市身边“最懂游客心思”的旅游目的地，游客在汤峪镇可以享受温泉养生、滑雪运动、森林生态、乡村风情等多种旅游产品带来的快乐。

（五）管理模式创新：农民成为管理者、服务者和受益者

农民群众是汤峪温泉旅游产业的主要参与者和受益者，为此，塘子村采取“公

司 + 农户、支部 + 协会、服务 + 管理”的管理模式，把新农村建设的各项事务与市场经济对接。

“公司 + 农户”就是企业作为景区经营主体，把旅游配套服务交给村民，企业的经济利益发展建立在为农民增收的基础上，带动农民脱贫致富；“支部 + 协会”是塘子村党支部为了更好地解决农村发展中各种复杂的矛盾和问题而创新成立的陕西首个农民工会联合会，下设塘子村工会、大兴企业工会和温泉旅游产业工会，这种办法充分把党支部的工作向群众延伸，把党建工作、工会建设、农村的社会建设建立在农民致富的基础上；“服务 + 管理”就是村党支部、村委会和企业先给老百姓服务，给群众服务，然后再去提升管理，在整体过程中得到共享和共同发展。

“农民协会”是塘子村管理农民经营事务的机构，协会对全村经营户进行监督和指导，并组织培训。农家宾馆的定价、农家乐的餐饮价格和卫生质量等都由协会负责监督。协会还制定了明确的奖惩制度，对服务好的经营户给以评星和奖励，对不按照统一价格标准经营或受到游客投诉的经营户，协会也会给予相应的处罚。

“公司 + 农户、支部 + 协会、服务 + 管理”的方式帮助村民顺利向旅游服务业者转型，也有效推进着新农村的精神文明建设。

四、塘子村下一步发展思路

塘子村对温泉旅游产业的发展确立了三个阶段性目标。

五年发展目标：到 2015 年，塘子村达到基本富裕水平，建成中国最美温泉小镇、国家 4A 级旅游景区，建成一流乡村旅游示范村。这个目标已基本实现。

十年发展目标：打造世界温泉历史文化名城，建设中国温泉历史文化古镇。温泉旅游产业化统筹大发展，坚持走共同富裕的道路，建设休闲、幸福的人间天堂汤峪小镇，2020 年塘子村实现全面富裕。

长远发展目标：打造国际化温泉旅游名镇。

塘子村的未来发展目标一是要打造一个和谐、幸福、快乐的汤峪小镇，走共同富裕之路；二是要打造国际化的旅游名镇，把温泉泡汤文化发扬光大，使汤峪成为世界温泉旅游名城，成为游客最向往的休闲度假旅游目的地。

（陕西省旅游局综合法规处）

陕西乡村旅游发展模式之六：以乡村旅游带动全域旅游发展的留坝模式

陕西省旅游局

汉中市留坝县位于陕西省西南部的秦岭腹地，全县面积约 1970 平方千米，总人口 4.7 万余人，其中农村人口 3.8 万人，属典型的农业县、贫困县。就是这样一个经济条件差的小县，竟然在六七年时间里把旅游业做得风生水起。2001 年至 2014 年，留坝接待游客从 12 万人次跃升到 149 万人次，旅游综合收入从 1560 万元增长到 7.18 亿元，分别增长了 12.4 倍和 46 倍。全县旅游从业人数达到 3000 余人，从业人员中农民占到 74%。旅游业收入占全县 GDP 的 35％以上。留坝先后荣获“中国县域旅游之星”“陕西省首批旅游强县”“陕西省旅游示范县”“中国生态魅力县”称号。

留坝旅游业之所以取得了令人瞩目的成绩，其成功的核心和关键是实践了以旅游业为统领的经济社会全面发展的战略和以乡村旅游为突破的全域旅游发展模式，唱响了“全域留坝 · 四季旅游”的旅游品牌。

一、留坝旅游的主要特色

2008 年以来，在第一产业受限，第二产业受制的情况下，留坝瞄准了旅游业，提出了“党委统揽、政府主导、一业突破”的战略思想，坚持把全县作为一个大景区来打造，提出全面建设小而精、小而美、小而富、小而强，宜居和谐山水家园的“留坝梦”。

（一）全域旅游的大战略

留坝旅游业的发展过程主要经过了两个阶段。第一个阶段是从 2008 年开始，全县集中人力物力建设张良庙、紫柏山、栈道漂流景区，完成紫柏山索道、景区公路、配套服务设施等硬件建设，着力进行市场营销。2011 年前后，留坝旅游业成功完成第一阶段旅游发展目标，张良庙—紫柏山风景名胜区成功创建为国家 4A 级旅游景区，栈道漂流景区成为国家 3A 级旅游景区使留坝旅游在市场上占据一席之地，形成了以三大景区为核心的观光旅游格局。

完成第一阶段发展目标之后，留坝县委、县政府又站在更高的起点重新谋划留坝旅游的发展方向。县里聘请北京交通大学的规划团队为留坝旅游的提档升级量身绘制大蓝图。规划团队提出将留坝建设成为大秦岭最佳全域旅游目的地，未来建设成为中国山地度假旅游示范区的目标。2012 年，留坝《中国山地度假旅游示范区发展总体规划》以及《特色城镇概念规划》《旅游相关产业规划》《山地度假旅游技术标准》专项规划等四项规划编制完成，并在国家旅游局召开的规划评审会上获得专家们的高度肯定，这也是全国首个在国家旅游局通过评审的县域规划。

大规划按照“全域旅游”布局，把整个县作为一个旅游综合体来打造，全县以“一心两环三区四带”为旅游空间布局。“一心”，即县城旅游服务和休闲度假中心；“两环”，即县城—武关驿镇—玉皇庙镇—留侯镇旅游环线和县城—武关驿镇—火烧店镇—营盘村旅游环线；“三区”，即张良庙片区、紫柏山片区和栈道漂流片区；“四带”，即营盘村、江口镇、河口村、庙台子村四个乡村旅游示范带。同时，大规划也对各镇的旅游发展方向进行了定位，城关镇为度假新镇，武关驿镇为栈道小镇，马道镇为汉风重镇，留侯镇为养生古镇，火烧店镇为养老小镇，江口镇为红色集镇，青桥驿镇为迎送小镇，玉皇庙镇为自驾山镇为发展目标。

从大规划不难看出，留坝全域旅游是真正把全县当作一个大景区来建设，把各镇当作景点来打造的旅游全域覆盖，科学的规划为全域旅游奠定了良好的基础，指明了发展方向。

（二）景区深化的大旅游

在大规划指导下，留坝县委、县政府按照“一个集镇就是一个景点，一个村庄就是一道风景”的思路，沿国道、省道等交通干线选择具有一定基础的节点，强力推动最美山村、营盘度假小镇、栈道水世界等一批重点项目落地实施。三年中累计投资 3.4 亿元，建设旅游重点项目 173 个，成功推出一批极富观赏性、参与性和体验性的旅游新产品，起到了吸引游客、联动城乡的作用。

（1）以张良庙—紫柏山风景名胜区为依托的紫柏山国际滑雪场。位于留坝县留侯镇的张良庙—紫柏山国家 4A 级景区具有高品位的自然生态资源和人文资源，基础设施完善，是留坝县旅游业的支柱产品。但是这一观光型景区受季节影响较大，每年冬季景区基本处于闭园状态，整个留坝旅游也随着紫柏山景区的闭园而进入冬眠期。2013 年，紫柏山国际滑雪场破土动工，一期工程于当年冬天建成开放，成为目前整个汉中市唯一的大型滑雪场，填补了留坝县甚至整个汉中市冬季旅游项目的空白，使留坝结束了冬季无旅游的历史。从张良庙—紫柏山风景名胜区到滑雪场这一带沿线的一个镇和周边三个村的旅游服务接待也顺势而起。

（2）以栈道漂流景区为依托的水世界主题乐园。依托褒河水资源和沿岸褒斜栈道古文化遗迹建设而成的栈道漂流国家 3A 级景区位于留坝县武关驿镇，是留坝首批打造的三大景区之一，也是留坝旅游第一阶段唯一的体验性产品。2015 年 6 月，栈道水世界建成开业，这一大型山地水上娱乐主题乐园依托自然山水，与栈道漂流相互补充，把亲水娱乐做到了极致。园内高科技水上游乐设施和完善的配套服务设施，可同时容纳 3500 人亲水嬉戏，是目前整个陕南地区首家大型水上娱乐主题乐园。当年夏天的第一个营业季，水世界吸引游客近 10 万人，周边 4 镇 6 村，利用这个景区带来的旺盛人气，开办农家宾馆和农家乐 70 家，每户仅夏季收入达 4.5 万元以上。

（3）以县城为中心的休闲体验产品。留坝旅游业发展之初，留坝县城就承担着游客服务接待中心的使命。过去由于县城体量小，常住人口少，环境简陋，游客可消费内容很少。2011 年以来，留坝县在县城周边利用荒滩沟谷进行绿化美化，通过花海长廊把县城与周边乡村紧密相连，又打造了一批互动体验性产品，把县城的游客引向周边乡村。2012 年以来，留坝县恢复了留坝老街，建起格桑花海、芳草坪花谷、战道 CS 镭战俱乐部、环县城山地自行车赛道等景观和旅游产品，丰富了旅游内容，形成城乡互动，延长了游客逗留时间。投资 1900 万元建设的留坝老街是在原有基础上按明清风格进行全面改造提升的文化街区，以美食娱乐性商铺经营为主，街区突出精美、精致、文化性的特点，改变了留坝没有夜生活的历史；格桑花海是利用县城周边的荒滩地打造成的大型植物园，主要种植格桑花等观赏花卉，极大地美化了县城环境；县城一侧直通 1 镇 2 村的芳草坪花谷是利用山地沟谷打造的一条长约 8 千米的生态景观路，两旁种植观赏花卉 30 余种，110 多亩，周边分布着 1100 亩未被破坏的自然生态林地；位于芳草坪花谷内的战道 CS 镭战俱乐部距离县城 1.5 千米，基地占地 50 余亩，依托森林生态和山坡地势开拓了丛林战、高地战、巷战、迷宫战等拓展项目，是陕南最大的真人野战 CS 基地；环县城山地自行车赛道总长约 6.5 千米，是目前陕西省唯一一条符合国际标准的专业山地自行车赛道，通过赛道把沿线 2 个村串联在一起，对这一带乡村旅游的发展起到引领作用。在芳草坪花谷和 CS 基地的带动下，附近村庄发展农家乐 15 家，其中“柴火鸡”等品牌农家乐脱颖而出，特色美食又对游客形成了新的吸引力。

（三）农旅融合的大产业

全域旅游发展的难点是农村，发展的重点是农业，发展的亮点也在农村。留坝在农旅融合的发展思路下，编制了《留坝县休闲农业与乡村旅游发展总体规划》，各镇在规划指导下，立足农业资源，大胆创新，在农业休闲观光、农事体验、农业科普教育、农产品销售上做旅游文章，研究适合在当地“落地开花”的旅游项目。目前，全县已经改造建成了板栗观光采摘园、大鲵养殖场、食用菌栽培园、西洋参科普观光园、蔬菜观光采摘园、蜂蜜科普体验基地等多处农业观光旅游园区。

在农产品销售上做文章的是留侯镇百年老集。位于县城北部的留侯镇为连云古栈道的重要驿站之一，古时每逢集市这里就热闹非常。镇政府立足人们的怀旧情结和返璞归真、回归自然的消费心理，把旅游六要素中“购”的要素放大了来做。2013年底，留侯镇投资600余万元，精心打造的百年老集迎着年味开集了。老集在形式上迎合了人们的怀旧情结，在内容上主要以当地特色农产品销售和特色美食经营为主。镇政府严格把握老集上经营户必须销售当地优质绿色农产品这一原则，把优质农产品作为老集立足之本。老集作为特色旅游产品，镇政府在老集街区打造上注重“吃、住、游、购、娱”各要素的综合建设，建设上不仅注重建筑风格和细节景观的打造，还同步推进民宿经营。目前，老集街区发展餐饮经营户24家，民宿经营户11户。老集上创新开辟了“爱心屋”，接收城市游客无偿捐赠的旧生活物品，再免费提供给当地群众。这个小环节的设计，让游客倍感温馨，拉近了城乡居民的感情。以老集为载体的整个街区成为乡村旅游独具特色产品。

在农业科普上做文章的是火烧店镇青少年成长营。火烧店镇集中打造的农耕文化体验园是从热播节目《爸爸去哪儿》中获得的灵感，项目定位于青少年原生态乡村生活体验的发展方向。占地35亩的园区以农业科普观光园为主体，同时设置了水上拓展基地、泥地足球场、国学讲堂、家禽家畜园、农耕体验项目、农耕文化展示区等多个不同主题的区域，布局巧妙，动静结合，寓教于乐。农业科普观光园里种植了种类繁多的农作物和多种瓜果菜蔬的新科技品种，学生们在这里可以认识基本的农作物特性，了解有趣的农业科学知识。水上拓展基地和泥地足球场让青少年、儿童在没有任何规则的情况下，毫无约束地享受运动、玩耍。孩子们可以在园子里玩泥巴、捉泥鳅、打水仗、掰玉米、扑蝴蝶等，尽情享受亲近大自然的简单快乐。闹中取静的国学馆仿照鲁迅的文章《三味书屋》中私塾学堂的形式，教授学生传统国学。整个体验园融知识性、趣味性和参与性于一体。同时还开办了田园教室和河道学堂，让学生们了解农作物的生长过程。石头画更成为学生非常喜欢的旅游纪念品。农耕文化体验园开园以来，已接待西安、宝鸡、汉中等地的儿童夏令营20多期600余人，深受学生和家长欢迎。这一项目带动当地农家宾馆生意火爆，全村80%以上的农户从事经营农家宾馆和农家乐。火烧店镇已成为我省重要的农耕文化研学旅游示范基地。

在农家庭院上做文章的是江口镇“百户庭院小产业”。该镇结合县上“庭院美化·花开万家”工程，鼓励群众发展庭院经济，打造“百户庭院小产业”。群众利用自家房屋、院场等空间为载体，培育花园，栽种樱桃、葡萄、梨、苹果、李子等果树，发展农家庭院采摘，经营农家乐，以原生态农家生活吸引游客。庭院经济以投资小、见效快、方式方法灵活多样的特点开创出了自己的发展模式。

（四）休闲旅游的大市场

乡村旅游卖的是原生态的乡村环境，卖的是淳朴的乡村风情，游客返璞归真的精神需求就是乡村旅游的卖点。从紫柏山滑雪场到栈道水世界，从战道 CS 镭战俱乐部到环县城山地自行车赛道，从农耕文化体验园到留侯镇老集，留坝近两年新增的这些旅游产品都有一个共同的特点，那就是参与性、互动性极强。在旅游业已经进入休闲度假时代的今天，这些多样化互动体验性产品的推出极大地满足了游客的需求。而农家宾馆的规模化发展、庭院小产业的推广，使留坝县大部分村镇都成为游客休闲度假的接待基地。

在整体生态环境和旅游环境的大幅提升下，整个留坝已经形成“城村一体化”发展，“景观大道相连、山水田园衬托、文化名镇点缀、美丽乡村相融、一年四季不同旅游产品”相互补充的“全域留坝・四季旅游”局面。三年时间，留坝旅游走在了陕西休闲度假旅游市场的前沿，实现了五大转变，即从过去的过境游转变为休闲度假游，从过去的观光游转变为体验游，从过去的季节游转变为四季游，从过去的景点游转变为全域游，从过去的一日游转变为三四日过夜游。

二、留坝全域旅游模式的示范经验

（一）创新发展体制：实行党委统揽，政府主导，一业突破的发展战略

在留坝旅游业的发展史上，留下了很多惊人之笔：用四个半月时间在寒冷的冬季建起施工难度巨大的紫柏山客运索道；用了半年时间建起具有国际化高标准的滑雪场；用不到一年的时间建起陕南首家大型山地水世界主题乐园；用 3 个月时间建起省内最大的山地 CS 镭战基地，“留坝速度”一次次被刷新。只要是留坝想做、要做的事情，一定会以超乎人们想象的速度完成。在众志成城、迎难而上、坚韧不拔、埋头苦干、开拓创新的“留坝精神”的鼓舞下，留坝创造了一个个奇迹。这些奇迹的支撑者和推动者就是“党委统揽、政府主导、部门联动、全民参与、市场运作”的战略思想。

为此，县委、县政府提出了“围绕旅游变观念、围绕旅游打基础、围绕旅游增收入、围绕旅游抓产业、围绕旅游建基地、围绕旅游上精品、围绕旅游出政策、围绕旅游富人民、围绕旅游树形象、围绕旅游抓队伍”的“十围绕”方针，实现资源整合、产业整合和领导整合，强力地推动着旅游产业的快速发展。

首先，抓机制体制建设，充分调动干部的积极性。不论是形成的“留坝精神”还是创造的“留坝速度”，归根结底都是抓住了“人”的因素，充分调动起每个人

的积极性和主观能动性。

为了培养干部重视发展旅游业的意识，加强对旅游业行业知识的学习，留坝县委、县政府建立了独特的干部选拔机制和考核机制。一是把参与支持旅游开发作为共性指标纳入各镇各部门年度目标责任考核，加大旅游重点项目考核分值，在考核干部时把对旅游业的贡献作为优先提拔的条件；二是推行一线培养选拔干部机制，坚持把旅游发展一线作为锻炼培养和考察识别干部的主阵地，选派后备干部到旅游重点项目一线进行锻炼。建立年轻干部县镇双向交流机制，让年轻干部接受基层锻炼。

在旅游项目实施中，县里推行“一个旅游重点项目、一名县级包抓领导、一个牵头部门、一套工作班子、一抓到底”的“五个一”工作机制，同时采取“一事一考，一月一汇报、一季度一销号”的考核措施，监督工作落实。这一机制如同一台大马力发动机，创造了“留坝速度”。

其次，抓资源整合，实现“旅游 +”模式。在“十围绕”的行动纲领下，县委、县政府打破政府部门分工界限，突破条块限制，挖掘一切潜力，整合各方面资源向旅游业倾斜。交通、水利、城建、林业、农业、扶贫等各部门立足部门职能，把乡村旅游建设与中国山地旅游度假区相结合，与扶贫开发相结合，与陕南移民搬迁相结合，与美丽乡村建设相结合，与现代农业示范园区相结合，与汉江小流域治理相结合，与农村环境提升相结合，与农村公共卫生改造相结合，与文明村镇创建相结合，与全国科普示范县创建相结合……实现了“旅游 +”的发展模式。2011 年以来，全县陆续整合各类资金 3.4 亿元，集中用于 173 个项目的建设。

最后，抓市场主体培育，全心全意为企业服务。对于经济基础弱小的留坝县来说，旅游开发建设的主体必须靠市场运作，招商引资是项目落地的主要途径。战道 CS 镭战俱乐部项目投资 130 万元，从签约到建成开业只用了 3 个月时间。留坝老街书吧投资 280 万元，从建设到营业没有发生过任何纠纷，各主管部门都是上门服务。为鼓励和扶持企业落地生根，留坝县政府还制定了奖励办法，对做得好的投资商进行年终奖励。政府诚恳的态度、真诚的扶持、长期的关怀让投资商信心倍增，充分融入到留坝旅游发展中来。

（二）创新产业体系：实现泛旅游产业的融合发展模式

全域旅游要求的全域旅游产业化、产业旅游化，在留坝得到了有力的实践。

在第一产业上，县、镇围绕旅游积极调整种养结构，完善以现代园区建设为抓手、做特做优农业产业的发展思路，逐步由传统单一的农业种养模式转向大力发展生态观光农业。县上推动食用菌、中药材、苗木、养殖等特色产业园区建设，先后建成了千亩西洋参、万亩高山蔬菜、万亩干果和百万筒食用菌基地，初步形成省、市、县、镇四级园区协调推进的良好格局。“药菌渔果菜”五大主导产业占农业总产值的比重达到76%。农业经营理念和生产形式的关键性转变，不但使传统农业就地转化为旅游观光产品，也提高了农产品的价值。

在第二产业上，县里围绕特色农产品、石材加工，培育绿色工业企业10家，开发西洋参、银杏、香菇、木耳、土蜂蜜、花木手杖、石材工艺品等特色旅游商品70余类，实现年产值5000余万元，留坝蜂蜜、留坝香菇、留坝木耳荣获全国农产品地理标志认证，西洋参绞股蓝含片也荣获省级名牌产品称号，以“中华蜂、棒棒桶、百花蜜”三大特点著称的留坝土蜂蜜已经成为游客到留坝的必购产品。

在第三产业上，围绕“吃、住、行、游、购、娱”六要素，县里大力发展商贸流通、交通运输、宾馆餐饮、休闲娱乐等服务业。特别是在农家乐发展初期，县政府通过资金补贴、技术指导等形式先扶持基础较好又有较强发展意愿的农户率先发展。为使民宿经营高起点起步，县里在留侯镇选择基础较好的农户作为典型来扶持，对整个房屋的建设、装修风格以及周围环境进行精心设计，全程参与指导建设，将其打造成为精品农家宾馆样板户，这一做法使农户对农家宾馆有了形象的认识。2014年，全县发放小额担保贷款3884万元，扶持小微企业41个。目前，全县以旅游为主的第三产业从业人员达到3000人以上，城镇居民人均可支配收入达到21325元、农民人均纯收入达到6231元。第三产业增加值已占全县GDP的“半壁江山”。

第一、二、三产业围绕旅游业谋发展，不仅创新了产业体系，增强了自身造血功能，也同时完善了全县旅游要素结构，为留坝休闲度假旅游大环境的形成奠定了基础。

（三）创新乡村景观：实施大地园林化、道路庭园景观化

按照“大地园林化、道路庭园景观化”的全域旅游理念，县里通过大力实施环境治理工程，栽种花草创新乡村景观，着力打造“每个村庄都是景点，每条公路都是美丽风景”的乡村环境，实现了景观景点的全域化。

2012年，留坝县启动“精美留坝·城乡环境综合整治”工程，连续3年来，县委、县政府持续实施城区、镇村、公路沿线、河流水系、景区景点环境整治和绿化提升六大工程，按照“垃圾有去处、污水进管道、河道绿树成荫、景点优美迷人”的要求进行提升整治。县、镇、村合力，在荒滩废地和道路两旁修整种植各色花草。精心打造的格桑花海、芳草坪花谷、薰衣草庄园等地带，不仅在种植花卉上充分考虑花期的更迭，还非常注意沿路垃圾桶、休闲座椅等细节的设计，外形与周边氛围相协调，这些连接乡野的花卉长廊处处彰显着全域旅游理念。

2014年，留坝县又启动“花开万家·庭院美化”工程，把乡村居民家家户户的庭院美化上升到全县环境综合治理的高度来抓，鼓励扶持群众种花种草，美化庭院，以优美的环境吸引游客。以堰坎村为例，在主打农业科普文化的理念下，该村不仅重点打造了农耕文化体验园，还把这一理念运用到对整个村庄的环境建设上，除村里街道两旁和家家户户种植花草外，村中的沿河道路还被打造成农谚主题走廊。路旁就地取材用河道里的石头砌成河堤护栏，河堤上刻着二十四节气歌等农谚知识，沿河道路旁栽种各类瓜果，与农谚主题相得益彰。整个村庄就是一个花香四溢，文化主题鲜明的园林景区。

如今，留坝县境内从乡村到县城，给人的第一印象就是干净。留坝县城乡不仅环境干净整洁，乡村农户家家房前屋后三季有花，城乡公路沿线四季常绿，姿态万千的花草让留坝城乡处处妩媚可爱，在周围苍翠的群山和田野的交相辉映下构成淳朴、和谐、美丽的乡村景象。干净整洁的环境如同一块画布，成就了美丽乡村的画卷。

（四）创新监督服务：实现游客的品质旅游

在培育乡村旅游市场的过程中，留坝县同时注重对群众进行同步引导教育，实现了旅游服务意识的全民化。

在乡村旅游发展中，留坝县按照“党支部引领、合作社经营、农户服务、政府扶持”的思路，采取“企业 + 基地 + 协会 + 农户”的模式，建立村民自治管理体系，强化市场管理和农民自治，保证乡村旅游的规范化发展。专业合作社是在各镇、村党支部引领下成立的农民自治组织，一个合作社就相当于一个小型现代农业企业，按照“统一经营管理、统一服务标准、统一收费价格、统一宣传营销”的模式进行管理经营，起着连接分散农户与市场的桥梁、纽带作用。合作社避免了农户之间的无序竞争，有力推动了乡村旅游接待服务质量的提高，为保证游客品质旅游起到积极作用。目前，全县已经成立了农民专业合作社 146 个，带动农户 2900 余户。

为打造“淳朴、善良、好客、文明、包容、创新”的留坝人形象，县里深入实施全民素质提升工程，通过“最美留坝人”评选、“四园两池”建设等系列主题活动的开展，从践行道德规范、革除生活陋习、爱护公共环境、遵守交通秩序等细节入手，倡导全县人民争做文明留坝人。县上还连续开展“温馨旅游·满意留坝”服务质量提升活动，广泛深入地进行“人人都是旅游形象，人人都是旅游环境”的宣传教育。通过长期的教育引导，城乡群众文明素质明显提升，保护生态环境、维护留坝形象逐渐成为城乡居民的共识和自觉行动。如今，群众对外地游客的态度由过去的冷漠疏远，到现在的文明热情，有了显著的转变，普遍具有了亲客意识。

（五）创新宣传营销：实现政府、企业、居民、游客四位一体的全民营销

留坝旅游知名度迅速提升的原因，除了旅游产品、旅游服务得到游客认可之外，其广泛、新颖的宣传营销方式也是成功的关键之一。在“政府主导、部门联动、全民参与、市场运作”的宣传联动下，留坝建立了政府、企业、居民、游客四位一体的全民营销体系，实现了旅游宣传意识的全民化。

第一，巧借新媒体。在营销方式上，留坝县坚持传统媒体、微媒体齐头并进，形象宣传、事件营销多措并举的策略。大胆尝试新兴媒体的运用和管理，与知名网站深入合作，借力论坛、贴吧、微博、微信等平台，构建集网络互动、口碑传播、事件营销为一体的新型网络营销模式。在手机微信占领全民生活的新趋势下，县委、县政府要求全县各部门、各镇开通微信平台，专人负责管理，坚持每天更新内容，坚持旅游舆情热点第一时间向外发布，鼓励广大干部职工每天转发微信内容，最大限度地向外扩散，形成了全民营销的良好势头。同时，加快互联网络的全覆盖，游客能即时向外发布留坝的美景，游客在游览中成为留坝的义务营销员。

第二，创新营销事件。2014年夏天，留坝县城旁边一座68米高的废弃烟囱，经过修整后摇身一变，成为一支巨大的温度计，不但方便了居民和游客了解实时气温，也骄傲地显示着留坝22℃的清凉夏天。这支陕西省目前最大的温度计成为一大亮点景观，被国内多家媒体报道；2014年冬天，在成都、武汉、深圳、上海、西安等多个城市突然刮起了一股快闪旋风，上百个年轻人迅速聚集在一起跳起《祝福留坝》广场舞，然后又迅速离去。当这段快闪视频被传上网络后，在国内迅速掀起热潮，各种版本的《祝福留坝》在各省流传，让留坝赚足了眼球。留坝县在营销方式上的大胆创新以最少的资金投入收获了无限扩散的大效果。

第三，坚持活动吸引。近年来，留坝连续成功举办9届紫柏山登山节暨栈道漂流节，连续举办4届紫柏山食神大赛暨美食节，举办了两届秦岭山地自行车精英赛暨首届BMX自行车挑战赛，承办全国山地自行车大赛和全省校园足球联赛。这些赛事活动让留坝总是处于游客关注和媒体聚焦之下。

巧营销，广宣传，让留坝旅游推广取得事半功倍的效果，花小钱干大事，品牌知名度得以迅速提升。

三、留坝下一步发展目标

在坚定实施旅游“一业突破”战略不动摇的理念下，留坝县以建设中国山地度假旅游示范区和实现富民增收为目标，深入挖掘“全域留坝·四季旅游”的品牌内涵，按照“生态为本、文化为魂、度假为核”的理念，重点开发生态观光游、休闲度假游和文化体验游，完善配套服务设施，建立多层次旅游产品体系，满足不同游客的需求，延伸产业链，把留坝打造成为陕西旅游新核心和区域旅游目的地，使旅游产业成为富民强县的朝阳产业。

（陕西省旅游局综合法规处）

专题报告·经济运行篇

全省国内旅游抽样调查分析报告

陕西省旅游局

为了进一步了解我省接待国内游客的花费情况，掌握国内旅游市场的发展动态，为研究和制定我省旅游业发展的方针政策提供准确的依据，从而提高旅游服务质量，使国内旅游持续、健康、稳定地发展，2015 年 1 月至 12 月，在全省 12 个地市对国内旅游情况进行抽样调查，并据此对陕西省国内游客的构成、出游花费等主要经济指标进行测算。现将 2015 年我省国内旅游抽样调查的调查情况、数据及分析结果报告如下：

一、我省国内旅游抽样调查的主要对象及抽样范围

国内旅游抽样调查对象是我国大陆居民中，离开惯常居住地到其他地方从事游览、度假、参观、探亲、访友等活动，也包括外出治病、疗养、考察、参加会议和从事经济、科技、文化、教育、体育、宗教等活动，旅游距离超过 10 千米、在外停留 6 小时以上且来我省出游的人。调查对象不包括以下人员：在外连续停留半年以上的人员；外出谋求职业并以谋取报酬为目的的人员；到各地巡视工作的部级以上领导；常驻外地办事处的工作人员。国内游客包括过夜游客和一日游游客两部分。惯常居住环境是指居民日常生活、居住和工作中经常涉及的地方，包括居住地、工作单位附近的公共场所和经常往来的亲朋好友家。

调查主要采取在旅游住宿设施调查过夜旅游者情况为主，以在景点、交通站点等调查旅游者情况为补充的方式进行。根据 2014 年全省各地市接待国内游客人数的一定比例来确定各地市抽样调查问卷的发放数，然后采用分类、分层、多阶段和随机等距的抽样方法，调查准备离店或离开景点的国内客人。调查内容包括：我省国内游客来源；国内游客的人口学特征；来我省旅游的目的；国内游客的出游方式；国内游客在我省各地市的停留时间；国内游客旅游人均花费及构成。

二、全省国内旅游抽样调查基本情况

抽样调查共回收问卷 35523 份，其中有效问卷 34985 份，通过对有效问卷进行审核、编码、数据录入、数据处理和数据评估，测算出全省国内旅游总人数和国内旅游收入。同时，对各市区的国内旅游人数和旅游收入也进行了测算。

（一）测算原则

以抽样调查的原始数据为基础，充分利用最新经济普查和陕西统计年鉴相关资料，参考 2015 年同期相关统计数据，在对调查数据进行认真评估的基础上，按照国家旅游局和国家统计局国内旅游统计制度的要求和测算方法进行测算。

（二）测算结果

据测算，2015 年全省国内旅游总人数 38274.1 万人次，比 2014 年同期增长 16.15%；国内旅游收入 2903.9 亿元，比 2014 年同期增长 19.30%。

1. 国内旅游人数测算情况

（1）星级宾馆住宿人数

92059（床位数）*66.81%（入住率）*365 天 =2244.91（万人天）

2244.91（万人天）/2.37 天（平均停留天数）=947.22（万人次）

（2）非星级宾馆住宿人数

586554（床位数）*63.89%（入住率）*365 天 =13678.35（万人天）

13678.35（万人天）/2.37 天（平均停留天数）=5771.46（万人次）

（3）居民家住宿人数

5317.97(万人天）/2.37 天 =2243.87（万人次）

（4）一日游人数

6156.12+23155.43=29311.55（万人次）

（5）全省国内旅游总人数

947.22+5771.46+2243.87+29311.55=38274.1（万人次）

2. 国内旅游收入测算

（1）过夜游客旅游收入

根据调查，全省过夜游客人数为 8957.02 万人次，平均停留天数为 2.37 天。其中旅馆住宿共 6714.56 万人次，居民家过夜共 2242.47 万人次，过夜游客人均每天花费 654.5 元。

8957.02（万人次）*2.37 天 *654.5 元 =1389.38 亿元

（2）一日游旅游收入

根据测算，全省一日游人数为 29317.08 万人次，人均花费 516.6 元，收入为

1514.52 亿元。

（3）国内旅游收入

1389.38+1514.52=2903.9（亿元）

3. 国内旅游人数对比

（1）星级宾馆住宿人数对比

从 2014—2015 年星级宾馆住宿人数对比可以看出，星级宾馆住宿人数增长 137.75 万人次，增幅为 17.02%。

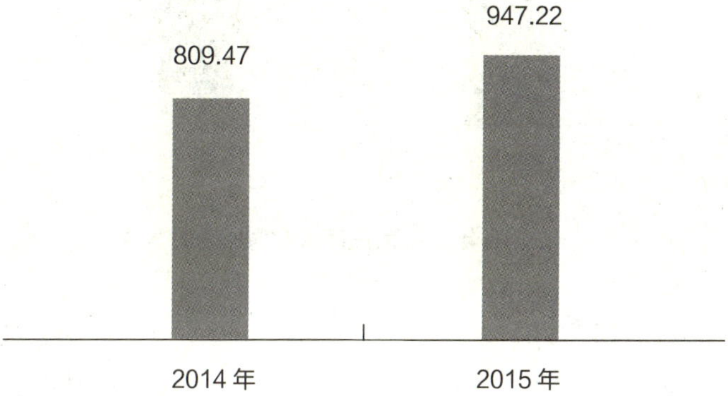

2014—2015 年星级宾馆住宿人数对比（万人次）

（2）非星级宾馆住宿人数对比

从 2014—2015 年非星级宾馆住宿人数对比可以看出，非星级宾馆住宿人数增长 1591.64 万人次，增幅为 38.8%。

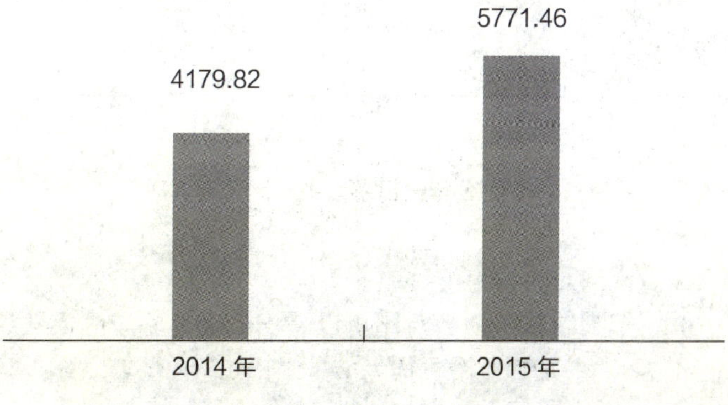

2014—2015 年非星级宾馆住宿人数对比（万人次）

（3）居民家住宿人数对比

从 2014—2015 年居民家住宿人数对比可以看出，居民家住宿人数增长 756.96 万人次，增幅为 50.9%。

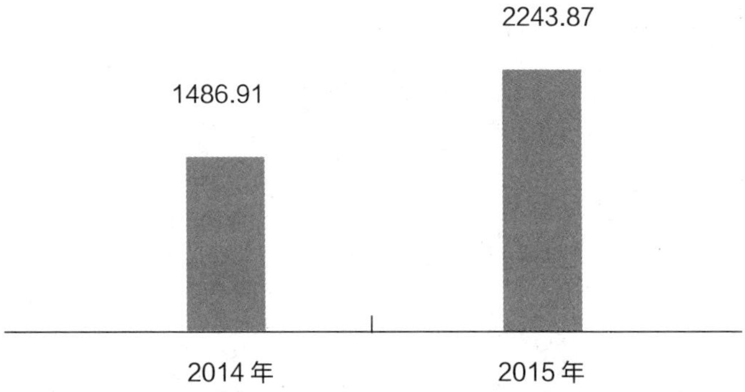

2014—2015 年居民家住宿人数对比（万人次）

（4）一日游人数对比

从 2014—2015 年一日游人数对比可以看出，一日游人数增长 2834.95 万人次，增幅为 10.71%。

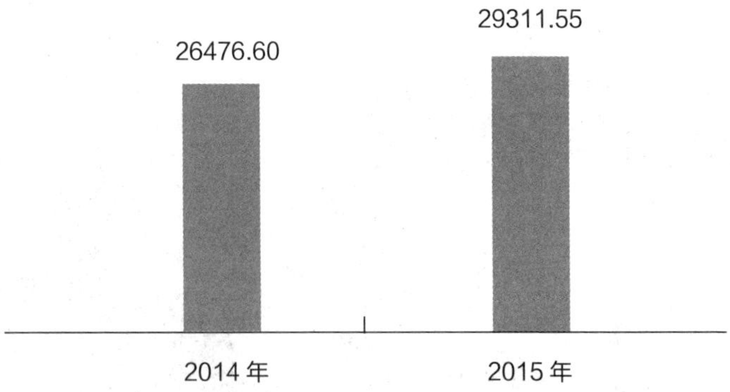

2014—2015 年一日游人数对比（万人次）

（5）国内旅游人数对比

从 2014—2015 年国内旅游人数对比可以看出，来陕旅游的人数持续上升，旅游人数增幅为 16.15%。应加强旅游宣传力度、突出重点、发挥优势、注重特色，吸引更多的国内游客来陕旅游。

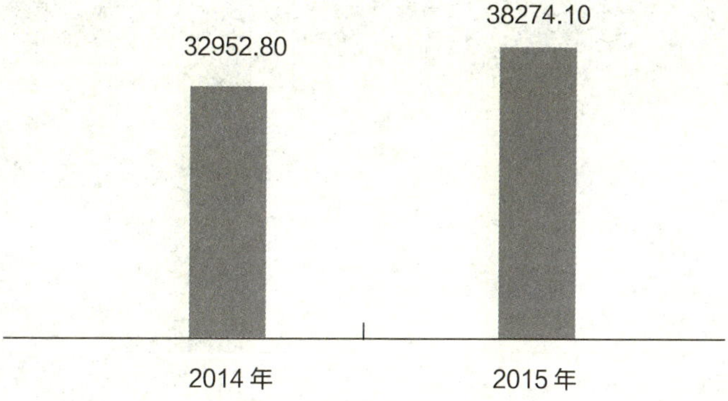

2014—2015 年国内旅游人数对比（万人次）

4. 国内旅游收入对比

（1）过夜游客旅游收入对比

从 2014—2015 年过夜游客旅游收入对比可以看出，过夜游客旅游收入增长 175.46 亿元，增幅为 14.45%。

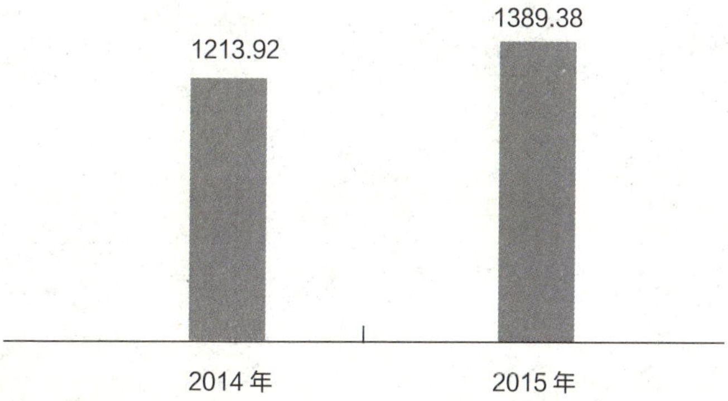

2014—2015 年过夜游客旅游收入对比（亿元）

（2）一日游旅游收入对比

从 2014—2015 年一日游旅游收入对比可以看出，一日游旅游收入增长 292.94 亿元，增幅为 23.98%。

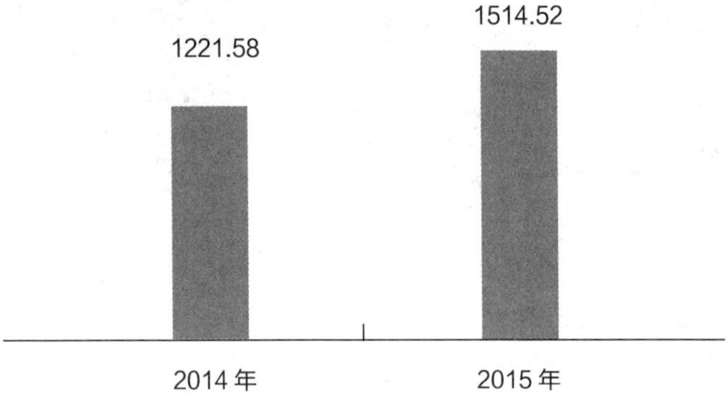

2014—2015 年一日游旅游收入对比（亿元）

（3）国内旅游收入对比

从 2014—2015 年国内旅游收入对比可以看出，国内旅游收入持续增长，旅游收入增幅为 19.3%，对陕西的经济发展产生促进拉动作用，应主动发挥陕西优势，打造丝绸之路旅游带。

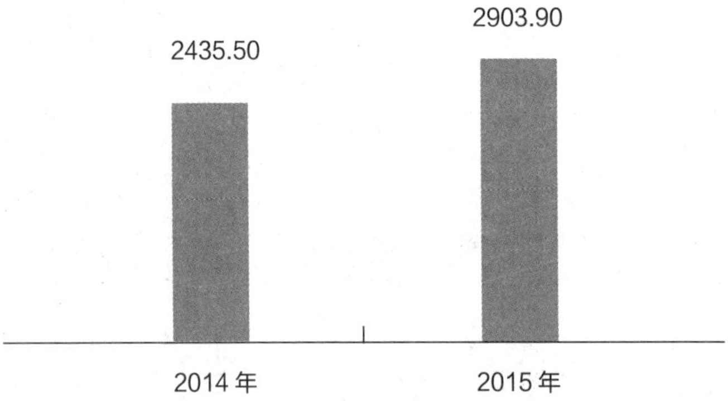

2014—2015 年国内旅游收入对比（亿元）

三、费用构成

（一）过夜旅客费用构成

1. 费用构成—基本情况

从费用构成看，过夜旅客住宿费占比最大，平均为 19.54%；其次为餐饮，平均为 17.4%；再次为景区游览，平均为 12.67%。这三项占到总收入的 49.61%。

		费用	飞机	火车	长途汽车	自驾车	住宿	餐饮	景区游览	娱乐	购物	市内交通	邮电通讯	其他
数量	全省	654.50	57.35	49.91	22.43	31.20	127.89	113.87	82.94	39.01	81.68	11.09	4.84	32.28
	西安	683.25	68.91	66.14	12.73	23.23	103.58	122.56	147.56	27.93	80.16	12.13	2.48	15.85
	铜川	520.95	28.48	14.35	24.95	54.97	103.36	122.36	40.07	37.26	42.26	5.76	1.88	45.24
	宝鸡	585.49	36.99	45.48	40.54	17.39	117.33	100.72	88.57	22.20	93.87	11.09	1.20	10.10
	咸阳	636.69	151.63	43.76	20.98	30.88	119.31	86.59	54.12	31.99	74.46	9.87	1.61	11.49
	渭南	583.99	41.58	40.51	25.80	22.75	121.19	98.13	107.94	28.60	57.44	4.19	1.42	34.46
	延安	622.78	21.80	53.19	25.13	75.29	143.30	128.32	49.60	13.19	74.28	9.26	2.77	26.64
	汉中	585.75	30.69	21.01	37.71	20.59	99.90	100.73	74.76	50.04	86.88	10.25	12.14	41.05
	榆林	554.46	19.28	39.56	27.36	21.97	118.31	110.24	40.36	45.76	68.17	17.53	11.73	34.18
	安康	567.31	10.92	30.11	26.20	60.23	112.94	99.89	66.02	44.25	81.20	15.40	8.03	12.13
	商洛	624.99	31.42	24.11	23.36	36.36	97.26	105.98	72.37	52.37	87.98	12.31	11.02	70.44
	杨凌	496.31	36.39	10.91	27.89	15.84	120.49	87.98	54.37	30.10	51.12	2.28	0.56	58.37
	韩城	508.40	40.76	16.54	17.84	53.50	100.77	78.93	49.91	43.06	70.38	6.25	3.81	26.65
构成（%）	全省		8.76	7.63	3.43	4.77	19.54	17.40	12.67	5.96	12.48	1.70	0.74	4.92
	西安		10.09	9.68	1.86	3.40	15.16	17.94	21.60	4.09	11.73	1.78	0.36	2.32
	铜川		5.47	2.76	4.79	10.55	19.84	23.49	7.69	7.15	8.11	1.11	0.36	8.69
	宝鸡		6.32	7.77	6.93	2.97	20.04	17.20	15.13	3.79	16.03	1.90	0.21	1.73
	咸阳		23.82	6.87	3.30	4.85	18.74	13.60	8.50	5.03	11.70	1.55	0.25	1.81
	渭南		7.12	6.94	4.42	3.90	20.75	16.80	18.48	4.90	9.84	0.72	0.24	5.90
	延安		3.50	8.54	4.04	12.09	23.01	20.61	7.97	2.12	11.93	1.49	0.45	4.28
	汉中		5.24	3.59	6.44	3.52	17.06	17.20	12.76	8.54	14.83	1.75	2.07	7.01
	榆林		3.48	7.14	4.94	3.96	21.34	19.88	7.28	8.25	12.30	3.16	2.12	6.17
	安康		1.93	5.31	4.62	10.62	19.91	17.61	11.64	7.80	14.31	2.72	1.42	2.14
	商洛		5.03	3.86	3.74	5.82	15.56	16.96	11.58	8.38	14.08	1.97	1.76	11.27
	杨凌		7.33	2.20	5.62	3.19	24.28	17.73	10.96	6.07	10.30	0.46	0.11	11.76
	韩城		8.02	3.25	3.51	10.52	19.82	15.53	9.82	8.47	13.84	1.23	0.75	5.24

2. 费用构成—旅游方式

在旅游方式中，个人旅行方式人均花费最多，为 764.55 元；其次为单位组织，为 725.88 元；再次为旅行社组织，为 695.74 元，其中以榆林市旅行社的 984.38 元最高。

	费用	单位组织	家庭或者亲朋结伴	旅行社组织	个人旅行	其他
全省	654.50	725.88	663.40	695.74	764.55	605.10
西安	683.25	747.85	660.98	726.71	779.27	748.73
铜川	520.95	632.30	529.61	523.51	420.69	423.91
宝鸡	585.49	658.21	612.52	777.34	684.65	602.99
咸阳	636.69	718.32	656.50	700.54	749.97	519.34
渭南	583.99	666.79	554.36	889.88	765.02	598.10
延安	622.78	719.33	639.01	682.74	795.42	706.39
汉中	585.75	674.40	536.38	728.19	585.09	416.42
榆林	554.46	984.38	544.97	753.33	624.60	909.60
安康	567.31	594.99	733.29	347.36	615.64	610.71
商洛	624.99	669.15	723.77	531.24	545.92	628.30
杨凌	496.31	607.56	287.17	557.21	698.45	525.25
韩城	508.40	615.21	523.01	388.33	486.60	409.45

3. 费用构成—性别

从数据看，全省男性的旅游人均花费大于女性；从旅游目的地看，男性、女性花费都以西安为首，分别为 687.28 元和 682.21 元。

	费用	男	女
全省	654.50	664.55	624.26
西安	683.25	687.28	682.21
铜川	520.95	523.91	506.05
宝鸡	585.49	579.53	591.58
咸阳	636.69	629.18	658.08
渭南	583.99	578.77	594.99
延安	622.78	634.99	585.70
汉中	585.75	556.50	586.70
榆林	554.46	593.33	496.77
安康	567.31	557.70	582.04
商洛	624.99	647.04	561.47
杨凌	496.31	490.42	492.87
韩城	508.40	505.90	519.28

4. 费用构成—年龄

从年龄消费结构可以看出，65 岁以上的旅客旅游人均消费最大，为 729.61 元；从旅游目的地看，西安最突出，为 988.78 元。

	费用	65 岁以上	45~64 岁	25~44 岁	15~24 岁	14 岁以下
全省	654.50	729.61	667.79	634.16	613.28	691.82
西安	683.25	988.78	766.94	683.15	642.70	827.12
铜川	520.95	210.32	559.09	483.33	606.40	486.62
宝鸡	585.49	552.12	583.01	583.10	609.05	464.88
咸阳	636.69	567.04	652.05	663.14	589.56	566.23
渭南	583.99	564.56	561.02	596.70	602.63	370.24
延安	622.78	731.12	702.70	604.58	582.45	717.23
汉中	585.75	454.21	624.36	562.41	570.39	439.79
榆林	554.46	569.79	538.09	600.27	488.21	273.99
安康	567.31	524.32	567.70	588.19	575.60	816.82
商洛	624.99	557.85	582.89	607.43	658.93	791.71
杨凌	496.31	146.21	490.72	471.07	537.52	131.73
韩城	508.40	203.90	366.61	567.48	469.44	135.06

5. 费用构成—职业

从全省的消费水平看出，企事业管理人员的人均消费最大，其次为公务员；最为突出的是到西安旅游的专业 / 文教科技人员。

	花费	公务员	企事业管理	专业 / 文教科技	服务销售人员	工人	农民	军人	学生	离退休人员	其他
全省	654.50	680.56	720.67	670.83	656.09	536.94	588.09	673.24	588.95	619.27	655.84
西安	683.25	720.44	777.71	800.14	736.10	590.97	618.59	720.55	593.13	666.12	749.42
铜川	520.95	614.77	608.73	672.94	466.39	488.97	404.50	254.09	498.09	385.61	340.25
宝鸡	585.49	605.31	618.26	554.58	590.59	500.16	491.12	409.72	601.55	534.74	562.51
咸阳	636.69	675.90	717.33	592.26	716.80	537.72	572.31	717.27	631.93	644.14	515.21
渭南	583.99	694.35	610.77	615.40	575.38	532.94	559.31	587.61	605.59	562.93	596.53
延安	622.78	769.49	673.84	760.77	556.81	486.21	558.88	667.96	601.30	652.72	659.14
汉中	585.75	600.09	603.66	582.38	589.46	552.53	617.66	317.48	538.95	552.78	640.47
榆林	554.46	539.55	779.18	550.29	565.33	435.70	397.01	241.16	484.51	597.24	462.59
安康	567.31	703.80	569.86	540.81	557.02	558.26	603.71	519.21	563.91	576.66	640.89
商洛	624.99	675.54	659.13	591.55	657.85	556.30	527.74	501.78	681.99	614.38	647.36
杨凌	496.31	368.43	371.25	392.02	498.39	392.35	345.71	237.49	525.94	344.95	318.57
韩城	508.40	473.12	667.81	569.69	579.07	413.37	462.31	231.04	439.29	339.22	350.68

6. 费用构成—旅游目的

全省游客人均消费目的以为商务首，其次为会议花费；以商洛的会议花费843.92元为首，其次为延安的商务花费812.92元。

	花费	休闲度假	观光旅游	探亲访友	商务	会议	健康疗养	宗教朝拜	文体科技	其他
全省	654.50	655.80	614.04	584.95	733.33	709.18	556.04	587.29	603.26	562.23
西安	683.25	690.69	649.33	686.24	790.34	783.69	642.18	669.73	739.03	748.94
铜川	520.95	580.51	516.12	494.51	541.77	501.79	336.63	398.51	376.04	511.21
宝鸡	585.49	618.59	567.51	533.74	661.90	653.86	492.59	537.60	527.55	560.61
咸阳	636.69	578.42	674.98	562.25	688.14	762.06	516.06	506.59	546.74	620.90
渭南	583.99	633.40	549.18	435.76	580.40	521.73	205.52	350.10	646.77	478.43
延安	622.78	630.43	562.63	579.00	812.92	745.88	582.02	584.38	637.99	595.74
汉中	585.75	584.84	547.76	602.78	808.88	700.12	618.11	527.82	508.13	477.86
榆林	554.46	706.02	553.78	624.10	464.27	582.20	304.32	536.98	445.74	305.80
安康	567.31	562.50	554.83	549.38	602.38	775.55	659.07	411.94	535.41	467.81
商洛	624.99	689.48	581.93	507.87	714.69	843.92	680.34	548.95	686.68	587.62
杨凌	496.31	581.14	430.38	337.37	279.79	455.71	344.17	214.10	372.14	483.78
韩城	508.40	579.13	453.09	348.70	555.91	439.07	0.00	241.95	432.09	231.36

7. 费用构成—居民身份

城镇居民的人均消费高于非城镇居民的人均消费，其中到西安旅游的城镇居民和非城镇居民人均花费最高，分别为703.96元和641.09元。

	花费	城镇居民	非城镇居民
全省	654.50	666.67	576.78
西安	683.25	703.96	641.09
铜川	520.95	571.98	428.87
宝鸡	585.49	598.88	560.72
咸阳	636.69	668.92	558.08
渭南	583.99	609.85	504.13
延安	622.78	644.39	573.42
汉中	585.75	580.30	533.55
榆林	554.46	593.89	540.02
安康	567.31	592.17	424.01
商洛	624.99	628.23	575.62
杨凌	496.31	483.65	484.83
韩城	508.40	522.64	469.54

8. 2014—2015 年过夜旅客人均花费对比

从各区域过夜游客人均花费对比情况来看，2015 年全省过夜游客人均花费略有下降，其中西安下降较多，而铜川、宝鸡、咸阳、渭南均有不同程度的增长。

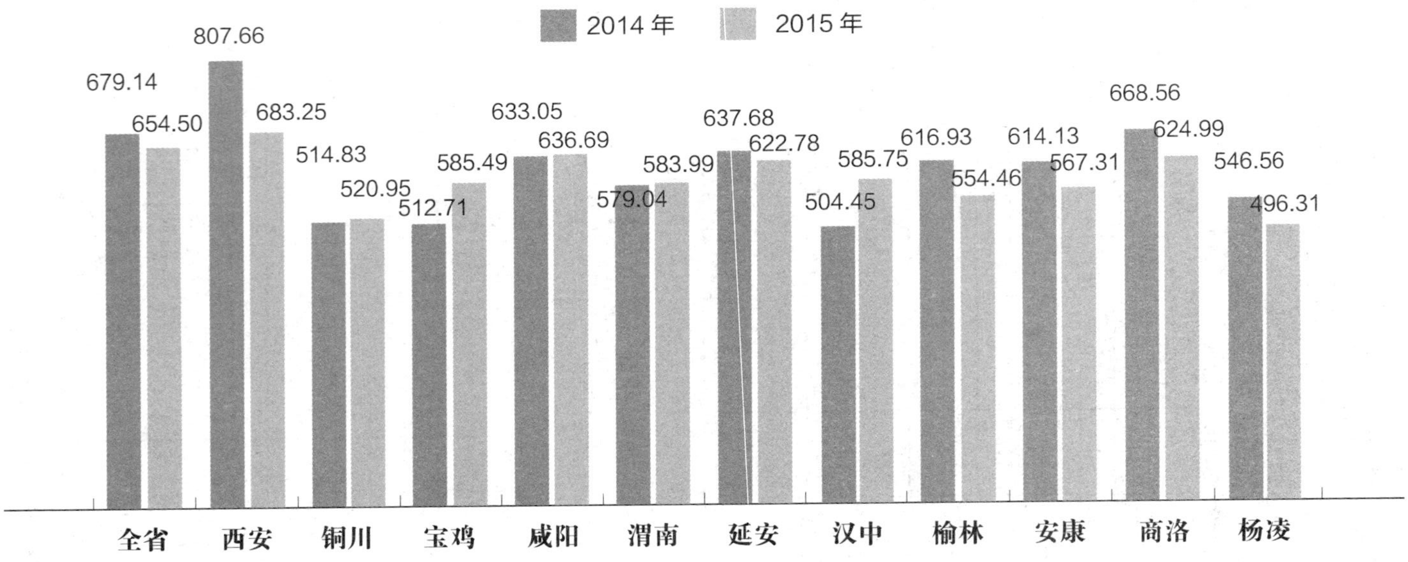

2014—2015 年过夜旅客人均花费对比（单位：元）

（二）一日游费用构成

1. 一日游构成—基本情况：

从费用构成看，一日游旅客餐饮人均消费最大，占总花费的22.32%；其次是景区游览，占总花费的20.25%；购物排第三，占总花费的15.74%。城镇居民人均消费高于非城镇居民的人均消费，均以到西安的游客花费为最高，分别为703.96元和641.09元。

		费用	飞机	火车	长途汽车	自驾车	餐饮	景区游览	娱乐	购物	市内交通	邮电通讯	其他
数量	全省	516.60	35.57	28.01	30.19	46.86	115.33	104.63	38.5	81.33	11.88	6.64	17.66
	西安	539.87	22.70	32.46	19.56	43.58	127.03	128.39	50.03	88.48	13.68	2.45	11.51
	铜川	490.01	23.29	12.89	46.95	74.33	112.57	81.22	29.58	45.36	16.25	3.34	44.24
	宝鸡	449.15	13.02	25.15	43.60	32.86	82.90	117.57	23.76	69.51	9.29	0.36	31.11
	咸阳	466.29	55.56	31.54	22.07	51.95	93.42	82.39	25.02	90.03	6.53	1.16	6.63
	渭南	428.01	15.35	25.92	36.39	33.89	77.99	109.13	38.04	75.75	7.27	5.06	3.22
	延安	554.08	11.65	80.81	25.78	84.95	134.78	55.99	38.75	81.98	9.99	4.83	24.57
	汉中	478.44	0.11	0.66	19.42	39.41	113.84	87.92	65.13	59.95	31.71	17.51	42.80
	榆林	460.13	12.19	27.86	46.12	93.07	83.74	42.54	18.87	83.40	19.77	4.91	27.64
	安康	526.93	10.70	37.85	44.21	43.11	100.65	112.59	69.70	36.65	46.07	14.79	10.65
	商洛	560.92	11.84	25.67	45.91	70.77	119.91	115.64	75.51	41.90	16.42	22.76	14.63
	杨凌	310.02	22.59	17.33	15.00	30.23	63.31	76.87	24.68	51.49	0.89	1.84	5.79
	韩城	306.06	11.56	8.23	23.34	26.25	59.69	50.52	36.36	66.55	9.00	2.00	12.58
构成(%)	全省		6.89	5.42	5.84	9.07	22.32	20.25	7.45	15.74	2.30	1.29	3.43
	西安		4.21	6.01	3.62	8.07	23.53	23.78	9.27	16.39	2.53	0.45	2.13
	铜川		4.75	2.63	9.58	15.17	22.97	16.57	6.04	9.26	3.32	0.68	9.03
	宝鸡		2.90	5.60	9.71	7.32	18.46	26.18	5.29	15.48	2.07	0.08	6.93
	咸阳		11.92	6.76	4.73	11.14	20.04	17.67	5.36	19.31	1.40	0.25	1.42
	渭南		3.59	6.06	8.50	7.92	18.22	25.50	8.89	17.70	1.70	1.18	0.75
	延安		2.10	14.58	4.65	15.33	24.32	10.10	6.99	14.80	1.80	0.87	4.43
	汉中		0.02	0.14	4.06	8.24	23.79	18.38	13.61	12.53	6.63	3.66	8.95
	榆林		2.65	6.05	10.02	20.23	18.20	9.25	4.10	18.13	4.30	1.07	6.01
	安康		2.03	7.18	8.39	8.18	19.10	21.37	13.23	6.96	8.74	2.81	2.02
	商洛		2.11	4.58	8.18	12.62	21.38	20.62	13.46	7.47	2.93	4.06	2.61
	杨凌		7.28	5.59	4.84	9.75	20.42	24.79	7.96	16.61	0.29	0.59	1.87
	韩城		3.78	2.69	7.63	8.58	19.50	16.51	11.88	21.74	2.94	0.65	4.11

2. 费用构成—旅游方式

一日游旅客参加旅行社组织的人均花费 760.82 元，为最大，单位组织次之，其中到西安的单位组织的旅游花费最大，为 914.92 元。

	费用	单位组织	家庭或者亲朋结伴	旅行社组织	个人旅行	其他
全省	516.60	711.43	493.46	760.82	579.40	414.66
西安	539.87	914.92	516.88	762.68	545.55	393.19
铜川	490.01	397.16	624.91	56.25	349.60	444.78
宝鸡	449.15	560.73	432.46	586.07	473.93	414.15
咸阳	466.29	412.73	495.02	497.63	497.21	313.00
渭南	428.01	471.43	460.16	562.26	544.97	369.56
延安	554.08	617.92	553.30	540.33	690.05	349.58
汉中	478.44	295.73	528.13	181.92	265.62	116.18
榆林	460.13	469.44	426.62	192.02	542.29	538.29
安康	526.93	685.24	761.01	507.98	648.79	442.50
商洛	560.92	588.52	707.22	895.35	806.91	343.78
杨凌	310.02	102.50	318.51	518.27	223.38	97.06
韩城	306.06	202.50	278.47	115.02	337.47	275.82

3. 费用构成—性别

从全省来看，一日游旅客中男性的人均花费大于女性，其中男性花费以到商洛旅游的 695.99 元为首，女性以到安康的 598.21 元为首。

	花费	男	女
全省	516.60	525.95	471.24
西安	539.87	560.97	466.16
铜川	490.01	553.68	397.95
宝鸡	449.15	462.91	435.55
咸阳	466.29	478.93	450.79
渭南	428.01	431.32	418.57
延安	554.08	564.94	544.75
汉中	478.44	543.40	471.10
榆林	460.13	432.71	493.65
安康	526.93	518.66	598.21
商洛	560.92	695.99	514.35
杨凌	310.02	308.44	323.92
韩城	306.06	302.81	306.15

4. 费用构成—年龄

从全省收入可以看出，一日游旅客中 45~64 岁人群人均消费 542.69 元，居首位；其次是 15~24 岁人群，人均花费 521.52 元。其中以到商洛旅游的 45~64 岁人群人均花费 747.27 元为最高。

	花费	65 岁以上	45~64 岁	25~44 岁	15~24 岁	14 岁以下
全省	516.60	498.79	542.69	475.31	521.52	511.15
西安	539.87	516.43	646.36	496.51	585.98	242.29
铜川	490.01	199.28	457.65	528.36	385.72	110.47
宝鸡	449.15	467.22	393.36	440.60	500.12	685.00
咸阳	466.29	393.52	530.60	464.96	436.95	486.66
渭南	428.01	336.69	489.76	408.19	510.46	410.14
延安	554.08	542.86	482.92	494.64	602.32	182.33
汉中	478.44	188.87	420.89	529.98	269.91	0.00
榆林	460.13	167.52	407.00	472.57	475.02	117.77
安康	526.93	519.38	691.82	514.90	560.57	128.17
商洛	560.92	561.94	747.27	605.52	609.58	513.09
杨凌	310.02	116.49	301.63	397.16	291.41	0.00
韩城	306.06	119.44	304.13	337.00	250.21	0.00

5. 费用构成—职业

从全省来看，企事业管理人员为一日游最大消费人群，公务员次之，人均花费最少的是工人；其中到延安旅游的企事业管理人员花费 708.82 元，为最高。

	花费	公务员	企事业管理	专业 / 文教科技	服务销售人员	工人	农民	军人	学生	离退休人员	其他
全省	516.60	575.18	582.57	514.06	455.84	408.29	480.83	423.32	526.71	445.69	461.13
西安	539.87	500.99	667.14	505.95	431.70	442.73	433.25	621.57	581.89	343.19	562.17
铜川	490.01	352.10	310.62	379.59	331.19	304.66	307.74	424.60	250.65	586.28	302.82
宝鸡	449.15	543.26	477.54	406.50	431.09	408.35	426.38	612.75	505.21	430.02	437.14
咸阳	466.29	505.33	577.91	489.35	497.21	362.21	437.61	372.33	451.16	464.16	445.77
渭南	428.01	464.04	506.56	516.41	373.70	386.17	359.02	331.43	425.60	616.47	408.49
延安	554.08	449.20	708.82	498.42	417.36	476.18	429.76	283.72	569.51	394.93	558.42
汉中	478.44	424.97	530.62	600.79	412.11	257.69	268.14	183.12	226.17	237.51	236.04
榆林	460.13	429.92	510.37	450.91	401.29	341.50	205.77	197.23	452.15	262.51	440.99
安康	526.93	320.31	689.55	645.18	638.38	526.08	381.53	253.78	557.57	303.78	493.27
商洛	560.92	683.17	584.96	589.30	618.11	541.12	523.96	140.20	546.46	636.06	479.26
杨凌	310.02	300.98	355.20	334.01	312.01	129.13	222.79	114.61	381.34	302.21	197.50
韩城	306.06	300.37	390.50	343.88	339.41	270.78	254.59	110.21	272.19	119.55	350.45

6. 费用构成—旅游目的

从全省看，休闲度假人均消费 652.94 元为最大，探亲访友次之；其中以安康会议人均消费 723.09 元为首，延安探亲访友 712.71 元次之。

	花费	休闲度假	观光旅游	探亲访友	商务	会议	健康疗养	宗教朝拜	文体科技	其他
全省	516.60	652.94	514.63	570.89	529.23	519.98	564.39	346.69	452.29	301.45
西安	539.87	674.28	502.48	671.81	640.87	374.13	399.62	341.79	486.32	359.88
铜川	490.01	605.08	475.05	670.14	450.02	188.76	305.40	110.07	234.02	144.96
宝鸡	449.15	499.19	432.29	442.53	632.27	549.18	571.67	302.73	478.75	505.87
咸阳	466.29	467.41	481.26	560.27	502.16	292.71	600.00	252.59	111.28	263.80
渭南	428.01	453.18	403.28	407.28	438.18	554.12	71.33	185.42	383.43	210.19
延安	554.08	581.91	490.30	712.71	559.07	142.58	82.64	0.00	176.81	388.74
汉中	478.44	539.20	427.25	452.95	531.96	502.50	143.17	64.59	0.00	74.41
榆林	460.13	428.87	520.74	476.38	660.85	352.08	0.00	132.50	426.38	201.91
安康	526.93	639.25	482.52	594.48	615.00	723.09	655.21	456.64	358.56	501.15
商洛	560.92	658.53	608.29	559.77	630.11	621.54	565.28	285.60	439.65	268.55
杨凌	310.02	377.20	352.90	339.81	83.82	87.50	0.00	0.00	131.25	187.17
韩城	306.06	233.36	288.31	357.89	332.50	195.00	163.33	49.40	126.00	183.84

7. 费用构成—居民身份

全省城镇居民消费水平高于非城镇居民消费水平；到商洛旅游的城镇居民人均消费最高，为 720.56 元，非城镇居民人均消费则以延安的 569.49 元为首。

	花费	城镇居民	非城镇居民
全省	516.60	528.09	443.53
西安	539.87	548.08	523.44
铜川	490.01	499.96	488.89
宝鸡	449.15	470.74	440.97
咸阳	466.29	485.38	406.02
渭南	428.01	452.40	416.74
延安	554.08	526.04	569.49
汉中	478.44	494.65	282.79
榆林	460.13	392.83	557.91
安康	526.93	565.56	362.81
商洛	560.92	720.56	456.45
杨凌	310.02	326.67	261.60
韩城	306.06	347.34	223.15

8. 2014—2015 年一日游旅客人均花费对比

从各区域的一日游旅客人均花费对比情况来看，全省一日游旅客人均花费有所上升；从旅游目的地看，铜川上升较多，宝鸡、延安、安康和杨凌一日游人均花费均有所下降。

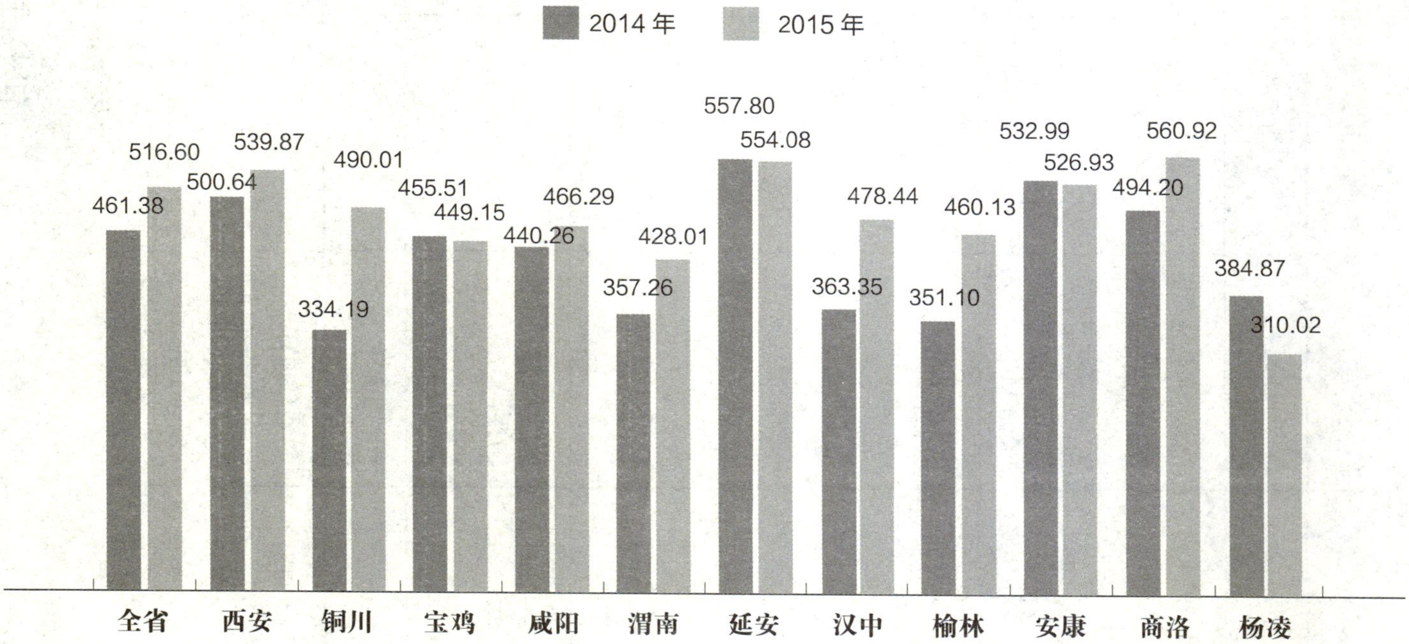

2014—2015 年过夜旅客人均花费对比（单位：元）

四、停留时间及构成

（一）一日游 — 基本情况

铜川一日游的人数占比最多，为其总人数的 55.92%，咸阳 55.26% 次之。

	总计	一日游人数	比重（%）
全省	17455	7143	40.92
西安	5249	2402	45.76
铜川	456	255	55.92
宝鸡	1876	875	46.64
咸阳	2157	1192	55.26
渭南	1640	778	47.44
延安	1432	432	30.17
汉中	1021	232	22.72
榆林	861	286	33.22
安康	1121	311	27.74
商洛	1333	358	26.86
杨凌	159	51	32.08
韩城	152	25	16.45

1. 一日游人数比例对比

从各区域的一日游旅客人数比例对比情况来看，全省一日游所占比例下降，其中咸阳和杨凌地区一日游比例上升，过夜游客人数增多，其他区域均有不同程度的下降。

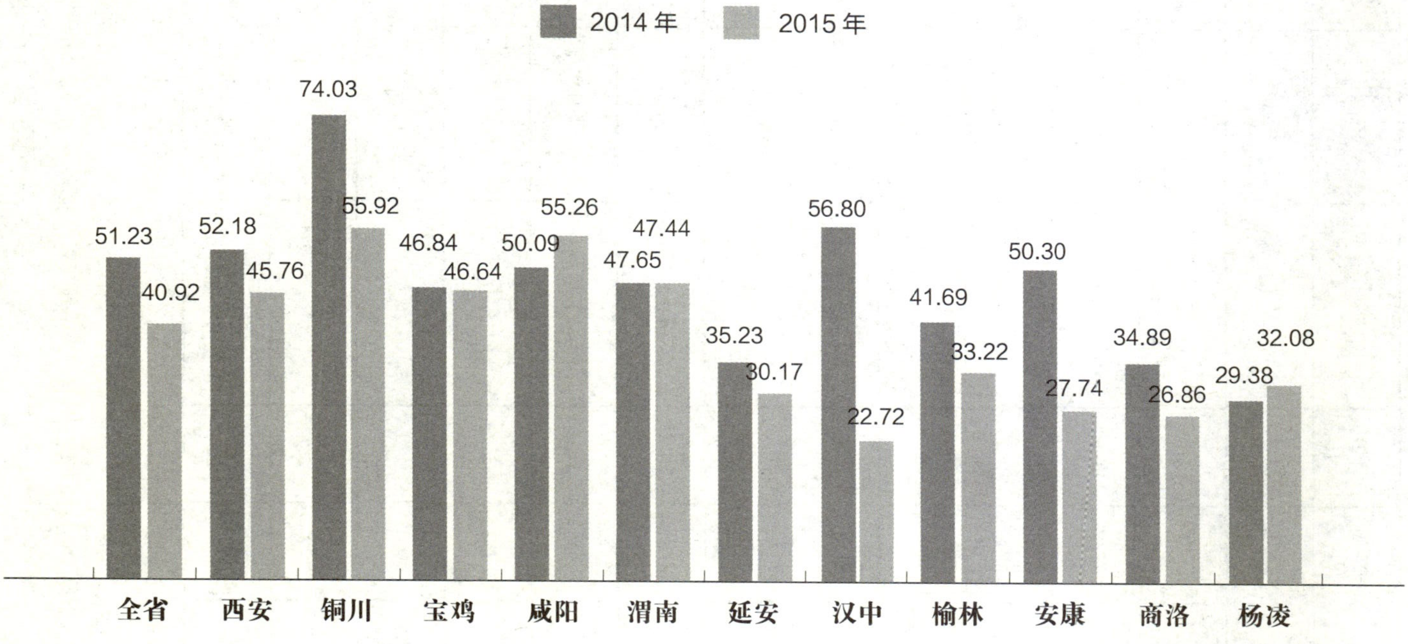

2014—2015 年一日游比例对比（%）

（二）停留时间 — 住宿设施

全省住宿星级饭店、宾馆平均住宿天数为 1.2 天，以西安星级饭店、宾馆的住宿天数 1.94 天为最长。

访问地点	停留天数	旅馆、招待所	星级饭店、宾馆	亲友家	农家乐	其他
全省	2.37	0.56	1.20	0.31	0.17	0.14
西安	3.04	0.51	1.94	0.42	0.04	0.14
铜川	2.22	0.35	0.59	0.74	0.12	0.43
宝鸡	2.06	0.33	1.13	0.17	0.26	0.17
咸阳	2.48	0.62	1.04	0.44	0.29	0.10
渭南	2.41	0.51	1.48	0.09	0.29	0.05
延安	2.18	0.51	1.18	0.15	0.16	0.19
汉中	2.35	0.77	1.01	0.21	0.24	0.11
榆林	2.49	0.55	1.03	0.35	0.24	0.32
安康	2.10	0.69	0.82	0.28	0.19	0.13
商洛	2.11	0.94	0.56	0.32	0.25	0.05
杨凌	1.70	0.20	1.20	0.12	0.15	0.04
韩城	1.92	0.28	0.96	0.41	0.18	0.09

（三）停留时间—基本情况

全省游客住宿停留时间 1~2 天的比例达到了总住宿天数的 68.34%，其中住宿停留时间 1 天在全市总住宿天数中以铜川为最大，占 69.27%，2 天住宿停留时间以汉中占比 47.82% 为最大。

		合计	住宿天数							
			1	2	3	4	5	6	7	≥8
数量	全省	33071	10676	11924	5506	2025	1423	615	604	298
	西安	9250	1710	3302	1989	1045	674	178	259	93
	铜川	872	604	72	50	22	40	33	17	34
	宝鸡	3468	1576	1145	415	160	88	30	37	17
	咸阳	3938	1404	1571	634	141	66	40	58	24
	渭南	2272	972	557	424	88	142	45	24	20
	延安	2617	927	991	430	116	53	45	40	15
	汉中	2476	501	1184	456	179	68	45	29	14
	榆林	1816	469	850	307	51	52	34	31	22
	安康	2176	1081	570	255	75	73	58	41	23
	商洛	2973	897	1372	424	109	88	35	29	19
	杨凌	579	278	151	43	16	30	31	18	12
	韩城	634	257	159	79	23	49	41	21	5
构成（%）	全省		32.28	36.06	16.65	6.12	4.30	1.86	1.83	0.90
	西安		18.49	35.70	21.50	11.30	7.29	1.92	2.80	1.01
	铜川		69.27	8.26	5.73	2.52	4.59	3.78	1.95	3.90
	宝鸡		45.44	33.02	11.97	4.61	2.54	0.87	1.07	0.49
	咸阳		35.65	39.89	16.10	3.58	1.68	1.02	1.47	0.61
	渭南		42.78	24.52	18.66	3.87	6.25	1.98	1.06	0.88
	延安		35.42	37.87	16.43	4.43	2.03	1.72	1.53	0.57
	汉中		20.23	47.82	18.42	7.23	2.75	1.82	1.17	0.57
	榆林		25.83	46.81	16.91	2.81	2.86	1.87	1.71	1.21
	安康		49.68	26.19	11.72	3.45	3.35	2.67	1.88	1.06
	商洛		30.17	46.15	14.26	3.67	2.96	1.18	0.98	0.64
	杨凌		48.01	26.08	7.43	2.76	5.18	5.35	3.11	2.07
	韩城		40.54	25.08	12.46	3.63	7.73	6.47	3.31	0.79

1. 停留时间及构成—旅游方式

全省的旅行社组织旅行方式停留时间最长，为 2.92 天；到西安的旅行社组织的旅游停留时间最长，为 3.34 天，到渭南的旅行社组织的旅游停留时间次之，为 3.31 天。

	停留天数	单位组织	家庭或者亲朋结伴	旅行社组织	个人旅行	其他
全省	2.37	2.29	2.45	2.92	2.22	2.36
西安	3.04	2.74	3.06	3.34	2.70	2.89
铜川	2.22	1.79	1.46	1.83	1.40	1.90
宝鸡	2.06	1.59	1.82	1.96	1.67	2.07
咸阳	2.48	1.88	1.90	2.95	1.77	1.88
渭南	2.41	2.47	1.94	3.31	2.21	2.86
延安	2.18	2.64	2.49	2.33	2.14	1.83
汉中	2.35	2.97	2.39	2.12	2.37	1.43
榆林	2.49	2.76	2.40	2.67	2.79	2.14
安康	2.10	1.99	2.26	1.28	1.96	1.59
商洛	2.11	2.12	2.13	2.67	2.02	1.72
杨凌	1.70	1.00	1.58	2.00	1.29	1.62
韩城	1.92	1.62	1.68	1.63	1.54	2.58

2. 停留时间及构成—性别

从全省来看，女性的停留时间大于男性，男性在西安停留时间最长，为 3.05 天，女性在西安停留时间最长，为 3.04 天。

	停留天数	男	女
全省	2.37	2.31	2.51
西安	3.04	3.05	3.04
铜川	2.22	2.32	2.18
宝鸡	2.06	2.10	2.01
咸阳	2.48	2.50	2.45
渭南	2.41	2.46	2.33
延安	2.18	2.12	2.23
汉中	2.35	2.31	2.39
榆林	2.49	2.49	2.43
安康	2.10	1.92	2.26
商洛	2.11	2.14	2.10
杨凌	1.70	1.71	1.67
韩城	1.92	1.91	1.94

3. 停留时间及构成—年龄

全省以 65 岁以上游客停留的时间 2.73 天为最长；其次是 45~64 岁的游客，停留时间为 2.52 天；在各市区 65 岁以上的游客在西安停留时间最长，为 3.40 天。

	停留天数	65 岁以上	45~64 岁	25~44 岁	15~24 岁	14 岁以下
全省	2.37	2.73	2.52	2.46	2.49	2.03
西安	3.04	3.40	2.88	3.04	2.82	2.07
铜川	2.22	2.65	1.80	2.00	2.00	0.86
宝鸡	2.06	2.57	2.39	2.45	2.49	1.00
咸阳	2.48	2.29	2.12	2.23	1.83	1.17
渭南	2.41	1.45	3.09	2.61	2.63	0.50
延安	2.18	2.64	2.63	2.67	2.47	2.38
汉中	2.35	1.94	2.77	2.15	2.09	0.00
榆林	2.49	2.25	2.30	2.30	3.15	0.88
安康	2.10	1.43	2.08	2.06	2.20	0.84
商洛	2.11	3.01	2.10	2.05	2.20	0.50
杨凌	1.70	0.77	1.50	1.72	1.42	0.00
韩城	1.92	1.50	2.09	1.72	1.87	0.00

4. 停留时间及构成—职业

全省企事业管理人员停留时间达到 2.64 天；离退休人员在西安停留时间为 3.57 天，在各市区中为最长。

	停留天数	公务员	企事业管理	专业 / 文教科技	服务销售人员	工人	农民	军人	学生	离退休人员	其他
全省	2.37	2.58	2.64	2.53	2.41	2.40	2.35	2.57	2.46	2.56	2.59
西安	3.04	3.03	3.09	3.19	2.91	2.74	2.82	3.30	2.74	3.57	2.89
铜川	2.22	1.74	1.26	2.41	2.11	2.06	1.98	1.17	1.72	2.29	1.51
宝鸡	2.06	2.73	2.58	2.43	2.20	2.20	2.18	3.56	1.98	3.24	3.00
咸阳	2.48	2.42	1.99	2.21	2.25	2.13	2.06	1.62	1.86	1.90	1.95
渭南	2.41	2.54	2.86	2.64	2.58	2.59	2.51	2.90	1.54	2.03	3.15
延安	2.18	2.58	3.10	2.63	2.72	2.58	2.75	2.14	3.45	2.39	2.73
汉中	2.35	2.71	2.21	1.96	2.35	1.82	1.95	2.20	1.65	2.11	2.27
榆林	2.49	2.15	1.75	2.72	2.21	3.10	2.47	1.30	1.04	2.50	2.55
安康	2.10	1.96	2.42	2.06	2.14	2.41	1.99	3.42	0.89	2.32	2.10
商洛	2.11	2.37	2.19	2.09	1.99	2.06	1.79	1.34	1.52	2.11	1.72
杨凌	1.70	1.10	1.06	1.45	1.19	1.45	0.92	1.04	1.64	1.14	1.28
韩城	1.92	1.80	2.39	1.50	1.37	1.63	2.69	1.62	2.15	1.89	1.59

5. 停留时间及构成—旅游目的

全省游客健康疗养停留时间最长，为 2.78 天；休闲度假停留时间次之，为 2.49 天；以健康疗养为目的在西安停留时间最长，达 3.36 天，其次是探亲访友，以此为目的在安康停留的时间为 3.29 天。

	花费	休闲度假	观光旅游	探亲访友	商务	会议	健康疗养	宗教朝拜	文体科技	其他
全省	2.37	2.49	2.47	2.25	2.47	2.22	2.78	2.08	2.12	2.27
西安	3.04	2.89	3.21	2.64	2.87	2.66	3.36	1.00	3.06	2.84
铜川	2.22	1.95	2.43	1.22	2.25	1.68	0.72	0.25	3.25	2.78
宝鸡	2.06	2.03	2.04	2.25	1.95	1.13	2.60	1.63	2.96	1.30
咸阳	2.48	2.48	2.44	1.31	2.19	1.56	1.65	0.63	1.13	1.99
渭南	2.41	2.68	2.14	3.13	2.30	2.23	2.57	0.60	2.82	1.75
延安	2.18	2.18	2.08	2.21	1.75	2.01	2.00	0.85	2.35	2.59
汉中	2.35	2.51	2.11	1.72	2.31	2.60	1.35	0.99	2.25	2.12
榆林	2.49	2.18	2.64	1.72	1.88	1.67	1.67	0.83	2.50	1.96
安康	2.10	1.98	2.06	3.29	2.31	1.95	3.16	3.13	1.72	1.78
商洛	2.11	2.09	2.31	1.60	3.20	1.53	2.60	2.88	1.26	1.25
杨凌	1.70	1.76	1.46	0.88	1.38	0.61	1.00	0.25	0.74	1.06
韩城	1.92	2.00	1.90	1.67	1.15	0.50	0.00	0.50	0.81	0.36

6. 停留时间及构成—居民身份

城镇居民旅游停留时间大于非城镇居民，城镇居民在西安停留时间最长，为 3.29 天；非城镇居民在宝鸡停留时间最长，为 2.92 天。

	停留天数	城镇居民	非城镇居民
全省	2.37	2.52	2.28
西安	3.04	3.29	2.70
铜川	2.22	1.88	2.30
宝鸡	2.06	2.36	2.92
咸阳	2.48	2.49	2.00
渭南	2.41	2.76	2.37
延安	2.18	2.08	2.57
汉中	2.35	2.36	2.25
榆林	2.49	2.81	2.13
安康	2.10	2.14	2.09
商洛	2.11	2.17	2.08
杨凌	1.70	1.79	1.59
韩城	1.92	1.93	1.71

（四）2014—2015 年旅客停留时间对比

从 2014—2015 年过夜游客停留时间对比可以看出，全省游客平均停留时间有所下降，其中 2015 年游客在西安和杨凌停留的时间下降较多，在汉中和榆林停留的时间有所上升，其他区域均有不同程度下降。

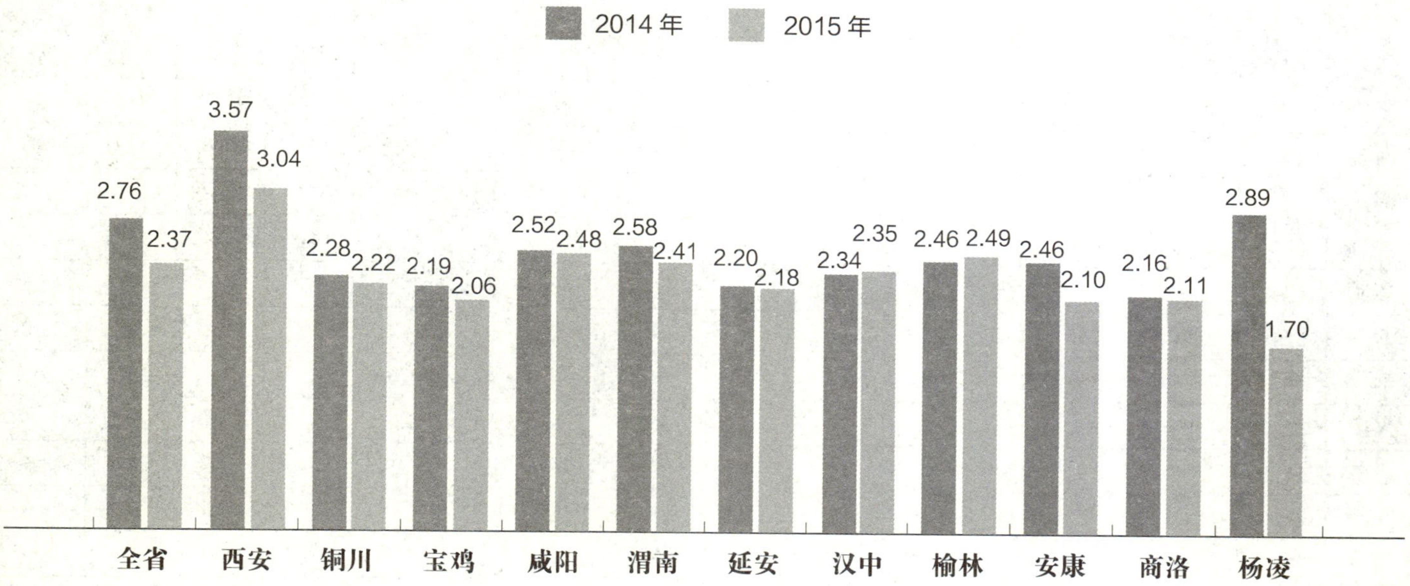

2014—2015 年旅客停留时间对比（单位：天）

五、游客来源

（一）游客来源及构成 — 基本情况

从全省来看，游客来源主要还是省内游客，达到全省游客总数的 69.75%，到铜川的省内游客达到全市游客总数的 79.57%；从外地游客看，去铜川的河南游客最多，达到全市游客总数的 5.98%，其次是到西安的河南游客，达到 5.61%。

	总计	省内游客		第一				第二				第三			
		人数	%	代码	名称	人数	%	代码	名称	人数	%	代码	名称	人数	%
全省	34985	24401	69.75	41	河南	1291	3.69	14	山西	817	2.34	62	甘肃	766	2.19
西安	10608	6788	63.99	41	河南	595	5.61	14	山西	431	4.06	14	山西	298	2.81
铜川	920	732	79.57	41	河南	55	5.98	13	河北	22	2.39	14	山西	20	2.17
宝鸡	3756	2812	74.87	13	河北	108	2.88	41	河南	86	2.29	62	甘肃	96	2.56
咸阳	4249	2762	65.00	62	甘肃	131	3.08	44	广东	103	2.42	37	山东	83	1.95
渭南	3248	2278	70.14	41	河南	147	4.53	14	山西	97	2.99	62	甘肃	84	2.59
延安	2833	2163	76.35	41	河南	73	2.58	37	山东	47	1.66	14	山西	29	1.02
汉中	2165	1493	68.96	51	四川	97	4.48	44	广东	63	2.91	41	河南	59	2.73
榆林	1708	1338	78.34	15	内蒙古	79	4.63	62	甘肃	60	3.51	14	山西	76	4.45
安康	2160	1641	75.97	14	山西	62	2.87	51	四川	60	2.78	13	河北	45	2.08
商洛	2715	1971	72.6	51	四川	115	4.24	62	甘肃	99	3.65	14	山西	91	3.35
杨凌	322	252	78.26	41	河南	8	2.48	64	宁夏	5	1.55	42	湖北	5	1.55
韩城	301	228	75.75	14	山西	14	4.65	41	河南	8	2.66	51	四川	6	1.99

（二）游客来源及构成 — 全省情况

从全省情况看，来自河南的游客最多，达到 12.89%；来自山西的游客次之，占 9.58%。

来源省份	人数	%
河南	1291	12.89
山西	960	9.58
甘肃	865	8.63
四川	711	7.10
河北	540	5.39
广东	533	5.32
山东	485	4.84
湖北	421	4.20
浙江	377	3.76
江苏	338	3.37
内蒙古	308	3.07
北京	293	2.92
重庆	259	2.59
安徽	254	2.54
宁夏	233	2.33
湖南	231	2.31
辽宁	221	2.21
新疆	199	1.99
江西	189	1.89
贵州	188	1.88
云南	171	1.71
上海	165	1.65
吉林	138	1.38
福建	136	1.36
天津	136	1.36
黑龙江	110	1.10
广西	109	1.09
青海	92	0.92
海南	66	0.66

六、旅游景点

（一）A 表游客游览景点情况

从构成看，全省游客中未游览景点的人数为 16.18%，游览 1~2 个景点的游客为 52.50%。

A 表

		总计	游览景点数量						
			0	1	2	3	4	5	≥ 6
数量	全省	17526	2835	4602	4599	3126	1105	752	507
	西安	5359	645	1089	1177	1220	507	423	298
	铜川	464	202	166	57	32	5	1	1
	宝鸡	1880	350	581	338	371	93	85	62
	咸阳	2092	283	539	616	384	170	59	41
	渭南	1608	352	660	377	130	51	24	14
	延安	1401	239	365	268	238	138	110	43
	汉中	1144	108	255	423	207	72	37	42
	榆林	847	268	235	250	82	6	4	2
	安康	1039	142	299	415	157	25	0	1
	商洛	1380	147	346	614	241	29	1	2
	杨凌	163	58	30	31	32	6	5	1
	韩城	149	41	37	33	32	3	3	0
构成（%）	全省		16.18	26.26	26.24	17.84	6.30	4.29	2.89
	西安		12.04	20.32	21.96	22.77	9.46	7.89	5.56
	铜川		43.53	35.78	12.28	6.90	1.08	0.22	0.22
	宝鸡		18.62	30.90	17.98	19.73	4.95	4.52	3.30
	咸阳		13.53	25.76	29.45	18.36	8.13	2.82	1.96
	渭南		21.89	41.04	23.45	8.08	3.17	1.49	0.87
	延安		17.06	26.05	19.13	16.99	9.85	7.85	3.07
	汉中		9.44	22.29	36.98	18.09	6.29	3.23	3.67
	榆林		31.64	27.74	29.52	9.68	0.71	0.47	0.24
	安康		13.67	28.78	39.94	15.11	2.41	0.00	0.10
	商洛		10.65	25.07	44.49	17.46	2.10	0.07	0.14
	杨凌		35.58	18.40	19.02	19.63	3.68	3.07	0.61
	韩城		27.52	24.83	22.15	21.48	2.01	2.01	0.00

（二）B 表游客游览景点情况

全省有 56.38% 的旅客游览了其他景点；而且可以看出秦兵马俑、大雁塔、华山风景名胜区等景点比较受欢迎。

B 表

	样本量			景点一			景点二		
	总计	游览其他景点	%	名称	人数	%	名称	人数	%
全省	17459	9844	56.38	秦兵马俑	3166	18.13	大雁塔	2947	16.88
西安	5249	3386	64.51	大雁塔	1941	36.98	秦兵马俑	1305	24.86
铜川	458	284	62.01	照金景区	129	28.17	药王山	74	16.16
宝鸡	1876	912	48.61	法门寺	380	20.26	太白山	299	15.94
咸阳	2157	1041	48.26	袁家村关中印象体验地	529	24.52	马嵬驿民俗文化体验园	272	12.61
渭南	1640	784	47.8	华山风景名胜区	683	41.65	少华山国家森林公园	97	5.91
延安	1432	732	51.12	宝塔山	366	25.56	革命纪念馆	184	12.85
汉中	1021	703	68.85	古汉台	253	24.78	武侯祠	198	19.39
榆林	861	429	49.83	红石峡生态公园	231	26.83	白云山	173	20.09
安康	1121	544	48.53	南宫山	255	22.75	瀛湖生态旅游区	213	19.00
商洛	1333	598	44.86	柞水溶洞	353	26.48	金丝峡	333	24.98
杨凌	159	107	67.3	杨凌农林博览园	44	27.67	新天地农业科技示范园	41	25.79
韩城	152	88	57.89	党家村	72	47.37	司马迁祠	39	25.66

七、游客构成

（一）AB 表综合情况

1. 游客构成（AB 表）— 性别

从全省看，男性游客比例高于女性；到汉中的男性游客占全市总游客人数的 62.26%，最大，其次是到铜川的男性游客，为 60.87%，而到韩城的女性游客为 46.51%，为最高。

	总计	男		女	
		数量	%	数量	%
全省	34985	19676	56.24	15309	43.76
西安	10608	5848	55.13	4760	44.87
铜川	920	560	60.87	360	39.13
宝鸡	3756	2097	55.83	1659	44.17
咸阳	4249	2343	55.14	1906	44.86
渭南	3248	1892	58.25	1356	41.75
延安	2833	1547	54.61	1286	45.39
汉中	2165	1348	62.26	817	37.74
榆林	1708	1002	58.67	706	41.33
安康	2160	1159	53.66	1001	46.34
商洛	2715	1540	56.72	1175	43.28
杨凌	322	179	55.59	143	44.41
韩城	301	161	53.49	140	46.51

2. 游客构成（AB 表）— 性别对比

从 2014—2015 年游客性别对比情况来看，连续两年均是男性游客数量多于女性游客数量，2015 年女性游客数量略微上升，性别比例差距减少。

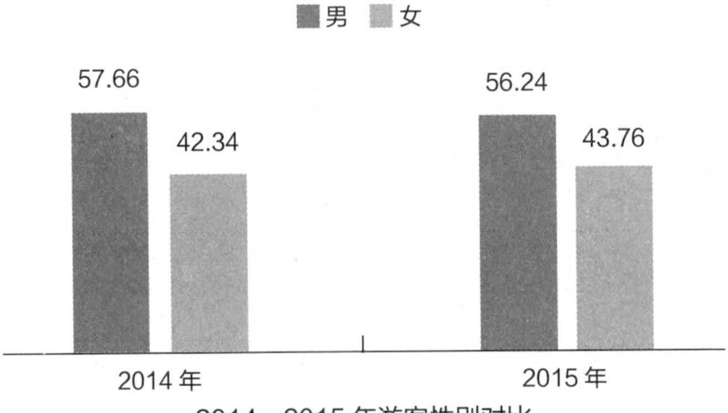

2014—2015 年游客性别对比

3. 游客构成（AB 表）— 旅游方式

全省家庭或者亲朋结伴游客比例最高，达到总游客人数 44.70%，西安以此方式旅游的游客占全市游客总数的 49.94%，为最；其他旅游方式最高比例如下：到延安的单位组织游客为全市游客总数的 8.93%，到咸阳由旅行社组织的游客为 12.92%，到宝鸡的个人旅行的游客为 38.42%。

		总计	单位组织	家庭或者亲朋结伴	旅行社组织	个人旅行	其他
数量	全省	34985	1922	15640	2057	9784	5582
	西安	10608	380	5298	519	2497	1914
	铜川	920	72	320	55	310	163
	宝鸡	3756	201	1487	204	1443	421
	咸阳	4249	252	1838	549	1002	608
	渭南	3248	209	1345	278	723	693
	延安	2833	253	1192	134	803	451
	汉中	2165	126	1025	70	807	137
	榆林	1708	71	652	61	583	341
	安康	2160	105	1037	31	557	430
	商洛	2715	209	1196	105	869	336
	杨凌	322	27	122	27	80	66
	韩城	301	17	128	24	110	22
构成（%）	全省		5.49	44.70	5.88	27.97	15.96
	西安		3.58	49.94	4.89	23.54	18.04
	铜川		7.83	34.78	5.98	33.70	17.72
	宝鸡		5.35	39.59	5.43	38.42	11.21
	咸阳		5.93	43.26	12.92	23.58	14.31
	渭南		6.43	41.41	8.56	22.26	21.34
	延安		8.93	42.08	4.73	28.34	15.92
	汉中		5.82	47.34	3.23	37.27	6.33
	榆林		4.16	38.17	3.57	34.13	19.96
	安康		4.86	48.01	1.44	25.79	19.91
	商洛		7.70	44.05	3.87	32.01	12.38
	杨凌		8.39	37.89	8.39	24.84	20.50
	韩城		5.65	42.52	7.97	36.54	7.31

4. 游客构成（AB 表）— 年龄

从全省看，25~44 岁游客占 55.25%，15~24 岁游客占 26.93%，其中到商洛的 25~44 岁游客占比最高，达到全市游客人数的 67.96%。

		总计	65 岁以上	45~64 岁	25~44 岁	15~24 岁	14 岁以下
数量	全省	34985	818	5099	19329	9421	318
	西安	10608	173	1384	6023	2980	48
	铜川	920	26	194	561	116	23
	宝鸡	3756	73	376	2324	947	36
	咸阳	4249	102	738	2145	1229	35
	渭南	3248	181	597	1514	919	37
	延安	2833	70	610	1201	926	26
	汉中	2165	43	267	1367	442	46
	榆林	1708	80	234	992	396	6
	安康	2160	23	289	1078	740	30
	商洛	2715	29	316	1845	503	22
	杨凌	322	10	34	128	145	5
	韩城	301	8	60	151	78	4
构成（%）	全省		2.34	14.57	55.25	26.93	0.91
	西安		1.63	13.05	56.78	28.09	0.45
	铜川		2.83	21.09	60.98	12.61	2.50
	宝鸡		1.94	10.01	61.87	25.21	0.96
	咸阳		2.40	17.37	50.48	28.92	0.82
	渭南		5.57	18.38	46.61	28.29	1.14
	延安		2.47	21.53	42.39	32.69	0.92
	汉中		1.99	12.33	63.14	20.42	2.12
	榆林		4.68	13.70	58.08	23.19	0.35
	安康		1.06	13.38	49.91	34.26	1.39
	商洛		1.07	11.64	67.96	18.53	0.81
	杨凌		3.11	10.56	39.75	45.03	1.55
	韩城		2.66	19.93	50.17	25.91	1.33

5. 游客构成（AB 表）— 年龄对比

从 2014—2015 年年龄对比情况来看，被访者 24 岁以下年龄段的人数数量上升，其他年龄段的人数数量下降。

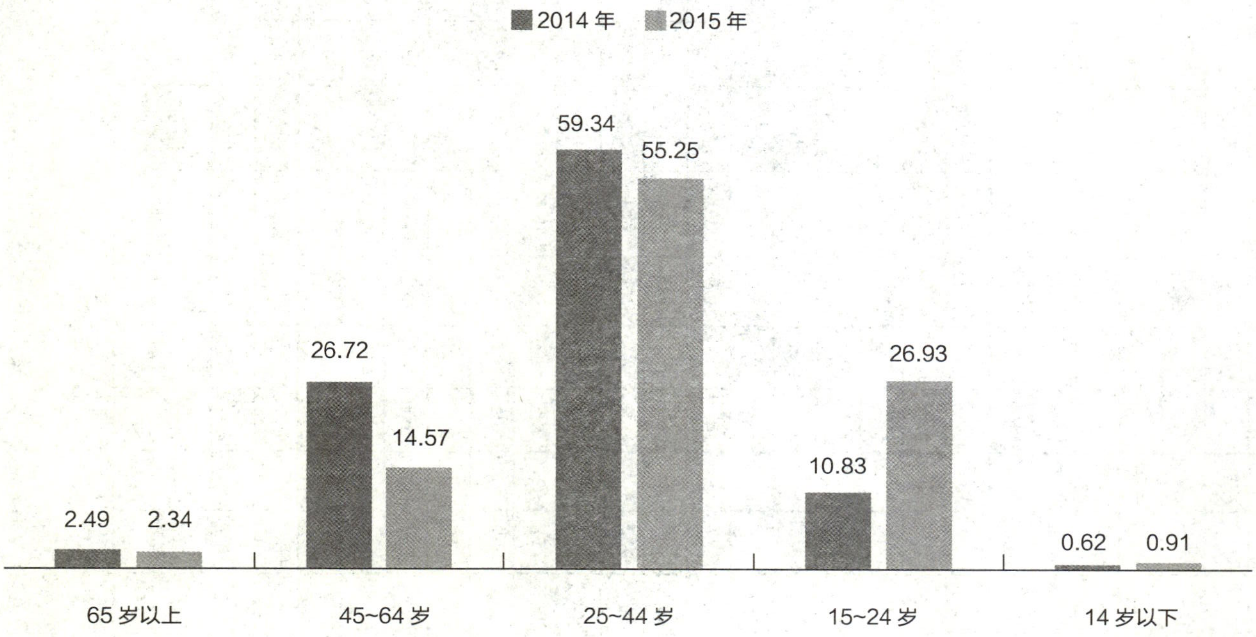

2014—2015 年游客年龄对比

6. 游客构成（AB 表）— 职业

全省企事业管理人员游客比例最高，为 18.06%，其中以到宝鸡的企事业管理人员游客占比最高，达到全市游客总数的 23.86%；全省游客中学生占总人数的 17.93%，服务销售人员占总人数的 15.95%。

		总计	公务员	企事业管理	专业/文教科技	服务销售人员	工人	农民	军人	学生	离退休人员	其他
数量	全省	34985	2164	6318	3799	5580	3351	1499	552	6274	1195	4253
	西安	10609	595	1910	1198	1689	721	280	246	2304	316	1349
	铜川	920	32	121	49	190	114	127	11	56	36	184
	宝鸡	3756	186	896	322	514	648	135	40	460	114	441
	咸阳	4249	281	896	503	763	393	179	48	649	107	430
	渭南	3248	181	358	251	375	506	208	45	811	107	406
	延安	2833	129	492	359	514	204	107	27	600	101	300
	汉中	2165	179	399	250	492	113	76	53	242	108	253
	榆林	1708	133	285	142	172	155	184	10	284	120	223
	安康	2160	95	322	163	343	240	120	21	376	65	415
	商洛	2715	323	561	496	449	218	48	35	301	95	189
	杨凌	322	9	34	43	29	15	18	9	129	12	24
	韩城	301	21	44	23	50	24	17	7	62	14	39
构成（%）	全省		6.19	18.06	10.86	15.95	9.58	4.28	1.58	17.93	3.42	12.16
	西安		5.61	18.00	11.29	15.92	6.80	2.64	2.32	21.72	2.98	12.72
	铜川		3.48	13.15	5.33	20.65	12.39	13.80	1.20	6.09	3.91	20.00
	宝鸡		4.95	23.86	8.57	13.68	17.25	3.59	1.06	12.25	3.04	11.74
	咸阳		6.61	21.09	11.84	17.96	9.25	4.21	1.13	15.27	2.52	10.12
	渭南		5.57	11.02	7.73	11.55	15.58	6.40	1.39	24.97	3.29	12.50
	延安		4.55	17.37	12.67	18.14	7.20	3.78	0.95	21.18	3.57	10.59
	汉中		8.27	18.43	11.55	22.73	5.22	3.51	2.45	11.18	4.99	11.69
	榆林		7.79	16.69	8.31	10.07	9.07	10.77	0.59	16.63	7.03	13.06
	安康		4.40	14.91	7.55	15.88	11.11	5.56	0.97	17.41	3.01	19.21
	商洛		11.90	20.66	18.27	16.54	8.03	1.77	1.29	11.09	3.50	6.96
	杨凌		2.80	10.56	13.35	9.01	4.66	5.59	2.80	40.06	3.73	7.45
	韩城		6.98	14.62	7.64	16.61	7.97	5.65	2.33	20.60	4.65	12.96

7. 游客构成（AB 表）— 职业对比

从 2014—2015 年游客职业对比情况来看，被访者为学生的数量上升最多，企事业管理和其他人员数量下降较多。

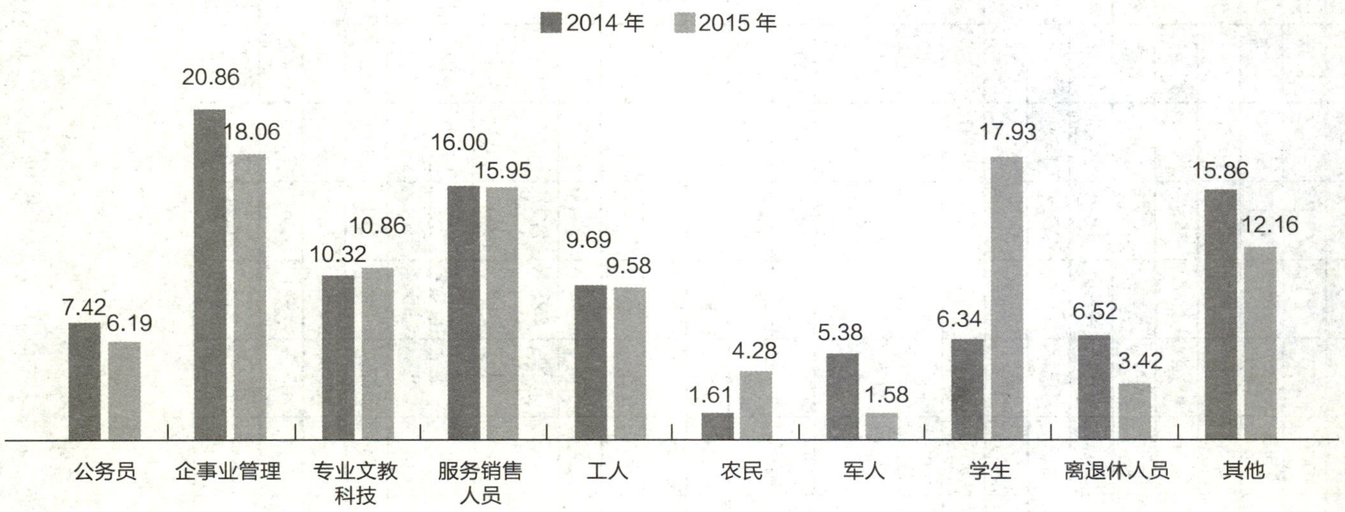

2014—2015 年游客职业对比

8. 游客构成（AB 表）— 旅游目的

全省观光旅游的游客达到了 46.15%，在各市区中到宝鸡的观光旅游的游客占全市总游客的 55.86 %，为首，到榆林的 53.04%，次之；全省休闲度假的游客占 24.32%，其中到咸阳的游客占全市总游客人数的 26.19%，为最高。

		总计	休闲度假	观光旅游	探亲访友	商务	会议	健康疗养	宗教朝拜	文体科技	其他
数量	全省	34985	8509	16147	3271	1887	1298	760	260	865	1988
	西安	10609	2702	5005	506	582	541	365	112	327	469
	铜川	920	173	209	206	147	20	22	15	12	116
	宝鸡	3756	750	2098	386	201	106	34	40	34	107
	咸阳	4249	1113	2011	451	208	132	47	8	74	205
	渭南	3248	833	1353	322	170	95	49	5	39	382
	延安	2833	609	1346	274	177	98	37	28	76	188
	汉中	2165	528	1071	171	73	99	24	5	108	86
	榆林	1708	246	906	231	67	36	35	13	33	141
	安康	2160	460	967	294	109	75	75	13	21	146
	商洛	2715	701	1202	358	102	78	57	16	96	105
	杨凌	322	72	136	24	16	11	7	2	35	19
	韩城	301	51	115	48	35	7	8	3	10	24
构成（%）	全省		24.32	46.15	9.35	5.40	3.71	2.17	0.74	2.47	5.69
	西安		25.47	47.18	4.77	5.49	5.10	3.44	1.06	3.08	4.42
	铜川		18.80	22.72	22.39	15.98	2.17	2.39	1.63	1.30	12.61
	宝鸡		19.97	55.86	10.28	5.35	2.82	0.91	1.06	0.91	2.85
	咸阳		26.19	47.33	10.61	4.90	3.11	1.11	0.19	1.74	4.82
	渭南		25.65	41.66	9.91	5.23	2.92	1.51	0.15	1.20	11.76
	延安		21.50	47.51	9.67	6.25	3.46	1.31	0.99	2.68	6.64
	汉中		24.39	49.47	7.90	3.37	4.57	1.11	0.23	4.99	3.97
	榆林		14.40	53.04	13.52	3.92	2.11	2.05	0.76	1.93	8.26
	安康		21.30	44.77	13.61	5.05	3.47	3.47	0.60	0.97	6.76
	商洛		25.82	44.27	13.19	3.76	2.87	2.10	0.59	3.54	3.87
	杨凌		22.36	42.24	7.45	4.97	3.42	2.17	0.62	10.87	5.90
	韩城		16.94	38.21	15.95	11.63	2.33	2.66	1.00	3.32	7.97

9. 游客构成（AB 表）— 居民身份

全省城镇居民游客占 67.13%，各市区中城镇居民游客以商洛的 78.12% 为首，汉中的 74.27% 次之；非城镇居民游客占比以杨凌为首，为 55.28%。

	总计	城镇居民		非城镇居民	
		数量	%	数量	%
全省	34985	23486	67.13	11496	32.86
西安	10609	7763	73.17	2846	26.83
铜川	920	512	55.65	408	44.35
宝鸡	3756	2399	63.87	1357	36.13
咸阳	4249	2858	67.26	1390	32.71
渭南	3248	1860	57.27	1388	42.73
延安	2833	1585	55.95	1248	44.05
汉中	2165	1608	74.27	557	25.73
榆林	1708	1077	63.06	631	36.94
安康	2160	1352	62.59	808	37.41
商洛	2715	2121	78.12	594	21.88
杨凌	322	144	44.72	178	55.28
韩城	301	210	69.77	91	30.23

10. 游客构成（AB 表）— 居民身份对比

2015 年城镇居民游客数量下降，非城镇居民游客数量上升。

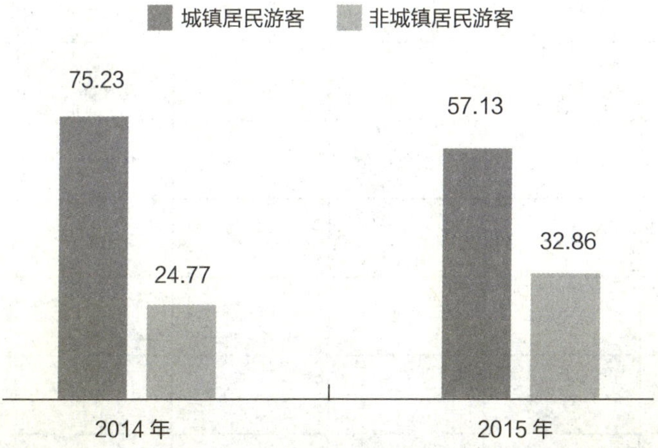

2014—2015 年游客居民身份对比

（二）A 表综合情况

1. 游客构成（A 表）— 性别

全省游客 57.05% 为男性，汉中男性游客占比最高，为全市游客总数的 66.78%；而女性游客到杨凌的占比最高，为 54.60%。

	总计	男		女	
		数量	%	数量	%
全省	17526	9998	57.05	7528	42.95
西安	5359	2929	54.66	2430	45.34
铜川	464	288	62.07	176	37.93
宝鸡	1880	1116	59.36	764	40.64
咸阳	2092	1176	56.21	916	43.79
渭南	1608	949	59.02	659	40.98
延安	1401	790	56.39	611	43.61
汉中	1144	764	66.78	380	33.22
榆林	847	486	57.38	361	42.62
安康	1039	576	55.44	463	44.56
商洛	1380	761	55.14	619	44.86
杨凌	163	74	45.40	89	54.60
韩城	149	89	59.73	60	40.27

2. 游客构成（A 表）—旅游方式

全省以家庭或者亲朋结伴为旅游方式的游客最多，占 38.78%，到西安的达到其游客总数的 45.34%；而到铜川由单位组织的游客为 10.34%，到咸阳由旅行社组织的游客为 17.45%，到汉中的个人旅行的游客为 45.19%。其他旅游方式的游客占比最大如下：

		总计	单位组织	家庭或者亲朋结伴	旅行社组织	个人旅行	其他
数量	全省	17526	1119	6796	1140	5459	3012
	西安	5359	271	2430	287	1353	1018
	铜川	464	48	128	46	162	80
	宝鸡	1880	111	714	63	792	200
	咸阳	2092	180	645	365	576	326
	渭南	1608	84	599	174	355	396
	延安	1401	131	512	49	488	221
	汉中	1144	47	452	41	517	87
	榆林	847	29	249	39	322	208
	安康	1039	69	427	2	314	227
	商洛	1380	121	559	35	470	195
	杨凌	163	14	31	20	59	39
	韩城	149	14	50	19	51	15
构成（%）	全省		6.38	38.78	6.50	31.15	17.19
	西安		5.06	45.34	5.36	25.25	19.00
	铜川		10.34	27.59	9.91	34.91	17.24
	宝鸡		5.90	37.98	3.35	42.13	10.64
	咸阳		8.60	30.83	17.45	27.53	15.58
	渭南		5.22	37.25	10.82	22.08	24.63
	延安		9.35	36.55	3.50	34.83	15.77
	汉中		4.11	39.51	3.58	45.19	7.60
	榆林		3.42	29.40	4.60	38.02	24.56
	安康		6.64	41.10	0.19	30.22	21.85
	商洛		8.77	40.51	2.54	34.06	14.13
	杨凌		8.59	19.02	12.27	36.20	23.93
	韩城		9.40	33.56	12.75	34.23	10.07

3. 游客构成（A 表）— 年龄

全省 25~44 岁游客达到了 57.52%，各市区此年龄段的游客占比以商洛为首，达到全市总游客人数的 74.49%，汉中 67.05% 次之；全省游客中 15~24 岁游客占 25.17%，45~64 岁游客占 14.12%。

		总计	65 岁以上	45~64 岁	25~44 岁	15~24 岁	14 岁以下
数量	全省	17526	402	2475	10081	4412	156
	西安	5359	95	712	3158	1367	27
	铜川	464	10	101	290	52	11
	宝鸡	1880	31	218	1198	417	16
	咸阳	2092	44	290	1093	649	16
	渭南	1608	93	324	763	408	20
	延安	1401	27	289	560	510	15
	汉中	1144	24	102	767	228	23
	榆林	847	50	125	514	155	3
	安康	1039	8	117	560	341	13
	商洛	1380	11	147	1028	186	8
	杨凌	163	5	19	68	69	2
	韩城	149	4	31	82	30	2
构成（%）	全省		2.29	14.12	57.52	25.17	0.89
	西安		1.77	13.29	58.93	25.51	0.50
	铜川		2.16	21.77	62.50	11.21	2.37
	宝鸡		1.65	11.60	63.72	22.18	0.85
	咸阳		2.10	13.86	52.25	31.02	0.76
	渭南		5.78	20.15	47.45	25.37	1.24
	延安		1.93	20.63	39.97	36.40	1.07
	汉中		2.10	8.92	67.05	19.93	2.01
	榆林		5.90	14.76	60.68	18.30	0.35
	安康		0.77	11.26	53.90	32.82	1.25
	商洛		0.80	10.65	74.49	13.48	0.58
	杨凌		3.07	11.66	41.72	42.33	1.23
	韩城		2.68	20.81	55.03	20.13	1.34

4. 游客构成（A 表）— 职业

全省 19.05% 的游客为企事业管理人员，17.82% 的游客为服务销售人员；其中到汉中的服务销售人员占全市总游客人数的 29.81%，在各市区中最高。

		总计	公务员	企事业管理	专业/文教科技	服务销售人员	工人	农民	军人	学生	离退休人员	其他
数量	全省	17526	1213	3339	1909	3124	1529	651	275	2823	607	2056
	西安	5360	343	993	616	822	362	136	124	1014	187	762
	铜川	464	18	69	12	130	56	73	6	11	17	72
	宝鸡	1880	119	504	177	294	316	39	16	199	62	154
	咸阳	2092	161	453	249	429	158	67	20	340	43	172
	渭南	1608	75	203	122	208	243	106	26	335	71	219
	延安	1401	64	248	167	277	97	41	14	353	45	95
	汉中	1144	96	217	92	341	34	13	26	136	29	160
	榆林	847	86	129	79	113	62	84	8	106	48	132
	安康	1039	37	154	84	212	101	63	12	171	36	169
	商洛	1380	197	322	279	249	78	16	13	83	56	87
	杨凌	163	5	25	21	12	11	9	5	55	7	13
	韩城	149	12	22	11	37	11	4	5	20	6	21
构成（%）	全省		6.92	19.05	10.89	17.82	8.72	3.71	1.57	16.11	3.46	11.73
	西安		6.40	18.53	11.49	15.34	6.75	2.54	2.31	18.92	3.49	14.22
	铜川		3.88	14.87	2.59	28.02	12.07	15.73	1.29	2.37	3.66	15.52
	宝鸡		6.33	26.81	9.41	15.64	16.81	2.07	0.85	10.59	3.30	8.19
	咸阳		7.70	21.65	11.90	20.51	7.55	3.20	0.96	16.25	2.06	8.22
	渭南		4.66	12.62	7.59	12.94	15.11	6.59	1.62	20.83	4.42	13.62
	延安		4.57	17.70	11.92	19.77	6.92	2.93	1.00	25.20	3.21	6.78
	汉中		8.39	18.97	8.04	29.81	2.97	1.14	2.27	11.89	2.53	13.99
	榆林		10.15	15.23	9.33	13.34	7.32	9.92	0.94	12.51	5.67	15.58
	安康		3.56	14.82	8.08	20.40	9.72	6.06	1.15	16.46	3.46	16.27
	商洛		14.28	23.33	20.22	18.04	5.65	1.16	0.94	6.01	4.06	6.30
	杨凌		3.07	15.34	12.88	7.36	6.75	5.52	3.07	33.74	4.29	7.98
	韩城		8.05	14.77	7.38	24.83	7.38	2.68	3.36	13.42	4.03	14.09

5. 游客构成（A 表）— 旅游目的

从构成看，全省观光旅游游客占 45.08%，在各市区中以观光旅游为目的的游客占比宝鸡为首，占全市总游客的 54.84%，榆林 52.18% 次之；全省休闲度假的游客占 22.78%，探亲访友的游客占 9.10%。

		总计	休闲度假	观光旅游	探亲访友	商务	会议	健康疗养	宗教朝拜	文体科技	其他
数量	全省	17526	3992	7900	1594	1147	719	408	117	481	1168
	西安	5360	1150	2530	281	373	317	192	49	190	278
	铜川	464	70	62	128	100	14	11	7	0	72
	宝鸡	1880	384	1031	182	130	59	26	16	15	37
	咸阳	2092	435	1064	210	119	77	28	5	56	98
	渭南	1608	334	681	159	89	51	27	4	17	246
	延安	1401	338	661	126	83	45	16	8	28	96
	汉中	1144	290	581	96	42	29	10	4	33	59
	榆林	847	102	442	88	49	25	25	7	17	92
	安康	1039	208	454	131	57	41	28	6	15	99
	商洛	1380	348	545	162	76	50	37	9	86	67
	杨凌	163	37	66	10	10	6	4	1	19	10
	韩城	149	25	55	21	19	5	4	1	5	14
构成（%）	全省		22.78	45.08	9.10	6.54	4.10	2.33	0.67	2.74	6.66
	西安		21.46	47.20	5.24	6.96	5.91	3.58	0.91	3.54	5.19
	铜川		15.09	13.36	27.59	21.55	3.02	2.37	1.51	0.00	15.52
	宝鸡		20.43	54.84	9.68	6.91	3.14	1.38	0.85	0.80	1.97
	咸阳		20.79	50.86	10.04	5.69	3.68	1.34	0.24	2.68	4.68
	渭南		20.77	42.35	9.89	5.53	3.17	1.68	0.25	1.06	15.30
	延安		24.13	47.18	8.99	5.92	3.21	1.14	0.57	2.00	6.85
	汉中		25.35	50.79	8.39	3.67	2.53	0.87	0.35	2.88	5.16
	榆林		12.04	52.18	10.39	5.79	2.95	2.95	0.83	2.01	10.86
	安康		20.02	43.70	12.61	5.49	3.95	2.69	0.58	1.44	9.53
	商洛		25.22	39.49	11.74	5.51	3.62	2.68	0.65	6.23	4.86
	杨凌		22.70	40.49	6.13	6.13	3.68	2.45	0.61	11.66	6.13
	韩城		16.78	36.91	14.09	12.75	3.36	2.68	0.67	3.36	9.40

6. 游客构成（A 表）— 居民身份

从游客构成看，全省的游客中城镇居民最多，占到 70.34%，在各市区中城镇居民游客占比以商洛的 83.41% 为首；全省非城镇居民游客占到 29.64%，在各市区中以杨凌的 53.37% 为首。

	总计	城镇居民		非城镇居民	
		数量	%	数量	%
全省	17526	12328	70.34	5195	29.64
西安	5360	4100	76.49	1260	23.51
铜川	464	254	54.74	210	45.26
宝鸡	1880	1365	72.61	515	27.39
咸阳	2092	1453	69.46	638	30.50
渭南	1608	977	60.76	631	39.24
延安	1401	848	60.53	553	39.47
汉中	1144	875	76.49	269	23.51
榆林	847	505	59.62	342	40.38
安康	1039	613	59.00	426	41.00
商洛	1380	1151	83.41	229	16.59
杨凌	163	76	46.63	87	53.37
韩城	149	114	76.51	35	23.49

（三）B 表综合情况

1. 游客构成（B 表）— 性别

从性别构成看，全省男性游客数量多于女性，在各市区中男性游客以杨凌占比为最高，占全区游客人数的 66.04%；而女性游客韩城占比最高，占全市游客总数的 52.63%。

	总计	男		女	
		数量	%	数量	%
全省	17459	9678	55.43	7781	44.57
西安	5249	2919	55.61	2330	44.39
铜川	456	272	59.65	184	40.35
宝鸡	1876	981	52.29	895	47.71
咸阳	2157	1167	54.10	990	45.90
渭南	1640	943	57.50	697	42.50
延安	1432	757	52.86	675	47.14
汉中	1021	584	57.20	437	42.80
榆林	861	516	59.93	345	40.07
安康	1121	583	52.01	538	47.99
商洛	1335	779	58.35	556	41.65
杨凌	159	105	66.04	54	33.96
韩城	152	72	47.37	80	52.63

2. 游客构成（B 表）— 旅游方式

全省游客中以家庭或者亲朋结伴为旅游方式的游客最多，为 50.66%，在各市区中，到杨凌的游客占比最高，为 57.23%；全省游客中个人旅行的占 24.77%，其他旅行方式占 14.72%。

		总计	单位组织	家庭或者亲朋结伴	旅行社组织	个人旅行	其他
数量	全省	17459	803	8844	917	4325	2570
	西安	5249	109	2868	232	1144	896
	铜川	456	24	192	9	148	83
	宝鸡	1876	90	773	141	651	221
	咸阳	2157	72	1193	184	426	282
	渭南	1640	125	746	104	368	297
	延安	1432	122	680	85	315	230
	汉中	1021	79	573	29	290	50
	榆林	861	42	403	22	261	133
	安康	1121	36	610	29	243	203
	商洛	1335	88	637	70	399	141
	杨凌	159	13	91	7	21	27
	韩城	152	3	78	5	59	7
构成（%）	全省		4.60	50.66	5.25	24.77	14.72
	西安		2.08	54.64	4.42	21.79	17.07
	铜川		5.26	42.11	1.97	32.46	18.20
	宝鸡		4.80	41.20	7.52	34.70	11.78
	咸阳		3.34	55.31	8.53	19.75	13.07
	渭南		7.62	45.49	6.34	22.44	18.11
	延安		8.52	47.49	5.94	22.00	16.06
	汉中		7.74	56.12	2.84	28.40	4.90
	榆林		4.88	46.81	2.56	30.31	15.45
	安康		3.21	54.42	2.59	21.68	18.11
	商洛		6.59	47.72	5.24	29.89	10.56
	杨凌		8.18	57.23	4.40	13.21	16.98
	韩城		1.97	51.32	3.29	38.82	4.61

3. 游客构成（B 表）— 年龄

从构成看，全省 25~44 岁游客最多，占 52.97%，15~24 岁游客次之，占 28.69%；在各市区中商洛的 25~44 岁游客占比为首，达到全市总游客人数的 61.20%。

		总计	65 岁以上	45~64 岁	25~44 岁	15~24 岁	14 岁以下
数量	全省	17459	416	2624	9248	5009	162
	西安	5249	78	672	2865	1613	21
	铜川	456	16	93	271	64	12
	宝鸡	1876	42	158	1126	530	20
	咸阳	2157	58	448	1052	580	19
	渭南	1640	88	273	751	511	17
	延安	1432	43	321	641	416	11
	汉中	1021	19	165	600	214	23
	榆林	861	30	109	478	241	3
	安康	1121	15	172	518	399	17
	商洛	1335	18	169	817	317	14
	杨凌	159	5	15	60	76	3
	韩城	152	4	29	69	48	2
构成（%）	全省		2.38	15.03	52.97	28.69	0.93
	西安		1.49	12.80	54.58	30.73	0.40
	铜川		3.51	20.39	59.43	14.04	2.63
	宝鸡		2.24	8.42	60.02	28.25	1.07
	咸阳		2.69	20.77	48.77	26.89	0.88
	渭南		5.37	16.65	45.79	31.16	1.04
	延安		3.00	22.42	44.76	29.05	0.77
	汉中		1.86	16.16	58.77	20.96	2.25
	榆林		3.48	12.66	55.52	27.99	0.35
	安康		1.34	15.34	46.21	35.59	1.52
	商洛		1.35	12.66	61.20	23.75	1.05
	杨凌		3.14	9.43	37.74	47.80	1.89
	韩城		2.63	19.08	45.39	31.58	1.32

4. 游客构成（B 表）— 职业

从职业构成看，全省学生游客占比最多，为 19.77%，企事业管理人员次之，为 17.06%；在各市区中杨凌的学生游客占 46.54%，为最高。

		总计	公务员	企事业管理	专业 / 文教科技	服务销售人员	工人	农民	军人	学生	离退休人员	其他
数量	全省	17459	951	2979	1890	2456	1822	848	277	3451	588	2197
	西安	5249	252	917	582	867	359	144	122	1290	129	587
	铜川	456	14	52	37	60	58	54	5	45	19	112
	宝鸡	1876	67	392	145	220	332	96	24	261	52	287
	咸阳	2157	120	443	254	334	235	112	28	309	64	258
	渭南	1640	106	155	129	167	263	102	19	476	36	187
	延安	1432	65	244	192	237	107	66	13	247	56	205
	汉中	1021	83	182	158	151	79	63	27	106	79	93
	榆林	861	47	156	63	59	93	100	2	178	72	91
	安康	1121	58	168	79	131	139	57	9	205	29	246
	商洛	1335	126	239	217	200	140	32	22	218	39	102
	杨凌	159	4	9	22	17	4	9	4	74	5	11
	韩城	152	9	22	12	13	13	13	2	42	8	18
构成（%）	全省		5.45	17.06	10.83	14.07	10.44	4.86	1.59	19.77	3.37	12.58
	西安		4.80	17.47	11.09	16.52	6.84	2.74	2.32	24.58	2.46	11.18
	铜川		3.07	11.40	8.11	13.16	12.72	11.84	1.10	9.87	4.17	24.56
	宝鸡		3.57	20.90	7.73	11.73	17.70	5.12	1.28	13.91	2.77	15.30
	咸阳		5.56	20.54	11.78	15.48	10.89	5.19	1.30	14.33	2.97	11.96
	渭南		6.46	9.45	7.87	10.18	16.04	6.22	1.16	29.02	2.20	11.40
	延安		4.54	17.04	13.41	16.55	7.47	4.61	0.91	17.25	3.91	14.32
	汉中		8.13	17.83	15.48	14.79	7.74	6.17	2.64	10.38	7.74	9.11
	榆林		5.46	18.12	7.32	6.85	10.80	11.61	0.23	20.67	8.36	10.57
	安康		5.17	14.99	7.05	11.69	12.40	5.08	0.80	18.29	2.59	21.94
	商洛		9.44	17.90	16.25	14.98	10.49	2.40	1.65	16.33	2.92	7.64
	杨凌		2.52	5.66	13.84	10.69	2.52	5.66	2.52	46.54	3.14	6.92
	韩城		5.92	14.47	7.89	8.55	8.55	8.55	1.32	27.63	5.26	11.84

5. 游客构成（B 表）— 旅游目的

从构成看，全省观光旅游游客占 47.24%，为最多，休闲度假的游客数量次之，占 25.87%；在各市区中观光旅游的游客数量占比以宝鸡为首，占全市游客总人数的 56.88%，休闲度假的游客数量占比以咸阳为首，占 31.43%。

		总计	休闲度假	观光旅游	探亲访友	商务	会议	健康疗养	宗教朝拜	文体科技	其他
数量	全省	17459	4517	8247	1677	740	579	352	143	384	820
	西安	5249	1552	2475	225	209	224	173	63	137	191
	铜川	456	103	147	78	47	6	11	8	12	44
	宝鸡	1876	366	1067	204	71	47	8	24	19	70
	咸阳	2157	678	947	241	89	55	19	3	18	107
	渭南	1640	499	672	163	81	44	22	1	22	136
	延安	1432	271	685	148	94	53	21	20	48	92
	汉中	1021	238	490	75	31	70	14	1	75	27
	榆林	861	144	464	143	18	11	10	6	16	49
	安康	1121	252	513	163	52	34	47	7	6	47
	商洛	1335	353	657	196	26	28	20	7	10	38
	杨凌	159	35	70	14	6	5	3	1	16	9
	韩城	152	26	60	27	16	2	4	2	5	10
构成（%）	全省		25.87	47.24	9.61	4.24	3.32	2.02	0.82	2.20	4.70
	西安		29.57	47.15	4.29	3.98	4.27	3.30	1.20	2.61	3.64
	铜川		22.59	32.24	17.11	10.31	1.32	2.41	1.75	2.63	9.65
	宝鸡		19.51	56.88	10.87	3.78	2.51	0.43	1.28	1.01	3.73
	咸阳		31.43	43.90	11.17	4.13	2.55	0.88	0.14	0.83	4.96
	渭南		30.43	40.98	9.94	4.94	2.68	1.34	0.06	1.34	8.29
	延安		18.92	47.84	10.34	6.56	3.70	1.47	1.40	3.35	6.42
	汉中		23.31	47.99	7.35	3.04	6.86	1.37	0.10	7.35	2.64
	榆林		16.72	53.89	16.61	2.09	1.28	1.16	0.70	1.86	5.69
	安康		22.48	45.76	14.54	4.64	3.03	4.19	0.62	0.54	4.19
	商洛		26.44	49.21	14.68	1.95	2.10	1.50	0.52	0.75	2.85
	杨凌		22.01	44.03	8.81	3.77	3.14	1.89	0.63	10.06	5.66
	韩城		17.11	39.47	17.76	10.53	1.32	2.63	1.32	3.29	6.58

6. 游客构成（B 表）— 居民身份

从居民身份构成看，全省的城镇居民游客最多，占到 63.91%。在各市区城镇居民游客占比以商洛的 72.66% 为首，非城镇居民游客占比以杨凌的 57.23% 为首。

	总计	城镇居民		非城镇居民	
		数量	%	数量	%
全省	17459	11158	63.91	6301	36.09
西安	5249	3663	69.78	1586	30.22
铜川	456	258	56.58	198	43.42
宝鸡	1876	1034	55.12	842	44.88
咸阳	2157	1405	65.14	752	34.86
渭南	1640	883	53.84	757	46.16
延安	1432	737	51.47	695	48.53
汉中	1021	733	71.79	288	28.21
榆林	861	572	66.43	289	33.57
安康	1121	739	65.92	382	34.08
商洛	1335	970	72.66	365	27.34
杨凌	159	68	42.77	91	57.23
韩城	152	96	63.16	56	36.84

八、样本情况

（一）基本情况

全省有效样本率为 98.49%，在各市区中渭南为 98.81%，最高；韩城为 96.17%，最低。

	旅游调查			
	样本量	有效	有效（%）	无效
全省	35523	34985	98.49	538
西安	10751	10608	98.67	143
铜川	946	920	97.25	26
宝鸡	3808	3756	98.63	52
咸阳	4302	4249	98.77	53
渭南	3287	3248	98.81	39
延安	2876	2833	98.50	43
汉中	2222	2165	97.43	57
榆林	1733	1708	98.56	25
安康	2190	2160	98.63	30
商洛	2761	2715	98.33	46
杨凌	334	322	96.41	12
韩城	313	301	96.17	12

（二）A 表样本情况

全省 A 表的有效率为 98.44%，在各市区中宝鸡为 98.69%，最高；韩城为 95.51%，最低。

	旅游调查（A）- 住宿			
	样本量	有效	有效（%）	无效
全省	17804	17526	98.44	278
西安	5435	5359	98.60	76
铜川	478	464	97.07	14
宝鸡	1905	1880	98.69	25
咸阳	2122	2092	98.59	30
渭南	1635	1608	98.35	27
延安	1422	1401	98.52	21
汉中	1168	1144	97.95	24
榆林	859	847	98.60	12
安康	1056	1039	98.39	17
商洛	1401	1380	98.50	21
杨凌	167	163	97.60	4
韩城	156	149	95.51	7

（三）B 表样本情况

全省 B 表的有效率为 98.53%，在各市区中渭南为 99.27%，最高；杨凌为 95.21%，最低。

	旅游调查 (B)- 景点			
	样本量	有效	有效（%）	无效
全省	17719	17459	98.53	260
西安	5316	5249	98.74	67
铜川	468	456	97.44	12
宝鸡	1903	1876	98.58	27
咸阳	2180	2157	98.94	23
渭南	1652	1640	99.27	12
延安	1454	1432	98.49	22
汉中	1054	1021	96.87	33
榆林	874	861	98.51	13
安康	1134	1121	98.85	13
商洛	1360	1335	98.16	25
杨凌	167	159	95.21	8
韩城	157	152	96.82	5

全省入境旅游抽样调查分析报告

陕西省旅游局

为科学准确地反映2015年全省入境旅游业的总体状况，我局按照国家旅游局的统一部署，于2015年4—7月在西安、咸阳等市的旅游住宿单位和旅行社，组织实施了入境游客花费情况抽样调查。现将抽样调查的有关情况、数据及结果分析报告一一列出：

一、2015年入境游客抽样调查情况

入境游客花费情况抽样调查是纳入《旅游统计调查制度》的国家统计调查项目，调查工作在我省的西安市和咸阳市的11家四星级、五星级酒店和3家旅行社进行。调查问卷按中、英、日、韩、俄等6种语种印制发放。

入境游客花费抽样调查的对象是到我省的外国人、香港同胞、澳门同胞和台湾同胞，调查内容主要包括：游客的主要特征、在陕停留时间、在陕的旅游花费和构成、入境旅游的方式、在陕的行程和流向以及对旅游住宿单位的选择等。

二、2015年入境游客抽样调查样本情况

2015年度入境游客花费抽样调查，陕西地区计划从11个星级宾馆调查入境过夜游客样本1290个，实际调查游客样本1296个。同时，计划从3家旅行社调查45个入境团队，实际调查46个团队，其中有效游客样本1296个，有效团队样本46个。

三、抽样调查的基本结果

（一）抽样人数构成

本次调查共获得有效样本1296个。样本分布如下：

1. 按客源地分

在1296名入境游客中，外国游客1137人，占87.73%；香港同胞83人，占6.4%；

澳门同胞21人，占1.62%；台湾同胞55人，占4.24%。

2. 外国游客按国别分

在接受调查的1137名外国游客中，人数最多的前10个国家的游客占比：韩国206人，占18.12%；美国197人，占17.33%；日本133人，占11.70%；德国82人，占7.21%；英国67人，占5.89%；澳大利亚66人，占5.80%；法国48人，占4.22%；新加坡46人，占4.05%；加拿大30人，占2.64%；其他国家38人，占3.34%。上述10个国家的游客占全部外国游客样本的80.3%；其他20个国家的游客240人，占外国游客样本总数的19.7%。

3. 按旅游方式分

在1296名游客中，团队游客623人，占48.07%；散客673人，占51.93%。

4. 按过夜和一日游游客分

在1296名游客中，过夜游客1273人，占98.23%；一日游（不过夜）游客23人，占1.77%。

5. 按性别分

在接受调查的1296个游客样本中，男性游客743人，占57.33%；女性游客553人，占42.67%。

6. 按年龄分

在接受调查的1296个样本中，14岁及以下的游客7人，占0.54%；15~24岁的95人，占7.33%；25~44岁的449人，占34.65%；45~64岁的538人，占41.51%；65岁及以上的207人，占15.97%。

7. 按职业分

在接受调查的1296个样本中，服务员/推销员47人，占3.63%；技工/工人43人，占3.32%；家庭妇女97人，占7.48%；军人4人，占0.31%；商贸人员162人，占12.50%；退休人员156人，占12.04%；学生74人，占5.71%；政府工作人员95人，占7.33%；职员251人，占19.37%；专业技术人员225人，占17.36%；其他人员142人，占10.96%。

8. 按旅游目的分

在接受调查的1296个样本中，参加会议的游客71人，占5.48%；购物的游客5人，占0.39%；观光游览的游客629人，占48.53%；进行商务活动的游客200人，占15.43%；探亲访友的游客46人，占3.55%；文体科技交流的游客22人，占1.70%；休闲度假的游客256人，占19.75%；医疗保健的游客1人，占0.08%；宗教朝拜的游客3人，占0.23%；其他目的的游客63人，占4.86%。

（二）入境游客在陕停留时间及花费构成

1. 按过夜时间算

2015 年过夜游客平均过夜天数为 3.08 天，比上年增加 0.48 天，其中团队游客平均过夜 2.32 天，比上年减少 0.11 天，散客平均过夜 3.81 天，比上年提高 0.86 天。

在全部过夜游客中，98.43% 的游客入住宾馆或饭店；入住其他住宿设施的游客占比为 1.57%，比例较上年有所下降。在这一点上，团队游客与散客没有明显差异。

2. 按外国游客、港、澳、台同胞划分

外国游客平均过夜天数 3.16 天，香港同胞 2.36 天，澳门同胞 2.06 天，台湾同胞 3.01 天。

3. 按入境游客性别划分

男性游客平均过夜天数 3.47 天，女性游客 2.59 天。

4. 按入境游客年龄划分

14 岁及以下游客平均过夜天数 1.57 天，15~24 岁游客 2.40 天，25~44 岁游客 3.72 天，45~64 岁游客 2.88 天，65 岁及以上游客 2.64 天。

5. 按游客职业划分

服务员 / 推销员平均过夜天数 2.25 天，技工 / 工人 5.5 天，家庭妇女 2.36 天，军人 3.17 天，商贸人员 2.67 天，退休人员 2.53 天，学生 2.45 天，政府工作人员 2.55 天，职员 3.55 天，专业技术人员 4.35 天，其他人员 2.4 天。

6. 按游客旅游目的划分

以购物为目的的游客平均过夜天数 2.4 天，以观光旅游为目的的游客 2.31 天，以参加会议为目的游客 3.21 天，以商务活动为目的的游客 5.28 天，以探亲访友为目的的游客 3.15 天，以文化交流为目的的游客 3.56 天，以休闲度假为目的的游客 2.66 天，以医疗保健为目的的游客 2.0 天，以宗教朝拜为目的的游客 2.5 天，以其他为目的的游客 6.75 天。

7. 过夜游客不同停留天数人数构成

停留时间在 1~3 天的游客占 82.09%，4~6 天的占 12.41%，7~9 天的占 0.94%，10 天及以上的仅占 4.56%。

8. 入境游客的花费构成

入境过夜游客的花费总体构成情况：

入境过夜游客花费主要是长途交通费（占 37.99%）、住宿费（占 20.71%）、购物费（占 14.05%）及其他费用（占 13.34%），上述四项占到游客总花费的 86.10%。比重最小的三项分别是通讯费（0.62%）、娱乐费（1.57%）和市内交通费（1.91%）。

团队游客花费构成与散客明显不同。团队游客长途交通费（39.01%）、购物花费（32.54%）在总花费中所占比重明显高于散客（分别为34.11%、9.26%），而散客住宿花费（30.43%）、餐饮花费（7.54%）在总花费中所占比重明显高于团队游客（分别为7.88%、3.97%）。此外，团队游客承担的其他费用（如旅行社劳务费等，占16.95%）明显高于散客（10.61%）。

旅行社全部收费即团队游客一次性缴纳的团费，其使用构成反映团队游客团费的使用构成。旅行社团费收入中代收费占到95.13%，旅行社劳务费仅占4.87%；代收费中各项费用比重由高到低依次是长途交通费68.98%，住宿费12.22%，餐饮费6.21%，旅游门票费6.11%，市内交通费3.8%，文化娱乐、保险及其他费用共2.67%。

（三）入境游客来陕西旅游的次数

2015年入境游客来陕次数的总体情况是：以第1次来陕为主，占入境过夜游客的79.65%，第2~3次来陕旅游的占14.69%，4次及以上的占5.66%。

其中：

按游客性别来分析：76.71%的男性游客、83.61%的女性游客第1次来陕西；

按游客年龄来分析：14岁及以下游客中的83.33%、15~24岁游客中的87.78%、25~44岁游客中的76.87%、45~64岁游客中的80.41%、65岁及以上游客中的80.0%第1次来陕西。

按游客客源来分析：外国游客中的79.73%、香港同胞游客中的76.92%、澳门同胞游客中的90.48%、台湾同胞游客中的77.78均为第1次来陕西。

按游客职业来分析：服务员/推销员中的87.23%、技工/工人中的78.05%、家庭妇女中的84.21%、军人中的100.00%、商贸人员中的76.1%、退休人员中的87.74%、学生中的90.28%、政府工作人员中的83.33%、职员中的76.42%、专业技术人员中的67.71%、其他人员中的85.82%均为第1次来陕西旅游。

按游客旅游目的来分析：以购物为目的的游客中的100.00%、以观光旅游为目的的游客中的89.11%、以参加会议为目的游客中的68.57%，以商务活动为目的的游客中的50.51%、以探亲访友为目的的游客中的65.22%、以文化科技交流为目的的游客中的54.55%、以休闲度假为目的的游客中的86.90%、以宗教朝拜为目的的游客中的100.0%、以医疗保健为目的的游客中的100.00%，以其他为目的的游客中的79.03%均为第1次来陕西。

（四）入境游客的流向

1. 入境游客的来源和去向

本次调查显示，游客来源前10位国家或地区依次是北京、韩国、上海、日本、香港、成都、西安、杭州、台湾、深圳、美国；去向排前10的国家或地区分别是北京、上海、韩国、日本、桂林、香港、杭州、成都、台湾、深圳、美国。

2. 入境游客的流向排名

前 80% 游客的流量表明，流量排名前 10 的是：1. 北京来去北京 12.69%；2. 韩国来回韩国 11.16%；3. 北京来去上海 8.32%；4. 日本来去日本 5.55%；5. 北京来去桂林 5.14%；6. 上海来去北京 3.9%；7. 北京来去杭州 3.54%；8. 香港来去香港 3.07%；9. 西安来去西安 2.95%；10. 北京来去成都 2.66%。以上 10 个流向的游客占全部游客的 58.97%。

2015 年陕西旅游投资分析报告

陕西省旅游局

2015 年是“十二五”收官之年，在陕西省委、省政府的领导下，全省旅游行业认真贯彻落实《国务院办公厅关于进一步促进旅游投资和消费的若干意见》（国办发〔2015〕62 号）和全省旅游工作会议精神，全面抢抓丝绸之路经济带新起点建设机遇，按照“2336”发展思路，大力推进旅游业提档升级、提质增效，旅游业发展势头强劲，提前一年完成了“十二五”规划任务。

一、2015 年旅游业发展概括

2015 年全省旅游业发展取得显著成效，谱写了旅游业发展新篇章，为“三个陕西”建设再增光彩。全年接待境内外旅游者 3.86 亿人次，同比增长 16.1%，旅游业总收入 3005.8 亿元，同比增长 19.2%。接待入境过夜旅游者 293 万人次，外汇收入 16 亿美元，同比分别增长 10% 和 13%。

（一）旅游产业地位更加凸显

陕西省委、省政府高度重视旅游业发展，把旅游业作为战略性支柱产业来谋划、推进。出台了《陕西省关于促进旅游业改革发展的实施意见》《陕西省人民政府办公厅关于促进旅游投资和消费的实施意见》等一批推动旅游业发展的重要文件，批准建立了陕西省旅游工作联席会议制度。省人大审议通过了《陕西省旅游条例》。大多数市区召开了旅游产业发展大会，增加了旅游发展基金，韩城市和石泉县在全省率先成立了旅游发展委员会。

（二）旅游产业发展迈上新台阶

旅游产品结构不断优化，休闲度假产品及新业态旅游产品供给更加丰富。全省现有 A 级旅游景区 312 家，其中 5A 级景区 7 家。旅游商品研发基地发展到 4 家，全省每年研发旅游商品 1500 余种，旅游商品连续 3 年在中国旅游商品大赛中获得金银铜大奖。旅游星级饭店 382 家，其中五星级饭店 18 家。旅行社 775 家，陕西中旅、西北中旅入围全国百强旅行社。陕旅集团、陕文投集团、曲文投集团、西旅集团等旅游大型企业集团快速发展。

（三）旅游品牌影响力持续增强

积极打造和推广中华文明、中国革命、中华地理的精神标识和自然标识之旅线路。成功承办了丝绸之路旅游部长会议暨第七届联合国世界旅游组织丝绸之路旅游国际大会、“美丽中国—2015 丝绸之路旅游年”启动仪式和长征精神红色旅游火炬全国活动火炬汇集仪式，圆满举办了 2015 中国西安丝绸之路国际旅游博览会、第三届“秦岭与黄河对话”活动。

（四）乡村旅游发展势头强劲

坚持“因地制宜、错位发展”的原则，狠抓旅游示范县、文化旅游名镇、旅游村建设。袁家村、马嵬驿等模式成为行业典型，黄金周每天游客流量达到 7 万 ~10 万人次，梁家河村成为全国乡村旅游扶贫工作典型。袁家村被评为“全国乡村旅游创客示范基地”。创建国家级休闲农业和乡村旅游示范县 5 个、中国乡村旅游模范村 27 个、中国乡村旅游金牌农家乐 300 家。

（五）旅游服务及环境持续优化

全省新建、改造游客服务中心及游客服务咨询点 190 余个，停车场 110 余个，旅游厕所 1300 余座，汽车营地 10 余个，旅游舒适、便利性程度进一步提高。景区质量服务提升年活动扎实有效，A 级景区退出机制逐渐完善。深入贯彻落实《中华人民共和国旅游法》，推进依法治旅。狠抓旅游市场秩序监管工作，全面净化旅游环境，切实维护了旅游消费者和旅游经营者的合法权益。

二、2015 年旅游投资情况

旅游投资是驱动旅游产业发展的直接动力，是扩大旅游供给的物质基础。2015 年全省旅游投资大幅增长，各类资金投资旅游业力度明显加大，一批大项目建成运营，为陕西旅游业发展贡献了力量。

（一）旅游投资规模

旅游项目数量和投资规模再创新高。2015 年全省新建、在建项目 583 个，完成投资 633.85 亿元，同比分别增长 25%、26.7%。陕西省全社会固定资产投资 20400 亿元，第三产业投资 12810 亿元，同比分别增长 9%、8.1%。旅游投资增速比社会固定资产投资和第三产业投资增速分别高出 17.7%、18.6%。投资份额占全社会固定资产投资和第三产业投资的比重分别为 3.11% 和 4.95%。“十二五”期间全省累计完成项目 2100 余个，完成投资 1721.04 亿元，比“十一五”期间分别增长 69.5%和 222%。

表 1 2011—2015 年旅游投资与固定资产投资、第三产业投资

年度	旅游业投资	固定资产投资	占固定资产投资的比例	第三产业投资	占第三产业投资的比例
2011	158.76	9920	1.60%	5800	2.74%
2012	221.6	12840	1.73%	7208	3.10%
2013	330.6	15583	2.10%	9420	3.50%
2014	480	18356	2.61%	10250	4.68%
2015	633.8	20400	3.11%	12810	4.95%

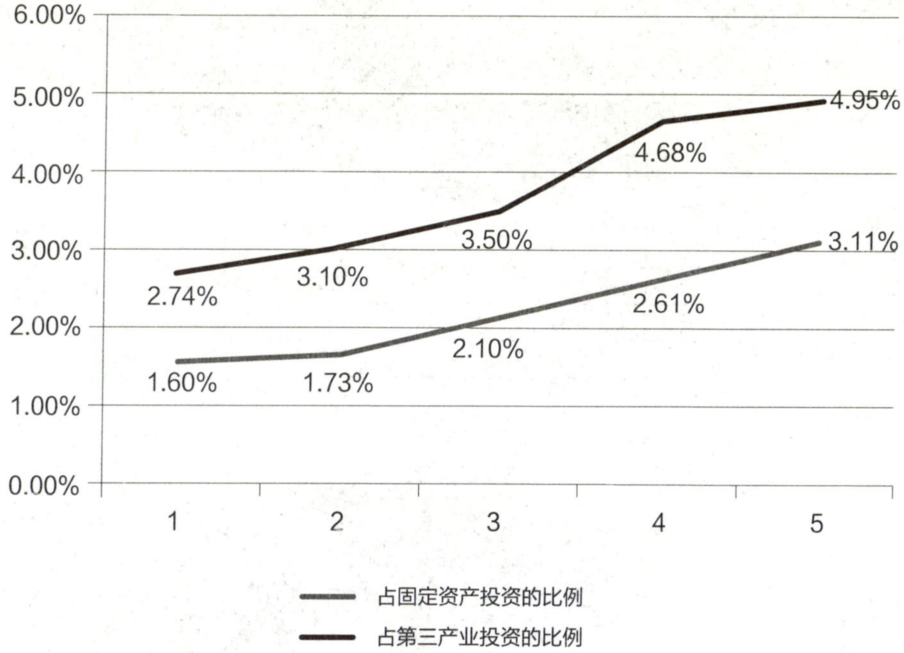

图 1 2011—2015 年旅游投资占固定资产投资、第三产业投资比重变化图

（二）旅游项目建设情况

2015 年，全省坚定不移地实施项目带动战略，旅游大项目带动作用明显。其中宝鸡渭河“百里画廊”、太白山国际旅游度假区、岐山周文化景区、渭北葡萄产业园、大荔沙苑文化旅游观光度假区、安康瀛湖、韩城党家村整体开发等项目投资超过 10

亿元；富平国际陶艺文化旅游产业园区世界陶艺小镇、延安圣地河谷文化旅游产业园区“金延安”板块、铜川全域旅游、汉中兴元生态旅游示范区汉文化建设项目、商於古道文化景区项目、韩城司马迁文化景区等项目投资超过50亿元；乐华城国际欢乐度假区二期、丝绸之路风情城、商洛美丽乡村建设等项目投资超过百亿元。这些旅游项目的实施为全省形成旅游项目集群和打造旅游产业高地奠定了基础，为进一步推动全省旅游产业发展提供了支撑。

（三）旅游投资总体特点及结构分析

1. 旅游投资空间分布

从陕西旅游投资的空间格局来看，关中地区仍然是陕西旅游投资的密集区。如下表所示，2015年，关中地区旅游投资规模最大，达到了424.2亿元，占全省旅游投资总额的67%；陕北地区旅游投资总额最少，全年投资34.45亿元，占5.3%；陕南地区投资175.2亿元，占27.7%。关中、陕北和往年相比稳中有进，陕南地区则有较大幅度的增长，成为陕西旅游投资的潜力区域。2015年，陕南旅游投资总额比去年同期增长73%，远高于关中地区，成为全省旅游投资的热点地区。

表2　2015年陕西旅游投资地区特征表

地区	关中	陕北	陕南
2014年投资额（亿元）	387.75	19.74	100.95
2015年投资额（亿元）	424.2	34.45	175.2
比例（%）	67.0	5.3	27.7

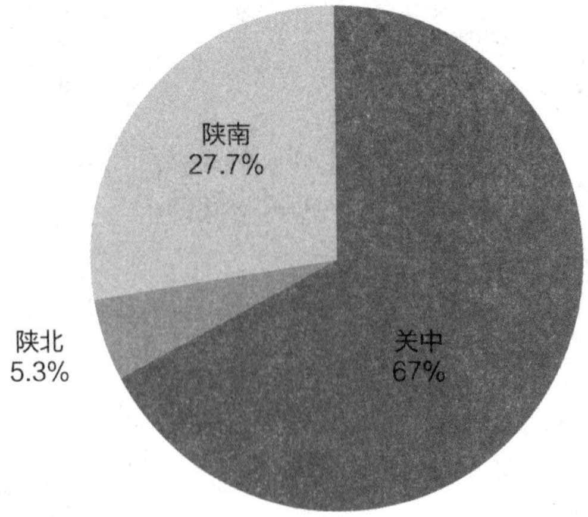

图2　2015年陕西旅游投资空间分布图

2. 旅游投资主体结构

投资资金一般来源于政府、企业、银行、海外四个渠道。从陕西旅游投资现状来看，政府和企业投资额度比较大，其中政府财政投资 136.6 亿元，占总投资的 20.9%；企业投资 506.79 亿元，占总投资的 77.7%；银行和海外投资较少，总额约为 7.8 亿元。和去年相比，政府财政投资略有下降；而企业投资则增加了近 100 亿元，比例大幅度上升；银行和海外投资增速不明显。

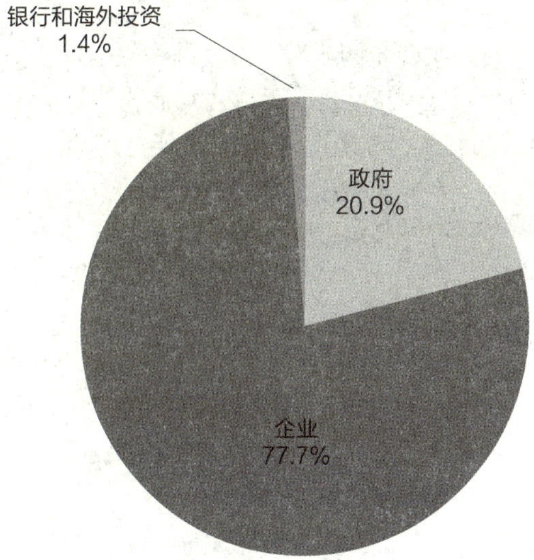

图 3　2015 年陕西旅游投资资金来源分布图

3. 旅游投资资金流向

全省旅游投资主要用于以下几个方面：一是旅游基础设施建设项目，完成投资 233.51 亿元，同比增长 39%；二是旅游景区建设，完成投资 281.76 亿元，同比增长 21%；三是旅游宾馆、饭店建设，完成投资 81.95 亿元，同比增长 20.1%；四是旅游车船建设，完成投资 4.83 亿元，同比增长 20.5%；五是乡村旅游建设，完成投资 79.48 亿元，同比增长 310.2%；六是其他方面流向，旅游咨询服务设施、旅游安全设施建设和旅游人才培训等，完成投资 31.43 亿元，同比增长 56%。

表3 2015年陕西旅游投资分类表

	2014年	2015年	增长率	投资比重
旅游基础设施	168	233.51	39.0%	32.5%
旅游景区	232.75	281.76	21.0%	39.2%
宾馆饭店	68.25	81.95	20.1%	11.4%
旅游车船	4.01	4.83	20.5%	0.7%
乡村旅游	19.375	79.48	310.2%	11.1%
其他	20.15	31.43	56.0%	4.4%

从旅游投资的流向看，主要流向旅游基础设施和旅游景区。其中旅游基础设施占投资总额的32.5%，旅游景区占39.2%，两者占旅游投资总额的71.7%；宾馆饭店、乡村旅游分别占11.4%和11.1%，而其他、旅游车船所占份额较小。从增长趋势来看，旅游基础设施、旅游景区、乡村旅游投资增长速度较快，尤其是乡村旅游，近几年有较大幅度上升，成为旅游投资的热点。

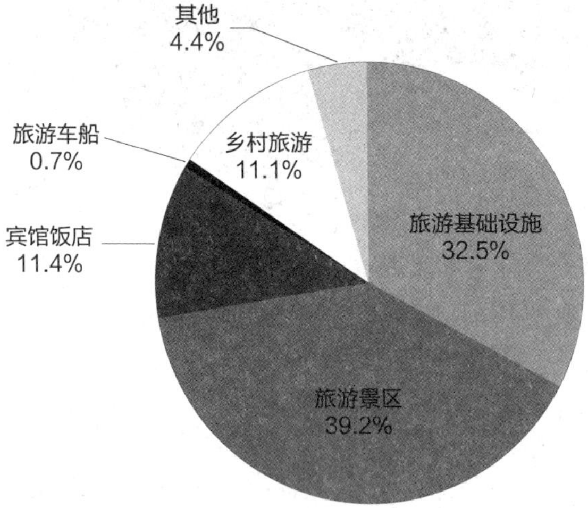

图4 2015年陕西旅游投资资金流向图

4. 旅游投资业态分布

2015年，文化类旅游项目167个，总投资189.51亿元；休闲度假类旅游项目116个，总投资161.18亿元；生态旅游项目91个，总投资112.57亿元；红色旅游项目 51 个，总投资 55.7 亿元；乡村旅游项目 82 个，总投资 79.42 亿元；其他旅游项目 76 个，总投资 35.48 亿元。从投资业态来看，主要流向文化类旅游项目和休闲度假类旅游项目。前者反映了陕西的旅游资源优势，后者反映了当前国民休闲度假旅游的发展趋势。

表 4　2015 年陕西旅游投资业态表

项目分类	个数（个）	投资额（亿元）	投资比重（%）
文化类旅游项目	167	189.51	29.90%
休闲度假类旅游项目	116	161.18	25.43%
生态旅游项目	91	112.57	17.76%
红色旅游项目	51	55.7	8.71%
乡村旅游项目	82	79.42	12.53%
其他（含规划）	76	35.48	5.60%
合计	583	633.86	100

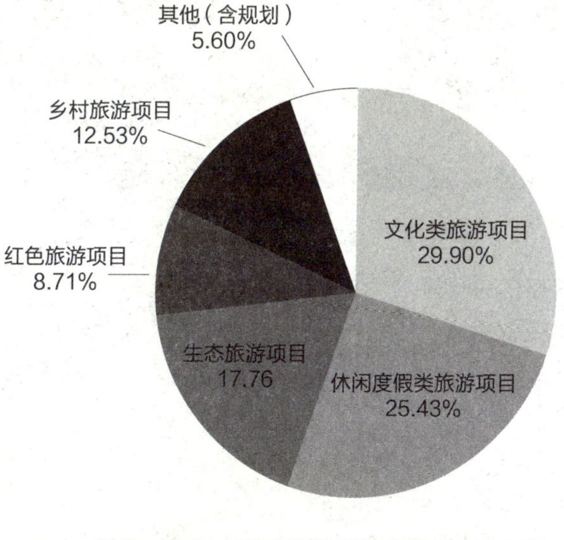

图 5　2015 年陕西旅游投资项目业态流向图

5．旅游投资区域结构

从全省 13 个市区来看，投资前 3 位的是宝鸡、商洛、西咸新区，投资额分别是 111.97 亿元、87.42 亿元和 83.27 亿元。其中商洛比去年同期增长了 56%，西咸新区总投资是去年的 3.24 倍，成为陕西旅游投资的热点地区。韩城市的旅游投资由 2014 年的 8.84 亿元上升到 2015 年的 55.17 亿元，增长势头非常迅猛。此外，安康也有较大幅度增长，从 2014 年的 30.48 亿元上升到 2015 年的 51.56 亿元，增长率为 71%，反映了良好的投资前景。陕西旅游集团公司投资 19.56 亿元，比去年增长了 15.2%。

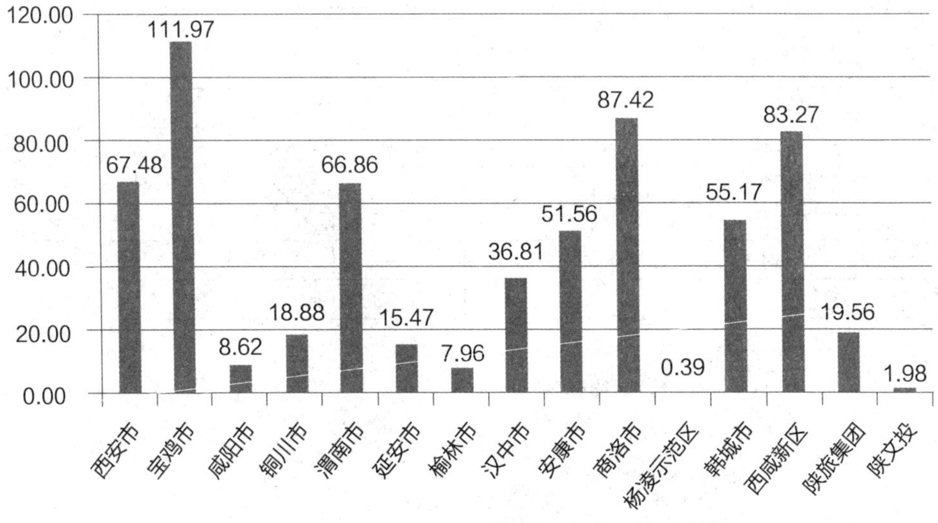

图 6　2015 年陕西各地市旅游投资总额

（四）旅游投资存在的问题

旅游投资是推动旅游业发展的基础，在现实情况下，旅游投资必然会遇到新旧体制碰撞、供给与需求矛盾、投资软环境建设等问题。这些问题集中表现在：

1. 对旅游投资项目缺少规划

由于投资商对市场的认识不够深入，对区域性旅游产品和功能布局定位不够准确，导致项目的规划不够系统和全面，往往以“模仿”为主，缺乏创新。另外，在具体项目策划中，缺乏与当地的资源、传统文化、市场发展趋势相对接，这也在一定程度上影响了项目的发展。

2. 旅游投资开发建设水平较低

一是对土地、人力、资金等要素的整合不够，粗放型投入，经营模式死板。二是开发产品组合不够，仅关注旅游住宿的市场规模、关注景区门票的增长，而忽略了度假、休闲等新领域新业态的扩展。三是建设水平和能力不强，建设中不能和原有资源和谐统一甚至不同程度地存在破坏原有生态和人文的现象。

3. 旅游融资能力有待提高

在资本市场投资竞争激烈的情况下，旅游业的融资能力显得不足，直接影响了投资与发展后劲。一是对财政投资和国有企业投资依赖度较高，政府财政投资和国有企业投资占到旅游投资总额的 50.64%。二是外资利用能力不足，2015 年陕西境外投资占旅游投资的比重较小，与旅游发达省份差距较大。三是旅游业与资本市场结合不够。旅游企业利用资本市场融资的机制不健全，发行债券、股票以及兼并、重组困难较大。银行贷款条件、审批手续复杂，很大程度上制约了旅游业的发展。

4. 旅游投资环境有待改善

营造投资环境是宏观经济层面的重要问题，旅游业是综合性产业，少数地方缺乏对旅游投资的专业研究，存在口头上重视旅游投资，实际中不得投资要领，不注重营造亲商、安商环境。

5. 人才储备、旅游投资供给不足

在旅游人才普遍缺乏的情况下，旅游投资人才更显不足。旅游投资是近年发展较快的领域，不仅要求有胆有识的企业家，同时需要既熟悉旅游经济规律又具有投资专业知识和实践经验的人才。一些投资者认为旅游行业门槛低，忽略了旅游业固有的经济规律，进而忽视了旅游投资人才的培养和储备。

三、2016 年旅游投资趋势分析

（一）旅游投资形势分析

从宏观经济形势来看，有利于投资的因素较多。一是 2015 年全国经济形势是总体平稳、稳中有进、进中有创、创中提质，较好地实现了稳增长、调结构、促改革、惠民生、防风险的综合调控目标，GDP 同比增长 6.9%。2016 年，经济转型升级加快，第三产业比重将超过 55%，旅游业作为现代服务业的核心作用将更加凸显。二是 2016 年是“十三五”开局之年，是各项重大工作任务的部署之年，各级政府将会继续实施投资增长计划，确保社会经济水平运行在合理区间，旅游业作为综合性支柱产业，带动融合产业发展的能力越来越被看重，政府投资旅游、发展旅游的力度将会继续加大。三是旅游供给侧改革加快，旅游供给水平与消费水平不相适应、旅游要素配置市场化水平不高、旅游有效供给不足等问题将得到改善，旅游产品供给体系将逐步完善，旅游业对投资的吸引力将进一步增强。

但是也要清醒地认识到，经济下行是“十三五”的一个常态趋势。“十三五”期间，全国的经济增速将保持在 6.5%~7% 区间。陕西的经济发展始终是以投资和能源重化为主要动力，当前大的发展环境趋于严峻，全省经济遇到了前所未有的挑战，经济增幅下降比例高于全国增幅下降比例，全省旅游投资必然会受到一定影响，旅游投资将会在高速区域内下沿位置运行。

（二）旅游项目建设思路

以“创新、协调、绿色、开放、共享”为发展理念，以《陕西省人民政府关于实施项目带动战略促进文化产业发展的意见》《陕西省人民政府办公厅关于促进旅游投资和消费的实施意见》为指导，以调整产业结构、壮大产业规模、延长产业链条为根本，围绕打造丝绸之路风情体验旅游走廊、大秦岭人文生态旅游度假圈、黄河旅游带“三大旅游高地”，实施“1325”项目发展战略，大力推进旅游供给侧改革，重点加强旅游交通、景区景点、自驾车营地等方面的建设，主要建成一批具有旅游资源比较优势、对周边资源具有整合功能、对旅游线路建设具有支撑作用、对区域旅游具有辐射带动功能的文化旅游、生态旅游、红色旅游、休闲度假旅游、乡村旅游及旅游新业态项目，带动全省旅游业快速发展。

（三）旅游投资规模总量、结构及热点预测

1. 旅游投资规模

随着“十三五”重点旅游项目的陆续开工建设，全省旅游业投资将保持高速增长。到2020年计划建设1000个以上旅游项目，其中建设300个投资超2亿元的全省重点旅游项目，建设200个投资超5亿元的全省重大旅游项目，建设50个投资超20亿元的全省特大旅游项目，总投资超过5000亿元，奠定全省旅游发展新格局。2016年新建、在建旅游项目预计650余个，预计完成投资将突破800亿元。

2. 旅游投资结构

按照旅游投资目的、方式、途径分类，陕西旅游投资资金一般来源于政府投资（纳入各级政府财政预算的旅游投资）、利用外资（利用外国政府、银行、国际金融组织、各种国外基金组织的资金和外商直接投资等）、银行贷款（银行借用资金及基金）、社会融资（发行股票、债券等方式）和自筹资金（企业、民营）五个方面。受当前经济下行压力影响，政府财政投资旅游将逐步放缓，利用外资和银行贷款将稳中求进，企业及民营资本将成为投资增长的主要推手。

预计2016年全省旅游业完成投资约800亿元，其中企业自筹资金610亿元，占80%；财政投入160亿元，占16 %；金融机构贷款30亿元，占4%。

3. 旅游投资区域

2016年按照“全域旅游”“全景陕西”的发展要求，将进一步推进关中、陕北、陕南旅游协调发展，确保投资额持续、稳定增长。一是打造大秦岭人文生态旅游度假圈、以西安为起点的丝绸之路风情体验旅游走廊和黄河旅游带“三大旅游高地”。

二是打造西安国际一流旅游目的地、延安红色旅游目的地和汉中自然生态旅游目的地“三大旅游板块核心引擎”，为全省旅游发展奠定格局。

4. 旅游投资领域

国家旅游局预测，未来中国旅游投资热点十大领域为旅游房车、自驾车营地建设，旅游主题小镇和特色旅游城镇建设，乡村旅游产品开发，休闲度假产品建设，大型旅游装备制造业，文化旅游产品，医疗健康旅游和养生养老旅游产品，旅游商品和旅游户外休闲用品，在线旅游产品开发和智慧旅游产品建设，研学旅游基地、科普旅游基地、旅游教育基地建设。2016 年，我省会在以下几个方面重点发力：

一是加强旅游基础及公共服务设施建设，主要包括旅游基础及公共服务设施（旅游道路、护坡、桥涵和码头、游客服务中心、停车场、旅游厕所、旅游安全设施、旅游标识系统、汽车营地及智慧旅游平台等）建设，旅游景区建设，旅游宾馆、饭店、旅行社建设，旅游车船建设，乡村旅游及旅游名镇建设。2016 年，继续推进旅游“厕所革命”，改善旅游厕所环境，提高服务水平。

二是做深做精历史人文类旅游产品。做大做强陕西旅游业，始终不能割断历史人文这个根脉，周、秦、汉、唐历史文化和各种遗址遗迹，始终是陕西旅游的核心价值、金字招牌。探索有效模式、路径，搞好历史文化的活化、显化，加大投资开发力度，做深做精人文旅游产品，始终是全省旅游行业面临的一项长期的责任和任务。2016 将实施历史文化旅游产品提升工程，通过深入挖掘产品的历史文化内涵，采用多元化手段进行“资源活化”和“文化展示”，秦兵马俑、华清池、黄帝陵、西安城墙、法门寺、乾陵、司马迁祠景区等必将迎来新的发展机遇，成为旅游投资的重点。

三是积极开发休闲度假类旅游产品。随着陕西旅游产业结构持续的调整优化，以主题乐园、冬季滑雪、温泉养生、徒步穿越、自驾旅游、旅游购物等为代表的特色旅游项目将受到投资者的青睐，必将成为新的旅游投资热点。

四是加快建设智慧旅游。为进一步贯彻落实国家旅游局《关于促进智慧旅游发展的指导意见》，陕西省旅游局联合陕文投、铜川市政府、欧菲光集团投资 33.24 亿元建设陕西智慧旅游大数据暨丝路慧谷产业园项目，推进全省旅游信息化、智能化发展。项目的实施将全面服务旅游电子商务，促进旅游在线交易。

五是大力发展乡村旅游。近几年，随着城市居民周末休闲度假需求的增长，围绕大城市周边成长起了袁家村、马嵬驿、周至沙·沙河水街等一批具有龙头示范作用的乡村旅游目的地，引起了社会各界的积极关注，成为推进新型城镇化、实现城乡统筹发展、建设社会主义新农村的典型，也将成为一个新的投资热点。

5. 旅游投资新业态

随着旅游市场环境的转型与变革，旅游产业运行主体的商业形态和运营模式正在经历着战略意义上的演进与发展，传统的旅游业态自我变革，创新的旅游业态不断产生。在原来传统旅游业态的基础上经过不断发展、演变、融合、创新而成的新兴业态，逐渐成为构建整个“大旅游业”的新生力量和主力军，旅游演艺、旅游综合体、旅游装备制造、旅游航空、旅游租车等新业态越来越受到市场青睐，在拉动投资、促进消费中的作用越来越大。

专题报告·管理篇

为旅游业发展保驾添力

陕西省旅游局办公室

站在“十二五”收官、“十三五”开启的历史交汇点，办公室的同志干好工作的责任感和使命感倍增。2015 年，办公室在局党组的领导和各处室的支持配合下，突出服务职责，以贯通业务、提升政务、加强事务、规范财务为主线，各项工作有序进行，在制度建设、信息平台建设、新闻宣传、重要文稿起草 、后勤保障等方面都取得了进步。

面对大有作为的“十三五”和充满希望的 2016 年，陕西旅游人踏上追梦圆梦的黄金征程。办公室作为保运转的综合处室，要按定位和规矩办事，推动服务提质增效，更好地保障机关各项工作顺利推进，为旅游业发展保驾添力。

一、如何保驾？就是要把服务作为第一要务，积极为各项工作开展提供保障

第一，搞好服务和协调。坚持以服务的意识和态度搞协调，尽量把领导、处室的职责和需要统筹起来搞协调，尽量把原则性和灵活性结合起来搞协调。新常态下，研究既有利于工作、又不违反八项规定，既不使单位利益受损、又不让大家吃亏的办法，搞好各方面保障工作。加强与省级相关部门、市区的协调，做好接待工作，营造良好的发展环境。

第二，精心组织会议。开好会的关键是要把握全面建成小康社会和我省建设“三个陕西”、回归“第一方阵”、建设旅游强省的大局，把握旅游业发展阶段性特征，认真研究中省政策，认真研究发展中存在的突出问题，把推动旅游发展和为全省经济社会发展做贡献结合起来，提出可行的思路、措施。当前要全力筹备全省旅游产业发展大会及 2016 年全省旅游工作会议。

第三，抓好重大决策部署落地督办。突出国家旅游业“515”战略年度任务、省政府关于旅游稳增长促消费的部署、全省旅游工作会议及局长办公会和局务会确定的任务等重点，抓好督促落实，及时汇总情况，提出建议措施。办公室将就督办

工作提出实施意见。

第四，执行规定当好“家”。总的要求是，既保障工作和发展的需要，又确保合规合法、不出问题。一方面要进一步建立健全管理制度，明年要重点完善《陕西省旅游局项目比选管理暂行办法》《机关财务管理办法》等；另一方面要抓好制度的执行，严格报批、审核、报销等程序，定期通报公务支出、预算执行情况。

二、如何添力？就是要主动作为，发挥优势，助推旅游业发展

第一，壮大网络平台。做好陕西旅游网，以信息准确度和时效性为重点，提高陕西旅游政务网为全省旅游系统企事业单位服务的水平；以吸引力和活跃度为重点，加大对陕西旅游资讯网的推广力度。以策划和原创性为重点，做好官方微博、微信，提高阅读量和点赞数，增加关注度和影响力。2016年，要加强对市区旅游网、微博、微信发展的推进工作，建立省、市、区信息平台资源共享、联动发展的机制，组织开展培训，拟建立评比奖励机制。陕西旅游政务网和官方微博、微信要靠各处室共同努力才能办好，要建立局机关各处室参与局信息化平台建设的机制。

第二，通过新闻宣传讲好陕西旅游故事。加强与人民日报、中央电视台、中国旅游报、陕西日报等媒体的合作，搞好策划，宣传好全省旅游业“十二五”成就、“十三五”蓝图、重大活动、重要会议、亮点工作等。开好全省旅游新闻宣传工作会议，完善旅游新闻宣传通报、评选奖励机制。

2016年，国家旅游局针对旅游新闻宣传滞后和乏力的问题，推出了《中国旅游之声》，主要发送市以上党政机关，这是一个重要的宣传平台。2016年要重视和加强组稿工作，由各市旅游局、各处室每月就国家旅游局关注的热点、重点和我们的创新举措进行总结提炼，由局办公室统一对接、供稿，把陕西旅游之声传到全国。

第三，推动全省智慧旅游发展。发展智慧旅游应当成为陕西建设旅游强省的重大战略，让智慧旅游成为旅游消费和旅游企业运营管理的新常态。2016年要制定《陕西省智慧旅游行动纲要（2016—2018）》，厘清政府与企业在智慧旅游建设中的职责，明确近三年的目标和步骤，提出推进措施。我局与铜川市人民政府、陕西文化产业投资控股（集团）、欧菲光科技股份有限公司签订了《陕西智慧旅游大数据中心暨丝路慧谷产业园合作协议》，将共同打造陕西智慧旅游云数据中心、陕西智慧旅游综合平台、旅游目的地在线营销和服务平台。办公室将会同相关处室，做好协调服务和保障，促进合作顺利实施。抓好手机APP建设及推广工作。

借此机会，就全省旅游业发展再提几点建议，不妥之处，请批评指正：

一是关于创新。这既是“2336”发展思路的重要内容，也是不断开创发展新局

面的迫切要求。国家旅游局确定了“中国旅游业改革发展创新奖”，8 月的黄山会议对具有导向和示范意义的典型做法进行了表彰。建议每年评选“陕西省旅游业改革发展创新奖”，在全省旅游工作会议上进行表彰，发挥导向作用。要结合陕西旅游的发展需要，选准创新突破口，梳理确定若干创新项目，可以在景区管理体制、投融资体制、旅行社经营体制、导游管理体制方面进行创新，也可以在商业模式方面进行创新。省局研究确定几个方面，或者每个市确定一个方面，提出方案，扎实实施，形成可复制、可推广的经验，争取在全国出彩。

二是关于突围。旅游业是综合性产业，涉及“吃、住、行、游、购、娱”等诸多环节，很多事情都超出了旅游部门的职责范围，单靠旅游局这匹“小马”，拉不动旅游业这辆“大车”。如果不从这种格局中突围，做大做强旅游业就难以实现。最近，汪洋副总理指出，“旅游局的主要精力常常不是考虑自己做什么，反而考虑怎么调动各部门、全社会的力量，围绕旅游做工作”。我们应该考虑，在省旅游委未成立的情况下，探索依靠党委、政府、人大、政协支持和推进旅游业发展的新路径。针对破除旅游业发展瓶颈，推动融合发展，实现旅游市场长治久安等方面，我们应主动出击，主动作为，牵头制定综合性的、省级层面的办法、制度和文件，通过这些带有政令效应、权威性的抓手，把各方面力量引导到旅游业发展上来，引导到单靠我们干不成的事情上来。要创新思维突破“门票经济”模式，一些旅游景区门票价格过高，已为人所诟病。从体制上看，旅游局没有决定权，但这个问题不解决，将影响陕西旅游的声誉、来陕旅游人数和旅游综合收入。国家旅游局和国家发展和改革委员会已联合发文，我们要借势借力促进门票价格的规范管理，争取整体上实现稳中有降。

三是关于落实。围绕落实“十三五”全省旅游业发展规划、建设旅游强省，拟制定实施旅游产品提升工程、旅游公共服务提升工程、旅游服务质量提升工程、旅游品牌提升工程、旅游人才提升工程、旅游扶贫工程六大行动方案，以支撑和保障“十三五”规划的落地实施。对省政府出台的《关于促进旅游业改革发展的实施意见》和即将出台的《促进旅游投资和消费的实施意见》等全省旅游业发展重大决策部署，应推动建立起高规格的督查落实机制，拟由省政府副秘书长、省级相关部门、各市分管领导组成几个督导组，对落实情况进行督导，使督查落实力度与这些决策部署的分量相匹配。

四是关于营销。要加强整体策划，采取省市联合共同出资的方式，在中央电视台黄金时段播放陕西旅游形象宣传片，全面宣传陕西旅游形象。在这方面有几个省做得比较好，业内业外人士都经常提出这方面的建议。

要推进国际宣传促销的本土化。我们现在组建起了国内旅游形象大使队伍，应该再从重点客源国招募、选拔旅游形象大使，组建国际化的旅游形象大使队伍，让当地人推介陕西旅游资源、产品和线路，使营销更接地气、更有效果。要研究借助国家旅游局驻外办事处的桥梁作用的办法，进一步拓展境外旅游市场。自建设丝绸之路经济带新起点以来，西安市已与国外 22 个城市结为友好城市，要把这些城市纳入境外宣传的范围。

促销活动、印刷品制作等要统筹安排，对外旅游宣传要优先推荐、使用获奖旅游商品，以节约、集中资金，达到更好的宣传效果。

“十二五”旅游业对国民经济的贡献和“十三五”旅游精准扶贫计划

陕西省旅游局综合法规处

一、“十二五”全省旅游业持续快速发展，为全省国民经济和社会事业发展做出了较大贡献

2015 年，我省旅游业持续快速发展，取得了显著成效。陕西全年接待境内外游客 38567.1 万人次，同比增长 16.1%，而旅游总收入 3005.8 亿元，同比增长 19.2%，分别完成“十二五”规划目标的 128.6% 和 120.2%，圆满完成了“十二五”确定的旅游经济指标，旅游强省建设迈出了重要步伐。

“十二五”期间也是我省旅游业发展历史上最快的时期，旅游接待人数和旅游总收入平均增长速度分别达到 21.5% 和 25%，比“十一五”期间分别提高了 2.4 和 2.3 个百分点，旅游接待人数增幅比“十五”还高 2.83 个百分点。从数据对比可以看出，旅游业对国民经济和社会事业发展的贡献率越来越大。

第一，旅游业直接带动经济发展。3 亿多人次的游客和突破 3000 亿元的收入直接拉动了经济的发展。旅游总收入占 GDP 的比例逐年提升，从“十二五”初的 9.83%，提升到“十二五”末的 15.7%，旅游增加值占全部的 6.6%。

第二，乡村旅游快速发展为扩展旅游领域和农民脱贫致富做出了贡献。“十二五”期间乡村旅游高速增长，已成为陕西旅游的新热点、新亮点，也成为贫困地区农民脱贫致富的重要途径。“十二五”全省乡村旅游接待人数和收入分别平均增长 30.3% 和 30.8%，全省目前有 2 万户农家乐，从业人数达到 24 万人。“十二五”期间通过发展旅游业脱贫人数约 60 万人，占全省脱贫人数的 15%。

第三，有效改善了我省的经济结构，扩大了就业。旅游业是服务业的主导产业，也是第三产业的支柱产业。“十一五”末的 2010 年我省第一、二、三产结构为 9.8 ： 53.9 ： 36.2，到 2015 年其结构变为 8.8 ： 51.5 ： 39.7。其中第三产业提高了 3.5 个百分点，旅游业占第三产业的比例从 13.6% 提高到 19.6%。旅游就业人数已占全省城镇居民新增就业人数的 10%。

第四，为全省经济稳定增长做出了贡献。“十二五”期间我省国内生产总值增长速度呈逐年降低的态势，并从高速增长转变为新常态下的连续两年中低速增长，今年的增长速度更是历史新低，而旅游业的发展速度一直保持两位数的高速增长，成为全省经济发展中的亮点，而且是一枝独秀，其综合带动效应为全省稳增长做出了应有的贡献。

二、“十三五”期间，旅游业将在扶贫攻坚中发挥重要作用

十八届五中全会提出“十三五”末我国实现7000万贫困人口全部脱贫，贫困县全部摘帽，脱贫问题直接关系到2020年全面建成小康社会目标的实现问题，也是我国“第一个百年”奋斗目标。省委、省政府高度重视，要求各行业都要把扶贫工作纳入重要工作内容，采取超常规举措，拿出过硬办法，坚决打赢脱贫攻坚战，“十二五”期间，我省通过开发贫困地区旅游资源、建设景区、旅游名镇、发展乡村旅游、进行人才培训等，大约有60万人通过发展旅游而脱贫，占到全省脱贫人口的15%。“十三五”期间，未脱贫地区的自然条件更加艰苦，脱贫任务更加艰巨，实现难度也越来越大。为此，我们制定的旅游精准扶贫计划是：

（一）指导思想和工作目标

旅游业是国民经济的综合性产业，旅游扶贫是国家扶贫的重要组成部分。实施旅游扶贫不仅是解决贫困地区经济发展和群众脱贫的应尽义务，也是旅游产业开发、业态创新的新领域。旅游部门要自觉服务于中省扶贫开发的总体要求和总体部署，把实施旅游精准扶贫纳入旅游产业发展规划，进行综合安排部署。以集中连片特困地区旅游资源开发为主战场，以建档立卡的贫困村为对象，以服务和开展乡村旅游为渠道，实施旅游精准扶贫。到2020年，70万人通过旅游脱贫。

（二）主要任务

1. 以创建全域旅游示范县、省级旅游示范县为抓手，整体推进贫困县旅游产业发展，脱贫一批

我省第一批旅游示范县中，贫困县有3个；第二批中，贫困县有7个；2016年即将创建的全国全域旅游示范县、省级旅游示范县更多地向贫困地区倾斜，使示范县通过全面发展旅游产业脱贫40万人。

2. 以景区开发、文化旅游名镇建设为抓手，扩大就业脱贫一批

以秦巴山区、六盘山区、吕梁山区三大片区景区开发和31个文化旅游名镇建设为依托，大力发展生态旅游、度假旅游、历史人文旅游、红色旅游等，让更多的贫困人口参与项目建设、旅游接待服务，扩大就业，脱贫10万人。

3. 以整村推进发展乡村旅游为抓手，直接从事农家乐经营活动脱贫一批

2014年国家发展和改革委员会、国务院扶贫开发领导小组办公室、国家旅游局等七部委下发了《关于实施乡村旅游富民工程推进旅游扶贫工作的通知》中，确定了我省乡村旅游扶贫重点村两批，第一批55个县151个村，第二批56个县291个村。2015年国家扶贫办、国家旅游局又下发了《启动2015年贫困村旅游扶贫试点工作》，从我省确定的442个贫困村中，确定了31个建档立卡试点村优先发展。目前，规划工作、基础设施建设工作已经启动，通过发展乡村旅游脱贫10万人。

4. 以生产农副产品、从事农副产品经营脱贫一批

贫困地区生态环境良好，气候适宜，具有种植农副产品和养殖动物的先天条件，而且很多农副产品通过了绿色、有机认证，成为我国地理标志产品，具备良好的消费者市场，通过经营果、菌、药、蔬、蛋、奶、肉等活动脱贫约5万人。

5. 以乡村旅游项目开发中流转土地、入股分红等增加贫困户收入，脱贫一批

目前乡村旅游业态创新十分活跃，古街、老街、庄园、乡村度假、乡村婚庆、休闲农业观光园等大量增加，占用农村闲置土地也较多，农民通过土地流转、入股分红等形式脱贫约5万人。

（三）工作措施

1. 设立专项扶贫资金，改善乡村旅游接待条件

从2016年开始，除乡村旅游1000万专项资金全部用于扶贫外，另外增加2000万元，共设置3000万元旅游扶贫专项资金，用于完善扶贫重点村的道路、步行道、停车场、厕所、供水供电、应急救援、游客信息等基础设施与公共服务设施，改善乡村旅游接待条件。

2. 推进标准化建设，提高乡村旅游管理水平

贫困地区要紧紧依托当地资源优势，挖掘文化内涵，发挥生态优势，开发形式多样、特色鲜明的乡村旅游产品。全面推行《旅游特色名镇评定规范》《乡村旅游示范村评定规范》以及《星级农家评定标准》，提升乡村旅游发展水平和服务质量。

3. 发挥精品景区、文化旅游名镇的辐射作用，带动周边贫困村脱贫致富

到“十三五”末，在秦巴山区、六盘山区、吕梁山区三大片区集中实施旅游精品景区倍增计划，4A级以上景区数量达到30家，在31个文化旅游名镇中分批打造15到20个4A级景区，提升贫困地区景区级别和综合承载力，通过辐射带动周边贫困村从事旅游经营活动脱贫。

4. 加强乡村旅游宣传推广，增加乡村旅游吸引力

把乡村旅游线路、产品的宣传推介纳入全省的促销计划。充分利用传统媒体和新媒体，利用旅游营销大会、国际旅游交易会、丝绸之路国际博览会、中国旅游日主题活动以及农业高新科技成果博览会乡村旅游展，举办特色化的旅游节庆活动，大力推介贫困地区旅游产品，提升其知名度，助其塑造旅游品牌。

5. 加强智力支持，为乡村旅游提供规划指导和人才支持

启动29座汉唐帝陵周边乡村旅游发展规划和31个建档立卡贫困村旅游发展规划的编制工作，策划乡村旅游发展项目库，指导旅游开发建设。每年安排150万元，在汉中、安康、商洛开展乡村旅游培训，为乡村旅游发展培养人才，实施精准扶贫。

顺势而为　精准营销
努力打造丝绸之路旅游品牌

陕西省旅游局国际旅游促进处

2015年是“十二五”规划收官之年。2015年全省国际旅游市场的宣传推广工作，在局党组的正确领导下，积极响应国家“一带一路”战略，紧紧围绕我省旅游“2336”发展思路，坚持“兵马俑的故乡、丝绸之路的起点”的宣传营销口号，努力从传统促销向精准营销转变，健全多元化、专业化宣传营销模式，以拓展入境旅游客源市场为目标，根据主要旅游客源国市场需求，强化旅游与文化、文物等行业的结合，通过深度开展有内涵、形式新、力度大、具实效、影响广的宣传与产品促销活动，巩固和提高了市场份额，扩大了陕西旅游品牌效应，为“十三五”期间积极促进陕西旅游发展，把陕西旅游打造成陕西对外宣传推广的窗口打下了坚实的基础。

一、2015年工作回顾

（一）成功举办了“美丽中国—2015丝绸之路旅游年”启动仪式，丝绸之路旅游部长会议暨第七届联合国世界旅游组织丝绸之路旅游国际大会，2015中国西安丝绸之路国际旅游博览会

我们紧紧围绕建设丝绸之路经济带新起点的总目标，大力打造以西安为起点的丝绸之路风情体验旅游走廊。通过举办上述活动，使陕西旅游在国家旅游总体发展布局中的地位和作用更加凸显，全方位展现和提升了陕西作为丝绸之路起点的独特魅力，树立了陕西旅游品牌，得到了世界旅游组织和国家旅游局以及省委、省政府的高度肯定。

（二）完成了国家旅游局组织的7项境外旅游推广活动和省政府及相关部门组织的3项境外旅游推广活动

参与国家旅游局组织的境外推广活动：3月，德国柏林国际旅游交易会；5月，意大利、土耳其、哈萨克斯坦“美丽中国—陆上丝绸之路”旅游带联合推广；5月，美国、巴西、墨西哥“美丽中国—古老长城”旅游带联合推广；6月，韩国首尔国

际旅游展；9 月，日本 JATA 国际旅游展；9 月，第九届中美省州旅游局长对话会议；11 月，英国伦敦国际旅游交易会。

国家旅游局组织参加的展会在国际上享有盛名，也比较成熟，尤其是德国柏林国际旅游交易会、韩国国际旅游展、日本 JATA 国际旅游展、英国伦敦国际旅游交易会等展会属于业内高规格展会。我省旅游企业参展的积极性较高，有效提升了陕西旅游在海外的影响力。

4 月，随省政府代表团赴新加坡开展商贸及旅游交流与推广活动；9 月，参加文化厅组织的赴奥地利、丹麦、匈牙利的友好访问团；10 月，赴日本参加省人民对外友好协会组织的第六届东亚地方政府会议。

参加省政府及相关部门组织的境外旅游推广活动，有利于加强与省政府及相关部门的合作交流，在更高更广的层面上宣传陕西旅游。

（三）自主组织了日本、韩国、新加坡、匈牙利陕西旅游宣传推广活动

在日本、韩国、新加坡、匈牙利四个国家开展了陕西旅游宣传推广与产品促销活动，以“兵马俑的故乡、丝绸之路起点”为宣传主题，通过举办推介会、座谈会等，加强与该国旅游业、媒体、相关机构的交流合作，取得了良好的宣传效果。

（四）参加了 5 场境内举办的国际性旅游展会和推介会

分别参加了北京国际旅游博览会，广东国际旅游产业博览会，第十九届西洽会暨丝博会主宾国活动—泰国、吉尔吉斯斯坦旅游推介会，中国—东盟博览会旅游展，中国国际旅游交易会。

北京、上海、广州等发达城市的展会做得相对成熟和成功，参加这些展会，在宣传陕西旅游的同时还可学习借鉴其先进的展会举办经验。兄弟省市举办的展会同样也要参加，互相支持、互相借鉴、互相宣传。

（五）通过 11 批境外旅行商和媒体宣传陕西旅游

接待的境外旅行商和媒体团有阿根廷电视台拍摄组、美国旅行商、芬兰航空、澳大利亚旅行商、日本 JATA 旅行商、俄罗斯独立电视台、“中马记者丝路之旅”采访报道组、美国“一带一路”摄制组、法国旅行商媒体团、意大利旅游记者协会记者团、马来西亚沙巴州旅游协会。10 月，与中国日报合作开展了“丝路起点 · 美丽陕西”亚洲摄影家聚焦美丽陕西活动。

通过这些境外旅行商和媒体团对陕西旅游“现身说法”的推广方式，起到了小成本、大宣传的效果。

（六）利用外文网络媒体宣传陕西旅游

与人民网合作，采用 9 语种网页宣传陕西旅游。与境外社交网站 Facebook、Twitter、Youtube 等境外网络宣传平台合作，创新网络宣传策略，整合各平台资源，取得了良好的宣传效果。

2015 年对网络宣传工作进行了以下四方面改进：加强网络宣传平台日常运营维护，提供更详细的旅游景点信息，成为全方位的陕西旅游主页；开展网络大型创意活动“陕西古城寻宝大发现”，形成宣传热点，达到网络推广目的；精准广告投放，分析陕西旅游潜在客户群，制定精准广告投放策略，加大境外网络媒体广告投放力度；加大各市区旅游资源网络专题推广，结合旅游资源特征、游客需求、旅游淡旺季等要素定期开展各市区旅游网络专题推广。

（七）市场调研

2 月和 11 月分别组织相关旅行社召开了入境旅游市场座谈会，了解了目前入境旅游市场状况及研学旅游产品专项情况，分析了入境旅游中存在的问题，调整和部署了今年入境旅游的工作重点。西安国旅、中旅西北、假日国旅、西安乐程等多家旅行社相关负责人就入境旅游产品、市场以及入境旅游营销等方面进行了交流。针对目前入境旅游市场的散客化、大众化、需求多元化等现状，专家学者建议各旅行社要根据环境变化深耕产品、细分市场，可以与学校或者企业结合，推出一些专项旅游产品来满足不同游客的需求。今后计划经常与专家、学者和企业进行交流，为由于环境污染、食品安全、产品成本以及其他问题造成的入境旅游瓶颈寻求突破口。

（八）广告

2015 年 9 月共投放了 205 万张中英文对照陕西旅游登机牌广告，直接广告受众 205 万人，间接广告受众 1000 多万人。特别是在 9 月 1—6 日观礼大阅兵的嘉宾们进出北京首都国际机场期间，在候机大厅到处可以看到手持印刷精美的“山水人文 · 大美陕西”登机牌广告的乘客。

这次登机牌广告的投放，极大地提高了陕西旅游在国内和海外的知名度，特别是有针对性地在世界各国、各地的高端人群中宣传了陕西旅游，进一步增强了陕西旅游在世界上的影响力。

我们认为，旅游宣传推广要顺势而为，才能把我局有限的资金、人力用到刀刃上，发挥出最大的宣传效果。明年是“十三五”规划开局之年，我们要进一步细分我省入境旅游市场，根据市场的不同需求，实现精准营销。

二、细分市场

（一）一级客源市场

“十二五”期间，美国、日本、韩国一直蝉联我省入境客源市场前三甲，毫无疑问地成为我省第一级客源市场。2014年，全省接待外国游客1858346人次，同比增长3.86%，占入境旅游总人数的70%，远远高于全国接待的外国游客所占的20.5%的比例，外国游客仍是我省入境游主体。其中，接待韩国游客229839人次，同比增长24.4%；美国游客192320人次，同比下降3.45%；日本游客104793人次，同比增长15%。韩国市场的大幅增长使其超越美国，成为我省第一大入境游客源国。韩、美、日三大客源国接待总人数达到526951人次，占外国游客总量的28.36%。

但近年来我国与日本关系微妙，日本客源市场受到严重影响，有滑出第一客源市场的趋势。截至2015年10月，日本旅陕入境人数仅为7.62万人次，在入境客源市场中居第七位。

（二）二级客源市场

以英国、德国、法国为重点的欧洲客源市场也是我省入境旅游市场的一支生力军。截至今年10月份，欧洲旅陕入境人数累计50.16万人，与上年相比增长0.94%。欧洲旅陕入境人数约占全球旅陕入境人数的20.38%，其地位不容小觑。英、德、法三国旅陕入境人数共30.33万人，占欧洲旅陕入境人数的60.47%，是欧洲旅陕市场的三大主要客源国。其中，英国旅陕入境人数居欧洲旅陕市场首位，约10.91万人，与上年相比增长0.7%；德国旅陕入境人数累计10.13万人，与上年相比增长3.15%；法国旅陕入境人数达9.29万人，与上年相比下降0.78%。以英国、德国、法国为重点的欧洲客源市场构成我省入境游第二级客源市场。

（三）三级客源市场

凭借天然的地缘优势，以马来西亚、新加坡为重点的东南亚客源市场成为我省第三级客源市场。2014年，我省居第四及第十位的客源国分别为马来西亚和新加坡，其中马来西亚游客81747人次，同比增长145.56%；新加坡游客42738人次，同比增长15.3%。截至2015年10月，马来西亚旅陕入境4.89万人次，居外国人入境旅游客源市场第九位，新加坡的排名滑落到第十二位。

（四）新兴客源市场

此外，作为我省新兴入境旅游客源市场的澳大利亚、加拿大、意大利等国的潜力也不容小视。 截至2015年10月，澳大利亚入境旅陕游客7.80万人次，居外国人入境客源市场第六位；加拿大入境旅陕游客5.88万人次，居外国人入境客源市场第八位；意大利入境旅陕游客3.72万人次，居外国人入境客源市场第十位。

三、开展专项宣传促销活动

“十三五”期间，除了开展传统的宣传促销活动外，还根据以上宣传推广思路及重点市场划分实施以下重大宣传促销项目，提升陕西旅游的美誉度和知名度，切实吸引外国游客来陕。

（一）配合国家旅游局开展中美旅游年专项宣传促销活动

美国是我省传统的客源市场。2014 年美国旅陕 192320 人次，是我省第二大入境游客源市场国，需要我局继续巩固宣传促销成果。2016 年是“中美旅游年”，国家旅游局正在筹备相关活动。我省可以在国家旅游局大力宣传推广中国旅游的大环境下，顺势在美国开展陕西旅游宣传推广活动。拟从以下两方面来做好“中美旅游年”陕西旅游在美国市场的宣传推广活动。

第一，参加国家旅游局组织的“中美旅游年”开幕式活动，上海迪士尼度假区开园活动，2016 中美旅游高层对话。积极策划千名美国游客访华大型交流活动，进行广泛的宣传报道。

第二，自主开展“中美旅游年”专项宣传促销活动。委托相关策划公司组织 12 个欧美旅游作家及大学生写作团，每团 20 人，针对陕西旅游 12 个特色主题，包括文化遗产、佛教文化、秦岭四宝、大唐盛世、民俗风情、泡汤论古今、风追司马、丝路文化、风味小吃、壮美黄河、华夏先祖、险峻华山等进行创作，并在 Mask.club 及欧美八大社群网站公布文章与最新消息，在短期内深度提升陕西旅游在欧美的知名度，并保持长期竞争力。

（二）自主开展西班牙陕西旅游推介会

近年来，省旅游局与联合国世界旅游组织的合作日益加深。2014 年，联合国世界旅游组织在我局主办的首届中国西安丝绸之路国际旅游博览会中担任了支持单位。2015 年，我局承办了丝绸之路旅游部长会议暨第七届联合国世界旅游组织丝绸之路旅游国际大会。拟于 2016 年赴西班牙拜会联合国世界旅游组织，举办陕西旅游推介会，巩固加深与联合国世界旅游组织的友谊及合作，进一步提升陕西旅游在欧洲的影响力。

（三）自主开展英国陕西旅游推介会

英国是我省在欧洲的主要传统市场客源国。2014 年，英国旅陕游客 78693 人次，居我省客源市场第五位。2015 年 10 月，习近平主席夫妇访问英国，拉开了中英深度合作的序幕。我局应抓住这个有利时机在英国自主开展旅游宣传推广活动。

（四）配合国家旅游局中印旅游年专项宣传促销活动

印度人口众多，近年来经济发展迅速，是我省新兴旅游客源市场。2016 年是“中印旅游年”，国家旅游局将举办系列活动宣传推广中国旅游，我省可以搭乘国家旅游局大力宣传推广中国旅游的快车，顺势在印度开展陕西旅游宣传推广活动。

（五）自主开展东南亚陕西旅游推介会背景

近年来，东盟十国社会稳定、经济发展迅速，是陕西重要的入境客源地，也是陕西重要的出境旅游目的地。研学旅游、穆斯林旅游、寻根祭祖游潜力巨大。可考虑在泰国、马来西亚、新加坡、印尼等国自主开展陕西旅游推介会。

（六）调整日韩市场陕西旅游宣传力度

近年来日本旅陕市场下滑。在中日关系敏感的大背景下，仅靠我省宣传促销的微薄之力不足以挽救日本旅陕市场。但是缘于天然的地缘优势和文化渊源，一旦中日关系回暖，日本入境旅游客源市场的地位也会上升，所以也不能放弃日本市场，目前情况下，我省旅游宣传保持随国家旅游局参加日本旅行业协会展等高端日本旅游展会。

同时，由于中韩高层频繁互动、韩国三星项目落户西安等原因，韩国旅陕市场持续火爆，2014 年韩国旅陕 229839 人次，成为我省入境游第一大客源国。我省应审时度势，根据当下的市场需求，进一步加大对韩市场宣传推广力度，有的放矢，才能获得良好的宣传效果。

（七）视情况开展中亚陕西旅游宣传推广计划

哈萨克斯坦、吉尔吉斯斯坦、塔吉克斯坦等中亚五国人口数量较少，来陕旅游时机尚不成熟。吉尔吉斯斯坦作为 2015 年西洽会主宾国之一，活动期间吉方旅行商对我省旅行社带客前往该国的意愿不积极，且签证办理难度大、周期长。据了解，中亚五国都有类似情况，外宣办连续两年取消赴中亚计划。鉴于上述实际情况，建议暂缓在中亚五国自主开展陕西旅游宣传推广活动，可根据实际情况选择随国家旅游局参加阿拉木图旅游展，先行了解中亚旅游市场情况。待时机成熟后再自主开展陕西旅游宣传推广活动。

四、在境内开展国际性陕西旅游宣传推广活动的思路

（一）把中国西安丝绸之路旅游博览会打造成陕西旅游对外宣传推广的名片

2014 年，我局率先在全国举办了以丝绸之路为主题的国际性旅游博览会。娄勤俭省长亲临丝路旅博会巡馆指导。联合国世界旅游组织及巴西、韩国等 13 个国家旅游机构代表参会，32 个国家和地区代表、国内 24 个省市的 34 家参展商参会。接待专业观众 3000 余人，公众 30000 人次，签约 21 个旅游项目，总投资 105.67 亿元。博览会彰显了“突出国际性、呈现全业态、运作市场化、推介更务实、着力惠民生”等特点。

2015 年西安丝绸之路旅游博览会策划举办旅游推介会、巡馆等 10 个主题活动。

参展面积、展台数、参展商、专业买家同比分别增长了10.1%、22.8%、49.3%和33.3%，参会国家达到了33个。韩国旅游发展局举办了主宾国日活动，买家和卖家签订旅游协议2000多份，达成合作意向的投资金额约3亿元人民币。博览会上共签约旅游项目37个，项目投资金额345.95亿元，其中，10亿元以上的项目9个。旅游惠民成果进一步扩大。

2016中国西安丝绸之路旅游博览会将于2016年4月22—24日在西安曲江国际会展中心举办，届时拟由省温泉旅游协会具体组织增加一个温泉馆。参展国家数量增多，贵宾规格将进一步提升，着力将其打造成陕西旅游的对外宣传推广的靓丽名片。

（二）制作陕西丝绸之路旅游宣传视频

现有的陕西旅游宣传片光碟版本陈旧，并且不再适应市场需求的发展趋势。拟拍摄外语种陕西丝绸之路旅游宣传片并上传至Youtube、Facebook、人民网外文版等网站，利用促销手段吸引受众观看视频。

以创新的思路推动全省旅游产品建设

陕西省旅游局规划发展处

一、“十二五”工作完成情况

（一）“十二五”总体工作完成情况

“十二五”期间，在省旅游局党组的有力领导下，在相关处室及地市旅游局的大力支持下，比较圆满地完成了各项工作任务。

（1）全省旅游规划体系基本形成；

（2）全省旅游项目建设成效显著，旅游产业在规模、质量、效益上进入了一个新的阶段；

（3）旅游景区倍增计划顺利实施，旅游吸引力、影响力进一步增强；

（4）旅游商品业通过旅游商品大赛、旅游商品研发基地建设等方式快速发展，已在全省旅游经济中占有一定的比重。

（二）2015年重点工作完成情况

1. 高A级景区创建倍增计划取得积极成果

金丝峡景区成功创建国家5A级旅游景区，朱雀国家森林公园、碑亭景区等14家景区通过4A级景区检查验收。全省5A级景区达到7家，高A级景区总数达到83家。

2. 项目建设富有成效

全省新建、在建项目500个，完成投资600余亿元，同比分别增长51.5%、46.3%。旅游招商引资项目164个，涉及资金1303.45亿元，同比增长67.9%。文安驿文化园区、“延安·1938”、乐华城等一批重大旅游项目投入运营，乐华城开业，填补了西部大型娱乐体验项目的空白。

3. 红色旅游亮点频出

2015年是红军长征80周年，抗日战争及世界反法西斯战争胜利70周年，由国家旅游局和省政府主办，我局和延安市政府联合承办的“薪火相传·再创辉煌”长征精神红色旅游火炬全国火炬汇集仪式及全国红色旅游创新发展座谈会在延安隆重举行，在全国引起了巨大反响。

4. 旅游厕所革命效果明显

为深入贯彻落实习近平总书记、汪洋副总理，陕西省赵正永书记、娄勤俭省长、王莉霞副省长关于“厕所革命”的重要批示，按照《全省旅游厕所建设管理行动实施方案》和“数量充足、干净无味、实用免费、管理有效”的总体要求，三年任务两年完成，计划共新建旅游厕所1500座，改造700座，2015年计划完成新建旅游厕所900座，改造400座。截至目前，行业内实际完成旅游厕所建设1400座，全省共建1700座，超额完成计划总任务的13%。其中西安、宝鸡、渭南、榆林、商洛5市入围全国旅游厕所建设先进市，入围数量居于全国前列。

5. 旅游商品研发制作成果丰硕

新建旅游商品研发基地3个。我省选送的作品在第七届中国旅游商品大赛中获得金、银、铜三项大奖。宝鸡陈仓社火脸谱荣获“中国十强旅游商品”称号，凤翔泥塑等4个旅游商品跻身全国百佳旅游商品。在首届中国特色旅游商品评选活动中，胖胖兵马俑、唐宋陶业青釉镂空茶具、鹏翔汉中仙毫获得金奖，凤翔泥塑、秦雅艺术吉祥老虎布艺系列、于是陕西特色文化优盘获得银奖。

二、“十三五”旅游业发展环境

2016年是“十三五”的开局之年，计划好2016年的工作，对完成“十三五”规划的各项目标任务，完成“第一个百年”宏伟目标有着十分重要的战略意义。谋划2016年的工作，要在深刻认识国内外政治、经济、社会发展的大趋势的背景下，按照旅游经济发展规律，志存高远，服务大局，高效发展，有所作为。

（一）经济下行是“十三五”的一个常态趋势

按照权威机构预测，“十三五”期间，全国的经济增速将保持在6.5%~7%区间，是改革开放以来经济增长速度最慢的一个五年周期。我省的经济发展始终是以投资和能源重化为主要动力，大的发展环境趋于严峻，必然会影响到全省的投资，更重要的是会对能源重化工业带来致命的打击，我省经济增幅的下降比例会高于全国增幅的下降比例。经济发展趋势可能在以下几个方面对我省旅游业造成影响：

1. 财政直接投入旅游业的资金可能随着经济增速的放缓而放慢增长速度

“十一五”末的2010年，我省旅游专项资金预算是7500万元，当年实际投入不足3000万元。国家旅游发展基金2010年给我省的投入是800万元；至“十二五”末的2015年，我省旅游专项资金预算8500万元，实际超过了1.3亿元。国家旅游发展基金2015年计划投入我省2000万元，已投入1840万元，预计最后可投入约2500万元至3000万元。“十二五”是国家、省两级财政投资旅游业增幅最大、绝对量最大的五年。“十三五”在经济下行压力不断加大的情况下，我们预计国家、省两级的财政资金投入无论是增幅还是绝对量都会低于“十二五”。

2. 我省旅游业会在高速区域内下沿位置运行

“十一五”我省旅游业接待人数年均增长比例为 23.9%，收入年均增长比例为 26.9%；“十二五”旅游业接待人数年均增长比例为 21%，收入年均增长比例为 25%，始终处在高速增长的范围。“十三五”受经济下行影响，我们预计国内旅游的接待人数和收入增幅都可能低于 20%，回落到 15%~20% 的区间运行。

同时，受到人民币贬值和美元升值周期到来的影响，2016 年及“十三五”期间，入境旅游的降幅会逐步放缓，接待人数和收入增幅都将在 10% 左右的区间运行。

经济下行将是趋势性的，在一个相当长的时间内都将如此，对旅游业发展的影响也将是长期的、深刻的。

（二）旅游业的作用将更加凸现

经济下行是趋势，结构调整是任务，效益提升是目标。旅游业将在经济发展新常态下发挥更加重要的作用。

1. 服务产业结构调整大局

2015 年前三季度，全省第一、二、三产业增加值分别占比为 6.3%、51.1%、42.5%，2014 年，全省第一、二、三产业的比重分别为 8.8%、54.8%、36.4%。第一、二产业占比大幅下降，第三产业占比大幅增加。这一方面是我省的能源重化工业总量大幅下降，同时以文化、金融、旅游等为代表的现代服务业大幅提升的结果。另一方面随着经济的发展，居民收入中旅游消费占比还将持续大幅增加，支持旅游市场稳步、高速增长，从而继续带动第三产业的发展。旅游业将在全省产业结构调整中发挥重要作用。

2. 服务小康建设大局

“十三五”末是“第一个百年”目标的截止时间，目前全国尚有 7000 多万贫困人口，我省需要脱贫人口众多，脱贫任务十分艰巨。要充分发挥旅游业在帮助农民脱贫致富方面的重要作用。产业扶贫是扶贫最重要、最有效的方式，旅游扶贫是产业扶贫的最重要形式，旅游产业发展要与旅游扶贫互相促进，为实现“第一个百年”目标做出最大的贡献。

3. 服务社会稳定大局

旅游业在扩大对外交流，增进国家、地区间人民的了解、促进文化的融合，保持社会的稳定等方面都将起到积极而重要的作用。

（三）“十三五”及 2016 年旅游业发展的主要矛盾

在新的一个五年发展周期里，坚持问题导向，着重解决发展中的主要矛盾，推动旅游业健康发展。

1.“十三五”期间，供给不足仍将是旅游业发展中最主要的矛盾

供给不足突出表现在以下几个方面：一是总量供给不足，“食、住、行、游、购、娱”六要素都存在着供给不足的问题，与日益增长的旅游需求之间的矛盾越来越突出，是需要着力解决的问题。二是结构性的问题依然存在，成为阻碍旅游业发展的最为重要的矛盾。通常我们都认为旅游结构性的矛盾主要表现在旅游产品上，观光性旅游产品发展得比较好，而休闲、度假、参与类的产品比较少，难以满足市场需要。因为这个矛盾较为突出，各方面也非常关注，在某种程度上掩盖了其他矛盾。实际上，除此之外，在交通、市场等方面也都存在着非常突出的结构性矛盾。

2.基础设施严重滞后，公共产品供给严重不足，制约了旅游业的发展

旅游业已发展到了一个全新的时代，其代表就是公共产品的普及和市场的信息化。目前，我省在旅游交通、旅游公共服务信息提供、旅游咨询、旅游市场监管与投诉处理乃至旅游厕所等方面难以满足高速发展的旅游业的需要。

3.创新不足使我省旅游业在竞争中处于劣势

旅游业是一个以文化创意为主要推动力的产业，创新在引领旅游业发展中起着关键和核心作用。特别是在现代，旅游业的市场竞争已由资源竞争发展到了产品竞争，由增量竞争逐步向存量竞争转变，增量竞争主要依靠的是资源，而存量竞争主要靠的是创新，创新动力不足将严重影响我省旅游业的竞争优势。

三、“十三五”及2016年规划发展工作思路

“十三五”将是我国经济社会发展史上十分重要的一个历史时期，2016年又是“十三五”的开局之年，做好2016年的各项工作，对完成“十三五”工作目标，乃至完成“第一个百年”宏伟目标任务都有着十分重要的意义和作用。要坚决贯彻落实“创新、协调、绿色、开放、共享”的发展理念，紧紧围绕“一带一路”国家发展战略，全面实施《中华人民共和国旅游法》《国务院关于促进旅游业改革发展的若干意见》《陕西省旅游条例》《省政府关于促进旅游业改革发展的实施意见》，以“2336”旅游发展思路为指导，以服务大局为己任，以创新发展为动力，以科学规划为指导，以项目建设为核心，以高A级旅游景区创建为重点，全面推动全省旅游产业快速发展。

第一，坚定不移地实施创新发展战略，为旅游业的发展提供充足的动力，为旅游业增强竞争超越的实力。2016年，应着重在创新思路、创新方法、创新管理、创新业态上做文章。

第二，坚定不移地实施规划指导，为旅游业的科学发展打牢基础。一是要启动

全省旅游总体规划的编制工作及市级旅游总体规划的编制工作；二是要编制好省、市两级旅游业“十三五”发展规划；三是要编制好景区及各专项旅游规划。全省旅游规划体系建设将有力地推动全省旅游业的健康发展。

开展智慧旅游建设是旅游业发展的大势所趋。但我省现阶段智慧旅游建设还处在自发阶段，没有建立起智慧旅游的目标、规划、方案、路径、项目、管理等建设系统，存在着一定的盲目性。因此，应进行全省智慧旅游工作的顶层设计，明确工作目标，制定工作方案，出台工作措施，强化工作管理，有效地推动全省智慧旅游建设工作。

第三，坚定不移地实施项目带动战略，不断推动全省旅游业快速发展。“十三五”期间，全省旅游项目建设实施“1325”计划，即建设1000个旅游项目，其中建设300个投资超2亿元的全省重点旅游项目，建设200个投资超5亿元的全省重大旅游项目，建设50个投资超20亿元的全省特大旅游项目，项目总投资超过5000亿元。为完成这一计划，要在项目统计、项目招商、项目管理等方面强化工作措施，创新工作方法，形成有效的工作机制。

第四，坚定不移地推动旅游公共服务产品建设。现在旅游业的竞争已经在很大程度上由资源竞争向旅游公共服务竞争转变，未来将是旅游市场产品与旅游公共服务产品并重的时代，大区域旅游公共服务产品的滞后将严重影响旅游产业的发展。“十三五”期间，我省应始终将公共服务产品的建设和提供作为一项十分重要的任务，尤其是旅游交通、旅游咨询、旅游信息提供、旅游房车（自驾车）营地、旅游救援、旅游投诉处理等方面，要调动各方力量，投入人力、物力、财力，着力予以推进。

第五，要坚定不移地实施高A级旅游景区倍增计划，夯实全省旅游业发展基础。一是要保增量，2016年，全省要新增5A级旅游景区一家，争取两家；4A级旅游景区新增10家，争取15家，使全省旅游产业基础更加扎实，竞争力更强；二是要提质量，抓好景区企业标准化建设，对景区实施动态管理，优胜劣汰。

第六，坚定不移地推动旅游商品建设。狠抓全省旅游商品研发基地建设，带动各市旅游商品业的发展。积极参加全国旅游商品博览会和全国旅游商品大赛，扩大我省旅游商品的影响力，探索进一步推进获奖旅游商品市场化的方法和途径，让旅游商品研发生产企业在旅游商品大赛中切实得到市场的认可。

第七，坚定不移地把旅游扶贫攻坚作为一项战略性任务全力予以推进。在旅游规划、项目建设、A级景区创建、旅游商品研发等各个方面，全方位地将扶贫工作纳入工作计划中，着力予以推进。

“十二五”业已过去，“十三五”已经来临，规划发展处有决心、有信心，在局党组的正确领导下，开拓进取，努力工作，完成好2016年的各项工作任务，为“十三五”开好局，为全省旅游业的发展做出应有的贡献。

立足本职　把握机遇
努力做好“十三五”旅游监管工作

陕西省旅游局监督管理处

“十二五”期间，旅游监管工作在局党组的正确领导下，在各处室的大力支持下，紧紧围绕我省旅游发展目标，紧扣“2336”旅游发展思路，取得较好成绩。

一、“十二五”工作亮点

（一）“十二五”旅行社及导游发展

“十二五”期间我省旅行社数量增长较快，由“十一五”末的614家发展到775家，增长26.2%。其中，出境游组团社由23家发展到63家，赴台游组团社由4发展到9家。尤为可喜的是，我省有两家旅行社入围全国百强社行列，从2011年起我省全国百强社有了“零”的突破，中国旅行社总社西北有限公司入围全国百强社，并连续四年进入百强行列。2014年，我省又有一家旅行社——陕西中国旅行社有限责任公司首次进入全国百强社行列，同时入围全国入境二十强排行榜，为我省旅行社树立了榜样，赢得了荣誉。“十二五”期间，我省旅行社的健康发展和不断壮大，助推了我省旅游业的持续增长，为我省接待境内外旅游者和旅游总收入的增长做出了一定贡献；推动了我省旅游直接就业或间接就业人数的增加，为我省旅游就业和再就业工作做出了一定贡献；带动了我省出境游客文明素质的不断提高，“十二五”期间，我省出境旅游快速发展，以两位数速度推进，在出境游过程中，个别游客时有不文明行为发生，但整体上看，出境旅游对提升游客文明素质起到了积极的教育、引导和推动作用。

我省导游队伍不断发展壮大，导游人数由“十一五”末的12280人增加到24371人，其中领队人员由2126人增加到3524人。

（二）“十二五”旅游饭店发展

“十二五”期间，我省旅游星级饭店稳步增长，高端饭店增速较快，旅游星级饭店由“十一五”末的358家，增加到382家，增加了24家。其中，五星级饭店由8家增加到17家，在1992年至2010年18年间，五星级饭店数量没有变化，仅“十二五”期间，我省五星级饭店增加9家，增速全国罕见。“十二五”期间，在我省旅游饭店发展中国际品牌饭店与国内品牌饭店比翼齐飞，共同推动了我省高端饭店管理水平的全面提升，为我省旅游业的快速发展做出了不可磨灭的贡献；“十二五”期间，在我省旅游饭店中，通过开展星级饭店复核、服务质量暗访检查、服务技能大赛以及宾客满意度测评等活动，推动了我省高端饭店服务质量的全面提升；“十二五”期间，我省高端旅游饭店提质增效、转型升级的步伐不断加快，饭店的品牌意识、创新意识、服务意识在不断地增强，在激烈的市场竞争中，企业的成功转型带动着我省旅游饭店业的健康发展。

二、“十三五”旅游监管工作思路

第一，“十三五”期间，旅游监管工作要紧紧围绕建设旅游强省的目标，扶持壮大一批我省旅游骨干企业，鼓励有条件的骨干企业收购、兼并微小企业，组建旅行社集团、饭店管理集团、景区管理集团以及纪念品开发集团等，发挥骨干企业的市场主体作用；鼓励旅游企业集团走出国门，开发国际市场，发展壮大自己。

第二，“十三五”期间，鼓励有实力的企业参与投入旅游行业，要有序培育和发展星级饭店，促进我省四星级、五星级高端饭店的合理布局；“十三五”期间，力争全省五星级饭店增加5~10家，四星级饭店增加15~30家；力求做到我省打造的世界著名旅游景区及所在目的地城市有与之匹配的高端饭店数量。在精细化、个性化方面，全面提高旅游饭店的服务质量。

第三，随着“一路一带”战略的推进，“互联网+”时代的到来，“智慧旅游”等旅游新业态的不断出现，尤其是我省乡村旅游的快速发展，迫切需要跟踪建立和完善地方旅游标准化体系，指导标准化服务。“十三五”期间，要积极建立标准化人才智囊库，发挥他们的作用，力争使我省的旅游地方标准体系更加完善。

第四，推动导游体制改革，加快我省导游行业组织转型工作，加快各级导游协会组织的建立，发挥协会的积极作用。积极推动旅行社导游体制改革，鼓励企业建立导游评价考核体系，建立导游职级贡献、劳动报酬挂钩机制。

总结“十二五”经验 筹划好“十三五”旅游宣传促销工作

陕西省旅游局国内（港澳台）旅游事务处

“十二五”期间，按照国家旅游局和省委、省政府的各项工作部署，我处认真落实国家“一带一路”战略和省旅游局“2336”发展思路，以丝绸之路新起点建设为切入点，以品牌建设为抓手，以促进省内旅游消费、开拓国内旅游市场、拓展港澳台市场份额、加强区域旅游协作为工作思路，积极开展旅游市场开发和品牌建设工作，不断提高“山水人文·大美陕西”旅游新形象。陕西旅游品牌的知名度和影响力进一步提升，陕西旅游的吸引力和竞争力进一步增强。

一、着重省内旅游市场宣传促销，有效拉动旅游消费

第一，举办“秦岭与黄河对话”活动。作为“5·19”中国旅游日陕西分会场活动的“秦岭与黄河对话”活动已成为全国文化旅游品牌。2015年的对话活动首次实现大陆、香港、台湾三地卫视携手，并邀请黄河沿岸各省份的广播电台共同推广宣传“秦岭与黄河对话”旅游品牌，通过三地卫视直播转播以及报纸、广播、网络等新闻媒体形成合力宣传，受众达到5亿人次。

第二，配合国际处共同筹办“美丽中国—丝绸之路旅游年”启动仪式，第七届丝绸之路旅游部长会议暨联合国世界旅游组织丝绸之路旅游国际大会和2015中国西安丝绸之路国际旅游博览会。

第三，举办省内各项促销宣传活动。陕西冬季游促销活动，自2014年12月至2015年2月15日开展，各地市旅游局、景区积极参与，微博阅读量累计近101万人次，陕西冬季游的推广信息已达到46.78万条，在线上线下产生了巨大反响；2015中国西北旅游营销大会，全国22个省、自治区、直辖市和台湾地区的600余家旅游服务单位和新闻媒介参会，300余家旅游供需方达成了年度业务合作洽谈并成功签约，48个城市、56个县区、150余家旅游景区进行了新年旅游业务推广，形成了颇具影响力的全国最大的区域旅游交流和交易盛会；“走进陕西旅游”大型采风踩线活动，

组织省内旅行社和媒体记者踩线团沿着习总书记在陕考察时走过的路线，深入实地考察体验，对梁家河等历史文化和红色旅游资源提出规划发展建议和政策项目支持；在中国休闲度假旅游陕西峰会上，与途家网正式签署《“人文陕西自在途家”战略合作协议》；与陕西卫视联合推出大型唐诗文化益智类节目《唐诗风云会》，收视覆盖全国 31 个省、直辖市，受众 5 亿人次；获得“2015 中国广告长城奖·广告主奖”；“陕西青少年暑期游学之旅进百家社区宣传推广活动”，暑期长假期间，在居民稠密的社区开展游学产品百家社区落地活动，活动范围涵盖西安城区 150 家居民社区 20 余万人，社区居民普遍反响热烈，宣传推广效果明显；12 月 4—6 日，第 26 届西北旅游协作区会议在西安举行，我省为 2015 年轮值省，西北五省区（兵团）旅游局领导和旅游业界重要嘉宾 60 余人参会。本次会议围绕共建丝绸之路经济带，西北五省开展多方位旅游合作等议题进行了充分讨论并达成共识，会议取得圆满成功，得到西北五省区（兵团）局领导及参会人员的高度评价。

二、积极开展省外促销活动，开拓重点客源地市场

积极参加国家旅游局和各省、自治区、直辖市组织的各项旅游宣传推广活动，以宣传推广“山水人文·大美陕西”旅游形象和打造“陕西—丝绸之路的起点”品牌形象。

第一，开展第五届陕粤港澳经济合作活动周推介活动。10 月 17—22 日，我局参加了陕西省第五届陕粤港澳经济合作周活动，在香港举办“丝路起点·大美陕西”旅游推介会，全国政协常委刘汉铨先生、香港特别行政区旅游界立法会议员姚思荣等重要嘉宾参会。在澳门举办“丝路新起点”旅游推介会，共 1200 人出席，参会嘉宾为历届最多。10 月 18 日，王莉霞副省长、张小宁副秘书长、中国港中旅集团公司宫晓冰副总裁等领导出席在港举行的“大美陕西”旅游营销中心开业仪式，并现场指导工作，香港媒体和电视台对开业仪式进行全面报道。

第二，拓展国内旅游市场。一是参加第十届东北地区旅游交易大会，举办陕西旅游产品及线路推介 3 次，公众推介 1 次，发放资料 15900 余册；参加西部冰雪旅游节暨第十届中国新疆冬季旅游产业交易博览会。二是完成省政府交办的中国—南亚博览会、中国—东盟博览会、中国国际投资贸易洽谈会、西藏旅游文化国际博览会等工作任务，在各项会议筹办中充分展现我省“山水人文·大美陕西”旅游新形象。特别是在中国国际投资贸易洽谈会中，我局仅用三天时间，完成撰写推介词，制作推介视频，组织编排舞蹈，筹划开馆仪式的工作，得到了省政府领导的充分肯定。三是陕西旅游援藏团赴阿里地区调研，考察团成员从旅游宣传促销、发展定位、

商品研发、自驾车营地建设、旅游线路规划等方面为阿里旅游规划建设提出建议，并给予了多方面的支持。四是参加上海花车旅游节，向上海市民、游客充分展示了陕西旅游文化特色。

第三，开拓港澳台地区旅游市场。港澳地区是我省主要入境旅游市场，2015年我省在港澳台地区开展的各项促销宣传工作成效明显；前三季度全省接待香港同胞25.66万人次，同比增长21.6%；澳门同胞14.88万人次，增长17.82%；台湾同胞28.9万人次，增长17.84%；港澳台客源市场的全面快速增长，推动了整个入境旅游市场的良好发展，促进了我省外向型经济的有序发展。一是在香港设立“大美陕西”旅游营销中心，与香港中国旅行社有限公司合作共同建立，专门销售适应香港市场的陕西旅游线路和产品，展示陕西丰富的旅游资源禀赋和厚重的人文历史；二是组织参加第十一届海峡两岸旅游博览会，第十届海峡两岸台北旅展（在此次台北旅展中我处首次实现展销合一，现场销售我省旅游线路产品，总计销售金额192300元）；三是参加第三届澳门国际旅游（产业）博览会，我处起草的《关于参加澳门博览会活动的情况报告》受到局领导的肯定；四是参加第29届香港国际旅游展，受到香港市民的喜爱；五是在“美丽中国—2015丝绸之路旅游年”港澳宣传推广系列活动中，参加了三场专业推介会和三场面向公众的宣传推介活动；六是与省人民政府台湾事务办公室联合举办“陕西居民台湾过大年”欢送活动仪式。

第四，加强研学旅游线路产品开发。一是开展“2015未来之星寻根陕西”活动，增强了香港大学生对陕西的了解和认知，推动了陕港两地青少年交流；二是开展游学市场调研工作，召开座谈会，设计游学线路产品；三是与河南、广东等七省旅游局成立了内地游学联盟；四是策划了“陕西青少年暑期游学之旅活动”进百家社区等大型宣传推广活动；五是为旅行社搭建平台，借助“美丽中国—2015丝绸之路旅游年”港澳宣传活动，与香港五所中学和游学机构签订来陕西游学协议。

第五，加强区域旅游合作。参加第七届“9+10”区域旅游合作会议、2015中国三门峡黄河旅游国际论坛、晋陕豫黄河金三角区域合作山西推介对接会、第二十六届中国天水伏羲文化旅游节、内蒙古自治区第二十六届旅游那达慕大会、青藏铁路沿线旅游推广联盟成立大会、第七届海峡两岸旅游交流圆桌会议、2015中国阿拉伯国家旅行商大会，进一步招徕外地游客入陕旅游，吸引外来消费。

三、运用网络、报纸、户外广告等媒体，拓展重点旅游市场空间

第一，在第五届陕粤港澳经济合作周活动期间进行宣传。为预热并配合活动周，在香港400辆公交车投放为期半年的车体广告，提高陕西旅游品牌在香港地区的影

响力。借助大公报在港澳等地区的舆论宣传影响力，投入专版进行广告宣传，并对本次陕粤港澳经济合作活动周旅游推介活动进行重点宣传报道，在繁华地段投放LED显示屏进行推介，在香港地铁、机场及入境口岸等场所通过推出多种宣传渠道进行宣传，有效扩大了陕西旅游在港澳地区的宣传促销力度。

第二，利用北京户外广告进行宣传。2015年3月1日至6月30日期间，我局在北京170辆公交车身、100辆公交车内挂板媒体上发布陕西省旅游广告，此次车身广告覆盖人群媒体接触为45亿人次。

第三，编制《V游陕西　智慧旅游》等书籍，扩大了我省旅游品牌在全国的影响力，提高了我省旅游的产品知名度。

第四，11月，在全国30个知名网站开展了冬季游陕西网络宣传活动，开展了浪漫冬季游陕西手机微信推广活动。

四、创新旅游宣传营销方式，有效带动旅游人数增长

一是组建陕西旅游形象大使队伍，聘请孙维、高春毅等10名陕西籍知名人士为我省旅游形象大使，为展示陕西特色文化，推介陕西人文旅游资源，树立我省旅游美誉度起到积极推动作用；二是开展我省旅游宣传口号征集活动，共收到快件800余件，目前正在进行稿件整理工作，评审工作将于12月完成；三是陕西省旅游宣传品大赛正在作品征集阶段，将于12月完成初审及终审；四是与中央电视台《长城内外》栏目组合作拍摄我省旅游景区及旅游新业态，在中央电视台播放；五是在《信天游》杂志上创办《丝绸之路　文化陕西》专栏，在西安发往全国的117辆高铁上免费赠送乘客阅读。2015年前三季度，我省国内旅游市场共接待游客31407.12万人次，同比增长16.7%，这充分证明我省创新旅游宣传营销方式的成果。

五、工作中存在的主要问题

2015年以来，在全省旅游宣传推广工作中取得了一定成绩，但也存在着一些问题。一是运用网络等新媒体的宣传力度还不够大，需建立网络、微博、微信、微电影、电子广告、无线触摸屏一体化的新媒体宣传推广体系，使各媒体相互配合、相互作用，强化我省“山水人文·大美陕西”和“陕西——丝绸之路的起点”的品牌宣传影响力；二是研学旅游市场政策支持的力度、体制机制创新方面还不够，需进一步制定规划、政策和保障措施，持续推进开发青少年游学市场工作；三是对我省旅游线路产品的宣传力度还不大，针对性还不强，需应对新形势和市场格局的变化打造我省旅游线

路产品升级，建立完善的旅游线路产品体系，特别是缺乏高铁旅游线路产品和老年旅游线路产品，需加强高铁旅游线路产品设计。

六、明年工作思路及工作重点

第一，联合省内重点企业和景区在中央电视台投放宣传广告，支持高A级景区发展，进一步提升我省景区在全国的知名度，同时注重整体宣传效果。

第二，港澳台是我省主要入境游客源市场，占入境游客源市场份额的三分之一。按照国家旅游局总体工作部署，2016年将其继续作为重点客源市场开展各项宣传促销工作。

第三，北京、上海、广州是经济发达地区，也是我省主要的客源市场，京津唐地区、长三角地区、珠三角地区是我省2016年宣传促销的重点地区。拟与驻北京、上海、深圳办事处开展合作宣传。

第四，周边省份一直是我省主要客源市场，特别是河南、四川、重庆、甘肃、湖北、山西，2016年计划进一步加大对以上省份旅游市场的宣传推介力度，在周边省会城市开展宣传推介活动。

第五，进一步调研游学旅游产品，加大宣传促销力度。针对国内客源市场和港澳台市场，利用暑期组织旅行社开展游学旅行。在网络、报纸、新闻媒体投放游学专题广告宣传，促销我省游学旅行。针对研学市场出台扶持措施，协调省内部分景区、爱国主义教育基地等游览参观类型景点，给予港澳台研学旅行的青少年门票优惠政策。

第六，加大丝绸之路、红色旅游、历史文化旅游、休闲度假游、老年旅游产品的开发设计和宣传力度，使其成为成熟的标志性旅游产品，并在各种旅游展览会和推介会上宣传推广。

第七，加大互联网和微信宣传力度，除在重大活动中利用网络和微信宣传外，拟在百度等网站定期开展宣传推广。

第八，按照中央“一带一路”战略部署，围绕我省丝绸之路经济带新起点建设工作做好各项相关工作。首先，认真履行2016年轮值主席职责，联合西北五省区推出丝绸之路旅游新线路，联合赴省外促销宣传，开通丝绸之路旅游专列、丝绸之路旅游大巴、丝绸之路旅游包机。联合西北五省区研讨共建丝绸之路经济带，推进沿线各省区旅游合作。其次，上海与福建是海上丝绸之路的核心区，下一步我们将继续加强与上海、福建两省市旅游部门的密切联系与合作，通过各种旅游推介活动，贯通陆上丝绸之路经济带与海上丝绸之路的对接。最后，在西安咸阳国际机场建立

“新丝路新起点”旅游形象、线路、产品展示区，叫响我省“丝绸之路新起点”品牌，吸引群众眼球，提升品牌形象。

第九，举办大型活动，提高我省旅游品牌知名度。筹办好 2016 年“秦岭与黄河的对话”活动，拟定对话主题，上升到国际层面，拟与新华社联合邀请莫言、张艺谋、祝善忠、王志、马克等知名人士，全国著名旅游专家，外国驻华大使等嘉宾参加对话活动；配合国际处办好中国西安国际丝绸之路旅游博览会，搭建丝绸之路互联互通平台；与丝绸之路旅游博览会合并，办好西北春季旅游营销大会，为企业搭建平台，提供丰富的旅游产品，扩大陕西旅游在全国旅游市场份额的占有率。

第十，开展优质诚信香港游活动。鉴于目前香港旅游市场低迷，市场秩序较乱，零负团费、低价团滋生的不良情况，2016 年拟与香港旅游发展局联合开展优质诚信香港游活动。

第十一，打造黄陵祭祖活动品牌。拟定 2016 年 4 月组织延安各旅游景区、饭店、演出单位，在大雁塔南广场举办面向公众的宣传推广、咨询活动。举办“华夏图腾·延安圆梦”旅游推介会推介黄帝陵景区、黄河壶口瀑布，并就黄陵祭祖旅游线路、黄河经典旅游线路、丝路新起点旅游线路进行重点推介。组织“港澳台百家品牌旅行商祭黄陵——参加清明公祭典礼”，并考察延安市重点旅游景区。2016 年两会期间在北京 300 辆公交车体上做宣传广告，把祭祖作为专题之一，提升黄陵祭祖旅游品牌形象。

第十二，充分利用影视宣传，参与支持旅游影视、微电影、纪录片和电视剧拍摄，扩大我省旅游宣传力和影响力。利用华谊兄弟进入旅游业开展文化演艺的机遇，与其开展深入合作，提升我省旅游文化演艺水平和文旅演艺城镇开发水平。

七、“十三五”规划旅游发展建议

第一，积极开发老年旅游产品。目前，我国提前进入老龄化社会，振兴老年产业已成为促进经济持续增长和社会可持续发展不可或缺的内容。可针对老年旅游市场特点开发线路，实施配套设施建设，提供专业和保障服务，指导旅行社推出旅程较短、展现自然风光和传统文化的旅游线路，并完善相关医疗保障配套设施，指导老年人旅游市场安全健康发展。

第二，把旅游扶贫工作引向深入。县域旅游连接城市和乡村，市场较为广阔，县域旅游经济发展是我国旅游业的支撑。乡村旅游不单纯只向产业化转型发展，还应着力向农业休闲度假游、农业观光游、乡村文化体验游、农业生态有机产品销售游转型，大力推进生态保护、旅游开发、扶贫攻坚有机结合，加大对贫困人口参与旅游经营服务的扶持力度，使贫困群众脱贫致富。

第三，做好旅游新业态调研和市场培育工作。旅游新业态是旅游业的新生力量和主力军，是旅游经济的新价值增长点和动力源泉。“吃、住、行、游、购、娱”一直是旅游行业传统的六大要素。2015年在全国旅游工作会议上，国家旅游局局长李金早提出：如今，激发人们旅游的动机要素越来越多，需要拓展新的旅游要素，即“商、养、学、闲、情、奇”。“十三五”期间，我处将着力开展新业态市场调研工作，召集旅游行业和院校专家积极开展旅游新业态市场调研工作，总结全省新业态经验，加强管理和引导。

第四，充分利用互联网创新发展旅游业。随着经济水平、交通能力和获取资讯手段的提升，旅游管理机构、旅行社、旅游景区、旅游服务机构、游客需求都在转变。驱动变革的因素由经济能力的增长带来的对旅游的必然需求，生活价值观的逐渐改变带来的对旅游认知的提升，移动互联带来的游客能力的提高。我省旅游行业需要把握机遇，指导旅游企业向智慧旅游转变，采用智慧管理、智慧服务、智慧营销和智慧运营的O2O旅游模式运营，用智慧旅游方式来提供服务，引导旅游企业成功转型。

紧盯目标　把准方向　踏实工作

陕西省旅游局人事处

一、2015 年主要工作完成情况

（一）目标责任考核工作

在充分征求各处室意见的基础上，提请局办公会研究，完成局 2015 年目标责任考核的指标设置工作，上报省委考核办。协调地市完成 2015 全省各市区旅游收入增长指标设置，上报省委考核办。与各处室加强沟通，按照要求完成各季度工作计划和完成情况的资料整理和上报。

（二）人事、工资工作

（1）根据工作需要，在编制允许的范围内，按照干部任用条例规定的程序、标准、要求，完成了我局处级干部晋升工作，完成了与干部任用有关的所有事项。

（2）根据省公务员局的要求，完成了近几年来军转干部的公务员登记、备案及工资办理等工作。

（3）按照省委组织部要求，完成了我局省管干部因私出国（境）情况统计，按照规定向公安机关报送更新和规范报备人员的登记备案信息，集中统一保管因私出国（境）证照。

（4）根据陕办通知要求，完成了 2014 年度领导干部（副处级以上）个人有关事项报告随机抽查，按照要求报送了相关资料。

（5）按照省委组织部《干部人事档案专项审核工作实施细则》要求，完成我局干部人事档案整理工作。

（三）落实“百千万”工程

第一，在长安大学举办了为期两天的“陕西旅游大讲堂”导游员丝绸之路专题培训班。全省部分中高级导游员、国家和省级优秀导游员、部分导游骨干教师、5A 级景区宣教部主任和部分旅行社管理人员 600 余人参加了培训。

第二，在南开大学旅游与服务学院举办了陕西省旅游业融合发展培训班，各区市旅游局、杨凌示范区旅游局及韩城旅游景区管委会、全省首批旅游示范县和第二批试点创建县旅游局、重点旅游院校、部分旅游企业（景区）以及局机关各处室业务骨干共72人参加了培训。

第三，对韩城市、汉中市、咸阳市开展送教上门活动，活动共计16天，1790人次参加了培训。这些培训有以下几个特点：一是规模大，人员多；二是层次高，授课水平高；三是效果好，参加培训的干部职工一致认为，通过培训，他们不仅学到了知识、开阔了眼界，而且学到了发展旅游的方法。

第四，扎实开展乡村旅游扶贫培训，为精准扶贫提供智力支持。安康市是我局确定的首个智力扶贫试点市，经过两年实践，取得了明显效果。其特点如下：一是健全制度。在省旅游局指导下，我处制定印发了《安康市乡村旅游扶贫培训工作实施方案（2014年—2020年）》《安康市乡村旅游扶贫培训考核管理办法》《安康市乡村旅游扶贫培训资金管理办法》等，明确了职责任务，确保了工作规范，为做好培训提供了保证。二是分类培训确保实效。对安康市旅游产业发展领导小组成员单位，各县区政府分管旅游工作的领导及旅游局、扶贫局以及省级文化旅游名镇、陕西省旅游特色名镇等的主要负责同志，采取理论讲解与典型案例、发展模式剖析与措施建议相结合的方法实施培训，使学员们在思想理念、思维方式、发展思路等方面获得了启迪，得到了提升。对各县区旅游局、扶贫局分管副局长，全市87个国家乡村旅游扶贫重点村所在镇负责同志，围绕陕西乡村旅游发展模式、旅游规划与开发、安康旅游文化等内容进行授课，并组织学员围绕《如何抓点示范，推进乡村旅游扶贫工作》撰写心得，讨论交流。对县（区）涉旅部门、旅游服务站负责人和乡村旅游扶贫重点村从业人员等进行服务技能、地方民俗、民歌文化、土特产营销、礼仪规范等方面的培训。通过分类集中培训，切实提升了市县镇村各级管理人员对乡村旅游扶贫工作的新认识，开启了对乡村旅游扶贫工作的新思考，为今后更好地开展工作提供了新思路。多名学员撰写的学习体会文章在《安康日报》等有关媒体刊发。安康的扶贫培训试点，为今后的推广提供了宝贵经验。

第五，为提高中高级导游水平，发挥他们在导游队伍中的引领作用，决定对全省报考2015年全国中、高级的677名导游员开展免费培训。培训机构严格按照要求制定培训方案，精心挑选师资力量，科学设立课程，圆满完成培训任务，受到广大考生的一致好评。

第六，与陕西旅游教育网合作，探索开展网上年审培训工作，年审培训网上学习和答题共计17542人次。拓宽导游员日常培训手段，积极开展网络培训，在陕西旅游教育网上传50余个相关视频教学资料，视频观看达到21000余人次。

（四）援藏工作

加大对阿里旅游人才培训支持力度，采取送教上门的形式，对阿里地区旅游从业人员进行了服务技能培训，在西北大学干部教育基地举办阿里地区旅游管理人员赴陕培训班。

二、收获

人事处工作繁琐冗杂，上对国家局旅游人事司，中对省委组织部、省委老干部工作局、省机构编制委员会办公室、省年度目标责任考核领导小组考核办公室、省人力资源和社会保障厅、省公务员局，下对机关全体干部、工勤、事业、离退休人员、临时工，既关系到局机关全面建设，又涉及机关每个人的基本利益。这就要求我们做到四个“要”，政策性要高，责任心要强，态度要端正，作风要扎实；要求我们全处人员拧成一股绳，为完成工作，团结合作，互相帮助，全力以赴。

全处同志在工作中，始终坚持把好质量关，进一步提高协作意识，增强服务意识，在实践中练就了认真的态度，工作能力得到了锻炼和提高。

三、2016 年工作计划

（1）继续抓好年度目标责任考核工作；

（2）落实“百千万”计划，开展走进名校活动；

（3）举办“陕西旅游大讲堂”；

（4）在安康、汉中等地开展扶贫培训；

（5）在延安、榆林、商洛等地开展送教上门活动；

（6）驻村联户扶贫培训现场教学；

（7）对报考中高级导游员等级考试的人员，开展考前培训工作；

（8）对取得 2015 年中高级导游资格的人员进行奖励；

（9）召开一次中高级导游员座谈会。

四、建议

第一，旅游业发展进入新阶段。旅游业发展是与国家发展战略相衔接的，首先要广泛开展学习“十三五”规划，把国家发展的总脉络把握好，才能正确确定旅游业发展战略，因为旅游业发展不能独立于国家战略之外。

第二，从全省旅游大局考虑，要解决好社会需求与旅游行业产品供应的关系。要调研社会需求，以及需求层次；调研旅游产品满足社会需求的量和等级。供求关系不平衡，供不应求就会导致产品紧缺，供大于求就会造成浪费。如果供求关系平衡了，就要考虑上档提级，优化产品结构。一定要避免工业发展与结构之间的矛盾在旅游业中出现，避免二次浪费。

第三，旅游经营企业要在严格执行《中华人民共和国旅游法》《陕西省旅游条例》的基础上建立统一的诚信体系，规范经营行为，引导游客文明旅游，为构建诚信经营、文明旅游做贡献。目前，我国人均收入已达到较高水平，出游意愿逐年提高，从经济学角度说，六要素的供求关系已相对平衡，但相适应的诚信体系、文明旅游还有待改进。诚信与文明就是旅游业的软实力，也体现了国家的软实力。企业诚信了，游客文明了，就受人尊重，相反就让人看不起。企业不诚信无以利业，游客不文明无以立身。

可印制图文并茂的文明手册，免费发给游客。利用一切手段宣传诚信经营、文明旅游，发挥好宣传教育功能。

第四，加强人才队伍建设，加大行业培训力度。一是聘请优秀专家不定期来省旅游局授课；二是积极引导企业自主培训。完善旅游人才库，将旅游专家、优秀师资、优秀导游员、优秀讲解员，纳入我省旅游人才库，发挥作用。

践行“三严三实” 加强机关作风建设 全面提升基层党建工作水平再上新台阶

陕西省旅游局机关党委

2015 年是“十二五”收官之年，我们认真贯彻落实局党组和省直工委党建工作部署，在各处室、部门的大力支持和协助下，按照“党要管党、从严治党”的总要求，深入开展“三严三实”专题教育，加强党员队伍建设，全面推进机关作风建设和党风廉政建设，圆满完成了局党组和省直工委下达的各项目标责任任务。2016 年是“十三五”第一年，谋划布局好开局年的工作至关重要。2016 工作目标就是要加强机关作风建设，全面提升省旅游局基层党建工作水平，争取再上新台阶，为实现省委、省政府下达的旅游业发展的各项目标任务，为“三个陕西”建设提供强有力的思想和组织保障。

一、2015 年主要工作亮点和完成情况

（一）深入开展“三严三实”专题教育，强筋骨、转作风

按照中央和省委部署，在局机关处级以上干部中开展了深入贯彻“三严三实”，争当“忠诚、干净、担当”的好干部专题教育。制定活动方案；发放学习材料并组织开展了对《习近平总书记系列重要讲话读本》《习近平谈治国理政》等的学习，邀请了省委党校党史教研室吴永教授作了“三严三实”专题辅导；组织开展了书记讲党课、专题学习研讨、“三严三实”征文活动，召开专题民主生活会和组织生活会，开展党员民主评议等项工作；同时还开展了关于做好“落实‘四个全面’战略布局与加强机关党建工作”的课题研讨活动。8 月 27 日，省委常委、省委组织部毛万春部长到我局调研督导专题教育工作，在听取了局党组书记、局长杨忠武同志关于我局专题教育开展情况的汇报后，毛万春部长对省旅游局领导班子的工作给予了高度评价，对我们开展专题教育中“四个立起来”的做法给予了充分的肯定。杨忠武局长撰写的“三严三实”专题党课讲稿材料，被省直工委推荐，在省委组织的全省领导干部优秀党课材料评选活动中获三等奖。我局机关党委杨小帅同志撰写的《创

新“三会一课”制度，落实全面从严治党要求》一文，获优秀奖。我们还邀请了党建研究室专家们对我局开展“三严三实”专题教育以来的70余篇专题教育征文进行评审，以更好地激发干部职工开展专题教育的学习热情。

在专题教育中我们既认真完成方案确定的规定性举措，同时也更加注重联系旅游业发展实际，更加注重学习教育工作的创新。11月8日，在延安组织召开了全省旅游行业“践行‘三严三实’推动陕西红色旅游发展”交流座谈会，来自陕西十二个市区旅游部门的主要负责人和省旅游局处级以上党员干部、陕西旅游行业专家学者、企业家和新闻媒体等70余人参加了座谈交流。会后，与会代表走进梁家河，开展了红色旅游发展考察寻访活动。为进一步推动梁家河旅游业快速发展，我局全体党员干部为梁家河村捐赠了一所旅游书屋，希望广大村民在发展旅游中增长知识提高服务水平，借力旅游业脱贫致富。同时，还专程邀请了专家学者、企业家们送教上门，为梁家河旅游产业的稳定可持续发展献计献策，形成了《关于梁家河村旅游发展的思考和建议》；为发挥好党员先进典型的引领示范作用，在全体党员干部中开展了“树立身边先进典型”的活动。经过层层推荐，挖掘先进事迹，公示征求意见，经报党组研究同意后，还将组织开展身边典型先进事迹汇报交流活动。

（二）加强学习宣传，提升党员干部队伍素质

一是继续深化十八大及各次全会精神的学习。中心组带头学习，截至10月末，中心组组织学习12次。坚持“学以致用、用以促学”，积极组织党员干部参加省直工委组织的培训、讲座等，共计参加40余人次；通过集中组织和支部组织相结合的办法，深入学习了党的十八届四中、五中全会精神，并对习近平总书记在中央政治局第26次集体学习的讲话进行了集中学习交流，畅谈学习体会，以及举办了省旅游局机关处级干部学习贯彻习近平总书记来陕视察重要讲话和“开展学习十八届四中全会精神 全面推进法治建设依法治旅研讨班”。二是广泛宣传、创新学习形式。通过学习和深入思考，向省直工委上报了3个党建研究课题，并组织力量进行课题研究申报工作。充分利用各级党建网、媒体、宣传展板，增强学习宣传，在局官方网站开通了“三严三实”专题教育专栏。国家旅游局党建网、省党建网、陕西日报等媒体对我局党建工作好的做法进行了报道。截至目前，共向国家旅游局党建网报送信息40余篇，制作党建宣传展板36块。

（三）强化党建基础工作，巩固完善了党内政治生活常态化的相关制度规定

一是完善了基层党组织学习的计划安排、学习形式、主要内容、组织实施等事项。健全了领导干部带头学习、改进作风、深入调查研究的机制，以及直接联系和服务群众的机制；起草制定了《省旅游局机关党建工作要点》，有效监督“三会一课”制度的落实。二是党内组织生活会、民主生活会规范化。为深入推进基层组织集中整顿工作，加强党员教育管理，严肃党员组织生活，精心制定“三严三实”专题民主生活会和组织生活会方案，从会议的主题内容、形式、参会人员，到会议的会前准备、会议议程、会后应开展的工作，以及相关要求做了明确的规定，明确了召开民主生活会和组织生活会前的学习、征求意见、重温入党誓词等内容事项。三是深入推进调查研究常态化。近年来，省旅游局高度重视党员干部深入基层调查研究，自2013年以来每年年初都开展调研月活动，由局领导牵头成立三至四个调研组，围绕推进全省旅游业发展重点工作，深入基层开展调研，进一步明确了全省旅游业发展的方向和重点。局领导下基层调研超过3个月；机关业务处室也是把更多的时间和精力放在下基层了解情况、指导项目建设和产品开发、旅游市场整顿等工作上。四是进一步推动了转变机关工作作风的落实。参与机关劳动纪律整顿工作，与人事处、监察室开展了机关劳动纪律检查。对作风监督岗上群众反映的问题，进行认真分析，扎实落实，积极处理并回复群众反映的问题。

（四）进一步开展了学习型、服务型、创新型党组织建设的各项工作

一是按照省直工委要求，扎实开展党支部“对标定位、晋级争星”活动和党员积分制管理工作。按照目标责任制要求，认真系统地组织开展“对标定位、晋级争星”活动和实施党员积分制管理，建立起对支部、对党员的评价考核制度。局办公室党支部在创建五星级支部过程中，动员全体党员出点子、想办法，创新学习形式、加强自身建设，出台了《办公室人员“十要十不要”工作准则》，创建工作卓有成效。二是认真落实党章规定，及时选齐配强健全基层组织。按照《中国共产党和国家机关基层组织工作条例》的要求，结合各党支部人员变动，完成了各党支部换届改选工作，并报局党组同意，重新调整明确了党组成员、班子成员参加和列席支部组织生活的事项。三是积极组织参加省直机关“讲书堂”活动。截至目前，已经组织近40人次参加了6场机关“讲书堂”活动。四是对党支部手册填写进行规范，对党支部手册、台账等的填写要求进行统一，大大提高了党务专干的党务业务水平。五是开展党日、国防日主题活动。通过唱国歌、观阅兵纪念中国人民抗日战争暨世界反法西斯战争胜利70周年，走访慰问困难党员和老党员、老干部，走进军营体验学习人民解放军等活动，激发党员干部职工爱国热情，学习人民解放军优良传统和作风，充分体现了组织生活的严肃性和政府对党员干部的激励和关爱。2015年“七一”前夕，开展了党组织先进表彰活动，表彰了3个优秀党支部、10名优秀共产党员和5名优秀党务工作者。

（五）充分发挥了党团工青妇组织在推进和谐机关建设中的积极作用

一是积极开展文明单位创建活动。按照局党组的部署，积极参与文明单位创建活动。经过全体干部职工的努力，去年我局机关被评为“区文明单位”，现正在开展市级文明单位创建工作。二是加强机关工会建设，提高干部职工凝聚力。局机关工会被省直工会评为“先进职工之家”，我局3名先进个人受到了表彰。关心职工生活，制定实施了《省旅游局机关工会走访慰问实施办法》，使工会走访慰问工作制度化、规范化，受到了广大会员的积极评价，体现了组织的温暖。三是积极参加和组织开展文体娱乐活动。圆满完成了2015年局机关干部职工迎新春趣味联欢活动，活动简洁、喜庆，受到了广大干部职工的一致好评和欢迎；组织参加了省财贸系统首届乒乓球赛，并获得二等奖；开展了以“幸福三八、快乐旅游、文明同行”为主题的系列纪念活动；制定健身计划，成立了7个文体兴趣小组，丰富了机关的业余文化生活，促进了干部职工锻炼身体的积极性；组队参加了省直工委组织的“信合杯”乒乓球比赛。四是与省妇联等单位联合举办了全省妇女手工艺品大赛。大赛成果展示成为农业高新科技成果博览会的一大亮点，为广大妇女再就业增强了信心，也为陕西旅游商品的发展贡献了力量。

（六）加强精神文明建设工作

按照国家旅游局评选“2013—2014年全国青年文明号集体”的通知要求，完成了我省旅游行业“全国青年文明号”评选推荐和网上系统维护工作；积极组织全行业推荐上报省级文明单位创建工作；深化文明旅游工作，起草印发了《关于进一步加强文明旅游工作的实施意见》；安排人员参加了省委宣传部组织的企业培育和践行社会主义核心价值观工作手册编撰调研工作，并上报了调研报告；倡导社会文明、开展志愿者服务。建立全省旅游志愿服务体系，开展旅游志愿者网上注册和填报备案工作，目前全省共注册旅游志愿者1500多名。“十一”前夕，组织开展了陕西省首批旅游志愿者上岗服务活动，受到了社会广泛关注和国家旅游局的高度评价。

（七）做好“两联一包”实施精准扶贫

按照局党组要求，始终把扶贫帮扶作为重大政治任务和民生工程来谋划和推进，坚持“精准扶贫、产业扶贫”，坚持“结合实际、因地制宜”谋划扶贫工作，2015年我局选派的任文、高阳两位同志驻村实地指导帮扶工作，积极推进结对帮扶、规划引领、扶贫村地下管网改造和旅游厕所提升改建，以及对农家乐和中药材、蜂蜜生产等专业经营组织和经营户的指导等各项工作，发挥了旅游产业优势在惠民富民、真招实策、构建长远扶贫帮扶的重要作用。

二、存在的不足和2016年主要工作设想

（一）存在的不足

各支部抓党建工作的力度、效果参差不齐；个别支部书记和党务干部的工作方

式、方法创新不够。党员管理和教育还需进一步加强,理论思想素质还需进一步提高。

(二)2016年主要工作设想

加强党员干部思想教育工作，牢记习近平总书记“作风建设永远在路上”的指示，作风建设和党风廉政建设是党建工作的永恒课题。一是加强政治理论学习、加强党员修养和党性锻炼，对党绝对忠诚。二是进一步完善、明确和落实我局机关党建工作责任制。党委书记是抓机关党建工作的第一责任人，各支部书记是落实党建工作的第一责任人，形成由党组统一领导，党委委员、支部书记、支部委员各司其职、密切配合、齐抓共管的党建工作格局。三是加强党务干部培训，努力提高党务干部工作技能和业务水平，增强党务干部工作责任心，同时激发党务干部干好党务工作的热情和动力。四是不断完善、丰富党建工作内容，建立起完备的制度和工作程序，实现我局党建工作的科学化、制度化和常态化。五是做好党员积分制实施前的培训学习工作，确保把党员积分制工作落实、落细，成为常态。六是保障党建经费，探索党建工作的创新和深化，丰富、完善基层党组织创建星级支部工作的措施方法，以全面提升我局基层党建工作水平再上新台阶。

强化监督　严格执纪
为陕西旅游事业健康发展提供纪律保障

陕西省旅游局监察室

一、2015 年工作开展情况

一年来，在省纪委、省监察厅的正确领导和局党组的大力支持下，在机关全体同志的理解配合下，我们认真落实“三转”要求，围绕旅游中心工作，严格监督执纪问责，坚持将纪律和规矩挺在前面，着力增强局机关干部的党规党纪意识，圆满完成年度党风廉政建设和反腐败工作任务。

（一）明确职责，推进责任落实

制定了《关于落实党风廉政建设党委主体责任、纪委监督责任的实施意见》，层层签订了党风廉政建设责任书，印发了《2015 年度党风廉政建设和反腐败工作任务一览表》，把“笼统的责任”变成“明确的清单”，促进了局领导班子及其成员，以及各处室、稽查队的党风廉政建设“五个一”落到实处。

（二）勤抓教育，构筑思想防线

一是开展风险排查。组织各业务处室结合自己的工作实际，进行廉政风险排查，做到早发现、早预警、早遏制，将“红灯”亮在“越轨”之前。二是开展专题学习。将每季度第一个星期三下午确定为“党风廉政学习日”，组织党员干部采取学文件、听报告、看警示片和专题辅导等形式开展廉政教育，不断唤醒并强化党章、党规、党纪意识。三是开展讲党课活动。党组书记杨忠武和纪检组长郝占延先后为全局党员干部讲授了内容丰富、形象生动的党课，进一步严明了纪律规矩，增强了党员干部践行“三严三实”的自觉性和主动性。四是开展廉政谈话。纪检组郝组长分别与各业务处室主要负责人和新提拔的干部进行廉政谈话，要求他们遵守廉洁自律的各项规定，增强勤政廉政的自觉性，筑牢拒腐防变的思想防线。一年来，没有严重违纪现象发生。

（三）强化监督，着力正风肃纪

一是围绕“节点”，对节日不正之风进行监督。在春节、“五一”、中秋、国庆等重要节日来临之前，下发要严格遵守廉洁自律各项规定的通知；在节日期间，采取不打招呼、随机抽查等方式，对党员干部落实中央“八项规定”、遵守廉洁自律等情况明察暗访，坚决纠正不正之风。二是对准“焦点”，对关键环节进行监督。围绕旅行社审批、年检，星级饭店和A级旅游景区评定、复核，旅游项目申请、申报等环节进行不定期检查。先后深入8个市（区），对18家旅游企业进行明察暗访。对反映机关干部问题的来信、来访，及时进行调查核实，并对有问题的干部进行批评教育或提醒谈话。三是围绕重大事项，对决策的程序和过程进行监督。纪检组长和监察室主任参加和列席局党组会和局长办公会，对涉及重大事项决策、重要干部任免、重要项目安排和大额度资金使用，必须进行集体研究决策的程序和过程进行监督。

（四）建章立制，完善惩防体系

针对风险排查中发现的问题，及时向局党组提出要加强领导和完善制度的建议，并督促相关处室落实。如《省旅游局政府采购管理办法》在充分征求意见的基础上已提交局长办公会讨论，《省旅游局宣传促销专项经费管理暂行办法》已拿出初稿。制定出台了《省旅游局党员干部廉洁从政“二十条严禁”》，严明党员干部的政治纪律、政治规矩和工作作风，为不断提高履职尽责的规范化、科学化水平，把“权力关进制度的笼子”奠定了基础。

（五）夯实根基，加强自身建设

严格落实“律人必先正己”“打铁先须自身硬”的要求，制定了《全省旅游系统纪检监察干部“十要十不准”行为规范》，并签订了廉洁承诺书。始终把学习作为干好工作的前提和基础，把提升能力、增长才干、强化素质作为自己的营养需求，全体同志养成了爱思考问题并互相交流探讨的好习惯。2015年我室共在国家旅游局主办的《旅游纪检监察》杂志、省纪委主办的秦风网、陕西旅游政务网上发表文章51篇。在共同工作中，纪检组监察室全体同志也形成了小事上相互谦让、生活中相互帮助、工作中相互协作的良好氛围。

二、回顾2015年成绩的取得和心得体会

第一，摆正自身的位置。“转职能、转方式、转作风”使纪检监察工作从其他业务工作中脱离出来，聚焦党风廉政建设和反腐败工作主业，专司监督之责，这样就有时间和精力及时发现权力运行和行政管理中存在的问题和薄弱环节，有针对性地提出整改意见建议，切实履好职、尽好责、发挥好作用，做到不缺位、不越位、不错位。

第二，局党组的大力支持。局党组认真落实党风廉政建设主体责任，主动沟通党风廉政建设的各项工作，欢迎对局领导班子及成员的监督，并要求加强对机关干部的工作作风及廉洁自律等方面的督查。积极帮助解决纪律审查中遇到的问题，消除阻力，当好后盾，给纪检监察工作的独立开展创造了宽松的环境。

第三，机关全体同志的理解配合。机关各处室主要负责人经常与我们探讨工作中存在的风险点，以及如何有效预防和有针对性地对同志们进行教育，我们在具体工作中也会咨询需要遵循的有关规定。机关全体同志对我们开展的廉政教育活动给予充分肯定，对需要了解和核实的信访反映问题都给予大力配合，在主观上形成了由被动接受监督向主动要求监督的转变。

三、明年工作打算

2016 年，我们将认真贯彻中、省纪委全会精神，严格落实党风廉政建设监督责任，严明纪律规矩，强化纪律审查，推进作风建设，将纪在法前、纪严于法贯穿于执纪监督问责全过程，把握和运用好“四种形态”，深入推进党风廉政建设和反腐败工作，为旅游业快速健康发展提供坚强的纪律保障。要重点抓好以下四方面工作：

（一）夯实“两个责任”

在党风廉政建设和反腐败工作中，党组负主体责任，纪检组负监督责任。我们将按照规定职责，紧紧围绕旅游局的中心工作，在参与中搞好监督，在监督中体现服务，在服务中履行职能。量化党风廉政建设责任制任务，签订责任书，推行分级负责，实行动态考核管理机制，使考核结果与干部任用、评先评优和业绩考核挂钩。

（二）持续改进作风

继续加强机关作风建设，加大民主评议的力度。发挥社会力量，从人大代表、政协委员、旅游专家、媒体代表中聘请旅游质量服务监督员以及特邀监察员对我们的机关作风进行评议。对 2015 年评定的 4A、5A 级旅游景区，四星、五星级旅游饭店进行跟踪回访，严肃查处在评定过程中出现的作风不实、程序不公等违反八项规定的人和事。

（三）强化监督执纪

贯彻执行新修定的《中国共产党廉洁自律准则》和《中国共产党纪律处分条例》，把“咬耳扯袖”“脸红出汗”作为执纪监督的经常性工作，以违反中央八项规定精神和“四风”问题为重点，坚持抓早、抓小。畅通和规范反映问题线索渠道，针对发现的问题，发挥“检查的再检查、监督的再监督”作用，督促相关处室进行制度纠偏，堵塞漏洞。加强对制度落实情况的监督，不断提升制度的执行力。

（四）加强自身建设

带头遵守新修订的《中国共产党廉洁自律准则》和《中国共产党纪律处分条例》，自觉接受各处室、各单位对纪检监察工作的监督，不断加强自身能力建设，夯实基础工作。对反映纪检监察干部的问题线索，进行认真核查，坚决防止“灯下黑”，努力打造一支让省纪委、省监察厅放心，让旅游局党组和全体干部信任的纪检监察干部队伍。

客观分析“十二五”旅游市场整治情况 加强综合整顿规范旅游市场秩序工作

陕西省旅游局稽查队

“十二五”期间，是我省旅游业发展的关键时期，在局党组的正确领导下，稽查队坚持依法治旅的指导思想，按照《全省整顿规范旅游市场秩序工作方案》的要求和部署，完善和健全了旅游执法体制的常态化工作，加大了旅游市场的执法检查，有效地遏制了旅游市场出现的影响我省旅游形象的违规行为，全省重点旅游城市“一日游”市场、“野导”现象得到了有效整治，旅游服务质量得到了明显改善，旅游环境逐步趋好，促进了我省旅游业的健康发展。

一、“十二五”旅游市场整顿工作特点

（一）整顿规范旅游市场秩序联席会议机制运转有力

按照省政府关于加强旅游市场秩序整治的有关要求，建立了整顿规范旅游市场秩序联席会议机制，每年组织召开整顿规范旅游市场秩序联席会议，印发《全省整顿旅游市场秩序工作方案》，统筹安排部署全省旅游市场整顿及联合执法检查工作，每年从 3 月开始至 11 月底，在全省持续开展旅游市场整顿和联合执法检查工作，大力整治旅游市场秩序和环境秩序，重点查处旅游市场“零负团费”“一日游”及城市周边旅游的突出问题。五年来，通过联席会议成员单位积极有力的工作，成效明显，保障了我省旅游市场的平稳有序。

（二）假日旅游联合执法检查活动成绩显著

围绕“规范旅游市场秩序，提升旅游服务质量”，着眼大局，突出重点，认真组织开展节假日大检查，“十二五”期间全省旅游部门检查和联合执法检查近 3000 次，参加人员近 2 万人次，检查旅行社 3279 家次，星级饭店 2731 家次，A 级景区 1540 家次，购物店 1302 家次，通报违规行为 68 起，行政处罚 48 家企业，确保了全省旅游市场秩序的平稳有序。

在春节、“五一”和国庆黄金周前，组织省整顿规范旅游市场秩序成员单位对

全省各市区的假日旅游工作安排情况及旅游市场秩序进行重点督查，对发现的问题分别提出了相关意见和整改要求，及时协调解决假日旅游市场运行中存在的问题，确保了小长假旅游市场秩序的稳定。

（三）旅游市场秩序专项整治活动有声有色

按照全省整治工作要求，积极深入地开展旅游市场专项整治活动，主要开展了“出境游”、“赴台游”、“旅游广告”、西安“一日游”、“不合理低价”、“旅游纪念品市场”及“黑车”、“黑社”等专项整治活动，针对个别出境旅行社存在以不合理低价招徕游客的行为，部分旅游合同信息不全，个别旅行社使用旅游车辆不规范，旅游广告信息模糊等行为，对违规企业提出了限期整改要求，对严重违规的依法做出行政处罚，同时要求旅行社深入学习贯彻旅游相关法律、法规，加强日常管理，规范经营行为，维护旅游市场的良好秩序。

（四）暗访检查活动目的明确

积极会同工商、公安相关部门坚持对旅游市场存在的突出问题进行联合整治，认真开展西安“一日游”、华山“一日游”、延安“二日游”、“大雁塔景区服务质量”、“景区燃香活动”、全省重点旅游景区环境质量及周边旅游环境为重点的暗访检查活动，同时加大对各市旅行社市场经营行为的暗访检查，暗访结果及时通报当地政府和旅游行政部门，并对西安等重点城市旅行社市场开展突击检查。对发现存在违规行为的旅游企业和从业人员进行不同程度的行政处罚。通过一系列常态化的明察暗访，有效地遏制了旅游市场存在的一些突出问题，达到了预期目的。

（五）媒体曝光问题处置迅速果断

针对媒体曝光的节假日旅游服务质量、强迫游客消费及旅游客运市场混乱等影响我省旅游市场的形象和声誉的突发事件，如媒体曝光的“五元临潼一日游”情况、“西安旅游乱象死灰复燃”、“游客在景区周边购买天价玛卡”情况，以及国家旅游局通报的“华山景区周边乱象”“西安变味一日游”等问题，反应迅速，认真对待，果断处置，协调成员单位，督促各级政府，加大执法力度，坚决整治，同时积极组织暗访督查，及时将处理信息报送省委、省政府领导，第一时间将影响我省旅游形象的负面影响消除。

（六）旅游投诉受理工作游客满意

依托成熟运转的联席会议机制建立陕西省旅游投诉统一中心，积极受理旅游投诉，对接到的旅游投诉按照职责分工转交各有关部门进行处理，提高了旅游投诉处理工作效率，维护了旅游者的权益，提高了陕西旅游形象。

“十二五”期间全省各级旅游质监执法机构严格按照“一切为了游客权益、一切为了合法旅游经营者和旅游从业人员，依法保障其合法权益”的宗旨，坚持公平公正原则，通过积极协调和督办，处理旅游投诉近2000起，为游客挽回损失211.6万元。游客满意率达到98%。

（七）游客满意度调查工作效果明显

为了更好地了解我省旅游服务质量及游客关注的热点问题，从2014年起，联合清华大学开展了我省游客满意度调查，并定期向社会公示，同时还将《陕西旅游服务质量游客满意度调查》通报给各市区政府主管领导和旅游局，引起了各市区政府的高度重视。各市区根据自身实际情况和报告中的提到问题有针对性地制定整改措施，进行重点整治，为改善旅游环境秩序，提升旅游服务质量打好了基础。

二、加强综合整顿规范旅游市场秩序工作

认真总结"十二五"旅游市场秩序整治工作，我们也充分认识当前旅游市场存在的问题，特别是近年来新闻媒体对我省旅游的负面报道，反映出旅游市场秩序整顿规范工作仍然存在不足。一是低价游经营模式没有根本改变。不合理低价竞争现象依然存在，我省的部分旅行社以低价招徕游客、组织游客境内游和出境游，这种低价经营模式必然导致强迫购物、强迫参与自费项目等旅游纠纷的产生。2015年的旅游投诉数量比去年大幅度上升，是去年的2倍多，近一半是出境旅游的问题。二是无资质经营旅游业务现象仍然普遍。群众多次反映的"西安欣欣商务信息咨询公司"，以招募会员的形式组织旅游活动，从事旅行社业务，严重扰乱了旅游市场秩序；火车站周边"黑导"、"黑游5"，大雁塔周边游私家车变身旅游专线的问题依然存在，给我省旅游形象造成了恶劣的影响。三是有些景区周边环境质量亟待提高。今年，华山景区被国家旅游局给予黄牌警告；秦始皇帝陵博物院周边环境混乱，在联席会议几次督办下，在王莉霞副省长亲自检查督导下，临潼区终于付诸行动，目前有些问题正在逐步整改；黄帝陵景区、楼观道教文化展示景区存在的问题仍然很多。四是旅游客运市场经营行为不是很规范。出租车驾驶员对游客随意拒载、漫天要价，私营黑车乱收费宰客等现象直接侵害了旅游者的利益，也严重影响了我省的旅游形象。

旅游市场秩序整顿是一项长期复杂的综合性工程，涉及的范围广，涉及的部门多，很多问题不能单靠旅游部门来解决，需要充分发挥省整顿规范旅游市场秩序联席会议长效机制，加强综合执法，从根本上遏制旅游环境存在的问题。

（一）充分发挥联席会议的职能作用

联席会议办公室将认真总结我省旅游市场整治工作经验，正确把握好旅游市场的新形势、新特点，深入研究我省旅游市场中存在的问题。严格落实联席会议例会

制度、联席会议联络员会议制度，进一步加强部门间的协调配合，形成联动、高效的综合监管长效机制。

（二）加大对全省旅游市场整治的督导检查

积极督促各市做好旅游市场秩序整治工作，动员组织各级旅游质监执法部门开展市场检查。省旅游局采取巡查、暗访等方式进行督查，对违规的典型案件重点督办。进一步巩固整治成果，全面提升旅游环境整体水平。

（三）大力开展各类专项整治活动

联席会议办公室将组织成员单位开展打击低价游、打击火车站黑车黑导、打击景区价格违法问题、客运市场整治、旅游环境整治等专项整治活动，对涉案企业和相关人员依法处罚，维护旅游者权益，定期向省政府汇报专项整治活动情况。

（四）推动各市建立健全旅游市场综合监管机制

积极按照《中华人民共和国旅游法》规定，推动县级以上人民政府建立旅游联合执法机制和旅游统一投诉受理机构，推动地方政府建立综合协调、部门联动的旅游市场综合监管长效机制。

2016 年是“十三五”规划的开局之年，稽查队将转变职能，突出重点，积极协调联席会议成员单位，督导各市（区）旅游管理部门认真贯彻《陕西省整顿旅游市场秩序总体方案》的精神，大力整治旅游市场秩序，旅游市场秩序整治工作逐步趋向法制化、正规化、常态化，维护旅游市场的健康稳定。

专题报告·旅游工作会议篇

加快打造世界旅游目的地 让中外游客留下对陕西的美好记忆

——2016年全省旅游工作会议工作报告

陕西省旅游局长 杨忠武

同志们:

这次全省旅游工作会议的主要任务是，认真贯彻落实省委十二届八次全会、全省领导干部大会、省“两会”和全国旅游工作会议精神，总结“十二五”和2015年旅游工作，部署“十三五”及今年任务。

省委、省政府高度重视旅游业发展，“十二五”以来，主要领导和分管领导对旅游业发展提出重要思想、作出重要批示，并出席旅游业重要活动。特别是在谋划和部署全省“十三五”经济社会发展中，将旅游业定位为我省综合性新兴支柱产业，要求发挥旅游业综合带动作用，要求综合产业综合抓；在近期接连召开的全省重要会议上，都对旅游工作做出了重要部署，提出了明确要求。刚刚召开的全国旅游工作会议提出从“景点旅游”向“全域旅游”转变，部署了今年54项重点工作。我们要认真学习领会，切实把思想统一到会议提出的新理念、新部署、新要求上来，切实抓好贯彻落实。下面，我代表省旅游局讲三点意见。

一、“十二五”时期全省旅游行业开拓奋进，各项工作取得显著成绩，陕西旅游进入历史上最好发展时期

把握旅游发展规律和陕西旅游阶段性特征，聚集全行业智慧，提出和实施“2336”发展思路，形成了比较有效的工作推进体系。在经济下行压力加大的严峻形势下，我省旅游业逆势扬帆，强劲增长，提前一年完成“十二五”规划主要指标，陕西从旅游资源大省向旅游强省迈出新步伐。2015年共接待境内外游客3.86亿人次，旅游总收入3005.8亿元。“十二五”期间共接待境内外游客14.14亿人次，旅游总收入1.07万亿元，分别比“十一五”期间增长180%和226%，年均分别增长21%和25%。省委、省政府对旅游业在全面加快结构调整步伐、应对经济下行中发挥的重

要作用，为全省经济总量位次前移、实现追赶超越发展做出的贡献给予了充分肯定。

（一）主动服务大局，提高旅游对全省经济社会发展的贡献份额

一是在稳增长方面，旅游成为拉动投资的重要动力。实施旅游项目 2100 个，完成投资 1721.04 亿元，比“十一五”期间分别增长 69.5%、222%。招商引资项目 656 个，累计完成投资 1689.54 亿元，其中两届丝绸之路国际旅游博览会签约项目 58 个，涉及资金 451.62 亿元。二是在调结构方面，旅游促进了转型发展。旅游业增加值占全省 GDP6.6%，综合贡献率 11.53%，全省旅游业总收入在第三产业中的比重由 26.7% 提高到 41.7%。17 个省级旅游示范县在旅游业带动下，第三产业占县域产业比重平均达到 31.5%。三是在惠民生方面，积极推动了旅游扶贫和就业。推进 10 个省级旅游扶贫试点示范县区、151 个国家乡村旅游扶贫重点村建设，带动约 60 万人脱贫。全省旅游业累计直接就业 703 万人，旅游就业人数占全省城镇居民新增就业人数的 10%。

（二）兴产品、抓服务、打品牌，增强陕西旅游知名度和吸引力

把产品开发放在突出位置，实施高 A 级景区倍增计划，大力发展乡村旅游、休闲度假、冬季旅游、研学旅游、儿童游乐等产品，观光与休闲度假产品比由“十一五”的 5 ∶ 1 变为 5 ∶ 3.5。全省 A 级景区由 2010 年的 101 家增加到 312 家，其中 5A 级景区由 3 家增加到 7 家，4A 级景区由 24 家增加到 83 家。创建省级旅游示范县 17 个。景区道路、厕所、停车场、游客服务中心和标识标牌等建设全面加强，旅游的通达性、便捷性显著提高。重视扩大旅游购物消费，建立了 4 个旅游商品研发基地，研发旅游商品 1500 余种，旅游商品连续 3 年在中国旅游商品大赛中获得金、银、铜三项大奖。陕旅集团、陕文投集团、曲文投集团、西旅集团等大型企业快速发展，在调整全省旅游产业布局、转变旅游业发展方式上发挥了引领作用。

把“乐游陕西”作为目标追求，全面推行标准化管理。星级饭店由 2010 年的 353 家增加到 382 家，五星级饭店由 8 家增加到 18 家。旅行社由 614 家增加到 775 家，西北中旅、陕西中旅进入全国百强旅行社行列。实景演出、乡村旅游标准建设走在全国前列。深入开展服务质量提升年、智慧景区建设年和市场专项整治行动，游客满意度稳步提高。

把提高陕西旅游影响力作为着力点，把陕西故事讲给世界听，走出了自己的宣传促销路子。成功举办 3 次“秦岭与黄河对话”，挖掘陕西文化内涵，影响力和传播面达到 12 亿人次；成功举办两届丝绸之路国际旅游博览会，吸引了 33 个国家和地区代表、国内 24 个省区市的政府机构、旅游企业参会，接待专业观众 6400 余人，公众 8 万人次。在国内外重要客源地开展旅游促销活动 160 多场次。

（三）构建大产业格局，营造良好发展环境

推动出台了《陕西省人民政府关于突出重点提档升级推动旅游业大发展的意见》

《陕西省人民政府关于促进旅游业改革发展的实施意见》《陕西省人民政府办公厅关于促进旅游投资和消费的实施意见》等一批重要文件，明确了各部门促进旅游业发展的责任。省政府安排5亿元设立陕西旅游产业发展基金，前期募资规模达50亿元。推进旅游业与第一、二、三产业融合发展，催生了旅游新业态和一批文化旅游商业综合体，扩大了陕西旅游体量。省政府建立了由33个成员单位组成的全省旅游工作联席会议制度。在各部门支持下，旅游发展的政策环境、交通环境、消费环境、市场环境、舆论环境得到空前改善。各市和大多数县区都将旅游业作为支柱产业、主导产业来定位、来推进，出现了竞相发展的局面。西安市人文旅游持续增长，为扩大入境旅游发挥了支撑作用；宝鸡市旅游产品、商品开发效果好，旅游季和新媒体宣传实现常态化；咸阳市乡村旅游模式引起全国关注；铜川市旅游公共服务设施显著提升；渭南市设立1亿元产业发展资金，厕所建设走在全省前列；延安市形成党政主导、部门联动的旅游市场整顿机制；榆林市整体推进景区基础设施建设；汉中市率先推进全域旅游发展；安康市景区管理体制创新和乡村旅游扶贫迈出新步伐；商洛市实行美丽乡村建设与乡村旅游发展相结合、高A级景区建设与干部使用相结合；杨凌示范区现代农业旅游体系正在形成；韩城市在旅游项目建设和管理体制改革方面提供了经验；西咸新区一批大型旅游项目改善了陕西旅游产品结构。旅游协会组织健康发展，行业自律得到加强。

2015年，是全省旅游业发展极不平凡的一年。一是在产品开发上有新成效。全省新建、在建项目500多个，同比增长51.5%，完成投资600余亿元；金丝峡景区成功创建为国家5A级景区，太白山景区、西安城墙·碑林通过国家5A级景区资源评审；新增国家4A级景区14个、省级旅游度假区5个，成功创建10个省级旅游示范县。二是在品牌建设上有新突破。主动对接国家旅游发展重大举措，国家旅游局先后3次把重大旅游活动安排在陕西，陕西成功承办了丝绸之路旅游部长会议暨第七届联合国世界旅游组织丝绸之路旅游国际大会、“美丽中国—2015丝绸之路旅游年”启动仪式和长征精神红色旅游火炬传递全国火炬汇集仪式，世界旅游组织和国家旅游局盛赞陕西会务工作体现了国际水平，高度评价陕西旅游在中国及世界旅游版图中的重要地位。三是在行业管理上有新举措。《陕西省旅游条例》将于今年4月1日正式实施；建立了A级景区退出机制，完善了游客满意度调查制度；组建起了旅游服务质量监督员队伍、旅游志愿者队伍、旅游形象大使队伍。四是在队伍建设上有新作为。实施“百千万”培训工程，全年共培训行政管理人员、企业管理人员、基层服务人员62000人次。深入开展“三严三实”专题教育，全行业干事创业的正能量空前凝聚。

这些成绩的取得，是省委、省政府坚强领导的结果，是各部门紧密配合、大力支持的结果，凝聚着全省旅游行业广大干部职工的智慧和汗水。在此，我代表省旅游局，向各级党委政府、各部门和全省旅游战线同志们表示衷心的感谢！

在肯定成绩的同时，我们应该清醒地认识到发展中还存在一些问题：一是旅游基础服务设施不够完善，旅游产品结构不够合理，与发达省份相比旅游消费水平还有差距；二是发展方式还需要转变，旅游产业链还需要进一步拓展；三是旅游市场秩序整治任务依然艰巨，联合执法机制还需进一步完善。对这些问题，要采取有力措施，切实加以解决。

二、全面贯彻五大发展理念，加快建设国内一流、世界著名的旅游目的地，力争“十三五”时期旅游业实现跨越发展

“十三五”是我省旅游业转型升级的黄金发展期。按照全省“十三五”旅游发展规划的部署，总的考虑是，以落实《陕西省旅游条例》《陕西省人民政府关于促进旅游业改革发展的实施意见》《陕西省人民政府办公厅关于促进旅游投资和消费的实施意见》为主线，以“全域旅游”和“旅游＋”为抓手，加快建设国内一流、世界著名的旅游目的地，做大做强旅游经济，为我省实现追赶超越发展做出应有贡献。到2020年实现“四个翻番”，即接待境内外游客、旅游业总收入、旅游业投资总额、旅游业就业总量比2015年翻一番。要实现这一目标，必须推动五大发展理念在全省旅游行业落地生根。

（一）牢固树立创新理念，在增强活力中破解发展难题

把创新作为第一动力，走特色化发展路子。按照理顺地方与景区关系、构建大景区的原则，创新景区管理体制；按照发挥市场在资源配置中的决定性作用、培育壮大市场主体的原则，创新投融资体制；按照保障游客旅游品质、保障旅行社效益、保障导游合理薪酬的原则，创新旅行社经营体制；按照满足游客多样化需求、推动线上线下结合的原则，创新“吃、住、行、游、购、娱”商业模式。选准创新突破口，省上要梳理确定若干创新项目，各市要确定一个重点，形成可复制、可推广的经验，争取在全国出彩。每年评选我省旅游改革发展创新奖。全省各级旅游行政管理部门要研究如何更有效地发挥好政府和市场“两只手”的共同作用，重在优化服务、搭建平台，切实提高工作有效性。

（二）牢固树立协调理念，把三秦大地打造成一个大景区

坚持全省旅游发展“一盘棋”，着力解决产品结构不协调、配套体系不健全、市县旅游发展不平衡问题。推动观光、休闲、度假与人文旅游产品并重发展，做精做深人文旅游，推出满足多样化需求的休闲度假产品，加快构建丝绸之路起点风情

体验旅游走廊、大秦岭人文生态旅游度假圈、黄河旅游带，增强陕西旅游产品的国际竞争力。拓展旅游产业链，推动“吃、住、行、游、购、娱”要素全面发力、景区建设与旅游配套体系并重发展，着力提升公共服务功能和旅游购物消费，加快由“门票经济”向产业经济转变。按照发挥优势、分类指导的原则，研究关中、陕南、陕北三大旅游板块发展的意见，实行一市一策，实施不同的产业促进政策；各市要打破行政区划，协同、错位发展，一体化推进旅游产品开发、基础设施建设，联手开展宣传促销、打造精品线路，发展全域旅游，建设“全景陕西”。实施项目带动战略，落实“1325”项目建设计划，力争到2020年，建设1000个以上旅游项目，其中建设300个投资超2亿元的全省重点旅游项目，建设200个投资超5亿元的全省重大旅游项目，建设50个投资超20亿元的全省特大旅游项目，总投资超过5000亿元，奠定全省旅游发展新格局。

（三）牢固树立绿色理念，转变旅游发展方式

把建设“美丽陕西”扛在肩上，把生态文明融入旅游规划、开发、建设、经营、管理全过程。要坚持依法保护、统一规划、合理利用的原则，推动旅游资源开发向集约型转变，更加注重资源能源节约和生态环境保护，更加注重文化传承创新，实现可持续发展。坚持旅游经济效益与生态效益相统一，科学布局生态度假、休闲产品，控制开发强度；对同一区域内，距离相近、同质化严重的生态旅游度假区、生态景区予以限制，防止出现“凡是生态环境好的地方就要打造成旅游产品”的倾向。利用文物古迹、历史名胜和其他历史人文资源开发旅游项目，要维护资源的区域整体性、文化代表性和地域特殊性。积极开展争创国家绿色旅游示范基地、绿色旅游景区、绿色旅游饭店等活动。加大对旅游企业、旅游从业者、广大游客的绿色理念教育，让尊重自然、崇尚节约、文明旅游成为习惯。

（四）牢固树立开放理念，推进旅游繁荣发展

陕西作为古丝绸之路起点，要用好这块金字招牌，积极融入“一带一路”国家发展战略，增强主角意识，争取在更多方面发挥好牵头或引领作用。举办好中国西安丝绸之路国际旅游博览会，持续提高国际化水平，力争打造成国家品牌。推动落实《丝绸之路旅游部长会议西安倡议》，对接国家旅游局部署，策划促进旅游合作的新举措，发出“陕西声音”，彰显“陕西力量”。坚持“走出去、请进来”，鼓励大型旅游企业积极开拓国际市场；吸引国际知名旅游企业来陕投资发展，参与景区开发、酒店管理、旅游线路设计等。加强与周边省份和长三角、珠三角、环渤海经济圈等地区的合作。坚持开门办旅游、全社会办旅游，推动旅游与新型工业化、信息化、城镇化、农业现代化相结合，寻找与相关产业、行业的契合点，做好旅游融合发展这篇大文章，把旅游打造成“大众创业、万众创新”的重要平台。按照周、秦、汉、唐等重要历史文化脉络和自然山水布局，打造和推广彰显中华文明、中国革命、中华地理的精神标识和自然标识的精品线路。

（五）牢固树立共享理念，加大普惠民生力度

走在脱贫攻坚前列，通过推进旅游产品开发、旅游项目建设、发展乡村旅游、旅游商品开发、旅游在线服务、旅游餐饮住宿服务等，创造更多创业平台、就业岗位，带动贫困人口脱贫致富。推动落实符合条件的旅游企业享受西部大开发以及小微旅游企业税收优惠政策，宾馆饭店与一般工商企业享有同等的用水、用电、用气价格，让旅游企业享受到中省扶持政策。坚持以人为本，营造良好旅游环境，打造陕西旅游服务品牌。实施“畅游美丽陕西五年行动”，组合好各类优惠政策，创造旅游休闲便利条件，进一步激发三秦百姓爱旅游、爱生活、爱陕西的热情。

三、继续完善和坚持“2336”发展思路，推进旅游业转型升级增效，实现“十三五”良好开局

贯彻落实五大发展理念，适应我省旅游发展的新形势、新任务，应该将2013年以来实施的“2336”发展思路完善为突出创新和服务“两个基点”，实施构建全域旅游、项目带动、人才兴旅“三大发展战略”，打造丝绸之路起点风情体验旅游走廊、大秦岭人文生态旅游度假圈、黄河旅游带“三大旅游高地”，坚持产品开发、智慧旅游、标准管理、精准营销、市场监管、旅游惠民“六个抓手”。按照这个思路，综合考虑我省旅游发展条件、发展需要和提升综合贡献率等因素，今年预期接待境内外游客4.43亿人次，同比增长14.9%；旅游总收入3500亿元，同比增长16.4%。围绕上述目标，产品打造要有新高度，管理服务要有新提升，旅游推介要有新实效，市场治理要有新举措，重点做好以下工作：

（一）积极推进全域旅游

抓好国家全域旅游示范区创建工作。汉中、宝鸡、商洛、铜川4市和17个旅游示范县要着眼打造综合旅游目的地，按照旅游对当地经济和就业的综合贡献达到要求、建立旅游综合管理和执法体系、“厕所革命”和公共服务设施建设成效明显、建成旅游数据中心等四项基本标准，统筹配置旅游发展要素，为建设“全景陕西”探索经验。

主动推进融合发展。通过与相关部门召开座谈会、签订战略合作协议、共同举办活动等形式，促成合作项目、培育旅游新业态。今年，要会同省宗教局、省文物局加强六大汉传佛教祖庭寺院建设管理；会同省文物局、省住建厅做好古镇、古村落、古遗址的保护开发；会同省文化厅推广《长恨歌》演艺模式，鼓励文艺团体

固定景点开发精品剧目。配合省文物局、省财政厅研究提出秦兵马俑景区周边环境治理和临潼旅游设施配套建设办法；会同有关部门，争取建设秦岭、桥山和黄河国家公园。按照《陕西省人民政府关于促进旅游业改革发展的实施意见》《陕西省人民政府办公厅关于促进旅游投资和消费的实施意见》对相关部门的要求，加强沟通协调，推动工作任务落实。

培育壮大市场主体。鼓励有实力的大企业、大集团和外资、民营资本投资旅游业，扶持一批中小旅游企业，重点支持陕旅集团、陕文投集团、曲文投集团、西旅集团等企业做大做强。加强同华谊兄弟传媒集团、途家在线信息技术有限公司等涉旅品牌企业合作。鼓励外资和民营资本投资旅游业，引导旅游企业上市融资。

（二）优化旅游供给侧结构

推进产品结构调整。继续开发人文旅游、生态旅游、度假旅游、研学旅游等产品。加快太白山景区、西安城墙·碑林创建国家5A级景区工作。推进延安红色旅游经典系列景区、秦岭终南山世界地质公园等景区创建5A级景区步伐。确保新增10家国家4A级旅游景区；探索制定高A级景区管理服务标准，加强督促考核，提高旅游管理服务水平。开展国家、省级旅游度假区创建工作，打造一批融旅游观光、休闲、度假于一体的综合性旅游目的地。挖掘红色文化内涵，积极开发一批复合型、体验型红色旅游产品。

提升公共服务功能。落实《陕西省旅游公共服务体系建设规划》，确保完成旅游交通、信息咨询、安全保障、便民惠民服务体系等年度建设任务。加快推进智慧旅游，抓好陕西智慧旅游大数据暨丝路慧谷产业园建设，打造网上游客服务中心，支持旅游电商发展。加快在全省各市区布局建设房车（自驾车）营地。新建旅游厕所600座，改建300座，提前一年完成“厕所革命”任务。以2020年全省实现市市通高铁、县县通高速、村村通油路为契机，各市要加快旅游交通干道、游客服务中心、停车场、标识标牌等建设。

抓好重点项目建设和储备。围绕打造丝绸之路起点风情体验旅游走廊、大秦岭人文生态旅游度假圈、黄河旅游带“三大旅游高地”，大力推进延安圣地河谷文化旅游产业园区、商於古道文化旅游区、岐山西周文化景区、汉中兴元生态旅游示范区汉文化园、大佛寺文化景区、瀛湖文化旅游产业基地、韩城古城、曲江海洋极地公园改造、法门寺三期、玉华宫佛教文化名胜风景区、尧头窑文化旅游生态区、乐华城二期等重点项目建设。今年全省新建、在建650个旅游项目，计划完成投资800亿元。全年招商引资项目力争达到200个，招商引资1500亿元。要加强对西洽会和丝绸之路国际旅游博览会签约项目的跟踪落实。同时，加快旅游项目库建设，储备一批投资规模大、带动功能强的大项目。

加强旅游商品生产和销售。做好获奖旅游商品的市场推广和销售，加强旅游商品的创意研发和培训，在全省建立旅游商品销售网上交易平台，确保全年研发旅游商品 300 种，实现收入 700 亿元。

抓紧旅游规划编制工作。加强与全省国民经济和社会发展“十三五”规划、国家旅游业发展“十三五”规划、省级专项规划衔接，编制完成《陕西省“十三五”旅游发展规划》《全省红色旅游三期规划纲要》《汉江区域旅游规划》《丝绸之路陕西段旅游规划》。各市区要搞好统筹衔接，抓紧编制完成“十三五”旅游规划。

（三）抓好《陕西省旅游条例》实施工作

扎实开展宣传培训。3 月份，将召开全省电视电话会议，对学习贯彻《陕西省旅游条例》工作进行部署。2 至 5 月份，分层次对省市旅游管理部门和旅行社、星级饭店、旅游景区、旅游车船公司等进行培训，确保实现行业全覆盖。开展《陕西省旅游条例》宣传进社区、进校园、进服务窗口等活动。充分利用广播电视、报刊杂志、网络平台等媒体，营造全社会学习贯彻《陕西省旅游条例》的浓厚氛围。各市区要认真组织好学习、培训工作。

健全完善配套制度。推动市县政府建立健全机制，加强对规划编制、旅游基础设施建设、公共服务和旅游形象推广、旅游资源保护、旅游市场整治、人才队伍建设等统筹协调，制定出台有利于旅游业持续健康发展的产业政策。

抓好督促检查。市区要集中开展旅游执法人员业务培训，提高执法水平；要会同有关部门，对本辖区内的景区、旅行社等企业落实《陕西省旅游条例》情况进行督促。省旅游局将联合相关部门，对各地贯彻《陕西省旅游条例》情况进行跟踪检查。

（四）加强陕西旅游品牌建设

精心办好品牌活动。第三届丝路旅博会将于 8 月份举办，邀请与西安开通直航的国际城市旅行商参展，扩大参展国数量；增加温泉旅游等新业态，丰富展会内容；在公众展区宣传旅行线路和优惠政策，让老百姓得到更多实惠。第四届“秦岭与黄河对话”活动以旅游与商贸融合为主题，推出高品位思想盛宴。市区、企业要策划举办特色主题活动，扩大宣传，提升人气。

扩大国内区域合作。深化与河南、四川、重庆、甘肃、湖北、山西、内蒙古等周边省份，港澳台和长三角、珠三角、环渤海经济圈等旅游热点地区的旅游合作。联合西北五省区研讨共建丝绸之路经济带，推出丝绸之路旅游新线路，联合开展促销宣传，开通丝绸之路旅游专列、丝绸之路旅游大巴、丝绸之路旅游包机。加强与上海、福建的合作，贯通陆上丝绸之路与海上丝绸之路。

积极开拓国际市场。配合国家旅游局开展“中美旅游年”“中印旅游年”活动，做好宣传促销。加强与联合国世界旅游组织的深度交流与合作。在英国、意大利、西班牙开展陕西旅游推介活动，提升陕西旅游在欧洲市场的影响力。在泰国、马来西亚、印尼等东南亚国家开展研学旅游、穆斯林旅游、寻根祭祖游等主题推介活动。继续做好日本、韩国市场推广，承办第七届东亚地方政府会议旅游分会。

实施精准营销。健全多元化的营销模式、建立专业化的营销渠道，进一步完善省、市、区县“三位一体”旅游宣传推广体系。与省政府驻北京、上海、深圳等地办事处开展旅游合作宣传。策划做好“看春晚 游陕西”活动，拍摄52集《丝路精彩看陕西》专题片。联合省内重点旅游企业在央视投放宣传广告，加强与百度等网络平台合作。对拍摄制作旅游影视纪录专题片进行补助，对宣传陕西旅游产生广泛影响的诗歌、文章、歌曲等给予奖励。全年开展宣传促销活动50场次。建立第三方旅游营销效果评价机制。

（五）大力发展乡村旅游

巩固扩大旅游示范县创建成果。宣传推广我省两批17个旅游示范县的发展经验，启动第三批16个旅游示范县创建工作，构建陕南、关中、陕北分布合理、综合带动作用强的县域旅游发展大格局。

提升乡村旅游品质。按照A级景区标准加快推进文化旅游名镇建设，突出旅游业态培育，加强文化挖掘、活动策划、导游讲解等指导和培训，争取建成3至4个4A级景区。美丽乡村建设与乡村旅游同步推进，打造一批乡村旅游示范村。申报全国休闲农业与乡村旅游示范县、示范点。加快编制《汉唐帝陵周边乡村旅游发展规划》，以帝陵周边36个村为重点，开发与帝陵文化相得益彰的乡村旅游产品。策划并推出10条精品乡村旅游线路。培育和提升十大乡村旅游发展典型。

探索“六个一批”旅游脱贫模式。通过旅游示范县建设带动脱贫一批，旅游景区带动脱贫一批，文化旅游名镇建设带动脱贫一批，试点村发展乡村旅游直接脱贫一批，汉唐帝陵旅游带发展脱贫一批，发展陕北红色旅游脱贫一批。编制《陕西省旅游扶贫五年行动计划》。完成31个国家乡村旅游扶贫试点村的公益规划编制工作，并安排1000万元专项资金用于试点村游客中心、停车场、厕所、标识系统等基础设施建设。将安康旅游扶贫培训拓展到陕南三市。用好国家政策性银行小额扶贫贷款，引导贫困户发展农家乐及其他旅游项目。

（六）坚持提升服务和治理市场两手都要硬

做好行业服务标准制定和贯彻工作。对A级景区、省级旅游特色名镇、省级旅游示范村、星级饭店、旅行社、导游员、领队实施动态管理，建立退出机制。探索创建5A级景区的“太白模式”，打造国家级样板。在旅游行业全面实施标准化管理，开展“争创陕西服务名牌”活动，力争使更多企业获得市场品牌认定。

加强旅游诚信体系建设。开设旅游诚信体系门户网站，制定全省旅游诚信体系建设工作方案，建立旅游企业、从业人员及游客个人诚信档案，开展评选诚信企业、诚信个人等活动，营造诚信服务的旅游环境。加强文明旅游的引导和宣传，落实《游客不文明行为记录管理办法》，强化游客旅游不文明信息通报机制。

加大旅游市场整治力度。按照通道要畅、整治要狠、行业联动、注重治本的要求，不断提高市场治理水平。扎实开展旅游市场综合治理专项行动，加大联合执法检查力度，形成联合执法、综合监管长效机制。加强对游客反映问题多、投诉率大的旅游线路、景区进行暗访检查。完善游客满意度调查，每季度将全省旅游服务质量测评报告向社会公示，将游客建议作为市场整治的重点。及时处理旅游市场出现的热点问题，推动建立投诉综合受理渠道，维护游客权益。

强化旅游安全监管。推动政府加强对旅游安全工作的组织领导，层层落实旅游安全监管属地责任、企业主体责任。完善旅游安全应急预案，组织开展“旅游安全应急演练”“旅游安全生产月”“旅游安全咨询日”等活动，提高保障旅游安全和处置突发事件的能力。

（七）创新旅游发展体制机制

完善旅游投融资机制。发挥市场在资源配置中的决定性作用，进一步推进旅游市场向社会资本全面开放。与国家开发银行、中国建设银行、中国农业银行等 8 家驻陕金融机构开展合作。发挥省级旅游产业发展基金作用，支持符合条件的重大旅游项目建设。支持采用 PPP 模式投资、建设、运营旅游项目。

创新旅游管理体制。发挥全省旅游工作联席会议制度作用，定期研究旅游业发展重大事项。各市区要建立旅游工作联席会议制度，统筹协调旅游业发展。旅游示范县要创新管理体制、机制，形成综合产业综合抓的格局。支持韩城市开展国家旅游综合改革试点工作，探索资源型城市转型发展旅游业的经验。加强旅游协会建设，为协会能更好地发挥作用创造条件。

改革旅游统计方法。成立陕西旅游统计数据中心；开展陕西省旅游业增加值核算及旅游业综合贡献率分析；加强境内外旅游抽样调查工作；健全旅游统计分析研判机制；构建部门间数据共享和交换平台。

（八）全面加强队伍建设

加紧提升能力。拓展“百千万”培训工程，实施全行业能力提升行动计划，大兴抓学习、补短板、强素质之风。加强陕西旅游智库建设，建立咨询会商机制。按照权责清单行使权力、履行职责，建立权力清单动态调整和长效管理机制，规范办事流程，提高依法行政能力。

保持风清气正。认真贯彻执行《中国共产党廉洁自律准则》和《中国共产党纪律处分条例》，严格落实“八项规定”，夯实党风廉政建设“两个责任”。持之以恒改进作风，巩固党的群众路线教育、“三严三实”专题教育成果，不断增强产业自信、行业自信和事业自信，更好地为游客服务、为企业服务、为大局服务，保持一心干事创业的底色和本色。

春节将至，全省旅游行业要按照省旅游局的部署和要求，加大假日旅游市场执法检查，抓好安全隐患排查整治，加强值班值守和信息报送，全力做好旅游保障和安全应急。

同志们，陕西旅游业发展蓝图已经绘就，目标催人奋进。让我们在省委、省政府的正确领导下，凝心聚力，锐意进取，奋力开创各项工作新局面，为“三个陕西”建设做出更大贡献。

新理念　大策划　大宣传　强力推进　着力打造宝鸡旅游新品牌

宝鸡市文物旅游局

2015 年我市旅游宣传营销工作，在省旅游局的高度重视下，在市政府的正确领导下，精心谋划，强力推进，通过大密度、高强度、大范围的宣传推介，宝鸡旅游得到周边地区及全国游客的高度关注。2015 年我市实现旅游总收入 363.5 亿元，同比增长 17.2%，全市共接待国内外游客 5356.2 万人次，同比增长 15.2%。我市 38 家 A 级以上旅游景区营业收入总额增长了 15.4%，门票收入增长了 21%。34 家星级宾馆营业收入同比增长了 14.8%，我市荣获“2015 年度最具创意旅游休闲城市”。2015 年，我市旅游宣传营销工作的主要体会和特点如下：

第一，领导重视、高点策划、强力推进，旅游宣传营销已经成为推动宝鸡旅游产业快速增长的助推器。市委、市政府领导对旅游宣传营销工作高度重视。一是书记、市长亲自代言宝鸡旅游，支持旅游宣传工作， 2015 全市旅游宣传营销资金投入达 8000 多万元，其中市级财政投入 3000 多万元，县级财政投入 2000 多万元，是历年的数倍。二是首次以市政府的名义印发了《2015 宝鸡休闲旅游年宣传营销方案》，确立了以西安为中心，以宝鸡周边 300 千米范围内主要城市为对象，围绕宝鸡旅游新形象、重点县区旅游新形象、重点王牌景区以及其他热点景区，采取“政府提升形象，企业强力推广”的策略，形成重点区域、重点景区、重点季节、重点主题的宣传态势，全力打造宝鸡旅游新形象，旅游宣传营销工作成为市政府重点工作之一。三是以休闲旅游为主题，制订了踏青赏花、清凉避暑、冰火体验、探寻古文化季五个季的旅游宣传营销方案，策划旅游产品达 500 多个，确保了每个季，市、县和景区宣传有主题、有内容、有方式、有重点。四是全年重点推出了“旅游，让世界爱上宝鸡”“宝鸡　景无止境　景界无限”“何尊铭中国、宝鸡鸣四海”等宝鸡旅游形象宣传语和每个季的旅游宣传主题口号，精心打造“一个小时到宝鸡”品牌，宝鸡旅游在西安及宝鸡周边城市引起了强烈反响。

第二，整合营销、突出重点、持续发力，形成了市县联动的旅游宣传营销机制。采取全市统一每季宣传主题，市级宣传全市旅游形象、产品和线路，县区以各自旅游产品为主导，重点景区、热点景区精确推介宣传旅游产品，上下联动，点、线、面连成一体，脉络清晰，形象鲜明。一是在清明小长假、“五一”小长假和每个季宣传前后，集中市、县、景区宣传资源和力量，在《陕西日报》《华商报》《西安晚报》《三秦都市报》和《宝鸡日报》投放市、县和重点景区宣传版面90余版，西宝高速、西安绕城高速沿线跨线桥、单立柱设立了84个广告牌，西宝高铁宝鸡、杨凌、咸阳进出站口设置灯箱广告20块、LED大屏10块，西安钟楼盘道设置灯箱30个，西宝高铁2列列车上投放旅游宣传专列，曲江便民亭灯箱30个，西安地铁1、2号线投放14个宝鸡旅游专列宣传，西安北客站、钟楼、北大街站投放电梯眉、侧翼贴广告，西安5条公交线路上投放车体广告30台，在短时间内形成宝鸡旅游宣传的爆炸效应，吸引了公众眼球。二是节庆品牌更加响亮，成功策划举办了2015宝鸡休闲旅游年文化旅游节，整合了全市、县区和景区旅游活动3大类17项，陇县、凤县、眉县等县区和关山草原、太白山等重点景区举办的活动丰富多彩、亮点纷呈、人气火爆。三是精心指导县区、景区开展了以踏青、赏花、避暑、赏红叶、采摘、民俗、滑雪等为主题的各类旅游节庆活动50项。四是联合县区在周边天水、榆林、三门峡、渭南、延安、汉中、运城、咸阳八地市黄金时段投放30秒旅游宣传广告，在陕西广播电台、西安广播电台和宝鸡广播电台投放为期半年的宣传广告。高强度、大范围、地毯式宣传营销，提升了宝鸡旅游的影响力和美誉度。

第三，创新方式、创新手段、精准营销，宝鸡旅游品牌得到了市场的充分认可和肯定。多手段、多方式综合运用，宣传营销覆盖面广、延伸度长、效果佳。一是全年在报刊杂志、广播电视、公交线路（车体、站牌）、社区电梯看板、楼宇液晶电视、户外LED大屏、高铁线路、地铁线路、高速线路（跨线桥、单立柱）、网络媒体等10类广告平台上投放了广告，并以广告宣传带动报刊、杂志、网络、广播电视的信息报道宣传，延长广告宣传链，取得了很好的效果。二是首创宝鸡旅游信息发布会制度，先后8次举办了宝鸡旅游信息发布会，发布旅游资讯30余类500余条，为游客提供了全面、详实的旅游信息。三是以采风、踩线和旅游体验为主题，先后6次邀请西安和周边旅行社、媒体、网络达人200余人次走进宝鸡旅游，采取线上线下的方式宣传宝鸡旅游。四是通过方案竞赛、效果评估的方式，坚持低成本和专业机构做专业事的方式，筛选37家旅游专业营销单位，签订战略合作协议，节约了近一半的宣传成本，提升了宣传水平，增强了宣传效果。

第四，注重媒体运用，建好自有营销平台，旅游宣传营销的核心竞争力进一步增强。积极应对移动网络时代宣传的特点，加大网络宣传的力度，一是与腾讯、新浪、凤凰网、中国经济网、浪游网全年合作，开设网上专题，策划线上活动30余次，年内共刊发宝鸡旅游新闻、信息报道共计5000余篇。二是建好我市旅游宣传“两微一端”，宝鸡旅游腾讯、新浪微博，粉丝 25 万人，发布信息 6000 篇，其中“踏青赏花季、清凉避暑季”“一个小时到宝鸡”话题阅读量达到 1000 多万次。宝鸡旅游微信平台全年发布信息 2000 余篇，粉丝量达 5 万余人，10 万人次以上阅读量文章有 5 篇，进入全省旅游微信前三名，全国旅游微信第二名，荣获腾讯大秦网“最佳运营奖”。同时，凤县旅游、太白旅游、陇县旅游、岐山旅游、眉县旅游、千阳旅游等官方微信发布消息 5000 余篇，并开设了宝鸡旅游－头条号公众号，开展了全面的微营销。三是先后建立了我市旅游咨询服务热线，24 小时开通旅游服务，实现游客一键式服务。2015 年全省第四季度游客抽样调查中，宝鸡成为全省游客最满意的城市。

科学规划 真抓实干
全面推进旅游“厕所革命”

渭南市文物旅游局

2015 年 3 月，国家旅游局掀起全国“厕所革命”的热潮，2015 年 5 月 18 日，省旅游局办公室关于印发《陕西省旅游厕所建设管理行动实施方案的通知》，要求各地及相关部门要将旅游厕所建设管理行动作为今后两年重点工作来抓。渭南市按照省局的统一部署，迅速启动、扎实推进、主要做了以下几项工作：

一、统一思想，提高对旅游“厕所革命”的认识

作为中国旅游“515 战略”的重要举措，“厕所革命”成为 2015 年我国城乡公共服务领域一场声势浩大的旅游基础工程、文明工程及民生工程。全省旅游“厕所革命”动员会在我市韩城召开后，我们迅速向渭南市委、市政府主要和分管领导作了汇报，并召开全市旅游“厕所革命”动员大会，传达学习中省领导关于“厕所革命”的批示及各种相关文件精神。在全市上下统一了思想、形成了推进全域旅游和生态文明建设，旅游厕所建设必须先行的共识，从而掀开了渭南旅游“厕所革命”的大幕。2015 年 7 月 21 日，渭南市市长李明远对全市旅游“厕所革命”作出批示，“进一步抓紧落实，巩固成果”；渭南市委常委、副市长程勉贵也作了批示，“‘厕所革命’对渭南旅游环境的改善至关重要，也是我们面临的实际问题，解决好这个问题，也就意味着我市旅游迈上新台阶。请文旅局切实解决好我们目前所面临的这些实际问题”。各县（市、区）政府主要领导也对本辖区内旅游“厕所革命”作出了相应的批示。

二、科学谋划，理顺开展旅游“厕所革命”新思路

按照“规格标准化、功能人性化、管理规范化、成本节约化”的理念，提升存量，扩大增量的目标，对照国家旅游厕所建设标准，我们委托了西安 4 家专业公司，

因地制宜、彰显地域文化特色，对全市旅游厕所进行规划设计。结合城市、景区及乡村旅游未来发展的实际，突破单纯旅游厕所建设的传统做法，在核心景区、镇区和重要交通要道，创新规划建设了多个旅游港湾，打造集游客如厕、停车休憩、旅游购物、特色餐饮等"四位一体"的旅游港湾。我市成立了渭南市旅游厕所建设管理行动领导小组，印发了《渭南市旅游厕所建设管理行动实施方案》，计划两年完成新建 234 座、改建 101 座（含韩城），其中 2015 年实际完成新建、改建共计 193 座（含韩城）。

同时市政府与各县（市、区）政府签订了旅游"厕所革命"目标责任书。要求各县市区成立相应机构，落实专项资金，细化工作任务。将旅游厕所新建、改建任务纳入季度考评与年度考核，实行一票否决制，使全市"厕所革命"责任纵向到边，横向到底，不留盲区，不留死角。

三、真抓实干，落实旅游"厕所革命"新举措

在全市开展旅游"厕所革命"五个"一"工程：

第一，编制一本规划。编制一本全市旅游"厕所革命"专项规划（3—5 年）。作为指导我市旅游"厕所革命"的顶层设计，完成了《渭南市旅游厕所建设管理规划》的编制工作，此规划作为渭南市旅游公共服务专项规划，促使渭南市旅游厕所设计多样，布局合理，设施完善，管理到位，服务一流。

第二，投入一千万元。市政府每年投入 1 千万元专项资金用于旅游"厕所革命"工作。市文物旅游局与市财政局联合下发《渭南市旅游厕所建设项目申报指南》，建立全市厕所项目库，对达到国家 A 级厕所标准的旅游厕所实行奖励补助。2015 年 7 月下旬，我市文物旅游局会同市财政局对各县（市、区）和华山景区、卤阳湖国家湿地公园等重点景区，乡村旅游点的旅游厕所建设管理工作进行了深入了解与摸底，对所上报的旅游厕所都进行了核对，并统计全市 2015 年计划新建、改建旅游厕所 150 座，其中新建 110 座，改建 40 座。截至目前，市县两级政府及景区累计投资近亿元用于旅游厕所建设，已全部完成任务。

第三，编辑一本书。编辑一本书，全面反映我市旅游"厕所革命"宣传、举措和成效，归纳总结我市旅游厕所建设与管理模式，全面展示我市旅游"厕所革命"的成果。

第四，拍摄一部片子。拍摄一部片子，动态实景记录我市旅游厕所建设与管理行动成果，展示"厕所革命"进程中的点点滴滴。

第五，召开一次现场会。召开一场"厕所革命"现场会，组织市直相关部门、

各县（市、区）、重点景区、以及旅游专家等各界人士对厕所建设和管理先进单位进行现场观摩，并开展研讨和经验交流，共同为渭南“厕所革命”出谋划策，建言献力。2015年8月21日，在华阴市成功召开了渭南市旅游“厕所革命”现场会，邀请省局领导及相关处室现场指导，通过现场观摩与经验交流的方式，在全市统一了思想、凝聚共识，并鼓励全社会共同参与，加快全市旅游厕所建设。

同时在全市设立了旅游厕所建设档案管理制度，建立了旅游厕所“三面图”（正面、侧面和里面）库，包括旅游厕所效果图和实景图，对每一个旅游厕所统一进行编号，做到一厕一档，对全市旅游厕所实施动态管理。

尽管渭南市在旅游“厕所革命”工作方面取得了一定成效，但我们的工作还只是刚刚开始，与上级要求和其他先进单位相比，还有很大差距。结合省旅游局每季度开展的游客满意度调查结果并认真分析，我们感觉到游客满意才是硬道理，才是推动工作的动力。我们要学习先进景区的经验，坚持创新，在改建、新建上严格执行标准，突出特色，在运营管理上实现细化标准，服务周到，方便游客的目标。我们将借这次会议的东风，在今后工作中，进一步拓宽思路，创新办法，加大力度，为全省旅游“厕所革命”做出更大的贡献！

建设美丽乡村　打造全域旅游

商洛市旅游局

2014 年以来，我市认真贯彻落实中省关于美丽乡村建设的总体部署以及国家旅游局、省旅游局关于发展乡村旅游、促进旅游扶贫的有关要求，坚持把美丽乡村建设作为推进脱贫攻坚、助力全面小康的一场革命，作为推进旅游供给侧改革、打造商洛全域旅游的重要载体，紧紧围绕发展乡村旅游这一主线和环境美、风尚美、人文美、秩序美、创业美这一目标，强力推进 8 个美丽乡村示范村建设，有效促进了乡村旅游快速发展，为“秦岭最美是商洛”注入了新的活力和内涵，探索出了一条助推经济转型升级、提升群众幸福指数的新路子。现就主要做法简要汇报如下：

第一，建立有效机制，保障强力推进。我们成立了由市委书记担任第一组长、市长任组长的全市美丽乡村建设领导小组。确定了市四套班子主要领导和市委、市政府分管联系领导各自包抓一个村，县区委书记亲自包建一个村，市发展和改革委员会、财政局等 8 个部门分别帮建一个村的工作推进机制。将美丽乡村建设作为全市重点项目观摩、年度目标责任考核的重要内容，作为干部选拔任用的重要依据，凝聚起了全市上下齐心、齐力、齐步建设美丽乡村的强大合力。

第二，加强顶层设计，坚持规划引领。始终将强化顶层设计放在首位。市委书记、市长亲自带领各县区委书记赴外考察学习先进经验，更新思想观念。市委、市政府分管领导亲自参与调研起草《关于加快美丽乡村建设的决定》和系列规范性文件，提出了以发展乡村旅游为主线，为商洛美丽乡村建设确定了方向。始终坚持规划引领，邀请国内多家知名规划设计单位，共耗资 1000 多万元编制了《商洛市美丽乡村总体规划》和 8 个示范村总体规划及数百个单项规划，并要求规划单位全程参与施工监理，确保了美丽乡村精致规划、精品建设、精细管理。

第三，突出政府主导，有效保障投入。建立了财政投入、项目整合、招商引资、金融支持、社会帮扶、农民自筹的多元化投入机制。市财政设立 1000 万元美丽乡村建设专项资金，全部用于美丽乡村先进县、先进村奖励。捆绑整合新农村建设、“双包双促”精准扶贫、陕南移民搬迁、棚户区改造、农村环境综合治理等项目资金 5.9 亿元，集中向 8 个美丽乡村示范村投放。高度重视招商引资，漫川人家、佬林终南山居、群浩山等一批总投资过百亿元的产业类项目相继落户，为美丽乡村建设提供了坚实的资金保障。

第四，注重产业支撑，确保持续发展。坚持美丽乡村建设与精品景区、旅游线路、中心城镇、精准扶贫结合的“四结合”原则，大力发展乡村旅游，强化产业支撑。充分挖掘商洛农业“八大件”，鼓励开发特色饮食、特色商品；依托优越区位和良好生态，大力发展高端民宿、休闲养生，实现美丽乡村建设与旅游产业发展、群众致富增收互促共进，使美丽乡村成为我市集体验、休闲、观光等功能为一体的旅游新亮点。

第五，挖掘文化底蕴，彰显本色特色。在同步提升农村基础设施、改善村容村貌的基础上，全面启动以农家书屋、广播室、文化活动室等“十个一”为主的“美丽乡村·文明家园”试点工作，深入挖掘整理商洛厚重的戏曲、民俗、诗歌等文化形态，坚持用文化之魂激活村落形态，传承乡音乡情，打造文化符号，丰富乡村内涵。竹林关大作竹文章，石瓮子放大石文化，让每个美丽乡村都成为有乡愁、有文化、有品味、有特色的幸福家园。

通过不到一年的努力，我市 8 个美丽乡村示范村面貌显著改观，产业发展加快，城乡互动加强，群众收入增加，整体活力增强，综合效益初显。据统计，以 8 个美丽乡村示范村为代表的乡村旅游去年共接待游客 1000 多万人次，实现旅游综合收入 50 多亿元。我市被首届中国“美丽乡村（天府）论坛”邀请作经验交流，山阳县荣获“全国美丽乡村建设示范县”，柞水朱家湾村被农业部评为“中国最美休闲乡村”。商洛美丽乡村建设也得到了省委、省政府主要领导的充分肯定，省领导专门批示要求省委农村工作领导小组、省政府政策研究室进行调研总结。但客观来看，我市美丽乡村建设上仍存在产业不强、品位不高、影响不够、效益不显等一系列问题。我们将以此次会议为契机，认真贯彻落实杨忠武局长重要讲话精神，继续坚持领导主抓、政府主导、公司主建、群众主体不动摇，继续坚持统筹谋划、梯次推进、以点带面、示范带动不动摇，努力提升去年 8 个示范村，全力打造今年 8 个重点村，努力使商洛美丽乡村建设在发展全域旅游、破解“三农”问题、推动脱贫攻坚中发挥更大作用，成为秦岭山区乡村旅游发展的示范样本，成为“秦岭最美是商洛”的最佳注释和有力支撑。

旅游与互联网融合
助力陕西旅游腾飞发展

陕西西游电子商务有限公司

刚刚过去的 2015 年，是旅游行业与互联网融合发展上升为国家战略的元年。2015 年 3 月，李克强总理首次提出“互联网 +”行动计划，从国家战略上明确了新兴互联网与传统行业融合发展的思路。同年 9 月 16 日，国家旅游局下发《关于实施“旅游 + 互联网”行动计划的通知》，进一步阐明以互联网为代表的全球新一轮科技革命正在深刻改变着世界经济发展和人们的生活方式，对全球旅游业发展正带来全新变革，旅游与互联网的深度融合已经成为不可阻挡的时代潮流。国家旅游局明确要求，到 2020 年，旅游业各领域与互联网达到全面融合，互联网成为我国旅游业创新发展的主要动力和重要支撑；在线旅游投资占全国旅游直接投资的 15%，在线旅游消费支出占国民旅游消费支出的 20%。

陕西旅游集团有限公司作为省属大型旅游集团，紧扣旅游产业发展脉搏，提前部署，于 2013 年组建专业互联网技术与运营团队，成立陕西西游电子商务有限公司，形成以区域综合旅游电商 B2C 平台“骏途旅游网”为核心，以 B2B 分销平台“西游 365 旅游全要素分销网”、旅游目的地互联网营销平台和全省智慧旅游工程为一体的“三个平台一个工程”的业务架构，通过将先进的互联网技术与陕西旅游文化资源进行融合创新，实现转型升级，全面践行“旅游 + 互联网”的国家战略。

自 2013 年西游电商公司成立至今两年来，累计实现营业收入 1.6 亿元，为 230 万游客提供在线旅游服务。同时在智慧旅游建设和运营方面，初步建立“旅游 + 互联网”全面融合创新发展的格局。

一、以陕西省景区电子门票系统 “骏景宝”为基础，打造目的地旅游全要素产品运营与营销系统

在省旅游局的支持下，西游电商公司自主研发的陕西省景区电子门票系统“骏景宝”，已基本覆盖全省主要收费景区，从技术和运营两个方面整体解决了景区智

慧管理、智慧营销的需求。“骏景宝”电子门票系统已与全国主流OTA平台如携程、途牛等，综合电商平台如阿里旅行·去啊、去哪儿网，团购网站如美团网、大众点评等均建立深度的全面合作；而面向本省游客以“骏途旅游网”为主要在线平台，与中国移动、联通、电信三大运营商以及工商银行等十多家银行建立了广泛的景区电子门票异业合作。从2014年“骏景宝”上线至今，已成功运营一年多，累积交易电子门票近200万张，为150多万外地游客和40多万省内游客提供了电子门票在线预订服务。目前新加坡旅游发展促进局、日本国家旅游局已主动与西游电商公司进行接触，希望能接入“骏景宝”系统，在境外OTA在线平台营销陕西旅游资源。2016年，我们将以“骏景宝”为基础，除了已有的门票业务之外，将增加酒店、周边游、地接一日游、旅游交通、导游讲解等多服务，打造旅游全要素产品运营与营销系统，向全球推介陕西旅游产品和服务。

二、建立集互联网品牌营销、信息营销和产品营销为一体的旅游目的地营销平台

2015年，西游电商公司已经与汉中市政府达成合作意向，面向汉中全域进行智慧旅游规划、智慧营销平台建设，并建立市、县、乡三级联动智慧营销系统。

2015年，西游电商公司初步建立了以省旅游局官方微信、陕旅集团官方微信、骏途旅游网官方微信为基础的旅游自媒体内容营销矩阵，为全省各地市旅游信息的发布和传播建立协同阵地，希望各地市旅游局、景区、旅游目的地的官方微信能积极加入进来，形成互联网时代内容营销的合力。

由西游电商公司代运营的省旅游局官方微信，已经成为宣传推广陕西旅游、弘扬陕西文化的重要平台和窗口。省内及国内多家新媒体排行榜发布的排名显示，陕西省旅游局官方微信在省内旅游类公众号中新媒体指数稳居前五位；在国内省级旅游局公众号中稳居前十位；由陕西省委网信办指导、腾讯官方发布的《2015年度陕西省政务微信发展报告》显示，在陕西800余个政务类微信公众号中，陕西省旅游局官方微信跻身十强。

三、广泛联合线上线下媒体与异业合作联盟，建立区域旅游互联网营销生态圈

互联网时代，媒体碎片化、用户获取信息的渠道碎片化已成为常态，旅游目的地营销的信息如何有效、精准地传播，传递给有需求的游客，媒体预算如何科学地

规划和使用，已成为各旅游目的地开展营销工作时需首要解决的问题。骏途旅游网在陕西本地已经建立起线上线下媒体与异业合作的联盟，2015 年推出的大型旅游惠民活动“一元游陕西”，打通了全省千万级通讯运营商的会员资源，集合了工商银行、延长石油、平安保险、华润万家、龙湖地产等各行业的异业合作资源，整合了广播、电视、电梯广告等传统媒体资源，初步建立了区域旅游互联网营销生态圈。各景区、旅游目的地可以通过与骏途旅游网合作，将旅游营销信息、产品、服务快速有效精准地传递给用户。

靠服务塑形象　靠管理创效益

陕西中国旅行社有限责任公司

众所周知，自2008年国际金融危机以来，在国内空气质量下降、食品安全问题、人民币持续升值等诸多负面因素的影响下，全国入境游市场低迷。陕西中旅作为传统入境大社，自成立至今，以标准化和信息化为双引擎，着重产品创新和企业文化的软实力打造，紧抓服务品质和顾客满意度，是旅游质量的不懈守护者，在稳定入境市场的前提下，陕西中旅积极拓展分支机构，发展境内业务，接待量、营业收入实现高速增长。2014年，陕西中旅共接待海内外游客125万人次，其中入境旅游者13.3万人次，国内旅游者100.8万人次，出境旅游者17.2万人次。全年累计实现营业收入5.74亿元，实现结汇491.6万美元。2015年11月12日，国家旅游局发布了2014年度全国旅行社百强名单，陕西中旅以综合实力位列“全国百强榜”第五十一位，在全国入境游二十强中位列第十八名。获此殊荣，我们欣喜万分，倍感荣幸！

成绩的获得，首先得益于省市旅游局的正确领导和大力帮助，也得益于集团公司的扶持，更少不了各位同行的精诚合作。在争创百强的过程中，我们主要做了以下几项工作：

一、树立“陕西中旅”品牌，发挥品牌效应

“品牌揽顾客、质量主沉浮”，品牌经营已成为我们的战略行为。一方面，我们通过举办各种活动，增强员工对“陕西中旅”品牌的认同和热爱，鼓舞员工以良好的职业素养、扎实的业务技能和过硬的服务质量做好本职工作。另一方面，我们积极探索新的发展模式，大力发展分支机构，目前已拥有分支机构过百家，实现西安地区营业网点全覆盖。各有特点的众分支机构与公司总部形成良性互动、协同发展，使得陕西中旅进一步完善销售体系、形成品牌效应、扩大市场占有率。

二、打造标准化体系，规范旅行社服务

陕西中旅的荣誉背后，有一套缜密的标准化体系支撑。旅游咨询、旅游产品、

导游服务、旅游协议、投诉管理，每个环节在标准化体系中都有明确的规定，上百家分支机构在统一的标准化体系范围内提供优质服务，一方面更好的规范经营行为，从源头避开诸多隐患，另一方面培养游客的品牌忠诚度。

三、打造电商旅游网，搭建服务双平台

线上与线下服务双平台的相辅相成，才能真正成为“您家门口的旅行管家”。陕西中旅拥有门市 50 家，直营门店 2 家，同时拥有具备旅游咨询、签证办理、线路订购等多项服务的网络销售平台，迎合了现代旅游消费者的消费需求和消费习惯。

四、以顾客为中心，以市场为导向开发新产品

坚持以顾客为中心，以市场为导向开发新产品是陕西中旅在激烈的竞争和低迷的市场中脱颖而出的“制胜法宝”。长期以来，各大旅行社推出的旅游线路产品“千家一面”没有各自的特色，对消费者也没有明确的定位和区分。我们在市场研究的基础上利用与东航的紧密合作关系大力发展包机业务，彻底扭转陕西中旅多年来自主产品不足的局面。2015 年，我公司与东航签订了西安—甲米、西安—曼谷包机协议，与春秋航空签订了西安— 大阪包机协议，与芬航签订的西安—赫尔辛基切位协议，经济效益显著。

同时，陕西中旅在产品设计、营销手段、客户关系品牌塑造等方面引入新理念，实现新发展：一是开发私人定制的旅游产品，力求差异化和细分市场，针对不同特点的游客推出豪华旅游团、亲子团、蜜月团、长者团等；二是特种旅游方面，根据特点，开发红色旅游、研学旅游、商务会议旅游、自驾旅游、文化体育交流等产品；三是在出境旅游产品方面，不断扩展出境线路，大力开发边境旅游产品。

五、重视企业使命和社会责任，强化内部管理

陕西中旅作为旅游市场主体的一员，我们始终明确并重视自己的企业使命和社会责任，认真贯彻执行省市旅游局出台的《旅行社出境旅游服务质量》《国内旅游合同范本》《出境旅游合同范本》等法规政策。同时，注重内部质量管理，专门成立旅游业务办，加强对直接影响旅游服务质量的过程的控制，在内部管理上做到“有章可循、有据可查、有人负责”。陕西中旅先后被省市政府评为名牌企业，被省质监局评为 5A 级质量信用企业。我们将不断探索完善，把陕西中旅的管理水平提升到与国内优秀旅行社接轨的高度。

专题报告·法规与标准

陕西省旅游条例

（2005 年 9 月 29 日陕西省第十届人民代表大会
常务委员会第二十一次会议通过
2015 年 11 月 19 日陕西省第十二届人民代表大会
常务委员会第二十三次会议修订）

第一章 总 则

第一条 为保障旅游者和旅游经营者的合法权益，规范旅游市场秩序，保护和合理利用旅游资源，促进旅游业持续健康发展，根据《中华人民共和国旅游法》等法律、行政法规，结合本省实际，制定本条例。

第二条 在本省行政区域内的和在本省内组织的到省外、境外游览、度假、休闲等形式的旅游活动，以及进行旅游规划、开发、建设、经营、服务、管理等活动，适用本条例。

第三条 发展旅游业，应当突出陕西历史文化、自然生态等旅游资源优势和地方特色，坚持社会效益、经济效益和生态效益相统一的原则，实行统一规划、合理开发、协调发展。

第四条 县级以上人民政府应当加强对本行政区域内旅游业发展的组织领导，将旅游业的发展纳入国民经济和社会发展规划，将旅游业发展经费列入年度预算，推动旅游业发展与新型工业化、信息化、城镇化和农业现代化相结合，优化旅游业发展环境，完善促进旅游业发展的政策和措施。

乡（镇）人民政府和街道办事处协助县级以上人民政府及其相关部门做好本行政区域旅游资源保护利用、旅游产业发展、旅游安全监督、旅游环境秩序维护等工作。

第五条 省人民政府应当建立健全旅游综合协调机制，协调部署本省旅游业发展重点工作和跨地区、跨行业的旅游规划建设，以及旅游市场的综合监管执法等需要综合协调的工作。

设区的市、县（市、区）人民政府根据当地旅游工作实际情况建立健全旅游综合协调机制，对本行政区域的旅游业发展和监督管理进行统筹协调。

第六条 县级以上人民政府旅游行政主管部门负责本行政区域内旅游业的指导、协调、管理、监督和服务工作。

县级以上人民政府其他相关部门应当按照各自职责，做好旅游业发展的有关工作。

第七条 各级人民政府应当开展文明旅游宣传教育，引导旅游者、旅游经营者及其从业人员和旅游地居民增强保护生态环境的意识，倡导和鼓励健康、低碳、绿色、文明的旅游方式。

旅游经营者及其从业人员在旅游经营活动中应当向旅游者宣传生态环境保护知识，引导旅游者健康、文明旅游。

第八条 依法成立的旅游行业组织应当按照法律、法规和行业组织的章程开展活动，完善行业自律管理，加强会员信用建设，引导会员诚信服务，维护会员合法权益。

第二章 旅游者

第九条 旅游者享有下列权利：

（一）对相关旅游产品和服务的内容、标准、价格、注意事项等信息享有知情权；

（二）有自主选择旅游产品、旅游经营者、旅游服务方式和旅游服务项目的权利；

（三）有权利拒绝旅游经营者的强制交易行为，人身自由不受侵犯；

（四）有权利要求旅游经营者按照合同约定提供旅游产品和服务、获取相关合同文本以及旅游过程中相关的发票等支付凭证；

（五）人身、财产遇有危险时，有请求救助和保护的权利；

（六）人身、财产受到侵害的，有依法获得赔偿的权利；

（七）人格尊严、民族风俗习惯和宗教信仰应当得到尊重；

（八）残疾人、老年人、未成年人、现役军人等旅游者在旅游活动中依照法律、法规和有关规定享受便利和优惠；

（九）旅游合同和法律、法规规定的其他权利。

第十条 旅游者应当履行下列义务：

（一）遵守社会秩序和社会公德，爱护旅游设施，保护旅游资源和生态环境，文明旅游；

（二）尊重当地的风俗习惯、文化传统和宗教信仰，遵守旅游秩序和安全、卫生规定；

（三）向旅游经营者如实告知与旅游活动相关的个人健康信息；

（四）不得损害当地居民的合法权益、干扰他人的旅游活动、损害旅游经营者和旅游从业人员的合法权益；

（五）对国家应对重大突发事件暂时限制旅游活动的措施以及有关部门、机构或者旅游经营者采取的安全防范和应急处置措施，应当予以配合；

（六）出境旅游者不得在境外非法滞留，随团出境的旅游者不得擅自分团、脱团；

（七）入境旅游者不得非法滞留，随团入境的旅游者不得擅自分团、脱团；

（八）履行旅游合同所约定的义务和法律、法规规定的其他义务。

第十一条 旅游者与旅游经营者发生纠纷时，旅游者可以通过下列途径解决：

（一）与旅游经营者协商；

（二）向消费者协会、旅游投诉受理机构投诉或者向有关调解组织申请调解；

（三）旅游合同中约定有仲裁条款或者有书面仲裁协议的，申请仲裁；

（四）向人民法院提起诉讼；

（五）法律、法规规定的其他途径。

第三章 规划与促进

第十二条 省旅游行政主管部门根据本省国民经济和社会发展规划、旅游发展的实际需要，会同有关部门编制省旅游发展规划，报省人民政府批准实施。

设区的市、旅游资源丰富的县（市、区）旅游行政主管部门根据本地国民经济和社会发展规划、省旅游发展规划，组织编制本行政区域旅游发展规划，报本级人民政府批准实施。

对跨两个以上设区的市行政区域其旅游资源适宜进行整体利用的，由省人民政府组织编制统一的旅游发展规划。在设区的市行政区域内，对跨两个以上县（市、区）行政区域其旅游资源适宜进行整体利用的，由设区的市人民政府组织编制统一的旅游发展规划。

第十三条 设区的市、县（市、区）人民政府可以对重大旅游建设项目、重点旅游资源的开发利用编制专项规划，对特定区域内的旅游项目、设施和服务功能配套以及旅游资源保护作出专门规定。

第十四条 编制旅游发展规划和专项规划应当与土地利用总体规划、城乡规划、环境保护规划以及其他人文资源的保护和利用规划相衔接，依法进行环境影响评价，并公开征求社会公众、专家以及当地单位和居民的意见。

各级人民政府应当对本级人民政府编制的旅游发展规划和专项规划及时予以公布。

第十五条 县级以上人民政府应当组织对本级政府编制的旅游发展规划和专项规划执行情况进行评估，根据评估的结果及时调整和修编规划的内容，并及时向社会公布。

进行评估应当按照公平、公正的原则，以第三方和公众评价为主，合理选择参与评估的单位和人员。

第十六条 县级以上人民政府应当结合实际制定并组织实施有利于旅游业持续健康发展的产业政策，促进旅游业与文化、工业、农业、商业、卫生、体育、科教等领域融合发展，重点扶持贫困地区、革命老区旅游业发展；支持利用农村特色资源发展乡村旅游，利用工业企业特色和优势资源发展工业旅游；鼓励依托民间艺术活动、手工艺产品、建筑、婚俗、传统节日等资源开展民俗旅游。

设区的市、县（市、区）人民政府应当结合本地旅游资源实际情况，制定并组织实施有利于特色旅游产品开发、旅游品牌创建、旅游产品文化内涵提升以及扶持促进旅游相关企业发展的政策措施。

第十七条 县级以上人民政府及其相关部门应当采取措施，消除区域间旅游服务障碍，推进跨区域的旅游合作与经营，禁止行业垄断和地区垄断。任何单位和个人不得限制、阻碍本行政区域外的旅行社、导游和旅游车辆在本地的合法旅游经营活动。

第十八条 县级以上人民政府应当采取措施，支持发展专业旅游经营机构，推动优势旅游企业实施跨地区、跨行业、跨所有制兼并重组，建立跨界融合的产业集团和产业联盟，鼓励旅行社和旅游客运企业跨地区连锁经营。鼓励企业、其他组织和个人投资旅游产业。

第十九条 省人民政府设立旅游产业发展基金，支持符合条件的旅游产业项目和重大文化旅游项目建设。

县级以上人民政府用于扶持发展服务业、中小企业、新农村建设、扶贫开发、节能减排等专项资金，应当将符合条件的旅游企业和项目纳入支持范围。

县级以上人民政府应当引导金融机构创新发展符合旅游业特点的信贷产品和模式，鼓励和支持省内旅游企业按照国家有关规定申报上市，发行企业债、公司债、短期融资券、中期票据、中小企业集合票据等债券，面向资本市场直接融资，鼓励和支持保险机构创新旅游保险产品和服务。

第二十条 各级人民政府编制和调整土地利用总体规划、城乡规划，应当充分考虑相关旅游项目、设施的空间布局和建设用地要求。对利用荒地、荒坡、荒滩、垃圾场、废弃矿山和石漠化土地开发旅游项目的，可以通过优先安排基础设施配套建设项目、政府贴息贷款等措施予以支持。

在符合规划和用途管制的前提下，鼓励农村集体经济组织依法以集体经营性建设用地使用权入股、联营等形式与其他单位、个人共同开办旅游企业，需要改变土地用途的，应当依法办理用地审批手续。

第二十一条 县级以上人民政府及其相关部门应当加强重点旅游乡（镇）和旅游资源富集地方的供水、排水（污）、供电、通讯网络、环保、绿化、消防等与旅游相关的基础设施和公共服务设施建设，以及文化遗产保护、文化设施等公共文化服务体系建设。

重点旅游乡（镇）和旅游资源富集地方的区域开发、市政设施、工程项目的设计和建设，应当兼顾景观效果、旅游功能和相关旅游设施建设。

第二十二条 县级以上人民政府应当根据旅游业发展需要，统筹安排通往旅游景区的交通项目，合理规划建设旅游集散中心、中转站、旅游客运专线、自驾车营地等交通设施，加强景区旅游道路、步行道、停车场建设，推进旅游交通无障碍设施建设与改造，为旅游者提供便捷的交通服务。

县级以上交通运输部门应当将游客运输纳入公共交通系统，合理布局旅游交通线路、旅游交通服务设施，规划建设以关中环线和沿黄河、汉唐帝陵、秦岭南北两麓等为骨架的重要旅游交通线路，完善旅游交通标志、主要旅游景区指示标志牌等道路标识。

县级以上交通运输部门在审批旅游线路、旅游客运企业和旅游汽车指标投放时，应当征求同级旅游行政主管部门意见。

第二十三条 省人民政府应当制定并实施本省旅游形象推广战略，统筹组织本省整体旅游形象的境外和省外推广工作。设区的市、县（市、区）人民政府统筹组织本地的旅游形象推广工作，完善旅游形象推广机构和网络。

省旅游行政主管部门具体负责本省旅游形象推广工作，可以采取政府购买服务等方式推进旅游宣传促销专业化、市场化，建立多语种的陕西旅游宣传推广网站，加强陕西旅游形象宣传。

广播电视、文化、商务、国土资源、交通运输、住房和城乡建设、工商行政管理、文物、外事、城市管理综合行政执法、机场、铁路（城市轨道交通）等部门和单位应当按照县级以上人民政府的要求组织做好旅游形象推广的相关工作。

第二十四条 县级以上旅游行政主管部门应当完善旅游信息统计、发布以及假日旅游预报系统，准确提供旅游市场信息服务。县级以上发展和改革、工业和信息化、商务、公安、交通运输、统计等部门应当协助做好旅游信息统计相关工作。

县级以上人民政府应当推进旅游信息化建设，鼓励发展旅游电子商务，提升旅游信息化服务水平。

第二十五条 省旅游行政主管部门应当会同工业和信息化等有关部门建设具有宣传促销、咨询、投诉、安全、信息资源交换与共享等功能的综合性旅游信息服务平台，完善旅游基础信息数据库，促进旅游信息共享和实时更新。

县级以上旅游行政主管部门应当通过信息服务平台、旅游咨询中心，无偿向旅游者提供旅游景区、线路、交通、气象、住宿、安全、医疗急救等必要信息和投诉、咨询服务。

第二十六条 省和设区的市人民政府应当编制旅游人才中长期发展规划，优化人才发展的体制机制，加强旅游学科体系建设，发展旅游职业教育，建立旅游人才教育培训基地，对旅游从业人员进行职业道德教育和职业技能培训，提高旅游从业人员素质。

省人民政府应当按照国家有关规定，建立完善旅游人才评价制度，将符合资助条件的旅游经营管理高层次人才纳入省人才专项资金扶持范围。县级以上人民政府应当把促进旅游就业纳入就业发展规划和职业培训计划，将符合条件的旅游服务从业人员纳入就业扶持范围。

第四章 资源保护与开发

第二十七条 旅游资源开发应当坚持依法保护、统一规划、合理利用、可持续发展的原则。

县级以上旅游行政主管部门应当对本行政区域内的旅游资源进行普查、评估，建立旅游资源数据库，协调旅游资源保护与开发。

第二十八条 新建、改建、扩建旅游景区项目及旅游配套设施，应当符合旅游发展规划的要求，兼顾军事设施保护的需要，依法进行环境影响评价。对当地生产、生活可能产生重大影响的旅游景区项目建设应当举行听证会。

重点旅游镇、村的新区建设和旧区改造，应当突出文化特色并对旅游功能统筹规划，建筑规模和风格应当与周围景观相协调。

第二十九条 对自然资源和文物、宗教等人文资源进行旅游利用，应当遵守有关法律、法规的规定，符合资源保护、生态保护、文物安全、宗教文化的要求，尊重当地传统文化和习俗，维护资源的区域整体性、文化代表性和地域特殊性。

利用风景名胜区、自然保护区和森林、山地、水域、湿地等自然资源开发旅游项目，应当采取相应的保护措施，不得破坏景观、污染环境、妨碍游览。

利用文物古迹、历史名胜和其他历史人文资源开发旅游项目，应当保持其特有的历史风貌，不得擅自改建、迁移、拆除。

第三十条 鼓励使用新能源、新材料，创建绿色环保企业，开发生态旅游产品。

任何单位和个人不得在旅游景区内非法采石、开矿、挖沙、取土、建坟、伐木、烧荒、捕猎、倾倒废弃物、排放污染物以及建设损害生态环境、破坏旅游资源的项目。

旅游资源开发建设项目废弃物处理处置设施应当与主体工程同时设计、同时施工、同时投入使用。

第三十一条 国有旅游资源经营权除法律、法规规定不得转让的外，可以依法转让。

国有旅游资源经营权转让，应当遵循公开、公平、公正和诚实信用的原则，通过拍卖、招标等方式依照国家有关规定进行。

第三十二条 县级以上人民政府应当采取措施，推进旅游商品研发基地建设，鼓励、扶持开发具有观赏性、艺术性、文化性、实用性和地方特色的旅游商品，培育体现地方特色的旅游商品品牌。

第三十三条 省旅游行政主管部门和质量技术监督部门，应当依法组织制定旅游业地方标准，推行国家标准和行业标准，推进旅游设施建设和服务的规范化、标准化。

第五章 经营与服务

第三十四条 设立旅行社，从事招徕、组织、接待旅游者，为其提供旅游服务，应当按照《中华人民共和国旅游法》等法律、法规的规定，取得旅行社业务经营许可证，依法办理工商登记。从事导游、领队活动，应当按照国家规定取得导游证、领队证。

俱乐部、车友会、协会以及其他召集旅游者的单位和个人，未取得旅行社业务经营许可的，不得从事旅行社业务。企业事业单位为推介、宣传产品等经营活动需要组织旅游的，应当通过依法设立的旅行社进行，不得自行开展旅游活动从事旅行社业务。

第三十五条 旅游经营者应当按照取得的国家标准、地方标准或者行业标准服务质量等级，向服务对象提供服务。

旅游经营者不得超越取得的服务质量等级进行宣传，未取得服务质量等级的，不得使用相关服务质量等级的称谓和标识进行广告宣传或者经营活动。

第三十六条 旅行社可以参与政府采购和服务外包，接受国家机关、企业事业单位和社会组织的委托，为有关公务活动提供交通、住宿、会议等服务。

第三十七条 旅行社及其从业人员不得有下列行为：

（一）超越核定的经营范围从事旅游经营活动；

（二）出租、出借、转让或者变相转让旅行社业务经营许可证；

（三）未经游客同意转团并团；

（四）向旅游者提供虚假旅游信息、发布虚假广告、隐瞒真实情况或者提供质价不符的服务；

（五）诱导、欺骗、强迫或者变相强迫旅游者购物或者参加另行付费旅游项目；

（六）向旅游者索取小费，向其他旅游经营者给予或者收受回扣；

（七）擅自变更旅游行程安排或者中止旅游服务，拒绝履行合同；

（八）从业人员私自承揽导游和领队业务；

（九）以低于成本的价格招徕、组织、接待旅游者；

（十）向旅游者介绍和提供含有损害国家利益、民族尊严，违反社会公德，以及民族、宗教歧视等内容的旅游项目；

（十一）法律、法规禁止的其他行为。

第三十八条 旅行社应当与其聘用的导游依法签订劳动合同、按月足额支付劳动报酬，足额缴纳社会保险费用，应当为导游提供职业安全卫生条件，对女性导游实行特殊劳动保护。鼓励旅行社与导游进行工资集体协商，签订集体合同。

旅行社应当建立和完善导游的劳动报酬分配办法，合理确定导游的基本工资、带团补贴、奖金等。建立依据导游的职业技能、专业素质、游客评价、从业贡献为主要测评内容的导游绩效奖励制度。

旅行社临时聘用导游为旅游者提供服务的，应当全额向导游支付约定的导游服务费用。

旅行社安排导游为团队旅游提供服务的，不得要求导游垫付或者向导游收取任何费用。

第三十九条 旅行社应当与旅游者订立旅游合同，推荐使用国家旅游行政主管部门和工商行政管理部门制定的合同示范文本。旅行社提供旅游合同约定之外的其他服务，应当征得旅游者书面同意。

第四十条 依法取得旅行社业务经营许可证，通过网络经营旅行社业务的，应当在其网站主页的显著位置标明旅行社名称、法定代表人、许可证编号、业务经营范围和经营地址等业务经营许可证信息。

发布旅游经营信息的网站，应当保证其信息真实、准确。

第四十一条 旅行社组织、接待旅游者，不得指定具体购物场所，不得安排另行付费旅游项目。但是，经双方协商一致或者旅游者要求，且不影响其他旅游者行程安排的除外。

旅游景区及其周边的经营者针对旅游者提供的商品和服务，应当明码标价，标价内容应当真实、明确，字迹清晰，货签对位。不得使用欺骗性、误导性的语言、文字、图片、计量单位等方式，诱骗、强迫他人与其交易。

旅游景区及其周边的经营者针对旅游者提供的商品和服务的价格水平、差价率、利润率，不得超过同一地区、同一期间、同一档次、同种商品或者服务的市场平均价格、平均差价率、平均利润率的合理幅度。

第四十二条 从事旅游客运经营，应当取得相关运输经营许可证和车辆营运证。从事旅游客运的车辆按照旅游合同和旅游包车合同的行程安排，在车籍所在地和旅游目的地之间通行，任何单位和个人不得限制、阻碍。

旅游客运经营者及其从业人员应当按照与旅行社约定的旅游线路和标准提供运输服务，不得中途擅自将旅游者交给他人运输或者终止运输，不得擅自变更运行线路，不得擅自搭载与旅游团队无关的人员。

第四十三条 旅行社开展旅游活动租用客运车辆、船舶，应当选择具有相应资质的运输企业和已办理法定强制保险的车辆、船舶。

旅游客运经营者应当加强对从业人员交通安全和法制、职业道德教育，保障服务质量和运输安全。

承担旅游客运的车辆、船舶，应当配备符合规定的驾驶员、船员以及座位安全带、救生等安全设施设备，并不得超过核定的载客人数。旅游者应当提高安全意识，遵守安全警示规定，按要求使用座位安全带等安全设施设备。

第四十四条 在不影响道路通行的情况下，公安机关交通管理部门可以在市区内景区周边划定旅游客运车辆临时停车点，旅游客运车辆可以在该停车点即停即走，方便旅游者乘车。

第四十五条 景区开放应当具备下列条件，不符合开放条件的，不得接待旅游者：

（一）有必要的旅游配套服务和辅助设施；

（二）有必要的安全设施及制度，经过安全风险评估，满足安全条件；

（三）有必要的环境保护设施和生态保护措施；

（四）法律、行政法规规定的其他条件。

景区主管部门应当对景区是否具备前款规定的开放条件进行审查，并听取设区的市或者县（市、区）旅游行政主管部门的意见。

第四十六条 景区接待旅游者不得超过核定的最大承载量。景区应当公布依法核定的最大承载量，制定和实施旅游者流量控制方案，并可以采取门票预约等方式，对景区接待旅游者的数量进行控制。

旅游者数量可能达到最大承载量时，景区应当提前公告并同时向县（市、区）旅游行政主管部门和景区主管部门报告，景区和县（市、区）人民政府相关部门应当及时采取疏导、分流等措施。

第四十七条 旅游景区应当公开门票价格，公开服务项目、内容和收费标准，明码标价。禁止强行出售联票、套票。

旅游景区应当按照国家和省有关规定，对残疾人、老年人、未成年人、现役军人等免费或者优惠开放，公示减免票价的对象和标准。

政府投资的博物馆、纪念馆、美术馆、文化馆、图书馆、爱国主义教育基地、科普教育基地、城市公园、体育场（馆）等，实行免费开放。免费开放确有困难的，应当实行价格优惠或者设立免费开放日，逐步实行免费开放。

第四十八条 鼓励旅游景区通过委托经营、合作经营、参股入股等形式，引入管理公司进行专业化、规范化运营。

第四十九条 旅游经营者的营销计划、销售渠道、客户名单等经营信息，任何单位和个人不得以非法方式获取、使用或者披露。旅游经营者对其在经营活动中知悉的旅游者个人信息，应当予以保密。

第五十条 宾馆饭店用水、用电和用气价格按照国家有关规定执行与一般工业企业同等价格政策。

第五十一条 旅游经营者应当按照规定，向县级以上旅游行政主管部门以及有关部门提供旅游业务统计、财务报表等资料。相关部门应当为旅游经营者提供的资料保密。

第五十二条 为旅游者提供交通、住宿、餐饮、娱乐等服务的经营者，应当符合法律、法规规定的要求，按照合同约定履行义务。

第六章 乡村旅游

第五十三条 设区的市、县（市、区）人民政府应当以区域旅游品牌打造、线路整合、设施完善为重点，结合实际，突出特色，编制并实施乡村旅游发展规划，规范乡村旅游开发建设，推动乡村旅游有序健康发展。

第五十四条 县（市、区）、乡（镇）人民政府应当把乡村旅游纳入新农村建设、现代农业、扶贫开发和城乡一体化发展整体布局，加强乡村旅游道路、停车场、通讯网络、给（排）水、绿化以及其他公共服务及基础设施建设，完善交通、游览标识牌，为乡村旅游提供良好的发展环境。

县（市、区）、乡（镇）人民政府以及村民委员会应当加强乡村旅游公共厕所、垃圾收集容器、垃圾集中处理场所等环境卫生基础设施建设和改造，组织开展杀灭老鼠、苍蝇、蚊子、蟑螂等病媒生物及清除其孳生地的活动，改善乡村旅游地的环境卫生。

第五十五条 县级以上人民政府对具有旅游资源的革命老区和秦岭、巴山等集中连片贫困地区以及旅游资源丰富的县、镇、传统村落的建设，给予资金和政策扶持。

第五十六条 省旅游行政主管部门应当会同质量技术监督部门制定并推行乡村旅游规范标准和等级评定体系。

县级以上旅游行政主管部门及有关部门应当通过政策扶持、宣传推介、协调指导等措施，鼓励开发观光、民俗、休闲等乡村旅游项目，发挥生态优势、突出乡村特色，推动乡村旅游规范化发展。

第五十七条 县级以上旅游行政主管部门、人力资源和社会保障等部门，应当加强乡村旅游人才培养，开展乡村旅游从业人员培训工作，提高经营管理服务水平。

第五十八条 乡村居民利用自有住宅和其他条件从事餐饮、住宿等乡村旅游经营活动，应当依法办理工商登记，取得食品经营许可证或者小餐饮经营许可证。接待游客住宿的，还应当取得卫生许可证，配备必要的消防设施，并向当地公安派出所备案，核实登记游客身份证件，发现有违法嫌疑的人员应当及时向当地公安机关报告。

第五十九条 乡村旅游经营者开设旅游项目、提供旅游服务，应当遵守法律、法规的规定。

乡村旅游经营者不得在河道以及山体滑坡、泥石流、洪水等自然灾害易发的危险地带开展旅游经营活动。

乡镇人民政府、街道办事处应当加强对乡村旅游经营者的旅游安全教育和监督检查。

第六十条 县级以上旅游行政主管部门应当通过对乡村旅游经营场地、接待设施、安全管理、环境保护、服务质量、特色项目等方面进行等级综合评定，指导和帮助乡村旅游经营者规范经营，提高服务质量。

第七章 旅游安全

第六十一条 县级以上人民政府统一负责旅游安全工作，建立和完善旅游安全综合监督管理机制，按照属地管理原则建立旅游景区突发事件、高峰期大客流应对处置机制和旅游安全预警信息发布制度，并将旅游应急管理纳入政府应急管理体系，制订应急预案，建立旅游突发事件应对机制。

县级以上旅游、交通运输、质量技术监督、安全生产监督管理、食品药品监督管理、公安、卫生等有关行政部门依照法律、法规履行旅游安全监管职责。

第六十二条 县级以上人民政府应当按照《中华人民共和国旅游法》和国家有关规定，做好旅游目的地安全风险提示工作。

第六十三条 旅游经营者应当建立安全管理责任制，严格执行旅游安全管理规定，制定旅游安全保护制度和应急预案，设立安全管理机构或者配备专门人员，配置必要的安全设备和设施，保障旅游者的人身、财产安全。旅游者流量大的重点景区应当按照相关部门要求配备专业医疗和救援队伍。

发生旅游安全事故，旅游经营者应当及时采取必要的救助和处置措施，对旅游者作出妥善安排，并按照有关规定向事故发生地的人民政府及其公安、旅游、卫生、安全生产监督管理、食品药品监督管理等相关部门报告。当地人民政府及其有关部门应当依法启动应急救援预案，及时组织救援。

第六十四条 经营涉及人身安全的特殊旅游项目和客运索道、大型游乐项目，其设备、设施应当符合国家有关安全标准，并应当依法定期检测。特种设备的作业人员，应当按照国家有关规定参加安全作业培训，取得特种设备作业资格证书方可上岗作业。

旅游经营者应当加强设备、设施的日常维护和保养，及时消除安全隐患，保证安全运行。

第六十五条 旅游经营者对可能危及旅游者人身、财产安全的旅游事项，应当向旅游者事先作出真实的说明和明确的警示，并采取安全防护措施。

涉及人身安全的旅游活动，旅游经营者应当以明示的方式向旅游者说明或者警示可能出现的危险，提出应当具备的身体条件及其他相关条件要求。

第六十六条 旅游景区应当设置地域界限、服务设施和游览导向等标识；对具有危险性的区域或者项目，应当设立明显的提示或者警示标识，并采取必要的防护措施。

第六十七条 在没有道路通行的地方或者旅游景区游览路线以外的地方，组织开展穿越山岭、攀登山峰等具有危险性的健身探险旅游活动，组织者应当向参与者作出风险提示，并应当提前五日将活动时间、地点、路线、人员名单、保障措施、应急方案等向县级以上体育行政部门备案。地点、路线涉及军事设施保护区、自然保护区以及旅游景区的，依照相关法律、法规规定执行。

第六十八条 旅行社应当按照国家相关规定投保旅行社责任险，提示旅游者自愿投保人身意外伤害等保险。

第八章 监督管理

第六十九条 县级以上旅游行政主管部门和民族宗教、公安、交通运输、文化、卫生、工商行政管理、质量技术监督、安全生产监督管理、食品药品监督管理、价格等部门，依照有关法律、法规和本条例的规定，按照各自职责对辖区内旅游市场实施监督管理，依法查处旅游违法行为。

县级以上人民政府应当建立健全统筹协调、部门联动、属地管理、常态监管的旅游综合执法体制，完善旅游执法信息共享机制，维护旅游市场秩序。

第七十条 县级以上人民政府应当指定或者设立统一的旅游投诉受理机构，公布投诉受理地点、电话、网络地址，受理来访或者通过电话、网络平台的投诉。

旅游投诉受理机构接到投诉，应当及时进行处理或者及时移交有关部门处理，并告知投诉者。旅游投诉受理机构移交有关部门处理的，受移交部门应当及时处理，不得再移交其他部门处理。受移交部门认为依法确属其他部门处理职责权限的，应当通过统一的旅游投诉受理机构移交，并跟踪负责投诉处理情况和答复投诉者。旅游投诉受理机构、受移交部门和其他有权处理部门之间不得相互推诿。

旅游投诉受理机构或者投诉受移交部门对事实清楚能够当场处理的投诉，应当当场处理；不能当场处理的，应当在三日内将有关处理情况告知投诉者。一般的投诉应当在七日内处理完毕，情况复杂的投诉应当在四十五日内处理完毕，并告知投诉者。确因其他特殊情况无法在上述期限内处理完毕的，经行政负责人批准，可以适当延长办理期限。法律、法规对处理期限另有规定的，从其规定。

第七十一条 县级以上旅游行政主管部门负责对旅行社、以及导游、领队等旅游从业人员和本条例规定的其他旅游经营者及其经营活动实施监督检查，并有权行使下列权力：

（一）进入旅游场所进行监督检查；

（二）询问当事人及相关人员，调查了解情况；

（三）依法收集与案件有关的证据；

（四）查阅、复制与案件有关的合同、票据、账簿等相关资料。

县级以上旅游行政主管部门依法实施监督检查，其监督检查人员不得少于两人，并应当出示合法证件。监督检查人员少于两人或者未出示合法证件的，被检查单位和个人有权利拒绝。

监督检查人员对在监督检查中知悉的被检查单位的商业秘密和个人信息应当依法保密。

第七十二条 利用公共资源建设的景区的门票及景区内的游览场所、交通工具等另行收费项目实行政府定价或者政府指导价；另行收费项目已收回投资成本的，县级以上价格部门应当相应降低价格或者取消收费。

县级以上价格部门拟制定或者提高旅游景区的门票价格，应当召开价格听证会，听取旅游者、旅游经营者和有关方面的意见，论证其必要性、可行性。旅游景区门票价格提高的，应当提前六个月向社会公布调整后的价格。

县级以上价格部门应当依法查处串通涨价、哄抬价格和价格欺诈等违法行为，维护旅游价格市场秩序。

第七十三条 县级以上旅游行政主管部门、人力资源和社会保障部门、有关工会组织应当指导督促旅行社按照旅游法、劳动法、劳动合同法等法律、法规规定与导游签订劳动合同，保障导游的合法权益。对不与导游签订劳动合同、不按时支付劳动报酬、不按时足额缴纳社会保险费用的用人单位，县级以上人力资源与社会保障部门应当依法处理。

第七十四条 县级以上旅游行政主管部门及有关部门应当加强旅游市场诚信体系建设，建立和完善旅游经营者的诚信记录，公开旅游经营者资质、经营服务质量、失信惩戒记录等信息，公布严重违法的旅游经营者名单，保障旅游者知情权和监督权。

第九章 法律责任

第七十五条 违反本条例第十七条和第四十二条第一款规定，国家机关及其工作人员设置区域间旅游服务障碍的，由有关行政机关或者监察机关责令改正，对直接负责的主管人员和其他直接责任人员依法给予行政处分；其他单位和人员限制、阻碍本行政区域外的旅行社、导游和旅游车辆在本地合法旅游经营活动的，由县级以上旅游行政主管部门责令改正，对单位处五万元以上五十万元以下罚款，对个人处五千元以上五万元以下罚款；违反治安管理的，由公安机关依照《中华人民共和国治安管理处罚法》的规定处罚。

第七十六条 违反本条例第三十四条规定，擅自从事旅行社业务的，由县级以上旅游行政主管部门或者工商行政管理部门责令改正，没收违法所得，并处一万元以上十万元以下罚款；违法所得十万元以上的，并处违法所得一倍以上五倍以下罚款；对有关责任人员，处二千元以上二万元以下罚款。

第七十七条 旅游经营者违反本条例第四十一条第二款规定，由县级以上旅游行政主管部门或者价格部门责令改正，未明码标价的，处五百元以上五千元以下罚款；使用欺骗性、误导性的语言、文字、图片、计量单位等方式，诱骗、强迫他人与其交易的，没收违法所得，并处违法所得一倍以上五倍以下罚款；没有违法所得的，处五万元以上五十万元以下罚款，对个体经营者，处一万元以上十万元以下罚款；违反治安管理的，由公安机关依照《中华人民共和国治安管理处罚法》的规定处罚。

第七十八条 旅游客运经营者及其从业人员违反本条例第四十二条第二款规定的，由县级以上交通运输部门责令改正，处一千元以上三千元以下罚款；情节严重的由原许可机关吊销道路运输经营许可证。

第七十九条 旅行社违反本条例第四十三条第一款规定，使用不符合规定的车辆、船舶承担旅游客运的，由旅游行政主管部门责令改正，处五千元以上五万元以下罚款；情节严重的责令停业整顿或者吊销旅行社业务经营许可证；对直接负责的主管人员和其他直接责任人员，处二千元以下二万元以下罚款。

第八十条 旅游景区经营者违反本条例第四十七条第一款规定，由县级以上旅游行政主管部门或者价格部门责令改正，未公开、明码标价的，处五百元以上五千元以下罚款；强行出售联票、套票的，没收违法所得，并处违法所得一倍以上五倍以下罚款，没有违法所得的，处一万元以上十万元以下罚款。

旅游景区经营者违反本条例第四十七条第二款规定的，由县级以上旅游行政主管部门或者价格部门责令改正，退还违法收取的费用，处二千元以上一万元以下罚款。

第八十一条 乡村旅游经营者违反本条例第五十九条第二款规定的，由乡镇人民政府、街道办事处责令改正；拒不改正的，由县级以上旅游行政主管部门处二千元以上一万元以下罚款；情节严重造成严重后果的，由有关部门依法吊销其相关经营许可证。

第八十二条 违反本条例第六十七条规定，组织开展健身探险旅游活动未依法备案的，由县级以上体育行政部门或者旅游行政主管部门责令停止违法活动，对组织者处五百元以上五千元以下罚款；情节严重造成严重后果的，处五千元以上二万元以下罚款；给参与者造成损害的，依法承担民事责任；明知组织者未依法备案参与健身探险旅游活动，造成严重后果的，对参与者可以处二百元以上二千元以下罚款。

第八十三条 各级人民政府和县级以上有关部门违反本条例规定，有下列行为之一的，由上级机关或者监察机关对直接负责的主管人员和其他直接责任人员依法给予行政处分：

（一）未按照规定执行旅游发展规划或者旅游专项规划，造成旅游资源和生态环境破坏的；

（二）不依法履行安全监管职责，造成重大旅游安全事故的；

（三）未指定或者设立统一的旅游投诉受理机构，或者未公布受理地点、电话、网络地址的；

（四）未按照规定时限受理和处理旅游投诉或者对投诉互相推诿不及时处理的；

（五）超越定价权限、范围或者违反法定程序，擅自提高景区门票和服务价格的；

（六）不依法履行旅游行政执法职责，不及时查处违法行为的；

（七）其他滥用职权、玩忽职守、徇私舞弊的行为。

第八十四条 违反本条例规定的其他行为，依照《中华人民共和国旅游法》及相关法律、法规的规定处罚。

第八十五条 依照《中华人民共和国旅游法》和本条例的规定，对个人作出五千元以上罚款，对单位作出十万元以上罚款的，应当告知当事人有要求举行听证的权利。

第八十六条 违反本条例规定，损害旅游者合法权益，造成旅游者人身伤害、财产损失的，应当依法承担民事责任。

第八十七条 违反本条例规定，构成犯罪的，依法追究刑事责任。

第八十八条 当事人对有关行政部门的行政行为不服的，可以依照《中华人民共和国行政复议法》或者《中华人民共和国行政诉讼法》的规定，申请行政复议或者提起行政诉讼。

第十章 附 则

第八十九条 本条例自 2016 年 4 月 1 日起施行。1998 年 8 月 22 日陕西省第九届人民代表大会常务委员会第四次会议通过的《陕西省旅游管理条例》同时废止。

陕西省旅游特色名镇评定规范

陕西省地方标准 DB 61/T 960—2015

2015-02-12 发布　2015-06-01 实施

本标准规定了旅游特色名镇评定的术语和定义、申报要求、评定要求及评定与监管。

本标准适用于我省旅游特色名镇的评定工作。

一、规范性引用文件

下列文件对于本文件的应用是必不可少的。凡是注日期的引用文件，仅所注日期的版本适用于本文件。凡是不注日期的引用文件，其最新版本（包括所有的修改单）适用于本文件。

GB 2894　安全标志及其使用导则

GB 3095　环境空气质量标准

GB 3096　声环境质量标准

GB 3838　地表水环境质量标准

GB 8978　污水综合排放标准

GB 9664　文化娱乐场所卫生标准

GB/T 10001.1　公共信息图形符号 第 1 部分：通用符号

GB/T 10001.2　标志用公共信息图形符号 第 2 部分：旅游休闲符号

GB/T 10001.9　标志用公共信息图形符号 第 9 部分：无障碍设施符号

GB 13495　消防安全标志

GB/T 15971　导游服务规范

GB 16153　饭馆（餐厅）卫生标准

二、术语和定义

下列术语和定义适应于本标准。

（一）镇　town

经省级人民政府批准设镇建制的行政地域。

（二）旅游特色名镇 tourism featured well-known towns

具有比较鲜明的旅游特色，经旅游行政主管部门评定符合相关要求的行政建制镇。

三、申报要求

（一）申报程序

申报流程如图 1 所示。

旅游特色名镇创建单位按照附录 A 中表 A.1 的评分细则自评得分达到 800 分以

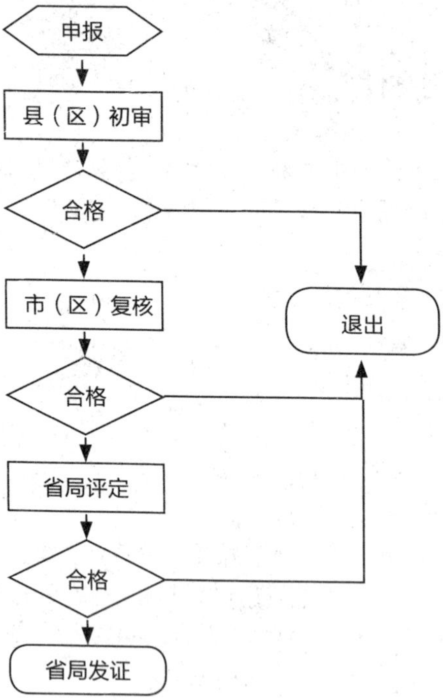

图 1　申报流程图

上者，可申报陕西省旅游特色名镇。

创建单位填写《陕西省旅游特色名镇申请报告》（见附录 B），报当地县（区）旅游行政管理部门初审，合格后向市级旅游行政管理部门推荐。

市（区）级旅游行政管理部门复核合格后报省旅游局。

由省旅游局组成验收组进行评定。评定合格后由省旅游局统一颁发“陕西旅游特色名镇”标志牌和证书并公告全省。

（二）申报材料

申报材料包括以下几项：

——旅游特色名镇申报表一式 2 份（见表 B.1）；

——旅游特色名镇基本情况介绍材料 1 份（约 1500 字左右）；

——旅游特色名镇自评表 1 份；

——反映旅游特色名镇概况的音像资料 1 份（时长不超过 15 分钟）；

——旅游特色名镇总体规划及旅游业发展规划（含说明书和图纸）。

四、评定要求

（一）旅游特色

申报旅游特色名镇应具备以下要求至少一项以上：

（1）应有一定的市场知名度；

（2）具有自然生态特色；

（3）具有历史文化特色；

（4）具有现代服务特色；

（5）具有地方民俗文化特色；

旅游特色名镇宜靠近或者依托大中型城市或重点旅游景区，有体现独特地方风貌的自然景观或有鲜明的人文景观资源。

旅游特色名镇有科学研究和文化考察的意义，有观光旅游、休闲度假和开发利用价值。

（二）规划与建设

有特色的传统风貌区，历史街区有保护措施，新建建筑与原有风貌协调统一。

基本农田保护区及生态保护区应划定合理；旅游产业布局及村镇体系空间布局合理。

用地要求应遵循国家土地利用的相关要求。

项目设计的总要求应有利于突出文化特色、有利于提高旅游品质、有利于保护生态环境。

（三）市场与效益

旅游特色名镇辖区内的旅游景区应具有品牌影响力，旅游镇的形象鲜明、特色突出，旅游知名度和美誉度较高，市场吸引力和辐射力较强，在区域空间范围内有品牌效应。

年接待游客数不低于 10 万人，旅游总收入不少于 1 千万元。

旅游直接从业人员 1000 人以上。

旅游接待人数和收入年增长幅度不低于 15%。

（四）服务接待

1. 住宿

（1）镇域内宜推行（民俗）家庭旅馆和经济型旅店。

（2）住宿设施内应配备有满足需要的冷暖及换气设备。

（3）客房和公共活动空间应干净整洁、卫生舒适。

（4）客房内配套设施应满足需要，被褥、枕套和卫生用具一客一换。

2. 餐饮

（1）餐饮设施建设应与周边的整体环境相协调。

（2）餐饮服务设施规模应与游客数量相适应，且能满足要求。

（3）服务人员应经过培训后持健康证上岗，上岗时应着整洁、统一的服装。

（4）餐饮原材料应有正规的进货渠道，保证原料安全无毒害。

（5）应能提供干净卫生、安全、有地方特色或民族特色风味的菜肴，且品种丰富。

3. 游览

（1）镇内应设有游客服务中心。游客服务中心应位置合理，规模适度，设施、设备功能齐备。游客公共服务设施应布局合理，设计有特色，数量满足需要。配有为老年人、儿童、残疾人等特定人群提供特殊服务的基本设施。

（2）游览（参观）路线应布局合理、顺畅，视野开阔，赏心悦目。

（3）公众游览资料（如综合画册、音像制品、导游图和导游材料等）应有特色，信息品种齐全，内容丰富，制作良好。

（4）游客服务中心应配有专职服务人员，服务人员应具备相应的文化水平和较好的语言表达能力，精通业务，熟练使用普通话，使用规范称谓和礼貌用语，提倡微笑热情服务。

（5）导游员（讲解员）应持证上岗，人数及语种应能满足游客需要，普通话达标率 100%。导游（讲解）词应科学、生动、趣味性强，导游服务质量符合 GB/T 15971 的要求。

（6）接待服务人员应熟知应急事件处置方案、投诉处理程序及镇内购物、休息、安全、卫生、医疗等相关设施的位置设置。

4. 购物

（1）购物场所应布局合理，建筑造型、色彩、材质与环境协调。

（2）对购物场所、供货渠道、证照证件应进行规范管理，保证购物秩序良好，无价格欺诈、假冒伪劣、围追兜售、强买强卖现象。

（3）应有能充分体现当地物产和文化的农副土特产品、民间工艺品和旅游纪念品等。

5. 娱乐

（1）镇内应有公共文化娱乐场所。

（2）开展能够彰显历史文化特色和民俗风情的活动。

（五）基础设施

旅游镇应交通便利，主要道路实现硬质化，具有较好的可进入性，镇内应配有场地平整的专用停车场且布局合理，容量满足需求。

镇内宜使用低排放量和利用清洁能源的交通工具，或使用具有地方特色的传统交通工具。

自来水入户普及率达到100%，供水设施运行良好，饮用水水质安全，水量满足需求；排水管渠通畅，雨水、雪水应能及时排放。

供电设施完备，能满足生产、生活和旅游需要。

镇内宜设立邮政服务网点，提供邮政及邮政纪念服务；应有能提供电信服务的通讯设备，且布局合理，功能完好，信号通畅。

防灾减灾等基础设施完备，能为突发事件提供安全保障。

（六）卫生与环境

镇内垃圾站（箱、筒）应数量充足、设施完好、分布合理。

镇内公厕应分布合理，管理规范、公厕便池应能及时冲洗，做到干净清洁无异味，粪便宜进行无害化处理。

镇内街区应环境整洁，无垃圾积存、占街摆摊、乱扔杂物、随地吐痰、乱张贴小广告现象，无卫生死角。

镇内应有污水和垃圾回收处理设施和措施。生活垃圾无害化处理率应超过60%，污水集中处理率应达到30%以上。

镇内居民应讲文明、有礼貌，不欺生、不敲诈，热情诚实，乐于帮助旅游者。

镇内公共场所应有严格的检查、抽查制度，并有严格的管理和奖惩机制。

镇内餐饮场所应有严格的卫生消毒制度与消毒设施，并有消除鼠、害的配套措施，其他要求应符合GB 16153要求。

镇内文化娱乐场所卫生条件应符合GB 9664要求。

镇内应建立生态环境保护制度，有生态环境保护措施。

镇内应进行植树和绿化，绿化覆盖率应在 30% 以上；镇内饮用水质达标率超过 95%。

镇内应加强资源保护，杜绝污染企业。城镇建成区噪声平均值不大于 58 分贝，全年空气污染指数（API）< 100 的天数应大于 292 天。

（七）服务保障

镇内各种引导标识应清晰、醒目，设置合理，与景观环境相协调，并符合 GB/T 10001.1、GB/T 10001.2 和 GB/T 10001.9 的要求。

各类标识牌应内容准确、图形符号清晰、文字规范，应不定期检查，对破损、变形、变色或字迹图形不清的，应及时维修和更换。

应有为特定人群（老年人、儿童和残疾人等）提供特殊服务的措施和设备。

旅游质量、旅游安全、旅游统计、旅游培训等各项管理制度应健全有效，措施得力，有定期监督检查制度，有完整的书面记录和总结。

在游客中心或游客出口处应设置意见箱（或意见卡），公布旅游质量投诉监督电话。投诉处理应及时有效，做到投诉必复，投诉处理档案应详实完整。应定期收集分析游客意见和建议，提高旅游服务质量。

（八）安全要求

镇内应有安全管理机构、安全管理制度和安全应急预案，建立定期和不定期的安全检查、预演、监督和及时报告制度，明确各岗位的安全职责，不定期组织安全培训和安全教育活动，能及时采取防灾、减灾措施。

镇内应保证社会治安综合管理队伍完整、措施得当、保障有力。杜绝重大刑事犯罪案件和邪教、聚众赌博等非法活动。

山地、水域等危险地段和道路事故多发地段应有明显警示标志。

游客较为集中的区域应配有足够的保安人员，以保证秩序和游客安全。

有相应的消防、医疗急救措施，并配备医务人员和游客常备药品。

安全标志应按 GB 2894 的要求设置。

消防安全标志应按 GB 13495 的要求设置。

（九）旅游镇管理

县政府应对旅游镇的发展给予资金扶持和政策倾斜。

镇政府对旅游发展应有明确定位，组建旅游发展的管理机构，配备有相应资质的旅游管理人员，并保证管理职能健全、运行有效。

旅游镇应建立保障旅游服务质量等的相关制度，如旅游安全管理措施和应急预警机制、旅游信息统计制度、旅游质量投诉处理制度、生态环境保护措施、旅游发展目标考核制度等。

旅游镇应建立旅游综合管理档案。

五、评定与监管

（一）评定

评定按附录中表 A.1 进行。满分 1000 分，分值高于 800 分（含 800 分）者通过旅游特色名镇评定。

（二）标志颁发

对通过考核的旅游特色名镇由省旅游局统一颁发证书和标牌。

（三）监督管理的组织和权限

获得称号的旅游特色名镇应严格执行本标准的要求，并接受行业管理和社会监督。

省、市、县（市、区）旅游行政管理部门负责对 “陕西省旅游特色名镇” 进行监督管理。

（四）监督管理方式

市级旅游行政管理部门负责日常监督管理。不定期采取各种方式检查，但每年检查不少于 1 次。

省级旅游行政管理部门负责复核检查，复核检查每三年 1 次。

（五）违规处理

对获得“陕西省旅游特色名镇”称号的，在检查和复核时，发现经营管理和服务水平下降，达不到标准要求时，由市级旅游行政管理部门提出处理意见，经市旅游行政管理部门审查报省旅游局做出处理，给予取消称号处理。

被取消陕西省旅游特色名镇称号的，由省旅游局收回标志牌，并通报全省。

陕西省乡村旅游示范村评定规范

陕西省地方标准 DB 61/T 961—2015

2015-02-12 发布 2015-06-01 实施

本标准规定了陕西省乡村旅游示范村的术语和定义、申报要求、评定要求和评定与监管。

本标准适用于我省乡村旅游示范村的评定工作。

一、规范性引用文件

下列文件对于本文件的应用是必不可少的。凡是注日期的引用文件，仅所注日期的版本适用于本文件。凡是不注日期的引用文件，其最新版本(包括所有的修改单)适用于本文件。

GB 2894　安全标志及其使用导则

GB 3095　环境空气质量标准

GB 3096　声环境质量标准

GB 5749　生活饮用水卫生标准

GB 8978　污水综合排放标准

GB 9664　文化娱乐场所卫生标准

GB/T 10001.1　公共信息图形符号 第 1 部分：通用符号

GB/T 10001.2　标志用公共信息图形符号 第 2 部分：旅游休闲符号

GB/T 10001.9　标志用公共信息图形符号 第 9 部分：无障碍设施符号

GB 13495　消防安全标志

GB 14934　食(饮)具消毒卫生标准

GB 16153　饭馆(餐厅)卫生标准

GB 18483　饮食业油烟排放标准

二、术语和定义

下列术语和定义适用于本标准。

（一）乡村旅游 rural Tourism

乡村旅游是以乡村空间环境为依托，以农民（包括牧民、渔民、林场职工等）为主体，以乡村独特的自然资源、田园风光、生产经营形态、民俗风情、乡村聚落等为主要吸引物，满足旅游者观光、休闲、度假、餐饮、体验、康体、健身、娱乐和购物等的一种旅游方式。

（二）乡村旅游示范村 rural tourism demonstration villages

以旅游业为主要产业，利用乡村独特的自然环境、田园风光、生产经营形态、民俗风情、农耕文化、乡村聚落等资源，在全省具有典型示范意义的行政村。

三、申报要求

（一）申报程序

以行政村为单位进行申报，申报流程如图 1 所示。

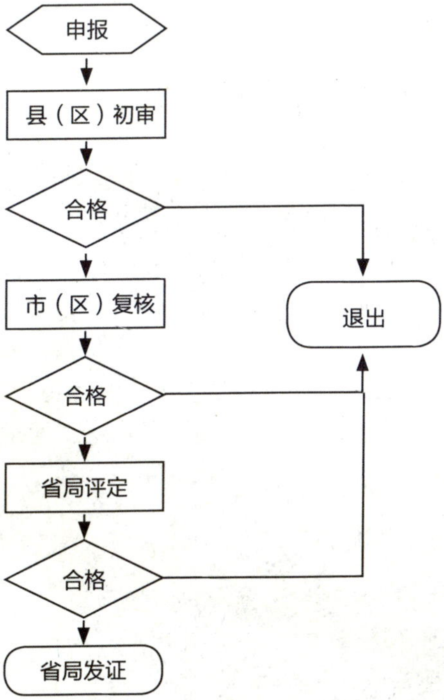

图 1　申报流程图

乡村旅游示范村创建单位应按照附录 A 中表 A.1 的评分细则进行自评，自评得分达到 800 分以上者，可申报陕西省乡村旅游示范村。

创建单位填写附录 B 所示的《陕西省乡村旅游示范村申请报告》，经当地县（区）旅游行政管理部门初审合格后向市级旅游行政管理部门推荐。

市（区）级旅游行政管理部门复核合格后报省旅游局。

由省旅游局组成验收组进行评定。评定合格后由省旅游局统一颁发“陕西省乡村旅游示范村”标志牌和证书并公告全省。

（二）申报材料

申报材料包括以下几项：

——陕西省乡村旅游示范村申报表一式 2 份（见表 B.1）；

——陕西省乡村旅游示范村创建单位基本情况介绍材料 1 份（约 1500 字左右）；

——陕西省乡村旅游示范村创建单位自评表 1 份；

——反映村概况和主要特色的音像资料 1 份（时长不超过 15 分钟）；

四、评定要求

（一）组织管理

村内应有职责明确的乡村旅游管理机构、旅游接待机构、安全管理机构、市场营销机构，并配备相关专兼职人员。

旅游管理机构负责乡村旅游村的整体发展规划和基本设施建设、规范农家乐接待户的经营行为、旅游接待户和村属旅游经营活动的管理协调、旅游投诉处理、区域内的自然环境和传统文化的保护、全村乡村旅游项目的整体对外宣传等工作，保证和维护村民的合法权利，促进乡村旅游的健康有序发展。

应建立保障旅游服务质量等相关制度，如旅游安全管理措施和应急预警机制、旅游信息统计制度、旅游质量投诉处理制度、生态环境保护措施、旅游发展目标考核制度等。

应建立旅游综合管理档案。

（二）设备设施

1. 基础设施

（1）村内交通标识完备、合理、规范。

（2）村内路面应硬化处理，具有较好的可进入性，交通方式宜多样化。

（3）村内应有规模与接待能力相匹配的停车场。

（4）应按照《中华人民共和国消防法》及相关规定，配备消防设备、器具，并保证消防设施的完好率应达到100%。

（5）村内应设置满足游客需要的公厕、垃圾箱等卫生设施，且分布合理、管理良好，清洁卫生，无污物，无异味。

（6）通讯、照明、医疗等服务设施应符合有关基本要求。

（7）村内应设立报警电话和村级医疗救护点。

2. 服务标识

（1）应在固定醒目位置准确标注公共图形标志、安全标志、消防安全标志、应急标志、疏散通道、紧急出口及有关公示语和警示语。村内公共信息图形符号应符合GB/T 10001.1、GB/T 10001.2、GB/T 10001.9的要求，安全标志应符合GB 2894的要求，消防安全标志应符合GB 13495的要求。

（2）各类标识牌应内容准确，图形符号清晰、文字规范，应不定期检查，对破损、变形、变色或字迹图形不清的，应及时维修和更换。

（3）不宜进入的区域应设置围挡和警示标识，发生故障和正在维修维护的设施应有醒目的禁用标识；危险难行的步行路段应合理设置台阶、扶手。

（三）服务接待

1. 餐饮

（1）厨房、餐厅应布局合理，能为游客提供安全、卫生的当地特色餐饮。

（2）应保证餐饮原材料、半成品来源安全可靠，卫生状况良好，就餐面积应与接待能力相适应。

（3）餐桌、餐椅、餐具、酒具配套齐全，干净卫生、无破损。

2. 住宿

（1）客房宽敞明亮、干净卫生。

（2）客房内配套设施与用具应齐备，床上用品应做到一客一换。

（3）示范村应有设计合理、与接待能力相适应的客用卫生间。

（4）卫生间设施与用品应配套齐全、环境整洁、采光通风良好。

3. 购物

（1）购物场所应布局合理，建筑造型、色彩、材质与环境协调。

（2）对购物场所、供货渠道、证照证件应进行规范管理，保证购物秩序良好，无价格欺诈、假冒伪劣、围追兜售、强买强卖现象。

（3）应有能充分体现当地特色和文化的农副土特产品、民间工艺品和旅游纪念品等。

4. 娱乐

村内应有文化娱乐活动的设施或场地，能开展富有特色的文娱活动。

（四）服务要求

1. 服务人员

（1）乡村旅游从业人员应诚实守信，具备良好的职业道德，具有良好的服务意识。

（2）乡村旅游从业人员上岗前应接受相关的教育和培训，熟练掌握本岗位的服务技能，熟悉相关的法律、法规、制度和规范，考察合格后方可上岗。餐饮服务人员应持健康证上岗。

（3）乡村旅游从业人员应尊重游客的民族习俗、宗教信仰。

（4）乡村旅游从业人员应着装整洁、仪表端庄，佩戴统一的服务标牌。

（5）乡村旅游从业人员应具备相应的文化水平和较好的语言表达能力，使用规范称谓和文明礼貌用语，提倡微笑服务。

（6）乡村旅游从业人员应熟知应急事件处置方案、投诉处理程序、村内购物、休息、安全、卫生、医疗等相关设施的设置位置。

2. 服务质量

（1）应设立服务质量投诉受理机构，健全制度，明确职责。

（2）应制定旅游服务满意度评价制度，通过电话、信函、发放满意度调查表等形式定期接受顾客评价。

（3）应在醒目位置公布收费项目及价格、投诉受理机构电话或网址。

（4）应诚恳接待顾客投诉，认真及时地处理顾客的意见和建议，做到投诉必复，记录和档案应保存完整。

（五）安全要求

村内应配备安全保卫人员，建立安全保卫制度和应急预案，应急预案应规定突发事件应急管理工作的组织指挥体系，突发事件的预防和预警机制、处置程序、应急保障措施以及事后恢复重建措施等内容。

村内应建立消防安全管理制度，配置有效的消防器材，保持消防通道畅通。

应定期开展全员安全消防教育，并组织相关人员进行消防培训和应急演练。

应有规范的救助制度和措施，并配备有资质的医护人员和基本的救助药品、医疗器械，能够对突发疾病或轻微外伤进行紧急处置。

（六）旅游效益

1. 经济效益

（1）示范村的年接待人数应不少于 3 万人次。

（2）示范村的年旅游收入应不低于 30 万元。

（3）本村农民旅游收入应占本村农民纯收入的 20%（含）以上。

（4）带动本地农副土特产品、手工产品及纪念品销售等附加效益应不少于 30 万元。

2. 社会效益

（1）直接吸纳劳动就业人数应不低于 100 人。

（2）间接提供劳动就业岗位数应不低于 100 人。

3. 生态效益

（1）示范村应规划科学，环境绿化较好。绿化覆盖率应不低于 30%，水质符合国家标准要求。

（2）环境空气质量达到 GB 3095 要求，声环境质量达到 GB 3096 要求。

（3）示范村未造成对生态环境的破坏和建设性破坏。

（4）示范村周边无污染源或污染企业。

4. 示范效应

乡村旅游经营户占本村居民户比重应不低于 20%。

（七）市场宣传

应积极利用网络、手机应用、电视、报纸、杂志等现代化营销手段进行营销宣传。

五、评定与监管

（一）评定

评定按附录中表 A.1 进行。满分为 1000 分，分值高于 800 分（含 800 分）者通过陕西省乡村旅游示范村评定。

（二）标志颁发

对通过考核的乡村旅游示范村由陕西省旅游局统一颁发“陕西省乡村旅游示范村”证书和标牌。

（三）监督管理

获得称号的乡村旅游示范村应严格执行本标准的要求，并接受行业管理和社会监督。

省、市、县（市、区）旅游行政管理部门负责对获得“陕西省乡村旅游示范村”进行监督管理。

市、县级旅游行政管理部门负责日常监督管理。不定期采取各种方式进行检查，但每年检查不少于 1 次。

省级旅游行政管理部门负责复核检查，复核检查每三年 1 次。

（四）违规处理

对获得陕西省乡村旅游示范村称号的，在检查和复核时，发现其经营管理和服务水平下降，达不到标准规定的要求，由市级旅游行政管理部门提出处理意见，经市级旅游行政管理部门审查报省旅游局做出处理，给予取消称号处理。

被取消“陕西省乡村旅游示范村”称号的，由省旅游局收回标志牌，并通报全省。

演出服务规范
第 1 部分：旅游景区实景演出表演管理

陕西省地方标准 DB 61/T 578.1—2013

2013-07-23 发布 2013-11-01 实施

一、范围

本标准规定了旅游景区实景演出表演管理的术语定义、基本要求、演出要求以及演出质量评价与考核。

本标准适用于旅游景区内举办的实景类演出管理，其他类型的演出可参照执行。

二、规范性引用文件

下列文件对于本文件的应用是必不可少的。凡是注日期的引用文件，仅所注日期的版本适用于本文件。凡是不注日期的引用文件，其最新版本（包括所有的修改单）适用于本文件。

GB/T 10001.1-2006 标志用公共信息图形符号 第 1 部分：通用符号

GB/T 10001.2-2006 标志用公共信息图形符号 第 2 部分：旅游休闲符号

GB/T 16766-1997 旅游业基础术语

GB/T 18973-2003 旅游厕所质量等级的划分与评定

DB61/T 510.1-2011 公共场所公示语英文译写规范 第 1 部分：通则

DB61/T 510.2-2011 公共场所公示语英文译写规范 第 2 部分：旅游

三、术语和定义

GB/T 18973-2003 和 GB/T 16766-1997 界定的以及下列术语和定义适用于本标准。

（一）旅游景区实景演出

在旅游景区以自然景观和人文景观为演出背景，运用声、光、电等技术手段，举行的露天或半露天主题文艺演出。

四、基本要求

演出应符合《营业性演出管理条例》的要求，并取得《营业性演出许可证》《消防许可证》《安全许可证》等证书。

演出组织部门应就演出管理、设备管理和服务接待等内容制定符合自身特点并能够满足观众需求的管理制度，明确各相关方的职责和协调方式。

演出的内容和主题应具有旅游景区文化内涵和艺术特色，形式多样，文明健康，应充分考虑宗教信仰和风俗习惯。

演出场所的设置应满足表演需求，布置演出场景或营造演出效果时不应破坏人文景观和自然景观。

演职人员应经过相应的教育和培训，考核合格后方可参加演出。

服装道具和布景的配备设置应与旅游景区文艺演出主题、文化内涵相适应。

演出和观看场所应设有清晰明确的标识，标识应符合 GB/T 10001.1−2012、GB/T 10001.2−2006、DB61/T 510.1−2011 和 DB61/T 510.2−2011 的要求。

舞台设计风格应体现旅游景区文化演出主题，灯光音响效果应有完整设计方案保障，所有设备应运行良好以保证演出质量。

演出组织部门应制定演出应急预案。

五、演出要求

（一）演出前准备

演出管理人员应认真做好管理工作，督促、检查演职人员做好本职工作，确保各项准备充分到位。

演员应在表演开始前完成化妆、着装，检查演出服饰、道具等，确保演出正常进行。

重要角色应设置 A、B 角，替补演员应提前进行彩排。

道具管理员应根据演出需要清点检查道具，并按时摆放安置到位，易损易坏道具、关键道具应配备备品备件，确保演出正常进行。

所有演出设备演出前应调试完备，运行正常。

（二）演出过程

演员在表演中应全神贯注，认真贯彻导演创作意图，严格按照剧情要求完成动作，不应随意改变演出动作、位置，不应擅自降低表演难度。演出中若出现突发情况，演员应根据现场情况灵活应变，确保演出顺利进行。

演出组织方应落实舞台监督人员的职责，负责演出质量、演出责任、演出安排等各项与演出相关事务的监督。

演员应按规定的时间、位置和程序候场。演出方应制定相应的演员候场管理程序。

演出音量应大小适中，保证最远端观众能清晰听到，且不影响周围居民正常生活。

演出进行时，主舞台表演区不允许无关人员进入，换景辅助人员应在规定地点等候，未上场人员应隐藏于幕后，不得随意进入观众能看到的区域或发出影响演出的声音。

如有危险性表演时，应为演员装备安全防护装置，并为相关人员购买人身意外保险。

演员在进行高空表演时，不应携带与演出无关的其他物品，以免坠落伤人。

（三）演出结束

演出结束后，演员应按演出程序集体谢幕，有序退场。

在演出结束后应由专人负责收回、清点道具、服装等，检查道具是否完好后入库，检查服装并分类挂放，发现问题应及时报修。应定期对演出道具和服装进行清洁和维护。

六、演出质量评价与考核

演出组织方应制定考核细则，定期对演出质量进行考核。

演出组织方应制定演出满意度评价制度，通过发放满意度调查表、电话、信函回访等形式定期接受观众评价。

演出组织方应对考核与评价结果进行跟踪，适时对演出做出调整和创新以提高演出质量。

演出服务规范
第 2 部分：旅游景区实景演出设施设备管理

陕西省地方标准 DB 61/T 578.2—2013

2013-07-23 发布　2013-11-01 实施

一、范围

本标准规定了旅游景区实景演出所涉及的设备分类、基本要求、设备使用管理、设备维护保养及检修等内容。

本标准适用于旅游景区实景演出中使用的灯光、音响、舞台机械等设备管理，其他类型演出的设备管理可参照执行。

二、规范性引用文件

下列文件对于本文件的应用是必不可少的。凡是注日期的引用文件，仅所注日期的版本适用于本文件。凡是不注日期的引用文件，其最新版本（包括所有的修改单）适用于本文件。

GB/T 26355-2010　旅游景区服务指南

三、服务设施

（一）基本要求

建筑物和地面固定设施的外观风格应与旅游景区文化特色相协调。

保障性基础设施（包括输电、通讯线路和水、气管道等）应隐蔽或美化外观。

为老人、幼儿、残障人士、孕妇等特殊人群提供人性化设施，宜配备必要的无障碍设施。

（二）停车场

应设置引导标识清晰、地面平整坚实、与演出接待规模相适的停车场。

机动车出入口宜与人员通道分离。

（三）售检票处

售检票处设置位置合理、标志醒目，应设置排队隔栏及遮阳避雨设施。

检票处入口应设置检票闸口和安检设备，采用电子门禁系统的，应定期维护检修确保设施运转正常、状态良好。

（四）观众席

观众席数量应与演出接待规模相适应，能满足观众欣赏需要，各席位的观看距离和角度合理，无视线盲区。应在明显位置设置指引标识。

观众席应设置相应的防护设施，预留缓冲区域，防止演出过程中可能对观众造成的伤害。

（五）卫生设施

演出展示区域内应就近设置满足顾客需要的公厕、垃圾箱等卫生设施。

公厕等级应与旅游景区接待等级相匹配。

（六）安全设施

不宜进入的区域应设置护栏和警示标识，发生故障和正在维修维护的设施应有明显的禁用标识；危险难行的步行路段应合理设置台阶、扶手。

应设安全疏散通道，并保持畅通。

应安装设置数字化安全监控系统，并保证有效运行。

（七）消防设施

按照《中华人民共和国消防法》及相关规定，配备消防设备、器具和火警监控系统；应设置消防通道，确保消防设施和通道的完好和畅通，消防设施的完好率应达到 100%。

演出中使用的易燃、易爆和化学危险品应在规定区域内存放，并设置必要的安全隔离带和严禁顾客进入的警示标识。

（八）其他设施

表演区域应平整牢固、承载力强，能有效保障演员安全。

与演出相关的通讯、照明、医疗、购物、餐饮等服务设施应符合 GB/T 26355-2010 的要求。

四、表演设备

（一）设备分类

按照设备性质，设备分为灯光设备、音响效果设备、舞台机械设备和特种设备等。

照明设备包括聚光灯、造型灯、追光灯、电脑灯等；音响设备包括音箱、功率放大器、麦克风、均衡器、混响器等。

舞台设备包括台上机械、台下机械、升降舞台、伸缩舞台等。特种设备为《特种设备安全监察条例》中列出的相关设备。

（二）基本要求

演出组织方应根据演出实际需求配置相应的设施设备。

应有保障演出正常进行的双电路设备，保障提供表演服务过程不断电。

设备应选取专业生产厂家生产的合格产品，并选择有安装资质的单位搭建。

所有演出设备的运行、维护、保养应明确责任，统一归口管理，严格执行操作规程。

所有设备应建立设备档案和设备管理台账，并由专人负责管理。

所有设备应完好无损，具有设计要求的功能，能够正常可靠运行。

每次演出前应对设备进行例行检查。

操作人员应接受过相关设备使用维护培训，考核合格后方可上岗。国家有特殊要求的岗位应持证上岗。

（三）设备使用管理

操作人员应严格按照使用说明书或操作规程规定的要求进行操作，不允许私自连接与演出无关的其他设备。

由多人操作的设备应指定专人对设备进行管理。

演出组织方应制定相应的设备管理应急预案并组织相关演练。设备中的易损、易坏件应有备品备件。

设备不应在故障状态、存在安全隐患或超负荷等情况下运行。

所有电气设备、附件及电线电缆的质量规格和安装调试均应符合相关标准要求。敷设时应避开人行通道，无法绕开时应做好防护，并设置醒目标志提示。

灯光、音响等设备应在表演前完成调试，其他特殊设备应在表演前逐台检查并按实际演出使用的技术参数和载荷运行一次。

未经批准，非工作人员不得进入机械坑、机房以及操作控制室等区域。

特种设备应有专人负责管理，管理员负责对操作特殊设备的人员实施安全教育，使其熟知安全操作规程和使用安全规则。

载人飞行设备在每次使用前，应由专业技术人员进行目测、运行载荷试验等例行检查。载人运行试验应在较低的坠落高度进行。

设备运动过程中，可能发生危险情况的，必要时可采取下列相应的安全措施：

（1）降低运动速度；

（2）配备监控人员；

（3）在危险区设置安全保护装置；

（4）在危险区设有明显、清晰的警示标识等。

五、设施设备维护保养及检修

应建立设备维护保养制度，按照维护保养操作规程定期对设备进行维护保养。专业维护保养由专业机构进行。

日常维护保养由取得相应资质的设备管理人员进行。

应建立健全设施设备维护保养档案。

属于特种设备的应建立健全设备安全管理制度，单独设立安全技术档案并按其要求进行使用、检验检测和监督检查。

演出服务规范
第 3 部分：服务接待

陕西省地方标准 DB 61/T 578.3—2013

2013-07-23 发布　2013-11-01 实施

一、范围

本标准规定了演出服务的服务接待基本要求、服务人员、演出前服务、演出中服务、演出后服务、安全应急、环境卫生和服务质量评价与考核的要求。

本标准适用于旅游景区实景演出的服务接待，其他类型的演出接待可参照使用。

二、规范性引用文件

下列文件对于本文件的应用是必不可少的。凡是注日期的引用文件，仅所注日期的版本适用于本文件。凡是不注日期的引用文件，其最新版本（包括所有的修改单）适用于本文件。

GB 2894-2008　安全标志及其使用导则

GB/T 10001.1-2012　公共信息图形符号 第 1 部分：通用符号

GB/T 10001.2-2006　标志用公共信息图形符号 第 2 部分：旅游休闲符号

GB/T 10001.9-2008　标志用公共信息图形符号 第 9 部分：无障碍设施符号

GB 13495-1992　消防安全标志

GB/T 18973-2003　旅游厕所质量等级的划分与评定

DB61/T 463-2009　应急避难场所 标志

DB61/T 510.1-2011　公共场所公示语英文译写规范 第 1 部分：通则

DB61/T 510.2-2011　公共场所公示语英文译写规范 第 2 部分：旅游

DB61/T 578.3-2012　演出服务规范 第 2 部分：旅游景区实景演出设施设备管理

三、基本要求

（一）总则

演出展示区域内应对所有服务项目和服务设施制定管理规范并有效实施。

（二）服务设施

为老人、幼儿、残障人士、孕妇等特殊人群提供人性化设施，宜配备必要的无障碍设施。

停车场应设专人管理，引导车辆有序出入、整齐停放。

售检票处应标志醒目，鼓励提供多种售票服务形式，方便顾客。

售票窗口及检票通道的开放数量应与接待的顾客数量相适应，应分设团队和散客售票窗口或通道，宜设老、弱、病、残、孕等特殊人群优先窗口或通道。

观众席应清洁干净无污物、安全、完好、无损坏。

消防设施设置应符合 DB61/T 578.2–2013 的要求。

（三）标识系统

应在固定醒目位置准确标识公共图形标志、安全标志、消防安全标志、应急标志、疏散通道、紧急出口及有关公示语和警示语。开设夜间演出的景区，其标志应便于夜间识别。

公共信息图形符号应符合 GB/T 10001.1–2012、GB/T 10001.2–2006、GB/T 10001.9–2008 的要求，安全标志应按 GB 2894–2008 的规定设置。消防安全标志按 GB 13495–1992 的规定设置。

应急场所标志应按 DB61/T 463–2009 的规定设置，英文公示语译写应符合 DB61/T 510.1–2011 和 DB61/T 510.2–2011 的要求。

各类标识牌应内容准确，图形符号清晰、文字规范，应随时检查，发现破损、变形、变色或字迹图形不清，应及时维修和更换。

四、服务人员

服务人员应具备良好的职业道德，应尊重顾客的民族习俗、宗教信仰。

服务人员上岗前应接受相关的教育和培训，熟练掌握本岗位的服务技能，熟悉相关的法律、法规、制度和规范。

服务人员应着装统一、仪表端庄，佩戴工牌。

服务人员应具备相应的文化水平和较好的语言表达能力，熟练使用普通话，使用规范称谓和礼貌用语，提倡微笑服务，外语水平符合工作岗位的要求。宜掌握简单手语。

服务人员应熟知应急事件处置方案、投诉处理程序、演出场所内购物、休息、安全、卫生、医疗等相关设施的设置。

五、演出前服务

售票处应提供一般性的咨询服务，遇客流量较大的节假日或其他特殊情况，宜提供预约服务。

售票处应在明显位置公布票价、优惠政策和购票须知，并提供运行状况等信息。

售票人员服务时应规范快捷、唱收唱付。

检票人员应主动提示顾客出示门票，礼貌待人、不急不躁，引导顾客快捷通过。

顾客入口处应提供物品寄存服务，方便顾客观看演出。

对老、弱、病、残、孕和抱婴者等特殊人群应提供细致、热情及人性化的服务。

顾客入场时，应有专人负责维持秩序，以免发生拥堵踩踏事件。

六、演出中服务

演出区域内应设置广播室和对外咨询专用电话，配有专人值守，并公示电话号码和服务时间。

应提供顾客引导服务，观众席配备充足的现场服务人员，及时、主动地将顾客引导入座，向顾客提供问询服务，关注特殊群体的特殊要求。在开场和散场客流集中的时段，服务人员应及时进行疏导，合理安排流量和流向，保持良好的秩序。

演员在表演过程中应尽职尽责，表现出最佳状态。

服务人员在表演过程中应维持现场秩序，避免观众向演出区域抛投杂物。

演出现场销售的预包装食品应获得食品卫生许可证，其销售包装上应印有食品质量安全 QS 标志。

七、演出后服务

演出结束后，演出管理人员应引导观众迅速从规定通道有序离场。

清场后工作人员应清理观众席，发现遗失物品应做好统计保管工作，发现可疑物品应及时上报。

八、安全管理

（一）安全保卫

入场前应有必要的安全检查，禁止携带爆炸性、易燃性、腐蚀性、放射性等危险物品入场。有入场安检规定的演出，应配备相应的设备，安检人员应主动向顾客说明后按照安检程序进行安全检查。

建立安全保卫工作制度，配备安全保卫人员，负责安全巡查、维护演出现场秩序，制止治安纠纷。必要时应及时上报有关部门。

演出区域内不得销售刀具类商品，包括仿真商品。

（二）消防管理

应建立消防安全管理制度，并符合国家有关消防管理的规定和相应的国家标准。

保持消防通道畅通，并在有可能发生火灾隐患处附近配置相应的消防器材。

应开展全员消防教育，定期组织员工进行消防培训和应急演练。

（三）应急管理

应制定自然灾害和突发事件应急预案并加强日常培训和演练。

应急预案应规定突发事件应急管理工作的组织指挥体系与职责和突发事件的预防与预警机制、处置程序、应急保障措施以及事后恢复重建措施等内容。

发生不可抗拒的自然灾害和突发性事件，应终止演出。

（四）救助服务

应制定规范的救助措施和制度。

应配备有资质的医护人员和必要的药品、医疗器械，能够对突发疾病或轻微外伤进行紧急处置。

应提供如寻人、寻物等的其他救助服务。

九、环境卫生

演出场所内应设置公共厕所，规模应与接待顾客数量相适应，并专设残障人士专位。厕所的卫生标准及管理应符合 GB/T 18973–2003 中规定的三星级以上要求。

应制定环保卫生管理制度，定期进行各项环保卫生检查。

演出场所应环境整洁，观众席应清洁、卫生，无污物。实行跟踪式清扫，区内垃圾做到日产日清。

十、服务质量评价与考核

应设立完善的服务质量投诉受理机构，健全制度，明确职责。

应在醒目位置公布投诉受理机构的电话或网址。

诚恳接待顾客投诉，认真及时地处理顾客的意见和建议，并将处理结果及时通知投诉者，做到投诉必复，记录和档案应保管完整。

应做好演出服务日志的记录及汇总工作。